Pour Sylvie

ALLIANCE DE FEU

Très affectueusement

Annick de Souzenelle

Montréal 10-10-97

« La Bibliothèque spirituelle »

DU MÊME AUTEUR
CHEZ LE MÊME ÉDITEUR

Le Symbolisme du corps humain, 1991
(Première édition aux Éd. Dangles.)

L'Égypte intérieure ou les dix plaies de l'âme, 1991.

La Lettre, Chemin de Vie, 1993.

La Parole au cœur du corps, 1993.
Entretiens avec Jean Mouttapa.

Job sur le chemin de la Lumière, 1994.

À PARAÎTRE

Alliance de feu, vol. II.

ANNICK DE SOUZENELLE

ALLIANCE DE FEU

I.

Une lecture chrétienne du texte hébreu de la Genèse

Albin Michel

Albin Michel
▪ *Spiritualités* ▪

Collections dirigées
par Jean Mouttapa et Marc de Smedt

Première édition (2 vol.) :

Dervy-Livres, Paris, 1986 et 1989

Nouvelle édition :

22, rue Huyghens, 75014 Paris

ISBN 2-226-07737-5

Ce travail, je le dédie à mes deux enfants, Marie-Anne et Emmanuel.

Il n'aurait pu être effectué sans la généreuse collaboration d'Yvonne Chapelain à qui j'exprime toute ma reconnaissance.

INTRODUCTION

Regard nouveau sur un être aimé, immuable et vivant. Le livre de la Genèse est cet être. Il est Verbe de Dieu. Un, absolu, inchangeable en soi, il rend compte de la création qui, d'une part s'inscrit dans les espaces et les temps essentiellement changeants, mais qui, d'autre part s'enracine dans l'immuabilité du Verbe créateur. Chaque instant du temps la fait participer de l'éternité. Chaque instant est lourd d'éternité !

C'est au cœur de la croix que dessinent l'horizontalité du temps et la verticalité de l'éternité que se situe l'Homme dont nous verrons qu'il récapitule toute la création. En cela il participe lui aussi du temps et de l'éternité.

Il participe du temps dans le quotidien de son être imparfait, inaccompli, lancé sur le chemin de son histoire qui devrait être la geste de son accomplissement (1). Sur ce chemin son œil change.

Il participe de l'éternité dans le potentiel divin qu'il est et dont il porte, en tant qu'image du Verbe, le germe inaliénable en lui dans son principe.

Dans ce principe, il lui est donné d'accéder à l'immuable.

Lorsque l'Homme se coule dans l'axe de son instant-éternité, dans la moelle de son os, dans la sève de l'arbre de vie qu'il est, il se fait résonance du Verbe, il est la Tradition vivante.

Moïse, sur le Sinaï, recevant le message de la Torāh est la Tradition vivante. Dieu lui parle « bouche à bouche » (2). Ouvert aux profondeurs divines de son être, en lui jaillit le flux du Verbe qu'à son tour il transmet jusqu'à nous.

---

(1) Cf. l'explication de ce mot page 23.

(2) Nombres XII, 8.

Nous, hommes sur le chemin, sourds, aveugles, boiteux, défaillants, tombant et nous redressant et puis tombant encore, savons-nous à notre tour recevoir et transmettre ? Et si nous y parvenons, y a-t-il encore dans notre monde défait une oreille pour recevoir, un cœur pour comprendre, une bouche pour transmettre ?

Nous n'avons pas, me semble-t-il, à nous poser cette question, mais nous avons à ETRE.

A ETRE la Tradition vivante, l'Homme de l'instant, ancré tout à la fois dans les racines intemporelles de son être et dans l'actualisation quotidienne de l'information qu'il y puise et qui rend possible la transfiguration du plus banal apparent.

C'est, je crois, dans cette attitude transformante que se résoudra le problème de la désaffection contemporaine pour nos livres sacrés.

Ne les avons-nous pas abordés intellectuellement, les rendant étrangers à notre problématique quotidienne, donc liés plus à un passé historique qu'à une permanence ontologique ?

N'est-ce pas dans cette même attitude transformante que nous pourrons commencer de comprendre ce qui nous a si dramatiquement séparés, tout au moins en Occident, de l'Homme du haut moyen-âge qui puisait encore à la source de ces livres la flamme de son génie ? Une dichotomie latente s'insinua dans la vie de l'Occident, à partir du XIIe siècle, pour laisser un jour d'un côté à des érudits, en général ecclésiastiques — l'Eglise enseignante —, le soin de garder la Tradition, d'un autre côté à des ignorants le soin d'apprendre quelque chose qui ne les concernait plus, quelque chose de dévitalisé qui laissa ces derniers — l'Eglise enseignée — devant la béance de l'absurde.

Ce vide appela l'irruption des sciences dites exactes dont l'apogée, au XIXe siècle, magnifia la quasi-divinisation de l'immédiateté de la nature.

La Tradition fut alors considérée comme objet d'un passé, donc d'un temps ressortissant à l'Histoire, et non plus à un espace intérieur — une conscience — enfouie dans les profondeurs de l'instant-éternité de l'Homme. La conscience transcendante céda la place à la bonne conscience morale.

L'Homme de Tradition fut confondu avec celui d'un passé périmé et la Tradition elle-même, ressentie comme une entrave à l'actualisation du présent immédiat. Telle une béquille parentale dont il convient de se séparer pour trouver la vraie personne de ces temps nouveaux, elle fut rejetée par l'Homme qui se voulait de son époque.

Quant à celui qui se voulait encore Homme de Tradition, sous l'inexorable poussée à la divinisation de la nature palpable, il défigura peu à peu les données traditionnelles, les infléchissant aux impératifs de ce monde restreint, les réduisant à sa dimension aliénante et rendant détestable leur message ainsi infantilisé.

Mais aujourd'hui leur message ne fait plus le poids.

Ces mêmes sciences, au nom desquelles l'Homme renversait jadis la Tradition, ont explosé et fait éclater le mur de l'univers restreint dans lequel lui-même reste cependant encore intérieurement confiné, le laissant impuissant à faire face au monde prométhéen qu'elles engendrent. L'angoisse moderne en témoigne.

Car c'est en pénétrant les profondeurs de la nature, celles de la matière immédiate, tangible, saisissable, que l'Homme d'aujourd'hui se heurte à l'insaisissable des réalités médiates et qu'il redécouvre la conscience au plus vif du concret. C'est en interrogeant le secret de la matière qu'il reçoit la réponse de l'Esprit.

C'est au cœur du fini qu'il touche à l'infini. C'est alors dans la réalité quotidienne que la Tradition s'actualise et que nous nous trouvons crucifiés au point de rencontre de la contradiction du fini qui contient l'infini, au centre de l'axe horizontal du temps que vient briser l'axe vertical de l'éternité.

Nous ne pouvons plus échapper à son exigence.

Dans cette brisure, le Christ mort ressuscite ! Il sort victorieux du tombeau.

C'est en brisant le noyau de l'insécable que la matière devient énergie.

Rien de nouveau ne pourra naître hors de l'obéissance à la loi ontologique de mort et résurrection.

Comment mourir ?

Redevenir Homme de Tradition c'est apprendre à mourir pour vivre. C'est réapprendre à épouser nos espaces intérieurs sur la nature desquels la Genèse nous éclaire — cieux nouveaux, terres nouvelles —, pour aller vers le dernier espace, celui du noyau de notre être...

L'Homme qui a atteint à son noyau n'a pas à craindre le « nucléaire »... il est beaucoup plus que cela !

Faux problèmes que ceux de notre monde actuel au regard des lois qui régissent le devenir de l'Homme et que ce livre tente, à partir du texte hébreu, de mettre en lumière. Ils ne sont problèmes que dans l'inextricable labyrinthe où nous nous maintenons aliénés par notre coupure d'avec les zones profondes de nous-mêmes, par notre abandon de ce que Dieu transmettait à Moïse, par notre idôlatrie des veaux d'or... Nous connaissons l'histoire des Tables que dans sa colère Moïse brisa !

L'histoire est toujours actuelle. Elle raconte que Dieu donna à Moïse de nouvelles Tables, mais la Tradition ajoute qu'en celles-ci est inscrit le même message, plus voilé. Ce voile fut enlevé par le Christ : le message est là, intact ; saisissons-le.

Ce livre n'a d'autre but que de nous permettre de redevenir avec le Christ ce peuple d'Israël qui, au Sinaï, « regardait la voix divine » (3).

Nouveau regard sur l'immuable !

« J'ai encore beaucoup de choses à vous dire, mais vous ne pouvez pas les porter à présent. Quand viendra l'Esprit de Vérité, Il vous guidera vers la Vérité entière (4)... »
disait à ses disciples Celui qui allait monter sur la croix et y mourir, Lui, Dieu et Homme, Eternel accomplissant les temps.

L'Esprit est venu dans le monde ; mais savons-nous Le recevoir ? C'est en acceptant de mourir, de faire le vide, que nous nous ouvrons à Lui, et qu'Il nous guide vers une nouvelle lumière, nouvelle vérité, jusqu'au Christ qui est La Vérité.

Cette loi préside à l'évolution du monde comme à celle de chacun de nous en particulier.

L'humanité vit aujourd'hui l'aube d'une nouvelle naissance. Elle ne pourra « porter ces choses nouvelles », recevoir une nouvelle vérité, que si elle accepte de mourir à ce qu'elle croyait jusqu'à maintenant être la vérité.

Est-ce à dire que ce qui a été enseigné jusqu'ici était faux !
— Non. C'était ce que nous pouvions supporter.

Est-ce à dire que malgré leur sainteté les Pères n'ont pas eu accès à la totalité de la lumière ?

---

(3) Exode XX, 18.
(4) Jean XVI, 12-13.

— Pierre, Jacques et Jean, sur la montagne du Tāḇor, ont vu plus que la totalité de la lumière créée, la Lumière incréée ! Et cependant le Christ leur ordonne impérativement :

« Vous ne raconterez ces choses à personne jusqu'à ce que le Fils de l'Homme soit ressuscité des morts (5). »

Christ est ressuscité des morts et les trois apôtres ont annoncé l'Evangile.

Mais l'Evangile, comme la Genèse, ne se laisse saisir qu'au cours des temps, au fur et à mesure qu'avec le Christ, l'Homme, à son tour, ressuscite de ses morts intérieures, au fur et à mesure qu'avec Lui il descend dans ses propres ténèbres et qu'il renaît. Les Pères nous ont fait monter sur une montagne.

Pas plus que les apôtres au Tāḇor nous n'avons à nous y installer.

Le Moyen-Orient en général, et plus particulièrement la Grèce d'où presque tous les Pères sont originaires, a une vocation de lumière.

La Grèce, Yāwān, en hébreu, est le même mot que Yon ou Yonāh, la colombe, oiseau symbole de lumière, et que Jonas le prophète qui pour monter dans la lumière dut mourir dans les entrailles ténébreuses du monstre marin. Avec lui, il nous faut aussi aujourd'hui aller puiser plus profondément dans nos ténèbres, dans la réserve d'énergies-informations que détiennent ceux que j'appelle les « gardiens du Trésor », nos frères hébreux.

Nous verrons au cours de ce travail que l'Homme créé au sixième jour, « mâle et femelle », est celui (hommes ou femmes) qui, en tant que « mâle », « se souvient » de son « féminin », lequel est réserve d'énergies-informations contenues en lui. Etre mâle c'est, participant d'une lūmière-force, être conscient qu'elle n'est pas la totale lumière, être conscient de sa faiblesse, se « souvenir » de la réserve de force-lumière contenue dans les ténèbres pour la pénétrer et faire une plus grande lumière, acquérir une nouvelle force. Celle-ci à son tour permettra de descendre plus profondément encore...jusqu'au noyau, Germe divin, dont est lourd le féminin !

Le monde féminin est lié au mystère des ténèbres. Il est porteur de l'information, il est gravide de Dieu !

(5) Matthieu XVII, 9.

L'Homme coupé de la profondeur de son féminin s'exclut de l'expérience divine qui l'informe dans l'instant.

L'Homme que je dénonçais tout à l'heure comme s'étant coupé de lui-même, de ses mondes intérieurs, en se séparant de la Tradition, est devenu peu à peu le faux mâle fort de ses seules forces extérieures. Celui-là d'ailleurs a peu à peu aussi relégué au second plan le monde féminin d'un premier niveau, car tout se tient, et ce n'est pas par hasard non plus que ce même monde féminin se réveille aujourd'hui en même temps que se redécouvre l'inconscient...

Le début de l'ère chrétienne, qui a vécu un acmé dans la lumière patristique de la Grèce, a inscrit dans sa chair son expérience taborique à la Sainte Montagne de l'Athos. Là, encore aujourd'hui, aucune femme n'a le droit de venir troubler la contemplation des moines car seule Marie, la Mère de Dieu, est reine.

J'espère de tout mon cœur que les moines vivent, avec l'aide de la reine des cieux, la descente dans leurs ténèbres intérieures et qu'ils pénètrent leur féminin essentiel, faute de quoi leur démarche serait illusoire.

Mais il est bien signifiant qu'au cœur de la Grèce où le Christianisme a vécu sa première expérience lumière, l'Athos ne s'ouvre qu'à la femme devenue elle-même totalement lumière.

C'est peut-être aujourd'hui le rôle d'une femme consciente de ses propres ténèbres, de venir rappeler que le Christ ne dévoilera sa plénitude de la Lumière Taborique qu'à une humanité qui, avec Lui, et certaine de la résurrection, redescendra de la montagne et pénétrera dans les ténèbres de la Tradition.

Le monde hébreu est, à mes yeux, le féminin du monde chrétien.

Il n'est pas étonnant que dans son évolution historique, le Chrétien ait lui aussi rejeté son féminin hébreu.

Il est plus que temps qu'il vienne l'épouser.

Les raisons historiques, voire psychologiques, qui ont présidé à ce phénomène n'ont aucun poids face aux lois spirituelles qui y président.

Le monde féminin fait toujours résistance nécessaire à l'évolution, comme les ténèbres font résistance à la Lumière et la limitent utilement un temps. Ce n'est pas par hasard que ce fut la femme de Loṭ qui ne voulut pas poursuivre le voyage... elle fut transformée en statue, mais en statue de sel. Le sel est symbole de sagesse. La « mer de sel », aujourd'hui « mer morte », marquait la limite entre les terres d''Aḇrām et celles de Loṭ avant la purification par le feu de Sodome et Gomorrhe. Le féminin de Loṭ, nouvelle « mer de sel », pose la nouvelle limite entre 'Aḇrām (lumière), et Loṭ (« le voilé », ténèbres), entre l'accompli et l'inaccompli d'Israël (6).

> « Tu poses une limite que les eaux (inaccompli) ne doivent pas franchir pour ne pas venir recouvrir la terre (accompli) (7). »

chante le psalmiste qui rappelle la confusion du déluge.

Les Hébreux eux aussi ont fait œuvre de Sagesse divine et ont posé une limite nécessaire à la lumière du Christ. Il nous faut aujourd'hui entrer dans cette nouvelle intelligence de l'Histoire : la résistance à Dieu vient de Dieu !

Moïse, investi de la puissance divine pour affronter Pharaon et délivrer de l'esclavage le peuple d'Israël, ne fut-il pas arrêté sur le chemin par le Seigneur lui-même « qui voulut le faire mourir » (8) ?

Et lorsque, sortant vainqueur de l'épreuve, Moïse rencontra Pharaon et obtint de lui la promesse de la libération d'Israël, alors autant de fois qu'il fut nécessaire, après chacune des plaies répandues sur l'Egypte :

> « Le Seigneur durcit le cœur de Pharaon » (9),

et Pharaon retint encore le peuple prisonnier.

Que signifie cette résistance divine si ce n'est qu'elle forgeait Israël à une autre dimension de lui-même pour qu'il devienne capable de sortir de l'esclavage, d'assumer la liberté et de vivre le désert qui allait suivre ?

Isaï ne dénonce-t-il pas cette résistance comme faisant partie intégrante de la Sagesse divine (10) ?

> « Va, dit le Seigneur, et dis à ce peuple :
> Ecoutant, écoute et ne comprends pas,
> Voyant, vois et ne connais pas,
> appesantis le cœur de ce peuple,

(6) Cf. S. du C. p. 221.
(7) Psaumes 103, Hébreux 9.
(8) Exode IV, 24.
(9) Exode IX, 12-X, 1 et 20... etc.
(10) Isaï VI, 8-10.

alourdis ses oreilles, et ses yeux ferme-les,
de peur qu'il ne voie de ses yeux,
que de ses oreilles il n'écoute
et que de son cœur il ne comprenne
et qu'il ne se convertisse, et qu'il ne soit guéri ! »

Et l'apôtre Jean « au secret divin » ne rappelle-t-il pas Isaï pour confirmer la cause profonde du refus de la plus grande part du peuple juif à reconnaître Jésus pour Messie ?

> « Quoiqu'il eût fait de si grands miracles en leur présence, ils ne croyaient pas en lui afin que fût accomplie la parole qu'avait dite le prophète Isaï... (11) »

L'apôtre Paul explique :

> « C'est un endurcissement partiel qui est arrivé à Israël jusqu'à ce que les Gentils soient entrés au complet (dans la foi en Jésus-Christ) (12). »

La lumière puise sa source dans la justesse du rapport qui unit l'émissivité énergétique et la réceptivité. La réceptivité se fait alors pour partie lumière, pour partie résistance à elle.

Cette résistance, par rapport à la lumière, est ténèbres qui, sollicitées plus tard par une nouvelle force émissive, se feront pour partie encore nouvelle lumière, pour partie ténèbres qui sont réserve de lumière ultérieure.

Les ténèbres obéissent à la loi de dispersion, la lumière à celle de l'unification.

Dans sa dispersion le peuple juif a fécondé le monde de sa lumière cachée.

La Chrétien de sa lumière révélée a baptisé les nations. Mais privés l'un de l'autre aujourd'hui, ils sont devenus stériles.

L'heure de leur mariage a sonné.

C'est le trésor d'Israël que le Christ est venu accomplir. C'est en revenant puiser dans le trésor d'Israël que le Chrétien, à l'image de son Maître, s'accomplira. Il n'y a lumière plus grande que fruit du mariage de la lumière et des ténèbres.

---

(11) Jean XII, 37-41.
(12) Romains XI, 25.

Les ténèbres ne dévoilent ainsi la lumière dont elles sont le gardien que peu à peu autant que l'Homme peut la porter, voire l'épouser, la devenir.

Qu'il n'y ait aucune ambiguïté : la relation que j'établis entre Judaïsme et Christianisme dans une dialectique ténèbres-lumière ne signifie aucunement que j'identifie le Judaïsme aux ténèbres et le Christianisme à la lumière ; l'un et l'autre ont respectivement leur dialectique interne ténèbres-lumière, ce n'est que dans leur rapport l'un à l'autre que je ressens le Christianisme lié à la lumière de Noël, le Judaïsme aux ténèbres du Golgotha d'où jaillira l'Homme nouveau, totalement autre, l'Homme ressuscité.

Un seul Messie les unit ; celui de la sixième heure qui reviendra en gloire à la neuvième heure.

Je m'explique :

Méditant, à la lumière des sept jours de la Genèse, sur les lois qui président au développement de l'enfant dans le ventre de sa mère, je proposais de penser dans un récent ouvrage (13) — et je le rappelle dans celui-ci (14) — qu'au sixième mois de la vie intra-utérine l'enfant devient viable car il acquiert — comme au sixième jour de la Genèse — sa dimension d'« image de Dieu ». Son sang est alors porteur de son Nom secret, sa « personne » ; l'enfant est lourd du germe divin qu'il doit devenir.

Pourquoi ne naît-il pas encore ? Qu'est-ce qui fait résistance pendant encore trois mois ?

Tout porte à croire que cette force de résistance permet la mise en place de structures beaucoup plus subtiles que les structures biologiques, et relatives au mystère de la personne unique qu'est chaque enfant venant au monde.

Il semble que ces trois mois d'attente soient, en raccourci, le symbole de ce que sera la vie de cet être, de l'âge adulte à la fin de l'accomplissement total de sa personne, depuis l'image jusqu'à la ressemblance divine à laquelle il est appelé.

L'enfant venant au monde à neuf mois n'est que dans le sixième mois de son cheminement essentiel. Il y restera durant son enfance et son adolescence.

Devenir véritablement un homme, c'est entrer dans le septième mois de la vie intra-utérine cosmique.

---

(13) Cf. S. du C. p. 229-230.
(14) Cf. p. 351 à 355.

Ce septième mois voit alors une mutation grandiose qui devrait être l'âge adulte, mais que l'humanité actuelle ne connaît guère encore, car le développement de chaque être, bien qu'autonome, est aussi intimement lié à celui de l'Homme total qu'est l'humanité dans son ensemble. Et, à de rares exceptions près que tous les temps ont connues, peu d'hommes ont dépassé le stade animal du sixième mois.

Dans cette perspective, je proposais aussi de penser que le Christ, né il y a deux mille ans dans le tissu animal du sixième mois de gestation de l'humanité, a fait entrer celle-ci dans sa dimension d'« image de Dieu ». La rencontre de Marie, enceinte du Christ, avec Elisabeth dont les Evangiles nous précisent qu'elle était dans son sixième mois de grossesse, en serait un témoignage car Jean-Baptiste dans l'esprit de la tradition symbolise l'humanité de l'ancienne alliance...

Qu'elle le veuille ou non l'humanité, il y a deux mille ans, a entendu battre le cœur de son NOM.

Qu'elle le veuille ou non aussi, elle est entrée avec le Christ révélant la Trinité des Personnes divines dans la révélation de la personne humaine. Aujourd'hui elle n'est plus à l'écoute de ce cœur qui cependant ne cesse de battre ! Il ne bat que pour nous conduire de l'image à la ressemblance, du sixième au neuvième mois de notre gestation cosmique où tout sera accompli. Sur la croix, Christ ne s'écrie-t-il pas avant de mourir :

« Tout est accompli »,

c'était la neuvième heure. De la sixième heure à la neuvième heure les ténèbres recouvrent la terre.

A la dixième heure c'est la résurrection.

Au dixième mois de la gestation de l'Homme, ce même Christ né dans le tissu animal de la création reviendra en gloire.

C'est Lui ce Messie qu'attendent les ténèbres-trésor de l'humanité, Israël, celui-là même qu'une faible lumière de son peuple a reconnu dans l'enfant de Bethléem.

Il semble que l'humanité ait à gérer aujourd'hui son passage au septième mois de sa vie intra-utérine cosmique.

Elle ne passera du six au sept que dans des noces dont je pense qu'elles concernent essentiellement Juifs et Chrétiens, le peuple du « Livre ».

Commenté par les Juifs, traduit par les Chrétiens, dans l'un et l'autre cas le Livre, la Bible, ne l'a été qu'à la lumière du niveau de conscience des hommes de l'époque.

Une information essentielle reste encore dans les Ténèbres, c'est la langue hébraïque qui la garde.

Disposerions-nous aujourd'hui du texte hébreu de la Bible si le peuple juif tout entier avait reconnu Jésus de Nazareth pour Messie ?

Cette question m'a pénétré le cœur un jour que je marchais dans les pas du Christ à Jérusalem.

Et la réponse vint tout aussitôt ; il fallait qu'ils restent les gardiens du Trésor.

C'est à partir de là que je méditais longuement sur le sens profond du phénomène de la résistance, celui que j'exposais plus haut.

La Bible hébraïque est devenue historiquement la seule identité réelle d'un peuple rejeté qui a sauvé le Livre avec sa peau.

Il s'est enrichi du sang de ses martyrs.

C'est en accédant à sa langue qu'il nous sera donné de vivre la Pentecôte de son message.

Là, deux voies s'ouvrent, distinguées l'une de l'autre, mais inséparables en profondeur :

— Une voie directe, mystique, celle du verbe du Dieu vivant, archétype de toute langue, accessible à tous, du plus illettré au plus grand savant. Elle se suffit à elle-même. C'est une voie personnelle.

Elle est par contre indispensable en grande partie à celui qui chemine sur la seconde voie, mais celle-ci s'ouvre au collectif.

— Cette voie est indirecte ; elle passe par une étude ; celle de la langue hébraïque en tant qu'icône la plus précieuse du Verbe est l'étude par excellence. L'icône ne parlera qu'à celui qui fait le premier chemin, mais elle peut être le relais magistral sur le chemin.

Elle le fut et le reste chaque jour pour moi.

L'icône contient la puissance de l'archétype, son modèle, et le pouvoir d'y reconduire.

L'hébreu conduit au Verbe divin.

Sur le chemin de l'image au modèle, de nombreux niveaux de lecture peuvent s'ouvrir : soixante-dix-sept, disent les Hébreux pour qui le nombre sept est celui qui conduit à l'infini !

Mais dans une autre optique ils parlent aussi de quatre niveaux, selon les quatre lettres qui composent le mot Pardēs פרדס , lequel est le « Paradis » ou encore la « science divine ».

— Le premier niveau, tout « simple », est celui du Peshaṭ פשט , qui est celui dans lequel nous avons jusqu'ici confiné les traductions. Nouvelles statues de sel, les traductions ont arrêté le Verbe à une toute première intelligence du texte où les contradictions sont irréductibles et où le message, plus secret, incompris, a été détourné pour être ramené à ce premier niveau, en écorchant souvent tout « simplement » aussi la grammaire !

Revenir à la source des traductions, le texte hébreu lui-même, est la seule façon de retrouver le chemin des profondeurs qui attendent de nous que nous fassions « œuvre mâle » en elles en même temps qu'en nous.

— Le deuxième niveau, Remez רמז , est celui qui « clignote » derrière le premier. Il est plus subtil, lié à la dimension symbolique de ce qui apparaît statufié au premier niveau. C'est une vie qui palpite derrière les apparences ; elle cache le pouvoir qu'elle a de reconduire les objets du premier niveau à leurs archétypes respectifs. Cette reconduction est exprimée par la possibilité dont jouit ce qui rampe de se redresser, exactement comme le serpent peut être l'animal qui « mange la poussière », mais qui, verticalisé, peut devenir l'Arbre de Vie auquel le Christ s'identifie (15).

C'est à ce niveau que les Pères nous ont admirablement conduits, nous introduisant ainsi au Dārash.

— Le troisième niveau, Dārash דרש , s'offre à notre « recherche ». Il porte en lui une « exigence » de rencontre de l'Homme avec son Nom. Ce troisième niveau s'étage sur tous les plans de redressement du Remez, sur tous les plans de verticalisation de l'Homme.

On peut le comparer à l'échelle de Jacob qui, reposant sur la terre de Peshaṭ-Remez, dresse tous ses échelons dans le Dārash. Chacun des échelons est une lumière nouvelle qui implique — nous le verrons — un mariage avec les ténèbres. N'y accède que celui qui accomplit en lui ses mariages intérieurs et qui accepte donc d'être et de pénétrer ses ténèbres. La montée dans la lumière d'une nouvelle intelligence des Ecritures se fera dans la mesure où l'Homme sera descendu dans ses propres ténèbres.

(15) Jean III, 14.

Cette étape ne fait aucunement appel à une intelligence intellectuelle mais elle se construit en même temps que sourd du cœur circoncis de l'Homme la lumière d'une intelligence neuve.

— Le quatrième niveau dont on peut dire aussi, dans cette perspective de l'échelle, qu'il est un sommet jamais atteint, infini, est Soḏ סוד , le « secret ».

Le secret plonge ses racines dans la pensée divine qui relève de Sagesse et Intelligence auxquelles on n'atteint que par la croix. La Bible hébraïque et le Christ Verbe incarné, pour celui qui fait le chemin direct, sont gardiens du secret.

Si le Christ conduit au Tāḇor jusqu'à sa lumière incréée, l'hébreu conduit au Verbe dans sa lumière créée.

Une légende juive raconte que Rabbi Aqiba réputé pour sa sainteté introduisit dans le secret trois de ses disciples. L'un mourut, le deuxième revint fou et le troisième perdit la foi. Seul Rabbi Aqiba entra dans le mystère du Verbe.

L'hébreu conduit au Verbe.

Les lettres de son alphabet sont des énergies créées, elles-mêmes icônes des Energies divines incréées (16).

Le jeu des figures qu'elles forment pour constituer un mot, une phrase, un discours est un jeu divin, jeu mobile et rigoureux comme celui d'un ballet dont le maître est caché dans le secret.

Trois lettres nous saluent d'un mot qu'immédiatement nous figeons dans un concept du Peshaṭ. Alors miséricordieuses, nos trois amies se présentent à nous d'une autre manière. Et la forme qu'elles se donnent, différente de la précédente, joue avec elles un langage si subtil que tout à coup un relief apparaît qui arrache la phrase du Peshaṭ devenu Remez et la fait danser dans le Dārash, sur un niveau de l'échelle où nous nous sentons nous-mêmes arrachés.

Le poète, par une voie intuitive, tend vers cette même expérience dans le livre de la nature, autre Bible à laquelle le Christ fait si souvent référence, comme venant jouer en stéréophonie avec les Ecritures. La nature est une autre icône du Verbe à laquelle toutes les Traditions viennent puiser, son langage est universel.

Le prophète vit cette expérience par connaissance.

(16) Cf. L. Ch. V, Chap. II.

Participant de l'un et de l'autre, chacun de nous attentif au langage de l'inconscient peut entrer dans l'écoute du Verbe...

Le texte original de la Bible était écrit d'un seul tenant, sans coupure entre les mots.

Si nos Pères, sous l'inspiration de l'Esprit-Saint, ont établi les césures que nous connaissons, la possibilité d'autres césures reste ouverte, dont le nouveau souffle qu'elles déterminent n'est pas étranger aux dimensions du « Pardēs » que l'Esprit-Saint a jusqu'ici gardé cachées.

L'Apôtre Paul ne termine-t-il pas son épître théologique par excellence en disant :

> « A celui qui peut vous affermir...
> Selon la révélation du mystère qui,
> tenu secret de toute éternité, est
> maintenant dévoilé... (17) »

Le dévoilement s'étage sur les siècles de nos mois d'enfantement dont celui que nous semblons entamer nous branche à une nouvelle respiration.

Ne croyons pas que nous puissions alors, ivres de cet air des hauteurs, danser avec notre corps de ballet alphabétique la figure qui convient à nos délires :

Les lettres sont des énergies vivantes, légères de beauté et lourdes du sens de l'incréé qui fait leur beauté ; elles irradient, pénètrent, sculptent et taillent leur contemplateur avec la précision du burin divin au point exact où se joue leur rencontre avec leur homologue en lui, l'Homme, autre aspect encore insoupçonné du Verbe.

Chaque lettre en lui trouve son écho et le vérifie.

Celui qui ne résonne pas juste est atteint dans son être. Chaque lettre est feu, feu de l'amour de Dieu qui est Rigueur et Tendresse, feu qui pénètre l'aimé et le transforme au fil de l'Epée. Chaque lettre du Verbe est un aspect de l'Epée à deux tranchants, qui tue ou vivifie celui qui s'avance sur son chemin !

La grammaire hébraïque joue dans cette même foulée créatrice, son rôle structurant, rigoureux et libérant. Elle non plus ne reste pas vissée au temps linéaire passé-présent-futur dont la physique quantique nous apprend aujourd'hui qu'il est illusion.

---

(17) Romains XVI, 25.

A l'aube des temps on le savait.

Passé-présent-futur n'appartiennent qu'à un seul échelon de notre échelle, encore que le présent, car il est insaisissable et brise le temps, appartient à la transcendante éternité dont je parlais au début de cette introduction. C'est pourquoi il n'y a pas de présent en hébreu. Celui du verbe être serait יהוה , le Verbe divin ! Chaque instant, lourd de la totale potentialité de l'échelle, est tu, car c'est lui seul qui importe en profondeur à l'hébreu. En lui le Verbe se fait silence. Dans ce sens le temps de la grammaire est, je dirais, vertical.

Un échelon émergé des ténèbres, devenu lumière, est un champ de conscience intégré, il est *accompli*. Les échelons qui restent à gravir sont encore dans les ténèbres. Ce sont des terres intérieures encore inexplorées, des champs de conscience fermés, *inaccomplis*.

En profondeur, seuls « accompli » et « inaccompli » sont les deux formes verbales qui président à la langue hébraïque parce qu'elles président à la vie du Verbe divin en nous.

La vie est essentiellement potentiel à accomplir.

Nous verrons que l'Arbre de la Connaissance planté en 'Ēḏen est celui non du bien et du mal — qui l'un et l'autre n'ont pas d'ontologie —, mais celui de la connaissance accomplie et non-encore-accomplie ; il est celui de la lumière révélée, intégrée et de celle qui reste encore en potentialité dans les ténèbres. Le dernier fruit de cet arbre est celui de la connaissance-information totale, atteinte lorsque la lumière aura « épousé » la totalité des ténèbres.

Notre histoire saisie entre les deux « portes » que sont naissance et mort pour chacun de nous, ou l'histoire de l'humanité saisie entre l'aube de ses origines et la fin des temps, n'est que celle de l'accomplissement de nos terres, espaces intérieurs, dont l'histoire des Hébreux est le prototype.

Certaines lettres de l'alphabet hébreu ont disparu de notre alphabet ; il serait d'ailleurs intéressant de connaître le sens de leur occultation puisqu'elles sont icônes d'une Energie divine que nous semblons vouloir faire ainsi disparaître de notre conscience...

Nous pallions pour l'instant ce manque par des signes conventionnels qui sont de valeur quasi internationale bien que rien dans ce domaine ne soit véritablement arrêté !

L'hébreu ne comportant pas de voyelles dans le corpus de son alphabet, on a senti la nécessité d'indiquer les sons vocaliques par une notification dite de « points-voyelles » dont il est aussi convenu de rendre compte en français par d'autres signes.

Pour translitérer l'hébreu, j'utiliserai donc l'ensemble de ces signes avec lesquels le lecteur pourra se familiariser en se rapportant au tableau que j'en dresse à la suite de cette introduction, il est légèrement simplifié par rapport au code généralement utilisé, d'une part pour faciliter la tâche du lecteur de langue française, d'autre part pour garder au cœur de certains mots la présence du Yoḏ, sans distinction de sa qualité de voyelle ou de consonne.

Je n'ai pas tenu compte de l'accentuation.

J'ai gardé la plupart des noms propres tels qu'ils sont généralement connus en français lorsque le nom hébreu en est trop éloigné (exemple : Sodọme et Gomorrhe qui littéralement sont Sedom et 'Amorāh ; Jonas qui est Yonāh ; Job qui est 'Iyoḇ... etc.).

De la même manière, j'ai continué d'écrire en français, en obéissant à l'habitude prise par les translitérations phonétiques qui n'obéissaient encore à aucun code, des mots hébreux courants tels « Mi » et « Ma » qui, selon le code devraient être « Mî » et « Mâ » ou « My » et « Mah ».

Je renvoie souvent le lecteur à un de mes deux ouvrages :

— « Le Symbolisme du Corps Humain » (Editions Albin Michel).

— « La Lettre, Chemin de Vie » (Editions Albin Michel).

Chacun d'eux sera respectivement désigné par l'abréviation S. du C. et L. Ch. V.

Enfin, pour tenter de rendre la lecture de ce travail moins ardue, j'ai choisi de le diviser en deux parties :

La page de droite de ce livre consigne le travail chorégraphique, et la mathématique de ma « danse » avec le texte hébreu, telle que je la vis dans mon expérience de chaque jour.

Elle exige que le lecteur connaisse un peu mon partenaire hébreu, sa sensibilité, sa réserve, son exigence, son audace, pour comprendre dans quelles profondeurs il me saisit et m'oblige à mourir pour renaître (18).

---

(18) J'engage le lecteur à prendre connaissance, avant la lecture de ce livre, de celui que j'ai écrit sur le symbolisme de chaque lettre hébraïque : « La Lettre, Chemin de vie » (Albin Michel).

La page de gauche offre le fruit de ce qui semble n'être qu'une réflexion.

On n'y voit couler ni la sueur ni les larmes, mais la joie seule du travail accompli, à peine la consciente certitude de ce qui reste à accomplir !

J'invite maintenant le lecteur à se « déchausser » avec moi pour pénétrer le sanctuaire de la Genèse.

« Ote tes sandales de tes pieds car le lieu sur lequel tu te dresses est une terre sainte » (19)
dit Dieu à Moïse devant le Buisson ardent, Verbe en puissance.

Le texte comporte aussi le verbe « se dresser ». Nous ne pouvons entrer dans le sanctuaire dans l'état de rampant mais dans l'exigence de la verticalisation. Il faut nous laisser saisir par l'Esprit, nous laisser arracher par lui à nos conformismes profanes et sécurisants et nous abandonner à Celui qui nous conduit au cœur du mystère, au cœur de nous-mêmes, faute de quoi la lettre, telle une épouse bafouée, se fermera à notre viol ou nous brisera.

Otons nos chaussures et redressons-nous au seuil du sanctuaire de la Genèse, « Berē 'shîṯ » en hébreu, dont la Tradition dit qu'il contient la totalité de la Torāh. Elle ajoute que le livre entier est contenu dans ce premier chapitre que je tente ici d'approcher ; elle ajoute encore que tout le premier chapitre est contenu dans le premier verset, que ce premier verset est contenu dans le premier mot dont la première lettre, le B, le contient tout entier.

La lettre B, Beiṯ ב en hébreu, symbolise à elle seule toute la création. Elle est chacun de nous, qui récapitule la création.

Elle signifie la « Maison ».

Elle est la « Maison de Dieu » ; voici son histoire :

---

(19) Exode III, 5.

ALPHABET HÉBREU

Forme des lettres		Nom	Translitération	Valeur arithmologique	
I — *CONSONNES*					
	finales				finales
א	א	'Āleph	'	1	– 1 000
בּ ב		Beiṯ, Ḇeiṯ	b, ḇ	2	
גּ ג		Gîmel, G̱îmel	g, g̱	3	
דּ ד		Dāleṯ, Ḏāleṯ	d, ḏ	4	
ה		Hē	h	5	
ו		Wāw	w	6	
ז		Zayin	z	7	
ח		Ḥeiṯ	ḥ	8	
ט		Ṭeiṯ	ṭ	9	
י		Yoḏ	y	10	
כּ כ	ך	Kap, Ḵaph	k, ḵ	20	– 500
ל		Lāmeḏ	l	30	
מ	ם	Meim	m	40	– 600
נ	ן	Noun	n	50	– 700
ס		Sāmeḵ	s	60	
ע		ʿAyin	ʿ	70	
פּ פ	ף	Pē, Phē	p, ph	80	– 800
צ	ץ	Tsāḏei	ts	90	– 900
ק		Qoph	q	100	
ר		Reish	r	200	
שׂ שׁ		Śîn, Shîn	ś, sh	300	
תּ ת		Tāw, Ṯāw	t, ṯ	400	

Forme des lettres	Nom	Translitération
II — *VOYELLES*		
◌ַ	Pataḥ	a
◌ָ	Qāmets ā	ā
◌ֶ et ◌ְ	Segol et Shewa	e
◌ֵ	Tsērei	ē
◌ֵי	”	ei
◌ִ	Ḥîreq court	i
◌ִי	Ḥîreq long	î
וֹ	Ḥolem	ō
◌ֹ	Ḥolem	o
◌ָ	Qāmets-Ḥātouph	o
◌ֻ	Qibbouts	u
וּ	Shoureq	ou

TOME UN

Dans le principe...

CHAPITRE I

בְּרֵאשִׁית בָּרָא אֱלֹהִים אֵת הַשָּׁמַיִם וְאֵת הָאָרֶץ
Dans le principe crée Dieu les cieux et la terre

Dans le principe est 'Elohîm

'Elohîm est principe

En tant que « principe » 'Elohîm se révèle ETRE,
Lui qu'on ne peut contempler qu'au-delà de toute réalité
dont seule l'antinomie Etre-Non Etre rend compte

En tant que « principe », « Etre », 'Elohîm se limite
Lui l'Infini se fait « pauvre »

CHAPITRE I
(verset 1)

בראשית
Berē'shît

Dans le principe
ב
Be dans
ראש
Ro'sh tête, principe

Berē'shît est la forme construite du mot בראש Berē'sh qui, à lui seul, signifie « dans le principe ». Au cœur du « principe » ראש est la lettre 'Āleph א de valeur 1 qui annonce toujours le NOM divin 'Elohîm.

En filigrane le texte dit alors :

« Dans le principe est 'Elohîm », ou mieux encore :

« 'Elohîm est principe ». Il est principe de tout.

En tant que « principe », sous le Nom d''Elohîm, Dieu se révèle ETRE, Lui qu'on ne peut contempler qu'au-delà de toute réalité dont seule l'antinomie ETRE-NON ETRE peut rendre compte.
'Elohîm est un NOM saisi dans la lettre 'Aleph א, elle-même ici enfermée dans la racine Rāsh רש qui signifie « pauvre ». Dieu se nommant, scellant l'infini dans une lettre, fût-ce le 'Aleph א, dans un nombre, fût-ce le UN 1, se limite.

Cette réalité est l'axiome fondamental

Le premier mot de la Genèse contient la totalité du message
des cinq premiers livres de la Bible, dit la Tradition

Fait de six lettres, il offre plusieurs portes pour approcher son
cœur

Prenons l'une d'elles : nous découvrons ceci :

Je pose, je nomme le Fils-Germe

Dans le principe est 'Elohîm
'Elohîm pose le Fils-Germe, fondement de sa création
Il le nomme

le NOM יהוה est le fondement de la création

Ouvrons une autre porte, et regardons :

Mais cette réalité est l'axiome fondamental hors duquel tout ce qui va suivre ne pourrait être ni dit, ni entendu.

Le premier mot de la Genèse n'est cependant pas Berē'sh בראש mais Berē'shîṯ בראשית . Le message se continue donc ; tentons de le déchiffrer en contemplant l'énergie vivante de ce mot dont la Tradition dit qu'il contient toute la Torāh. Fait de six lettres, il offre plusieurs portes pour approcher son cœur.

Prenons l'une d'elles :

בר grain de blé, jeune fils
Bar
אשית je pose, je fonde, je nomme
'Ashîṯ

ou encore :
ברא crée ('Elohîm)
Bārā'
שית pose, fonde, nomme
Shît

Dans le principe est 'Elohîm.
Il pose le « grain de blé », le Germe, le « Fils ». Il le « nomme » — car la lettre Yoḏ ' contient le Nom divin יהוה comme la lettre 'Āleph א contient 'Elohîm —.
Le NOM יהוה est le « fondement » שת Shāṯ, de la création.

La porte que nous venons d'entr'ouvrir nous introduit dans l'essence même du mystère :

Dans le principe est 'Elohîm. 'Elohîm dépose comme fondement au cœur de sa création le NOM יהוה , son Fils-Germe.
« Dans le principe est le Verbe » vient confirmer l'apôtre Jean (I, 1).

Reprenons les trois premières lettres ברא qui forment le verbe « créer ».

'Elohîm pose dans le voir, en face à face

Toute création est œuvre de séparation,
de mise en « face à face », « dans le voir »

Comment l'UN-sans-second peut-Il être compatible avec une altérité ?

Nous sommes amenés à contempler Dieu dans une Réalité
qui est au-delà de l'Etre et du Non-Etre, de l'Infini et du Fini,
du Parfait et de l'Imparfait, de l'Accompli et du Non-Accompli
Au-delà de tous nos concepts, dans la Réalité absolue
qui nous échappe totalement, nous ne pouvons approcher le mystère
de la création qu'en entrant dans le mystère d' 'Elohîm s'accomplissant

'Elohîm se fait inaccompli dans sa création
et dépose en elle son Fils-Germe יהוה
qui est UN avec Lui dans son essence

Elles se présentent ainsi :

ב Be	dans	« créer », c'est « mettre dans le voir » c'est-à-dire en face à face) en tant que principe.
רא radicales du verbe ראה Ra'oh,	voir	

Toute création — cela va se vérifier par la suite — est œuvre de séparation, on plus exactement de mise en face à face, « dans le voir ».

Comment articuler ce « voir », qui implique une altérité, avec l'UN-sans-second que nomme toute la Tradition ?

> 'Elohîm, nous l'avons vu, en se nommant se limite.
> 'Elohîm en tant qu'Infini, Parfait, est totalement accompli. Mais l'accomplissement total, la perfection, c'est l'arrêt, le fini.
> Si Dieu est parfait, Il est fini, Il n'est plus Dieu. S'Il est imparfait, Il n'est plus Dieu.
> De même que, plus haut, nous contemplions Dieu au-delà de l'Etre et du Non-Etre, de même nous sommes amenés ici à l'envisager dans une Réalité qui se situe au-delà de nos concepts antinomiques, fini — infini, parfait — imparfait, mouvement — non mouvement... etc.

א 'Elohîm

בר fils
Bar

Le mystère de la création ne peut s'approcher qu'en acceptant 'Elohîm se limitant, se faisant inaccompli et posant son Fils qui est UN avec Lui dans son essence, comme Germe divin au cœur de l'altérité, sa création. Celle-ci, par la force de croissance du Yoḏ-Germe, devient un potentiel d'accomplissement divin. Par elle,

La croissance du Germe au sein de la création
est un potentiel d'« accomplissement divin » si l'on accepte
antinomiquement
d'affirmer Dieu totalement accompli

La création se présente comme le lieu et l'objet même
de l'« accomplissement divin »
Elle est totalement « autre », « étrangère » à Dieu et cependant
porteuse du Germe divin qu'elle est appelée à mettre au monde et
devenir

Elle est totalement autre et non-autre,
créée et lourde d'une étincelle d'incréé

Une autre porte encore :
« Dans le principe Dieu se crée... »

Dans le principe Dieu se crée...
et cependant Il pose l'altérité absolue

'Elohîm totalement parfait chemine vers un plus-que-parfait qui impliquera un imparfait, nouveau potentiel d'accomplissement, et cela, éternellement.

En prononçant ce dernier mot, je dis bien que nous sommes dans un mystère d'éternité qui dépasse tous les temps, donc toutes nos catégories mentales prisonnières du temps. Il convient d'admettre cette contemplation antinomique si nous voulons aborder le mystère de la création qui est le nôtre et au sein duquel le récit biblique nous invite à pénétrer.

La création se présente alors comme le lieu et l'objet même de « l'accomplissement divin » s'il m'est permis de parler ainsi de l'Immuable ! Elle est totalement autre, « étrangère » (1) à Dieu et cependant porteuse du Germe divin, du Yoḏ-Fils qu'elle est appelée à mettre au monde et devenir.

Elle est totalement autre et non-autre, finie et infinie, créée et lourde d'une étincelle d'incréé.

Nous pouvons alors ouvrir une autre porte sur la beauté du mot Berē'shîṯ en le liant au mot Bara' qui le suit et lire non plus :

בראשית ברא Dans le principe crée (Dieu les cieux et la
Berē'shîṯ terre)
Bārā'

mais :

בראש יתברא Dans le principe se crée (Dieu cieux et
Berē'sh terre)
Yiṯebārē
Dieu se fait Inaccompli et se place, Inaccompli, lourd de son Germe d'accomplissement, « dans le voir », en face à face.

---

(1) J'emploie ce mot qui sera tellement important dans l'image de ce mystère que nous avons à vivre en nous : une partie de nous-même nous est *étrangère* tant que nous ne l'avons pas « épousée ». Ce grand thème va être développé au deuxième chapitre de la Genèse.

« Dans le principe », Berē'shîṯ,
est un mot essentiellement construit sur les deux lettres hébraïques
'Āleph et Yoḏ qui sont respectivement les Noms d' 'Elohîm et de יהוה

Il ne s'agit pas de deux dieux, mais de deux noms divins
qui ne rompent en rien l'Unité
'Elohîm est « accompli divin » se faisant « inaccompli »,
יהוה est Germe divin, semence de la création, son « noyau »

Ces deux lettres Yoḏ et 'Āleph sont au cœur des deux mots Beiṯ et Reish
qui correspondent aux lettres françaises B et R
Elles forment le mot Bar, « grain de blé », ou « jeune fils »
qui préside au mot Berē'shîṯ
C'est pourquoi le grand mystère de la création est contenu dans le Fils-Germe

Il ne nous est possible de dire cela que si, en même temps nous affirmons Dieu Incréé posant dans la création l'altérité absolue qui, parce que absolue, n'est pas autre que Lui.

C'est pourquoi le premier mot de la Genèse בראשית est essentiellement construit sur les deux lettres 'Āleph א et Yoḏ י dont chacune respectivement porte 'Elohîm et יהוה . 'Elohîm, troisième mot de la Genèse va être incessamment étudié.

יהוה est le NOM sacré que les Hébreux ne prononcent jamais, qu'ils épèlent Yoḏ-Hē-Wāw-Hē des quatre lettres qui le constituent (le « Tétragramme ») ou qu'ils glorifient sous le nom d'Adonay « mon Seigneur ». Enfin, ils le nomment HaShēm השם , le NOM, celui qui est au-dessus de tous les noms.

Il ne s'agit pas de deux dieux, mais de deux Noms divins qui ne rompent en rien l'Unité divine et qui rendent compte l'un, 'Elohîm, de l'« Accompli » divin se faisant « Inaccompli » (2) ; l'autre, יהוה , du Germe divin qui se constitue Principe, « Semence » (3) de la création. Il en est son noyau et, de ce fait, devient source d'un nouveau potentiel énergétique divin.

Cela signifie que la totalité du récit biblique est contenue dans ce petit « grain de blé », Bar בר qui préside au mot Berē'shîṯ. Chacune des deux lettres qui le composent ב et ר portent dans le symbole de leur idéogramme original respectif : la première בית (la « maison ») le Yoḏ י , la seconde ראש (la « tête ») le 'Āleph א .

(2) (Car le totalement Accompli dans l'unité est innommable.)
(3) יהוה sera ainsi nommé par la suite (Genèse III, 15).

C'est la combinaison des deux mots Beiṯ et Reish qui forme le mot
Berē'shîṯ

« Maison du principe » est la création

Fille enceinte, lourde du Fils-Germe est la création

La Vierge doit enfanter... toutes les Traditions le savent!

La création est aussi chacun de nous
Chacun de nous est lourd du Yoḏ
Chacun de nous est potentiellement יהוה

C'est la combinaison des deux lettres ב et ר qui forme le mot בראשית

בית maison
Bayiṯ

ראש tête, principe
Ro'sh

« Maison du principe », telle est la création. Et cette « Maison » בית est en effet habitée par le Yoḏ . Le Yoḏ est le principe de la Maison comme le 'Āleph, nous l'avons vu, est le Principe archétypiel, Principe des principes qui se limite א dans רש , une pauvreté, « Kénosis » disent les Pères grecs.

Mais la maison elle-même בית est :

בת fille
Baṯ

י lourde, enceinte du Yoḏ.
Yoḏ

La création est « fille » par rapport à 'Elohîm « Père », א source. Cette fille appelée par la Tradition « Vierge d'Israël » est grosse du Yoḏ. La Vierge doit enfanter... Toutes les Traditions le savent.

La création est encore chacun de nous (je montrerai plus bas comment le texte le signifie). Et chacun de nous est lourd du Yoḏ, chacun de nous est potentiellement יהוה

Le Yoḏ, grain de blé-Germe, détermine le réceptacle qui le contient et dont le récit des six jours, nous allons le voir, décrit les énergies qu'il est et les structures qu'il se donne.
Toutes ces énergies sont symbolisées par la totalité des lettres de l'alphabet (le Verbe) qui sont inscrites entre le Beiṯ ב et le Tāw ת dans le « ventre » de Baṯ בת la « fille ». La seule lettre qui soit exclue de cet alphabet est le 'Aleph א , car la fille est totalement autre (4).

(4) Mais le Christ totalement Dieu et totalement Homme dira : « Je suis l'Alpha et l'Oméga », en hébreu : « Je suis le 'Āleph et le Tāw. »

C'est une fonction paternelle pour 'Elohîm que de créer sa fille

C'est une fonction d'Epoux que de l'ensemencer du Yoḏ (יהוה)

' Elohîm conclut avec sa création-fille une « alliance de feu »

Tel est le secret caché derrière une autre porte encore !

Car « créer » c'est séparer et immédiatement relier
pour faire s'écouler flux et reflux, expir et inspir
de l'Un-sans-second, à l'autre...
Créer c'est respirer

C'est une fonction paternelle pour le 'Āleph א 'Elohîm que de créer sa fille.
C'est une fonction d'époux que de l'ensemencer du Yoḏ י.

La « fille », en un premier temps, a donc pour vocation de mettre au monde le « Fils » יהוה totalement accompli. L'ayant mis au monde, en un second temps elle deviendra « épouse », entrant dans la dimension d''Elohîm, intégrée dans l'Accompli absolu, et jamais confondue avec Lui.

Pour ce faire 'Elohîm conclut avec sa création-fille une « alliance de feu ». Ceci est le secret caché derrière une autre porte :
ברית alliance
Berîṯ
אש feu
'Ēsh
car tel est encore le mot Berē'shîṯ בראשית alliance de feu, alliance d'amour !

Dieu se sépare de Lui-même sans s'altérer aucunement, pour faire alliance avec le tout autre ; alliance qui tout d'abord est dialogue, par le Verbe-Yoḏ ; alliance qui sera mariage.

Créer, c'est séparer et c'est immédiatement relier.

Créer c'est faire s'écouler le flux et le reflux, l'expir et l'inspir... créer c'est respirer.

Créer c'est mettre un espace אש de feu, tissé d'amour dans lequel Dieu se cherche et se retire et puis se cherche encore en l'« autre » jusqu'à ce qu'il n'y ait plus d'espace parce que l'autre, devenu feu et réalisé dans l'amour est venu parfaire l'infiniment parfait !

בראשית ברא Le deuxième mot de ce premier verset est
Berē'shîṯ Bārā' ברא créer, ce qui nous permet
Bārā' d'écrire :

« crée, pose, crée... ’Elohîm »
Lumière-ténèbres, jour-nuit, expir-inspir,
flux-reflux, diastole-systole, et puis diastole encore...

Le cœur de la création bat, à tous les niveaux, sur ce rythme
binaire
ainsi décomposé bien que, en profondeur il ne soit qu’un :
créer, c’est faire battre le cœur de l’autre, la fille, totalement autre
et cependant appelée à l’union avec l’Epoux ’Elohîm

créer : Germe d’’Elohîm placé « dans le voir »
principe du devenir

ברא שית ברא crée, pose, crée...
Bārā'
Shîṯ Bārā'
Lumière-ténèbres, jour-nuit, expir-inspir, flux-reflux, diastole-systole, et puis diastole encore...

Le cœur de la création bat, à tous les niveaux, sur ce rythme binaire ainsi décomposé bien que, en profondeur, il ne soit qu'un : créer, c'est faire battre le cœur de l'autre, Baṯ בת , la « fille » totalement autre et cependant appelée à l'union avec l'époux 'Elohîm.
« J'ai dit : vous êtes des 'Elohîm » (Psaumes 82, 6 — Jean X, 34)

בָּרָא Bārā	crée	Verbe de forme accomplie. Seul l'Accompli peut se faire Inaccompli donc créer.

Précisons ce que l'énergie de ce mot nous a déjà révélé :

בר Bar	germe	
א	d' 'Elohîm	'Elohîm dépose le Germe qu'Il est, son Fils, principe du devenir, en celle qui, l'enfantant, revêtira la dimension d'épouse.
ב Be	dans	Le 'Āleph א créant le Beiṯ ב est 'Āḇ אב « Père ».
רא Radicales du verbe ראה, voir	le « voir »	Le Beit ב retournant au 'Āleph א constitue בא son « devenir », son couronnement, car le א final est la « couronne ».
ר Reish	tête, principe	
בא Bā'	du devenir	

Le verbe « créer, Bārā' » contient dans sa dernière lettre
la finalité même de la création : son couronnement, symbole de
ses noces

La Vierge-Mère, dans les mystères chrétiens, actualise la vocation
de la création et de chacun de nous : maternité et mariage,
dont nos mariages et nos enfantements humains actuels
sont symboles au plan biologique et préparation à l'enfantement
du dieu
qui est en nous et au mariage avec Celui qui nous transcende
totalement !

'Elohîm

Etymologiquement 'Elohîm est « Les ceux-là de ceux-là »,
pluriel sujet d'un verbe singulier
Pluriel et singulier, 'Elohîm est encore l'Au-delà de cette nouvelle
antinomie

La Trinité divine révélée par le Christ est déjà là murmurée

'Elohîm est encore Celui qui, dans son NOM
permet que nous posions la question :
Qui est Celui-là qui est en haut ?

Le verbe créer בּרא contient la finalité même de la création : son couronnement, symbole de ses noces.

La Vierge-Mère, dans les mystères chrétiens, actualise la vocation de la création et de chacun de nous : maternité et mariage, dont nos mariages et maternités humains actuels sont un symbole au plan biologique. Le symbole contenant toute la puissance de l'archétype auquel il convie, mariages et maternités humains ne sont que préparation à l'enfantement du dieu que nous portons et au mariage-couronnement du créé que nous sommes avec l'Incréé qui nous est totalement transcendant !

Si, à ce point de notre méditation, je mets un terme à l'étude du mot Berē'shîṯ, c'est que la nécessité de ces pages m'y oblige. Mais l'étude de ce mot n'a pas de limites. Aussi reste-t-elle ouverte, car tout ce qui va suivre la prolonge.

אלהים
'Elohîm

' Elohîm, Dieu

Nom divin exprimant le Parfait, l'Accompli, qui se fait Inaccompli.
Nom pluriel de 'Ēleh אלה « ceux-là » dont nous voyons que ce mot est lui-même un pluriel. 'Elohîm peut être lu comme un superlatif : « Les ceux-là de ceux-là », inexprimable en français, si ce n'est en ayant recours à un singulier antinomique auquel l'hébreu nous invite puisque le verbe Bārā' ברא dont 'Elohîm est le sujet est un singulier.

En son nom, 'Elohîm, Dieu exprime son unité inaltérable, fût-ce par la Trinité des personnes dont la révélation s'ébauche dans le texte hébreux et se confirme pleinement dans les Evangiles.

Les Hébreux posent alors la question :

מי Qui ?
Mî
אלה Ceux-là/Celui-là
'Ēleh

La racine hébraïque « Mî », pronom interrogatif « qui ? » désigne aussi,
selon la Tradition orale, « Les eaux qui sont au-dessus de l'étendue »
révélées au deuxième jour de la Genèse (5), et distinguées ce jour-là
des « eaux qui sont au-dessous de l'étendue »
Ces dernières sont appelées « Mā ». Elles sont le monde créé
« Mî » est le monde divin incréé, inconnaissable, innommable
et qui cependant se nomme en 'Elohîm :
Qui est Celui-là qui est en haut ?

'Elohîm, origine de יהוה , est Père

'Elohîm se fait יהוה pour eux ('Āḏām)

« Qui est Celui-là qui est en haut ? »

Car ce Mî מי , « qui ? » est aussi, selon la Tradition orale « les-eaux-d'en-haut » distinguées au deuxième jour des « eaux-d'en-bas », Mā, מה (5). Nous verrons que si « les eaux-d'en-bas » sont une autre manière d'exprimer la création, « les-eaux-d'en-haut » sont le monde divin, inconnaissable en soi, le mystère, « qui ? ».
Qui est Celui-là qu'on ne peut nommer et qui cependant se nomme ?

Retourné, Mî devient Yām ים , la mer. La question comporte alors une ébauche de réponse : Celui-là est Yām ים , la mer.

Mais tentons d'aller plus loin :
Les eaux-qui-sont-en-haut sont מי .

מ	indique la provenance, l'origine
י	du Yoḏ.

'Elohîm est origine de יהוה , 'Elohîm est Père.

'Elohîm est :

א	'Elohîm
י	se faisant Yoḏ
Yoḏ	
להם	pour eux (nous verrons qu'il s'agit d''Āḏām (6))
Lāhem	

(5) Cf. plus bas p. 155-157.
(6) Cf. verset 28.

'Elohîm est la mer
Il est les eaux-d'en-haut qui pose en face à face les eaux-d'en-bas

'Elohîm est Celui qui reconduit vers la mer
Celui qui reconduit la création-eaux-d'en-bas vers les eaux-d'en-haut

Appelons 'Elohîm, mer archétypielle, « mer des lumières »
Ce nom se justifiera par la suite

Qui est alors 'Elohîm :

אל 'Ēl	'Elohîm	ou	אל 'Ēl	'Elohîm
ה Ha	Le		ה Ha	la
מי Mî	d'où vient le Yod̲		ים Yām	mer

Mais אל , nom contracté d''Elohîm, est aussi la direction « vers », car pour l'hébreu il n'y a ni autre provenance ni autre but qu''Elohîm.

D'où cette autre lecture :

אל El	vers
ה Ha	la
ים Yām	mer

Parce qu'Il est Celui de qui les eaux-d'en-bas vont sortir, Il est aussi Celui qui reconduit aux eaux-d'en-haut.

Au verset suivant nous allons rencontrer le mot hébreu qui signifie l'eau : Mayim מים . Il peut aussi être lu Mi Yām, « ce qui vient de la mer ». Toute la création vient de la mer Yām-'Elohîm. 'Elohîm reconduira sa création à Lui, à la mer.

Yām ים la mer archétypielle est au-delà de toute représentation possible. Appelons-la « la mer des lumières ». Elle est l'unité contenant l'infini des énergies divines.

J'ai abordé ce mystère dans l'étude du symbolisme du corps (7) à propos de la moelle, moelle osseuse ou

(7) S. du C. p. 226-229-399-400.

La « mer des lumières » est symbolisée au niveau du corps humain par la « mer des moelles » dont l'Homme vit l'expérience dans le crâne

— le Golgotha — (7)

Sa réalité est le mariage de l'eau et du feu

En 'Elohîm est le principe de l'unité eau-feu

La création se joue au niveau de l'eau que Dieu pénètre de son feu épinière que les Chinois appellent, au niveau du cerveau, « mer des moelles ».

Dans ce « lieu du crâne » — Golgotha — ultime matrice qui nidifie le devenir de l'Homme, celui-ci réintègre l'unité en accédant « à la mer », 'El HaYām אל הים, c'est-à-dire en devenant 'Elohîm.

Après la matrice d'eau vécue au niveau du ventre, après la matrice de feu vécue au niveau de la poitrine, cette matrice des moelles fait accéder l'Homme à une mer qui est au-delà de l'eau et du feu, dans une réalité qui en est le mariage. Cette réalité me fait dire que cette mer des eaux-d'en-haut est celle-là.

Ainsi « l'image » (8) du monde d'en-haut qu'il nous est permis de contempler au niveau du corps de l'Homme nous permet-elle d'inférer qu'en 'Elohîm est, dans une indissociable unité, le principe eau-feu.

La création se joue au niveau de l'eau — deuxième jour de la Genèse — dont Dieu se sépare sans se séparer, eau qui forme les « eaux-d'en-bas », eaux que Dieu pénètre de son feu pour les faire croître jusqu'à leur réintégration dans un mariage eau-feu plus riche encore que ne l'était le totalement riche !

Ne sommes-nous pas saisis d'une puissante et mystérieuse crainte lorsque nous nous tournons « vers la mer » ? Lorsque nous prenons le large consciemment vers nos eaux intérieures, inconsciemment vers les océans, c'est vers le mystère ineffable que nous allons.

Si Yām ים est la « mer », 'Ēm אם est la « mère » et ces deux dernières lettres embrassent le nom d''Elohîm אלהים qui peut encore se lire :

(8) Cf. verset 27, 'Ādām créé à « l'image » d''Elohîm.

Enfin, 'Elohîm est Mère de celui qui doit aller vers Yāh

'Elohîm Père est aussi Mère
Il est principe, archétype de toute paternité et de toute maternité

La femme est mère biologiquement,
mais hommes et femmes qui sont tous deux 'Āḏām
ont pour vocation essentielle la maternité de leur être divin

'Āḏām — hommes et femmes — porte יהוה, appelé encore Yāh,
dans ses entrailles à l'image d''Elohîm qui,
Lui, porte 'Āḏām en ses entrailles

'Ēṯ
Ce mot ne peut être traduit ; il introduit un complément direct
lorsque
celui-ci est défini, mais il est fait de la première et de la dernière
lettre de l'alphabet : il contient toutes les énergies créées

אם mère
'Ēm
להי vers Yāh (ל יה)
LeHy

' Elohîm Père est aussi Mère. Elohîm est au-delà de toute catégorie humaine. Principe de tout ce qui est, Il est archétype de toute maternité comme de toute paternité. Il nous faut sortir de nos catégories mentales pour saisir le principe de la maternité comme dépassant totalement le rôle de la femme. La femme est mère biologiquement, mais l'homme et la femme ont vocation de maternité essentielle : mettre au monde en eux-mêmes la dimension de Fils יהוה, dont יה Yāh est une contraction. Cette maternité essentielle est un des aspects de l'image d''Elohîm à laquelle 'Āḏām obéit puisque lui-même אדם a son nom constitué de cette même structure. 'Āḏām, nous le verrons, est l'humanité, hommes et femmes.

D'autre part, les trois lettres להי ont pour valeur arithmologique 30 + 5 + 10 = 45 qui est le nombre d' 'Āḏām אדם 1 + 4 + 40 = 45 à son départ, dans le sixième jour. Cela nous permet de dire que le nom d''Elohîm peut être lu comme celui de la Mère אם contenant 'Āḏām en ses entrailles, un 'Āḏām défini par son programme, celui qui להי doit devenir ל, יה, Fils totalement accompli.

את
'Ēṯ

Ce mot ne peut être traduit. Silencieusement, selon la grammaire hébraïque, il introduit un complément direct quand celui-ci est défini.

Exprimé deux fois dans le verset puisque le verbe « créer » a deux compléments directs définis : « les cieux et la terre », la dualité à laquelle est ontologiquement liée la lettre Beiṯ ב de valeur 2, la création, cet humble 'Ēṯ demande notre attention. — Les Hébreux savent qu'une répétition dans le texte sacré cache une intention divine secrète —.

Les énergies créées sont signes-symbole des énergies divines
incréées

'Ēṯ est 'Elohîm signifié

Prononcé 'Ate ce mot est le pronom personnel,
deuxième personne du féminin singulier

Dans le principe, 'Elohîm crée Toi, (ma fille)

Toi qui es cieux
Toi qūi es terre

Shāmayim, les cieux

את a ceci de particulier qu'il est fait de la première et de la dernière lettre de l'alphabet. Il est très proche, en ce sens, du mot Baṯ בת , la « fille » étudié plus haut et dont je disais que ses deux lettres enserrent toutes les énergies créées.

Première dans l'ordre de la création, la lettre Beiṯ ב n'est cependant que la deuxième de l'alphabet, le 'Āleph א étant la première.

Le Tāw ת, , dernière lettre est un mot תו qui veut dire le « signe ». 'Ēṯ את est, à cette lumière : 'Elohîm signifié.

Tout verbe introduisant un complément direct nommé introduit un signe d''Elohîm. Toute la création, œuvre du verbe divin, est signe d''Elohîm. Ceci sera confirmé et développé au deuxième jour de la Genèse. Mais dès maintenant cela est confirmé par le fait que le silencieux 'Ēṯ את, , quand il parle — il se prononce alors 'At — est le pronom personnel « toi » au féminin.

« Dans le principe, 'Elohîm crée Toi »
Toi ma fille bien-aimée, Toi ma fiancée, chante déjà le 'Ēṯ, et nous pourrions continuer :
Toi qui es cieux et
Toi qui es terre.
Dans son nom בת Baṯ, la fille est totalement autre que 'Elohîm. Mais lorsque Dieu engage avec elle, avec chacun de nous, le dialogue, elle devient את toi, 'Āleph et Tāw (Alpha et Omega) car dans son accomplissement elle deviendra 'Elohîm, épouse.

הַשָּׁמַיִם HaShā-mayim

Les « cieux »

Quels sont ces cieux dont le Christ nous dit qu'ils sont « à l'intérieur de nous » (9) ?

---

(9) Luc XVII, 21.

Cieux extérieurs (au-dessus de nos têtes dans le cosmos)
et cieux intérieurs (notre cosmos intérieur)
sont les deux pôles d'une même réalité créée,
deux pôles reliés par l'unité fondamentale 'Āleph-'Elohîm dont
ils sont signes.

On les entend souvent comme étant les cieux physiques qui sont au-dessus de nos têtes.

Cieux extérieurs et cieux intérieurs sont les deux pôles d'une même réalité, reliés par l'unité fondamentale א dont ils sont signes dans la dualité de la création. Mais nous sommes en droit de nous demander ce que sont les cieux intérieurs à nous.

Ce mot Shāmayim שמים est le nom donné par 'Elohîm à « l'étendue » qui sépare (et unit) les eaux-d'en-haut et les eaux-d'en-bas, le Mi et le Ma, au deuxième jour de la Genèse — nous entrerons dans une plus grande précision en portant notre méditation sur ce jour — mais dès maintenant, nous pouvons lire ce mot :

ש qui est le mot שין contenant le Yoḏ י (10).
lettre Shîn

מים les eaux
Mayim

La lettre Shîn ש de valeur 300 est le noyau trinitaire — un et trois — de tout être créé. Elle est, en tant que les Shamayim séparent et unissent le Mi et le Ma, l'élément en lequel s'articulent les eaux-d'en-haut et les eaux-d'en-bas ; c'est en la Personne du Fils-Germe, le Yoḏ, que l'incréé et le créé se rejoignent. Le Shîn est la pierre précieuse, pierre d'angle des profondeurs qui contient le Yoḏ, le seret du NOM, du Shēm שם. :

שם Shāmayim שמים est le Shēm שם
Shēm dans les Mayim

(10) C[illegible]. L. Ch. V, Chap. du Shîn.

Shamayim, les cieux, est le Shēm, le NOM יהוה scellé dans les Mayim,
les eaux-d'en-bas non accomplies.

Si nous examinons la « terre » qui joue en dualité avec les « cieux »,
nous constatons qu'en hébreu elle est le même mot que le « sec »
Le sec sera révélé au troisième jour de la création,
jouant, lui, en dualité avec l'humide
Or, les cieux sont יהוה, , le Nom scellé dans l'humide
Ce qui nous permet de discerner que :
« Dans le principe Dieu crée le Nom scellé dans l'humide, et le sec »

« Dans le principe Dieu crée l'inaccompli et l'accompli »,

qui seront aussi ténèbres et lumière, nuit et jour, féminin et masculin, etc.

Mais le mot hébreu « Shāmayim » traduit par « cieux est à lui seul une dualité.
Il est la forme duelle inusitée — mais réelle ! — du mot Shēm, le NOM

מים, Mayim — מים , Shēm qui appartient au מי, , à la « mer des lumières », mais qui se cache en tant que Germe dans les profondeurs des eaux-d'en-bas, non accomplies.

Si nous regardons le mot 'Erets ארץ, , « terre » qui joue en dualité avec Shāmayim « cieux », il est celui qui, au troisième jour de la Genèse, lorsque « Dieu sépare le sec de l'« humide », exprime en hébreu le « sec », les Mayim restant les eaux, l'humide. Ce qui permet d'écrire :

« Dans le principe Dieu crée le NOM scellé dans l'humide, et le sec. »

Humide et sec sont l'inaccompli et l'accompli au niveau créé. Le déroulement des six jours le confirmera ainsi que le récit biblique dans sa totalité. Il est donc possible de lire encore :

« Dans le principe Dieu crée l'inaccompli et l'accompli. »

Dès le premier verset, la création est donc décrite selon les mêmes structures que celles du Monde divin en tant qu'Il se révèle à nous. « Inaccomplie de Dieu », elle-même fera son chemin d'accomplissement par paliers successifs dont chacun, accompli, ne sera encore que le germe du suivant inaccompli et pour l'accomplir... jusqu'à la fin de ces paliers qui sont nos cieux intérieurs, fin de nos espaces intérieurs, qui sera aussi la fin des temps.

Cette alternance est ici exprimée par la dualité de l'humide et du sec que viendront compléter celles des ténèbres et de la lumière, des nuits et des jours, du féminin et du masculin... etc.

Mais le mot Shāmayim שמים est aussi, à lui seul, une dualité. Il est le duel du mot Shēm שם, , le

Il est « les deux NOMS »

« Dans le principe Dieu crée les deux Noms et la participation à l'UN »

La vie n'est qu'un incessant dialogue du UN au deux, coextensivement au multiple, et du multiple à l'UN

Quels sont « les deux NOMS » ?

L'un d'eux est יהוה
יהוה incréé est UN avec ' Elohîm

créé, Il entre dans la dualité

NOM, mot inusité car il touche à un mystère indicible. Mais il est indéniable qu'il signifie « les deux Noms ».

« Dans le principe Dieu crée les deux Noms »,

peut-on lire. Et la dualité tout entière étant contenue dans le mot Shāmayim, 'Erets ארץ, , le « sec », dans ce nouveau contexte est alors le troisième terme atteint au-delà de la dualité.

'Erets est, en tant qu'accompli, une nouvelle participation à l'unité. Je le montrerai en étudiant le mot lui-même.

Shāmayim — inaccompli et duel — est à 'Erets — accompli et participation à l'UN — ce qu'est le créé à l'incréé. Ceci encore est un aspect de « l'image » (8).

La vie n'est qu'un incessant dialogue du UN au deux, coextensivement au multiple, et du multiple à l'UN.

Nous ne pouvons pas évacuer cette acception du mot Shāmayim : « les deux Noms ». Quels sont-ils ?

L'un d'eux, c'est certain est HaShēm, le NOM, יהוה. . En tant que Fils Increé, יהוה est Dieu, n'étant qu'UN avec 'Elohîm Père.

En tant que se faisant Germe, placé par le Père « dans le voir », fondement de la création, Il est créé. Se faisant créé, Il est deux, Lui, le Germe, qui, pour grandir, devra se mesurer à l'Adversaire.

La création ב, , ontologiquement liée à la dualité afin de conquérir l'unité, implique la contradiction. Toutes ses structures sont faites de cette loi. Accomplissant la loi, loi mosaïque d'abord, puis loi

L'autre est alors Śāṭān שטן, , l'« Adversaire »

Précisons bien que :
יהוה Un avec 'Elohîm est incréé
S'incarnant au cœur de la création, de toute éternité, Il est créé

Les deux natures contemplées par le Chrétien
dans la Personne de יהוה -Christ ont là leur fondement :
nature divine incréée et nature humaine créée coexistent en Lui

En tant que créé,
יהוה constitue la loi de la création et pénètre la dualité
Dans ce cadre créé יהוה rencontre l'Adversaire-Śāṭān
C'est dans le jeu de leur rencontre que s'opère le retour à l'unité
Le Livre de Job est l'histoire de cet affrontement
Job est prémices du Messie, יהוה -Christ rencontrant le Śāṭān
(Matthieu IV, 1)
Christ, appelé « Nouvel 'Āḏām » par la Tradition,
redresse en cette expérience l'erreur du premier 'Āḏām qui,
confronté au serpent de la Genèse, rencontre en lui l'Adversaire
יהוה et Śāṭān sont à l'intérieur de l' 'Āḏām

ontologique (11), Christ- יהוה se mesure au Śāṭān (Matthieu IV, 1).

Śāṭān שטן est l'Adversaire. Il est l'autre NOM (12).

Le récit de la chute le désignera nettement comme adversaire de יהוה lorsque יהוה -'Elohîm s'adressera au serpent, lui disant :
« Une inimitié je place entre toi et l'épouse, entre Ta semence et sa semence... » (Genèse III, 15)

יהוה lié au nom d' 'Elohîm dans le dire divin est totalement UN avec 'Elohîm Increé. En tant que « semence de l'épouse », Il est créé. La semence du serpent est Śāṭān. Ces deux semences, les deux Noms, s'affrontent, dans l'expérience de Job, prémices de l'expérience messianique.

Dès ce premier verset de la Genèse s'inscrit, après la révélation trinitaire divine, celle des deux natures dans la Personne de יהוה -Christ : nature divine increéée et nature humaine créée. Les mystères chrétiens reposent sur ces deux seuls « dogmes » (13) hors desquels la création n'est pas et ne peut s'accomplir.

Mais en tant que créé, יהוה entre dans la dualité.

La dualité créée יהוה -Śāṭān est une réalité que nous devons maintenant regarder en face : toutes les structures de la création sont en elle. Si nous sommes attentifs, la suite du texte biblique nous éclairera.

Elle nous éclairera, à condition que nous nous dépouillions d'un mental primaire lié à l'enfance de

(11) Cf. S. du C. chap. XI.
(12) Cf. L., ch. V., chap. du Shîn. Etude du nom de Śāṭān.
(13) Cf. S. du C. p. 194.

Les cieux, « les deux Noms » Shāmayim, sont à l'intérieur de nous

יהוה est notre nom-noyau

Śāṭān est le chérubin qui en garde l'accès
Le chérubin jaloux de l'Homme le dévorera
ce sera le drame de la « chute »
dont nous verrons par la suite que יהוה Christ la renverse
fondamentalement

La conjonction qui unit les « cieux » (humide)
et la « terre » (sec) exprime le résultat de la rencontre

l'humanité dont nous avons tant de mal à nous libérer : nous avons projeté sur la dualité יהוה -Śāṭān les catégories du couple Bien-Mal dont nous verrons qu'il n'est pas ontologique. Il nous faut arriver devant ce mystère avec une intelligence neuve et ne voir, pour commencer, en « l'Adversaire » que la partie qui est « sur l'autre versant », comme peuvent l'être des parents qui, sans être pour autant ennemis de leur enfant, ont à jouer cette partie adverse et à se faire résistance à lui, pour le faire croître. La lumière ne peut s'intensifier que si elle rencontre une plus grande résistance.

« Les deux Noms », Shāmayim שמים sont à l'intérieur de nous.

השם HaShēm est au niveau de chacun de nous le Nom secret, propre à chacun de nous, constitutif de notre Personne — ou hypostase — que Dieu souffle dans les narines de l' 'Āḏām (Genèse II, 7) et que nous ne connaîtrons que lorsque nous le serons devenu. (Ce sera cela mettre au monde en nous « Le Fils ») (Apocalypse II, 17).
Dans le principe : יהוה est notre noyau enfermant dans son insécable unité la totalité de nos énergies. Śāṭān שטן, , est le chérubin qui le garde, qui en défend l'accès et oblige celui qui s'y présente à revêtir la dimension nécessaire au passage. Le chérubin, jaloux de l'Homme, le dévorera. Ce sera le drame de « la chute » dont nous verrons par la suite que Christ יהוה- la renverse fondamentalement.

ואת
We'Ēṯ

La lettre Wāw ו, , conjonction de coordination, unit les deux compléments directs, mais forme avec le corps du mot את un nouvel ensemble constitué des trois lettres du mot אות 'ōṯ, qui, plus que la lettre Tāw ת seule est « le signe, la marque ». La lettre Wāw ו vient ici unir et féconder le 'Aleph א et le Tāw ת , l'incréé et le créé.

ואת ne peut introduire qu'un signe d'accomplissement, accomplissement de « toi », ma fille qui

des « deux noms » dans une unité conquise ; elle introduit
un troisième terme qui est le « sec »
'Erets, la « terre » ou le « sec » est essentiellement
nos espaces intérieurs accomplis, nos champs de conscience
conquis

La « terre-sec » est le principe même du resserrement, une sorte de « coagulation » qui est « prise de conscience » devient terre nouvelle. Dans cette perspective il n'est pas une coordination linéaire mais un catalyseur qui introduit ארץ comme conséquence de la rencontre des deux Noms dans l'inaccompli.

הָאָרֶץ
Hā 'Ārets

La « terre » ou le « sec »

De même que les Shāmayim ne désignaient pas exclusivement les cieux extérieurs, mais essentiellement nos cieux intérieurs, de même 'Erets n'est pas tant la terre extérieure que nos terres intérieures, c'est-à-dire nos espaces accomplis, nos champs (de conscience) intégrés, conquis, « sortis des eaux » comme le confirmera l'étude du troisième jour.

Après la dilution dans les eaux de l'inaccompli, la totale confusion de l'être avec elles, il s'agit ici d'un resserrement, du principe même du resserrement et de la contraction, une sorte de coagulation faisant corps différent qui se posera face au reste des eaux inaccomplies. « Placer dans le voir » est le début d'un processus créateur, celui d'un accomplissement : une « prise de conscience ».

Le mot 'Erets peut être lu :

ר Lettre Reish	principe	
אץ 'Āts	resserré	Dans ce mot, la lettre final Tsadei ץ retient notre attention :

Le Livre de la Splendeur (14) raconte la visite que fit chaque lettre de l'alphabet au Maître de l'Univers qui dès le Principe « jouait avec elles toutes et en faisait ses délices ». A la lettre Tsādei qui se prévalait d'être « juste » צדק, , le Saint-Béni-Soit-Il fit cette remarque :

(14) Zohar 1, 2b.

La terre est participation à 'Elohîm-unité

Au-delà des Shāmayim qui sont dualité,
'Erets est un troisième terme
qui est « émergence dans une unité, icône d''Elohîm »

« Ta forme primitive est celle d'un Noun oblique, principe femelle, sur lequel vient s'ajouter un Yoḏ, principe mâle. » A la lumière de cette révélation, le mot 'Āts אץ n'est autre qu'une forme voilée de 'Ayin אין le « Rien » appelé encore « point d'en haut », toute première manifestation divine sortant des ténèbres de l'Inconnaissable absolu, qui est et qui n'est point..., archétype de toute contraction (15).

Le principe du mouvement auquel obéit la création, au terme de toute épreuve de la dualité inaccomplie, est un accomplissement qui, en 'Erets ארץ est :

רץ Rats	participation à
א 'Āleph-1	' Elohîm-unité.

Nous avons ici confirmation qu'au-delà des Shāmayim qui sont dualité, 'Erets est un troisième terme, qui est « émergence dans une unité, icône d''Elohîm ».

A la fin des « temps », comme à la fin des « eaux » — ces deux mots sont UN en hébreu : Yamîm ימים — à la fin de l'inaccompli, la rencontre ultime des deux « NOMS » verra l'irruption fulgurante d''Elohîm. Les livres, de Noé, de Jonas et de Job nous préparent à la descente aux enfers et à la résurrection du Christ.

La porte est ouverte. L'humanité 'Āḏām doit maintenant vivre ces mystères qui sont inscrits en elle. Mais nous ne pourrions pas les aborder si nous ne nous mettions pas à l'écoute du supplément d'infor-

---

(15) A comparer avec le « point d'en bas » 'Ayin עין dans le mot 'Ets עץ , p. 199.

Cieux et terre sont en nous respectivement

principe de l'humide-inaccompli lourd du noyau divin יהוה

que garde l'Adversaire,

et du sec-accompli, participation à l'UN, 'Elohîm

Le dialogue des cieux à la terre est celui du multiple à l'UN

La terre extérieure sur laquelle nous prenons pied est un reflet du sec
comme nos océans le sont de l'humide

d'informations que ce premier chapitre de la Genèse nous offre concernant les structures de la création, celles d' 'Āḏām.

Avant de clore ce chapitre, j'invite tous ceux qui participent à cette méditation à prendre conscience que ce premier verset de la Genèse, dans la perspective que je propose, ne parle pas du ciel et de la terre dans le sens que nous entendions couramment jusqu'à aujourd'hui.

Les cieux dont il s'agit ici sont créés ; ils ne sont donc pas le monde divin.

Cieux et terre sont en nous :

Pour les cieux :	principe de l'« humide » riche de notre potentiel énergétique et lourd d'un « noyau », notre NOM, que garde l'Adversaire.
Pour la terre :	principe du « sec », accomplissement de ce potentiel comme issu de la rencontre des deux NOMS.

Le dialogue des cieux à la terre est celui du multiple à l'Un.

La terre extérieure sur laquelle nous prenons pied est un reflet du « sec », comme nos océans le sont de l'« humide ».

CHAPITRE II

והארץ היתה תהו ובהו
Et la terre est forme et vide,
וחשך על־פני תהום
les ténèbres sont sur la face de l'abîme
ורוח אלהם מרחפת על־פני המים
et l'Esprit de Dieu plane sur la face des eaux

Le message divin est donné ici en trois temps
selon un balancement qui va du sec à l'humide,
contrairement au verset précédent où Dieu crée l'humide et le sec

a) la terre est forme et vide

CHAPITRE II

(verset 2)

a) La terre est forme et vide

וְהָאָרֶץ
Wehā 'ārets

Et la terre (le sec)

Dans ce deuxième verset révélé en trois temps, le message divin précise le contenu du premier. Remarquons bien son balancement : il commence par « la terre » et se termine par « les eaux », à l'inverse de ce qui vient d'être décrit, qui commençait par Shāmayim, l'humide, pour se terminer par le sec-terre, 'Erets.
Il y a ici, après un inspir, un expir : sur le rythme de cette respiration, descendons dans les profondeurs de la création.

הָיְתָה
Hāyetāh

Est

Le verbe est employé au parfait, c'est-à-dire à la forme accomplie. Il n'est pas un passé au sens historique du terme ; il est participation à un présent. Le présent, instant insaisissable, n'existe pas en hébreu. S'il existait, au niveau du verbe Etre, il serait יהוה, , le NOM.
Le présent est un accompli, participant donc de

Le sec-terre est participation à l'éternité 'Āleph, donc aussi au Yoḏ

Le Yoḏ appartient à l'éternité mais est inscrit dans le temps
Le sec-terre accomplissant le Yoḏ touche à l'éternité dans l'« instant »
mais appartient au temps
Dans le temps, le Yoḏ éclate en deux Hē
selon le modèle absolu Yoḏ-Hē-Wāw-Hē יהוה

Ces deux He décrivent la terre-sec dans le Ṯohou et le Ḇohou

Ṯohou et Ḇohou sont la personnalisation
de chacune des deux lettres Tāw (T) et Beiṯ (B)
que le souffle He (H) de chacune anime,
tel celui des deux poumons de l'archétype יהוה ,
lorsque avec la Tradition mystique juive,
nous donnons au NOM sa forme הוה , forme de l'Epée (1)
Ces deux lettres B et T forment le nom hébreu de la « fille » (Baṯ)
dont nous savons qu'elle est lourde du Yoḏ

Le Ṯohou WāḆohou est l'éclatement du Yoḏ
au sein de la création-fille

Le Ṯohou donne donc corps à l'accomplissement ; il donne forme au sec qui, dans son émergence à la lumière, est la partie mâle de la « fille » (la création, chaque être humain) par rapport aux Shāmayim inaccomplis et donc femelles qui restent encore dans les ténèbres.
Mais tout accomplissement de la création-fille constitue le corps de l'« épouse » d' 'Elohîm.

l'éternité א (ארץ , participation au 'Aleph). S'il participe du 'Aleph-éternité, il participe aussi du Yoḏ, lequel est inscrit dans le temps.
Le Yoḏ י non encore accompli éclate aussitôt en deux Hē ה selon le modèle absolu יהוה .
הארץ היתה « la terre est... » exprime parfaitement l'action de participation au 'Aleph א qui immédiatement renvoie au Yoḏ י de היתה , lequel éclate dans les deux Hē ה dont l'un est déjà presque le Ṯohou תהו et dont l'autre va nous être révélé Ḇohou בהו. .

תֹהו וָבהו
Ṯohou
Wāḇohou

« Informe et vide » disent les traductions qui projettent une idée de chaos à un commencement historique de la terre.

Mais le sens est plus profond :
Ces deux termes sont inséparables : ils sont la personnalisation de chacune des deux lettres Tāw ת et Beit ב que le souffle He ה de chacune anime, tel celui des deux poumons de l'archétype יהוה lorsque, avec la tradition mystique juive, nous donnons au NOM sa « forme » הוה , forme de l'Epée (1).
Ces deux lettres construisent le mot Baṯ בת , la « fille » dont nous savons qu'elle est lourde du Yoḏ.

Le Ṯohou WāḆohou est donc cet éclatement du Yoḏ au sein de la création Beiṯ בית. .
Le Tāw ת (déjà rencontré au cœur du verbe être dans la forme accomplie) est le « signe », signe d'incarnation car son origine est le signe de la croix, point de rencontre du transcendant et de l'immanent, du 'Āleph א et du Yod י. Ce Ṯohou תהו donne donc corps à l'accomplissement ; il donne forme à 'Erets, le sec qui, dans son émergence à la lumière, est la partie mâle de la « fille » (la création, chaque être humain) par rapport aux Shāmayim

(1) Nombres XII, 8 et cf. S. du C., p. 32.

C'est en tant qu'elle devient mâle par rapport à elle-même, en tant qu'elle met au monde un « fils » intérieur nouveau, que la fille se construit en tant qu'épouse d'"Elohîm.
La fille accomplie, mâle (Ṯohou) par rapport à elle-même, est féminine (Bohou) par rapport à 'Elohîm.
Elle est d'autant plus « vide » de l'Epoux qu'un réel mouvement de contraction s'est effectué, sorte de « coagulation » des eaux s'asséchant, que le troisième jour nous révélera (2) ; la béance au creux du corps de l'épouse appelle les Eaux-d'en-Haut.
Ce seront elles, ces Eaux, celles de la « Mer des Lumières » qui viendront pénétrer la terre « forme et vide », accomplie en bas, et assoiffée de l'Epoux d'en Haut, et qui la fertilisera.
La verdure et les arbres du troisième jour seront les fruits des prémices de la rencontre de l'épouse et de l'Epoux.
Le dernier fruit, celui de la terre totalement accomplie sera יהוה . Il ouvrira le sanctuaire des noces de l'Epoux - 'Elohîm et de l'Epouse - 'Aḏām devenu יהוה.

b) Et la ténèbre est sur la face de l'abîme

La ténèbre est le « Palais du NOM »

inaccomplis et donc femelles qui restent encore dans les ténèbres.
Mais tout accomplissement de la création-fille constitue le corps de l'« épouse » d' 'Elohîm.
C'est en tant qu'elle devient mâle par rapport à elle-même, en tant qu'elle met au monde un « fils » intérieur nouveau, que la fille se construit en tant qu'épouse d' 'Elohîm.
La fille accomplie, mâle (Ṯohou) par rapport à elle-même, est féminine (Bohou) par rapport à 'Elohîm.
Elle est d'autant plus « vide » de l'Epoux qu'un réel mouvement de contraction s'est effectué, sorte de « coagulation » des eaux s'asséchant, que le troisième jour nous révélera (2) ; la béance au creux du corps de l'épouse appelle les Eaux-d'en-Haut.
Ce seront elles, ces Eaux, celles de la « Mer des Lumières » qui viendront pénétrer la terre « forme et vide », accomplie en bas, et assoiffée de l'Epoux d'en Haut, et qui la fertilisera.
La verdure et les arbres du troisième jour seront les fruits des prémices de la rencontre de l'épouse et de l'Epoux.
Le dernier fruit, celui de la terre totalement accomplie sera יהוה . Il ouvrira le sanctuaire des noces de l'Epoux - 'Elohîm et de l'Epouse - 'Aḏām devenu יהוה.

b) Et la ténèbre est sur la face de l'abîme

וְחֹשֶׁךְ Weḥoshek̲	Et ténèbre	Mot ainsi construit :
	חֵךְ Hēk̲	palais
	שׁ Lettre Shîn	du Shîn שין , pierre des profondeurs qui contient le Yoḏ, le NOM.

Le palais qui contient « la pierre » de fondation, la « pierre d'angle », est la dernière terre à conquérir,

(2) Cf. plus bas p. 177.

Elle est la « barrière » qui garde la « tente » où repose le **NOM**

Chaque descente dans les profondeurs de l'inaccompli
comportera la rencontre d'une « barrière »
dont tous les mythes de l'humanité
rendent compte dans la personne des « gardiens du seuil »
La barrière est faite de cette ténèbre

le dernier espace intérieur à pénétrer, le dernier temps auquel se mesurer.

Au niveau très concret du corps humain, le « palais » de la bouche contient aussi la lettre Shîn ש qui est la denture. Les dents forment un bouclier à la langue, symbole du Verbe ; elles sont symbole de la pierre qui garde le Yoḏ.
Les dents vont broyer et ouvrir leur barrière ח , ou engloutir qui ne sait passer (3).

Nous pouvons encore lire la ténèbre חשך :

ח
Lettre Ḥeiṯ — la « barrière »

שך
Śoḵ — de la « tente » ou « cabane » (où repose le Yoḏ)

Chaque descente dans les profondeurs de l'inaccompli comportera la rencontre d'une barrière, participation à celle que, symboliquement, font les dents devant le Verbe.
Tous les mythes de l'humanité en rendront compte dans la personne des « gardiens du seuil », souvent monstres dévoreurs ; ils sont un aspect de l'Adversaire.
La « cabane » est ce qui, construit, deviendra la ville sainte. Symboliquement, Dieu a fait habiter le peuple hébreu sortant d'Egypte, dans des « cabanes » avant de le diriger vers Jérusalem. La fête des cabanes reste pour ce peuple un moment consacré chaque année à ce souvenir traditionnel.
Des cabanes à la ville sainte de Jérusalem (ville de « l'accomplissement » Shālom שלם qui est encore la « paix ») ou de l'Egypte à la « terre promise », le peuple hébreu assume extérieurement le chemin que chaque homme (et l'humanité tout entière) a pour vocation de parcourir intérieurement.

(3) Cf. S. du C., chap. XVII.

La ténèbre est l'inconnaissance

La totale ténèbre, totale inconnaissance
est celle dont le Christ fait l'expérience durant sa descente aux enfers
Là, au Golgotha — lieu du crâne —
dans l'ultime matrice eau-feu (que la moelle symbolise),
Christ traverse l'abîme qui sépare le créé de l'incréé, le Yoḏ du 'Āleph
Christ va vers son Père

La ténèbre est l'épiphanie de l'abîme
Elle contient la lumière

Ḥoshek̲ חשך la ténèbre est l'expérience de la pénétration de tout nouveau champ énergétique inaccompli. C'est la redoutable inconnaissance.

La dernière pénétration, celle des plus grandes profondeurs, est celle de l'abîme.

La ténèbre recouvre toute la terre durant l'ultime descente aux enfers du Christ. Celle-ci est le pôle extérieur de la totale ténèbre qu'assume le Fils de l'Homme et Fils de Dieu franchissant l'abîme.

עַל
'Al

Au-dessus de

La lettre 'Ayin עין étant « la source » ou l'« œil », l'hébreu invite celui qui doit monter au-dessus..., à descendre auparavant vers la source, et jusqu'à la source elle-même, pour acquérir une nouvelle « vision » (nouvelle intelligence, nouvelle conscience). A la source même, au « point-d'en-bas », 'Ayin עין s'ouvre la totale vision, la totale lumière ; le « Point d'en haut » 'Ayin אין ; 'Al על devient 'Ēl אל , 'Elohîm, le suprême « au-dessus ».

פְּנֵי
Penei

Visage, manifestation, niveau

Forme élidée de Pānîm פנים , dont la racine se retrouve en grec dans le verbe Phanein φανειν, « apparaître, manifester », mot qui donnera en français la théophanie, « manifestation divine », ou l'épiphanie, « manifestation au-dessus ».

L'épiphanie est cet'Al-Penei על פני

La ténèbre est antinomiquement « épiphanie de l'abîme ». Elle contient la lumière.

La fête chrétienne de l'épiphanie est celle des mages venant s'incliner devant le Germe : ces savants ne

En hébreu l'abîme est « Ṯehōm »
soit le mot « Ṯohou » que vient clore un Meim final, signe de la gloire divine

L'abîme est le lieu de la forme achevée
où le signe rejoint l'archétype, le signifiant le signifié
Chaque descente dans les ténèbres est une participation à l'abîme

L'abîme est mutation vers la perfection
Toute perfection oblige à une nouvelle mutation
« L'abîme appelle l'abîme... » (Psaumes 42, 8)

L'abîme recèle le NOM, information totale
L'appel du NOM est irrésistible

L'abîme est terreur car les forces qui gardent le NOM sont terrifiantes ;

savent plus rien, que la Vérité se faisant Germe au cœur des ténèbres de la nuit, au cœur des ténèbres de l'inaccompli (monde animal), au cœur des ténèbres du monde.

L'inconnaissance précède et conditionne la connaissance. Qui refuse de ne plus rien savoir, de n'avoir plus aucun appui, aucune sécurité, refuse la lumière.

תהום Abîme
Ṯehōm

Ce mot n'est autre que le Ṯohou תהו que vient clore un Meim final ם , signe de participation à la gloire divine. L'abîme est le lieu de la forme achevée où le signe rejoint l'archétype, le signifiant le signifié. Chaque descente dans les ténèbres est participation à l'abîme.

תם est la « perfection »
Tom

et

מות est la « mort », « mutation ».
Māweṯ

Toute perfection est une terre atteinte, une unité conquise. Cela oblige à une mutation vers un nouvel état, nouveau temps, pour une nouvelle information. « L'abîme appelle l'abîme... » (Psaumes 42, 8). L'abîme recèle l'information totale que recouvre la ténèbre totale.
L'abîme recèle le NOM. L'appel du NOM est irrésistible. Nul ne peut le franchir sans יהוה - Christ. Seul le feu pénètre le feu. Seul le cristal entame le cristal. Seul l'Incréé ouvre les portes de l'Incréé.

Contradictoirement Ṯehom est aussi la forme dérivée de la racine Houm הום qui signifie « trouble, agitation ». Il s'agit ici beaucoup plus que de trouble mais véritablement de terreur, car les forces qui

elles sont symbolisées par Behēmoṯ et Liweyāṯān
Nul ne peut le franchir sans יהוה -Christ
L'abîme qui sépare le créé de l'Incréé
n'est connu que du Christ et de ceux qui, telle Marie, la Vierge-Mère,
ont atteint à sa dimension

c) Et le souffle-Esprit de Dieu plane sur les eaux

Principe de la barrière en l'Homme est l'Esprit de Dieu opérant dans le créé.

gardent le NOM — Job en fera l'expérience — sont terrifiantes ; l'abîme qui sépare le créé de l'Incréé n'est connu que du Christ et de ceux qui, telle Marie, la Vierge-Mère, ont atteint à sa dimension.

בתהום
Beṯehōm « dans l'abîme », est formé des mêmes lettres que Behēmōṯ בהמות , l'un des monstres marins que rencontre Job dans les profondeurs de l'abîme alors qu'il est guidé par יהוה lui-même. L'autre monstre est Liwyāṯān. Cette remarque est importante par rapport au nom de l'animal Behēmāh בהמה (singulier de Behēmōṯ) qui apparaît au sixième jour de la Genèse.

Toute descente dans une terre nouvelle est participation à l'expérience des ténèbres et de l'abîme.

c) Et le souffle-Esprit de Dieu plane sur les eaux

וְרוּחַ
WeRouaḥ — Et le souffle, l'Esprit

אֱלֹהִים
'Elohîm — d''Elohîm

L'esprit d''Elohîm est révélé sous le symbole essentiel de la rencontre des deux lettres Reish ר et Ḥeiṯ ח autour de la conjonction Wāw ו qui féconde l'union des deux lettres.

ר
Lettre
Reish — est le « principe »

ו
Lettre
Wāw — de valeur 6 est assimilé à l'Homme créé le sixième jour.
l'Homme en qui se joue cette rencontre

ח
Lettre
Ḥeiṯ — la « barrière »

« Principe de la barrière en l'Homme » est l'Esprit de Dieu opérant dans le créé.

La barrière est constituée par les énergies vivantes
de chaque espace intérieur,

énergies que l'Esprit de Dieu vient mobiliser
pour que l'Homme les retourne des ténèbres à la lumière

Après son baptême,
Jésus fut conduit par l'Esprit Saint au désert pour y rencontrer le
Śāṭān
Lorsque Jésus renvoie l'Adversaire
« les anges s'approchèrent et le servirent »

Les armées angéliques et ces énergies retournées vers la lumière
sont les deux pôles d'une même réalité
L'Esprit d''Elohîm préside à ce retournement

L'Esprit d''Elohîm a pour fonction de *faire* les armées des cieux,
c'est-à-dire de travailler en l'Homme pour l'accomplissement de
ces énergies

La barrière חית Ḥeiṯ est faite des Ḥayoṯ חית , même mot prononcé différemment.
Les Ḥayoṯ sont les « vivants », les énergies vivantes mises en place les cinquième et sixième jours et qui peuplent les Shāmayim, les cieux intérieurs de l'Homme, dans chacun de leurs niveaux constitutifs.

« Par la parole de יהוה les cieux sont faits
Et par le souffle de Sa bouche, toutes leurs armées » (Psaumes 33, 6).

Si l'Homme ו reconnaît en ces barrières-énergies le travail du souffle d''Elohîm déterminant l'épreuve-résistance nécessaire au passage d'un niveau à l'autre et s'il assume ces barrières, le passage se fait et de ténèbres qu'elles étaient ces mêmes énergies deviennent lumière.
C'est le jeu de l'accomplissement.

L'exemple le plus frappant de cette essentielle fonction contenue dans le mot Rouaḥ רוח est celui que rapporte l'évangéliste Matthieu (IV, 1) :

Après son baptême, « Jésus fut conduit par l'Esprit Saint au désert afin de rencontrer le Śāṭān ». Lorsque Jésus renvoie l'Adversaire dont les énergies-pièges ne l'ont pas saisi, alors, dit l'évangéliste « les anges s'approchèrent et le servirent ».

Les armées angéliques et ces énergies retournées vers la lumière sont les deux pôles d'une même réalité. L'Esprit d''Elohîm préside à ce retournement.

L'Esprit d''Elohîm a pour fonction de *faire* les armées des cieux. Nous verrons ce que signifie exactement le verbe « faire » 'Āśoh עשה , différent du verbe créer, bien que les septantes aient recouvert ces deux actions divines sous le même verbe grec Poiein ποειν.

L'Esprit d''Elohîm préside aux mutations, à la succession des morts-résurrections nécessaires à l'accomplissement divin

Mais dès maintenant nous pouvons comprendre que l'Esprit de Dieu préside à l'accomplissement des énergies en l'Homme, afin que l'ordre de la Création atteigne à l'image exacte de l'ordre divin incréé. L'image étant exacte, l'Esprit de Dieu reconduit le créé accompli à l'incréé ; Il le souffle « vers la mer » des lumières, ce qui oblige à le souffler tout d'abord dans les ténèbres, dans l'inaccompli des eaux ténébreuses.

מרחפת
Meraḥephet̲ Ebranle, couve, plane...

Du verbe Raḥoph רחף .
Que ce soit au niveau du mot lui-même étudié ici, ou de sa racine, la lettre Ḥeit̲ ח en occupe le centre. Elle semble venir apporter une précision à l'énergie qu'elle est et au rôle qu'elle joue au sein de l'Esprit de Dieu, רוח. Perle précieuse entourée de deux couronnes, la lettre ח conduit à la première couronne :

מת
Mēt̲ mort, mutation

puis à la seconde couronne
רף La guérison
radicales
du verbe
רפה , « affaiblir » et « guérir »

L'Esprit d''Elohîm préside aux mutations, à la succession des morts et résurrections nécessaires à l'accomplissement divin (4).

(4) Cf. aussi Jean V, 1-14.

L'Esprit divin ébranle les mondes pour être la clef de leur accomplissement

L'Esprit de Dieu *fait* les espaces intérieurs qui séparent 'Elohîm de יהוה
Il les féconde, les amène à donner leurs fruits

On peut encore lire ce mot :

ר Lettre Reish	principe
מפתח Maph- tēaḥ	clef, ouverture.

Dans son principe, si l'Esprit divin ébranle les mondes, c'est pour être la clef de leur accomplissement. Il les pénètre, les ouvre et préside à leur libération.
Il fait là œuvre mâle.
Dans ce sens, le verbe « planer », voire « couver » par lequel on traduit Meraḥephet̲ est insuffisant, encore que « couver » implique la pénétration d'une chaleur-énergie opératrice.
Mais cette opération est bouleversante.

On peut encore lire :

מח פרת Moaḥ Perot̲	la moelle des fruits.

J'ai rappelé précédemment (5) le grand mystère qui se vit au cœur de la mœlle des os. Il est celui du Shabbāt̲ dans le sang.
'Elohîm א se retire pour que יהוה soit.
'Ād̲ām אדם — 'Elohîm א dans le « sang » Dām דם — perd le 'Āleph א pour que le Yod̲ ' opère dans le sang דם la ressemblance qui est le « repos » דמי Dāmî.
Ce « retrait » est le nom même de la moelle מח dont la fonction est d'« effacer » Māḥoh מחה , de retirer pour dégager la chaleur Ḥom חם .

L'Esprit de Dieu « fait » les espaces intérieurs qui séparent 'Elohîm de יהוה afin qu'ils donnent leurs

(5) Cf. plus haut p. 53 et 55 et S. du C., p. 229.

Le dernier fruit sera יהוה rejoignant 'Elohîm
il n'y aura plus d'espaces, plus de ténèbres, plus d'abîme

L'Esprit d''Elohîm se fait épiphanie des eaux
Il se manifeste dans le travail des eaux

« fruits ». Il les féconde. L'Esprit de Dieu arrache ces espaces aux eaux de l'inaccompli, afin de les accomplir et de réunir יהוה à 'Elohîm.

L'Esprit de Dieu pénètre les eaux, en soulève les espaces et les reconduit à 'Elohîm lorsqu'ils ont donné leurs fruits.

L'Esprit-souffle de Dieu préside à ce Shabbāṯ cosmique. Il est le pneuma, archétype de la respiration universelle ; car la création tout entière est saisie dans son souffle, pétrie dans ses mains, mûrie dans sa chaleur.
Son dernier fruit sera יהוה .
Dans la dernière mœlle de la terre יהוה rejoindra 'Elohîm.

עַל פְּנֵי
'Al-Penei — Au-dessus de la face

הַמָּיִם
HaMāyim — des eaux

Par la répétition de l'expression 'Al-Penei nous nous trouvons ici devant le second terme du balancement de ce verset :

la terre ayant été énoncée Ṯohou Wāḇohou, d'une part la ténèbre est 'Al Penei Ṯehōm, et d'autre part l'Esprit de Dieu plane 'Al Penēi Behōm, aurait-on envie d'entendre. Or nous entendons 'Al Penei HaMāyim.

Si ce n'est le Behōm, tout au moins le Behēmāh apparaîtra au sixième jour de la Genèse. Ici les Mayim sont les eaux indifférenciées.

L'Esprit d''Elohîm se fait épiphanie des Mayim, des eaux. Il se manifeste dans le travail des eaux, et (si l'on joue avec le mot hypothétique Behōm בהום) « dans le trouble » des eaux (Cf. Jean V, 3).

L'Esprit de Dieu ouvre les eaux de la Mer Rouge
pour qu'Israël aille vers la terre promise
Il ouvre les eaux de Marie pour que naisse יהוה -Christ

Il ouvre les eaux du Jourdain
pour que le Christ y descende et en retourne les énergies :
« Qu'as-tu Jourdain à retourner en arrière ? » (Psaume 113,
Hébreux 114, 5-7)

Unique mystère !

Prodige de l'Esprit Saint !

La terre est signe-forme et vide de l'Epoux
La ténèbre, épiphanie de l'abîme, est le palais du NOM
et la barrière qui garde l'ultime terre du NOM
L'Esprit de Dieu, épiphanie des eaux,
pénètre et féconde les eaux
et reconduit les fruits à 'Elohîm

La puissance de l'Esprit de Dieu opérant dans les eaux ouvrira la Mer Rouge pour que naisse le peuple hébreu sortant d'une terre de servitude et allant vers la terre promise, terre de libération.
Elle ouvrira les eaux de Miryām מרים Marie, principe ר des Mayim מים pour que naisse le Germe יהוה -Christ.
Elle se manifestera au-dessus des eaux du Jourdain, prémices du Ṯehōm-enfers, qui reçoivent la visite du Fils de l'Homme venant libérer l'humanité de la mort.

Unique mystère !

Il nous amène à la dernière acception du verbe Meraḥepheṯ מרחפת que je puisse discerner :

מופת
Mōphēṯ prodige

רוח
Rouaḥ de l'Esprit Saint

en ajoutant, il est vrai, ces deux Wāw ו voyelles.

En fin d'étude de ce verset ne pouvons-nous lire :

La terre est signe-forme et vide de l'Epoux
La ténèbre, épiphanie de l'abîme, est le Palais du NOM et la barrière qui garde chaque terre sur le chemin du NOM. L'abîme sépare le créé de l'Incréé, יהוה d''Elohîm, Père-Epoux.
L'Esprit de Dieu, épiphanie des eaux, pénètre, féconde les eaux et reconduit les fruits accomplis à 'Elohîm.

CHAPITRE III

וַיֹּאמֶר אֱלֹהִים יְהִי־אוֹר וַיְהִי אוֹר
Et Dieu dit : sera Lumière et Lumière est

La parole divine est Lumière en soi

'Elohîm disant est « Mère ». Il crée

La parole divine est créatrice

CHAPITRE III

(verset 3)

וַיֹּאמֶר אֱלֹהִים WaYo'mer 'Elohîm	Et dit 'Elohîm	Racine 'Āmor אמר : dire. Le verbe est employé ici au futur ; renvoyé au passé par un Wāw conversif, il est un présent éternel.	
	Ce « dire » est essentiellement :		
	מ Lettre Meim	d'où provient	Ce Meim מ est celui des eaux Mayim מים du mot qui précède celui-ci. la parole divine sort des eaux.
	אוֹר 'Ōr	la lumière	Elle est lumière en soi !
	ר lettre Reish	principe	Le « dire » est encore : Principe de la maternité.
	אם 'Ēm	mère	'Elohîm disant est « Mère ». Il « met dans le voir ». Il crée.
	La Parole divine est créatrice.		
יְהִי Yehî	sera	Le futur tient lieu d'impératif. L'inaccompli impose l'accompli.	
אוֹר 'Ōr	lumière	La lumière se définit comme la rencontre du א et du ר autour de la conjonction Wāw ו qui féconde l'union des deux lettres.	

La lumière est la rencontre d''Elohîm et de יהוה
Le lieu de la rencontre est l'Homme qui, s'il coordonne et catalyse,
accomplit le divin ; et la lumière éclate

Toute lumière sera toujours rencontre d'une émissivité et d'une réceptivité,
voire résistance dans un rapport juste

Il incombe à l'Homme d'être ce rapport

Le mot lumière 'Or est exprimé trois fois dans ce verset :
cette triple lumière est UNE, reflet de la divine Trinité

Tout comme l'Esprit de Dieu Rouaḥ רוח , nous l'avons vu, est le « principe de la barrière en l'Homme », la lumière אור est 'Elohîm א dans son principe ר en l'Homme ו. Il appartient à l'Homme de le recevoir ou non.

La lumière se définit comme la rencontre d''Elohîm א et de la tête-principe ר , lettre qui se développe dans le mot ראש : 'Elohîm א qui se fait « pauvre » רש . Nous avons étudié que la « kénose » divine est le Germe Yoḏ.

Dans son principe, la lumière est la rencontre d''Elohîm et de יהוה .
C'est en l'Homme que se joue la rencontre de Dieu avec lui-même, en l'Homme que Dieu se cherche Lui-même et que s'opère son accomplissement !

Si l'Homme ו « et » coordonnateur refuse de jouer cet accomplissement, il est réduit à n'être que répétition et non mariage. Il n'y a pas de lumière. S'il coordonne, épouse, catalyse, il allume le divin en lui, il accomplit 'Elohîm et la lumière éclate !

Toute lumière sera toujours rencontre d'une émissivité et d'une réceptivité, voire d'une résistance, dans un rapport juste.

Il incombe à l'Homme d'assumer ce rapport. Nous découvrirons peu à peu comment se vit et se vérifie sa justesse.

וַיְהִי WaYehî — et est

אוֹר 'Ōr — lumière

Ce mot אור lumière est exprimé pour la troisième fois ici dans ce verset : une fois en tant que source dans le verbe dire ויאמר , une fois en tant qu'ordre donné, une fois en tant qu'ordre accompli.

Cette triple lumière est UNE, reflet de la divine Trinité en qui le Père est source, l'Esprit Saint opérant en bas l'ordre d'en Haut, et le Fils accomplissant les ordres du Père.

CHAPITRE IV

וַיַּרְא אלהים את הָאור כי טוב
'Elohîm voit la lumière parce que accomplie

וַיַּבְדֵּל אֱלֹהִים בֵּין הָאוֹר וּבֵין הַחֹשֶׁךְ
Et Il sépare 'Elohîm entre la lumière et entre la ténèbre

Il n'y a lumière que si l'Homme est en résonance
avec son noyau divin, le Yoḏ, son NOM. Alors il voit.
Dieu voit la lumière *parce que* elle est l'accompli.
Le « parce que » hébreu est littéralement « la prise en mains du Yoḏ »
L'origine de toute cause est là et là seulement

« Rapport » entre 'Elohîm et יהוה, l'Homme par sa justesse
détermine son accomplissement

L Accompli Ṭōḇ est ce qui participe de la lumière
appelée à se présenter devant יהוה
Ṭōḇ est symbolisé par un serpent qui se mord la queue : tout est « bouclé »
L'Accompli ṬŌḆ forme le « bouclier » devant l'« Epée » (הֹוה)

CHAPITRE IV

(verset 4)

וַיַּרְא WaYar'	et Voit	Du Verbe Rā'oh ראה voir, fait des deux lettres essentielles de la lumière אור . dont la troisième Wāw ו est ici présente. Elle est présente en connexion avec le Yoḏ, ce qui vient confirmer que la
אֱלֹהִים 'Elohîm	'Elohîm	

lumière n'est « vue » que par celui ו qui est en résonance avec le Yoḏ ' qu'il porte en lui.

אֶת־הָאוֹר 'Et-Hā'Ōr	la lumière	
כִּי Kî	parce que	Cette conjonction est une « prise en main » כ du Yoḏ ' : selon que le Yoḏ sera assumé ou non se fera la lumière.

L'origine de toute cause est là et là seulement. Source de toute énergie, le Yoḏ exige une gestion juste. Nous retrouvons ici cette « justesse » dont nous venons de voir qu'il appartient à l'Homme ו de l'être, lui qui est « rapport » entre le 'Āleph et le Yoḏ pour qu'éclose la lumière. Sa justesse détermine l'accomplissement

טוֹב Ṭōḇ	accomplie	Le secret de ce mot est contenu dans le sens symbolique de la lettre Ṭeiṯ ט qui y préside (1).

Le dessin de son idéogramme est celui d'un serpent qui se mord la queue, exprimant que la « boucle »

(1) Cf. L., ch. V, chap. XI.

Le combattant peut se présenter devant l'Epée car il l'est devenu
Il est devenu son NOM

Appeler Ṭōḇ le « bien », c'est donner à son contraire le « mal » une ontologie.
Déplorable confusion !

L'Arbre de la connaissance de ṬŌḆ et RA‘ est celui de la connaissance
de ce qui est accompli et de ce qui ne l'est pas encore ;
de la lumière et de la ténèbre

Ce ne sera que par le drame de la chute
que la ténèbre sera le royaume de l'« Adversaire »
à qui l'Homme aura donné le pouvoir d'Epoux

est faite, que le travail demandé est accompli. Le « bouclier » est alors placé devant l'Epée.

Le Ṭeiṯ ט , dans l'alphabet hébraïque, est en effet placé devant le Yoḏ dont nous savons qu'il est le Tétragramme-Epée יהוה (2). Tout est en effet « bouclé » ; le « combattant » peut se présenter devant l'« Epée » car il est devenu l'Epée, son NOM. S'il ne l'est pas devenu... ce sera le drame de la « chute ».

Tout ce qui est qualifié de Ṭōḇ טוב est, dans son principe, un élément de la création ב parvenu à un degré d'accomplissement qui le rend participant de l'accomplissement total. Ce dernier est la lumière totale, celle qui dépasse toute ténèbre parce qu'elle a intégré la totalité de l'inaccompli. C'est pour cela que Dieu ne voit que la lumière parce qu'elle est un élément accompli, conquis sur la ténèbre, la ténèbre étant le principe de l'inaccompli.

Lorsque nous donnons au mot Ṭōb טוב les sens très subjectifs de « beau, bien, bon...etc. », nous introduisons une déplorable confusion en projetant alors sur la ténèbre leurs sens contraires, c'est-à-dire « laid, mal, mauvais, etc. ».
Nous donnons alors au « mal » une ontologie ; ce qui est à l'origine de la regrettable traduction donnée, au deuxième chapitre de la Genèse, à l'Arbre de la connaissance, dit « du bien et du mal », Arbre dont nous verrons qu'il s'agit de celui « de la connaissance de ce qui est accompli — טוב — et de ce qui ne l'est pas encore — רע — » ou encore : de celui « de la connaissance des énergies devenues lumière et du potentiel énergétique recelé encore dans la ténèbre ».

Nous confondons alors la ténèbre avec l'Adversaire. Ce sera le drame de la chute que de livrer ce

(2) Cf. note (1) du chapitre précédent.

L'Homme ne sera plus « rapport » « juste ». Le mal pénètrera la
création
Le bien et le mal ne sont pas ontologiques

Et Dieu sépare

Séparer c'est appauvrir,
mais c'est aussi une mise en mouvement,
un enseignement,

potentiel énergétique à l'Adversaire à qui l' 'Āḏām conférera le pouvoir. L'Homme ne sera plus « rapport juste » et le mal pénètrera la création.
Mais ontologiquement le mal n'est pas ; le bien n'est pas.

C'est notre mental prisonnier de notre conditionnement de chute, qui a projeté sur ces mots les catégories infantiles et si relatives de bien et de mal.

Ṭōḇ טוב est lié à l'accompli, à la lumière, à ce qui, dans le principe, est amené par l'Homme au regard divin.
Nous avions déjà une ébauche de ce principe dans le Ṯohou תהו du Ṯohou ẈāḆohou du deuxième verset.

וַיַּבְדֵּל
WaYaḇdēl

et sépare, détache, discerne

Racine : Bāḏol בדל que l'on peut lire :

ב Lettre Beiṯ	dans
דל Dal	pauvre Séparer c'est appauvrir chacun des deux membres de la séparation, de l'autre, mais c'est aussi :
בד Bad	une part
ל Lettre Lāmeḏ	mise en mouvement, voire « guidée », car « Lāmeḏ », racine qui donne naissance à cette lettre, c'est « enseigner ».

Mais cette part, appauvrie de l'autre dans un premier temps, ne s'enrichira dans un second temps que dans la mesure où elle est préalablement séparée de celle avec laquelle elle était confondue.

afin que le riche désidentifié de sa première richesse se reconnaisse pauvre
pour aller vers l'acquisition d'une richesse plus grande
La lumière n'irait pas puiser dans la ténèbre si elle était encore confondue
avec elle ; elle se croirait totale lumière et ne grandirait pas

Et Dieu sépare entre...

Cette préposition « entre » est aussi le verbe « discerner », de même racine que
l'« intelligence » — non pas une intelligence intellectuelle, mais celle qui se
« construit » en construisant la dimension de « Fils »

Dès le premier verset nous avons vu que la création n'est pas autre chose que ce principe de séparation qui induit la distinction entre le « riche » et le « pauvre » afin que le riche désidentifié d'une première richesse et se reconnaissant pauvre, acquiert une richesse plus grande ; distinction entre l'accompli et l'inaccompli, entre la lumière et la ténèbre, cette dernière n'étant que future lumière !

La lettre centrale de ce mot Bāḏol בדל est le Dāleṯ ד (développé : דלת) qui signifie la « Porte ». Sertie dans le mot Bal בל qui est une négation, la Porte ne s'ouvrira qu'à celui qui se fait rien. Retourné ce « rien » בל est Lēḇ לב , le « cœur ». Seul l'amour permet ces séparations !

La racine Leḇaḏ לבד que nous rencontrerons plus loin (Genèse II, 18) signifie « seul ».
Est seul celui qui est séparé.
Il existe une solitude-séparation qui est juste et créatrice : celle que nous venons d'étudier.
Il existe une solitude-séparation mortelle : celle qui sera dénoncée en ce deuxième chapitre.

אֱלֹהִים
' Elohîm

' Elohîm

בֵּין
Bein

entre Cette préposition est faite des trois lettres qui constituent le verbe Bîn בין . « apercevoir — distinguer ».

Elle est faite du Yoḏ י scellé au cœur de בן Bēn, le « fils » fils accompli celui-là par rapport au « fils »-Bar בר — le grain de blé — qui doit mourir en terre et ressusciter à une nouvelle lumière, nouvelle « intelligence »-Bînāh בינה , celle qui « construit »-Bānoh בנה le Yoḏ י .

Le discernement est encore là exprimé deux fois au centre de ce verset.
Il consiste, en profondeur, à « entrer dans » ב ce qui distingue le Yoḏ י du Noun final ן .
Ces deux lettres, séparées ont pour vocation de se

« Entre » c'est encore entrer dans le mouvement du « harpon »
divin qui saisit
l'accompli pour contruire le Fils

Il convient de se garder d'identifier יהוה à la lumière et
l'Adversaire-Śaṭan à la ténèbre
La lumière est dans la ténèbre
Ce n'est que ce qui sera accompli de יהוה, y compris Śāṭān, qui
sera lumière

réunir dans la lettre Tsadei צ , le « harpon » avec lequel 'Elohîm saisit tout accomplissement : ('Erets ארץ , le sec — Qēts קץ , l'accomplissement — Qayits קיץ , l'été — etc.) (3).

Ce harpon divin tranche déjà entre l'accompli et l'inaccompli, entre la lumière et la ténèbre, pour la « construction » du « Fils ».

Au départ, lorsque Yoḏ י et Noun ן sont encore confondus, Bots בץ est le « marécage ».
Lorsqu'elles sont distinguées l'une de l'autre c'est le discernement.
Réunies dans un mariage, à leur « principe » ר , Batsîr בציר est la « vendange », symbole d'accomplissement — le « harpon » divin faisant œuvre de vendangeur — symbole auquel le Christ se réfère souvent (Luc XIII, 7 — Jean XV, 1).

Si le Yoḏ est יהוה , le Noun final est lié à l'« Adversaire » dans le mystère de l'incarnation. Mais il ne s'agit pas d'identifier יהוה à la lumière et Śāṭān à la ténèbre.
יהוה est caché dans la ténèbre, ce n'est que ce qui sera accompli du Yoḏ, y compris Śāṭān, qui sera lumière.

הָאוֹר Hā'Ōr'	La lumière
וּבֵין ouḇein	et entre
הַחֹשֶׁךְ HaḤoshek̲	la ténèbre

(3) Cf. L., ch. V, chap. XX.

CHAPITRE V

וַיִּקְרָא אֱלֹהִים לָאוֹר יוֹם וְלַחֹשֶׁךְ קָרָא לָיְלָה

'Elohîm appelle la lumière jour, et la ténèbre Il l'appelle nuit

וַיְהִי־עֶרֶב וַיְהִי־בֹקֶר יוֹם אֶחָד

Il est un soir, il est un matin, jour UN

CHAPITRE V

(verset 5)

וַיִּקְרָא
WaYiqrā' — et Appelle, nomme

J'aurais envie de traduire :« 'Elohîm crie à la lumière... », car le Lāmed qui précède le mot lumière אוֹר indique bien la direction vers laquelle est lancé ce nom « jour » ! Et entre le « Qārā' » hébreu et le « cri » français existe le lien de la langue des oiseaux si ce n'est celui du dictionnaire étymologique.
Et ce cri divin contient la lumière. Celle-ci ne sourd pas des eaux d'une matrice מ comme dans le « dire » אמר , mais de la substance nourricière du « cordon ombilical » ק venant d''Elohîm et apportant avec le NOM la nourriture nécessaire à son accomplissement.

אֱלֹהִים
'Elohîm — 'Elohîm

לָאוֹר
Lā 'Ōr — vers la lumière

יוֹם
Yōm — jour

ו
Lettre Wāw — Le jour est : l'Homme

au cœur de

ים
Yām — la mer.

Le jour est participation de l'Homme à la mer des lumières
lorsqu'il se laisse saisir par 'Elohîm

La nuit est la marche de l'Homme qui se laisse saisir par les deux mains du
« guide » pour descendre vers יהוה et se charger de la force de son NOM

Tout commence le soir, moment où le « jeune fils »
va vers la « source »

Le jour est participation de l'Homme à la mer des lumières lorsqu'il se laisse saisir par אלהים , celui qui conduit « vers la mer ».

וְלַחֹשֶׁךְ WeLaḤoshek̲ — et vers la ténèbre
קָרָא Qārā' — Il crie
לָיְלָה Lāyelāh — nuit

Le nom divin yāh יה (deux premières lettres du divin Tétragramme יהוה) est ici saisi entre deux Lāmed̲ ל comme entre les deux mains d'un « guide », d'un « instructeur » qui, dans un mouvement fondamental cyclique fait descendre dans les profondeurs celui qui écoute et cherche son Yod̲.

La nuit est ce moment de la journée où nous reconstituons nos forces physiques.
Les nuits de l'âme et de l'esprit conduisent celui qui les vit vers le noyau de son NOM יהוה , secret de sa FORCE.

וַיְהִי WaYehî — Et est
עֶרֶב 'Ereb̲ — un soir — Cueillant cette nuit, le texte biblique ponctue l'œuvre divine à l'orée de celle-ci, au début de chaque cycle nocturne.
Tout commence alors : Une lumière, un accompli est intégré en 'Elohîm ; 'Elohîm fait descendre dans l'inaccompli ténèbre-humide.

Il est un soir.
Si nous lisons ce mot à l'envers :
בר Bar — Le jeune fils inaccompli

de son être, au cœur de l'« inaccompli »

Il ne peut y aller que parce qu'il a faim de Dieu

Il se fait alors « passant » (hébreu) de terre en terre intérieures

ע
Lettre
ʿAyin — va vers la « source » de son être.

ou encore :

ב
Lettre Beiṯ — Dans

רע
Raʿ — l'inaccompli. Ces deux lettres forment le mot qui, avec Ṭōḇ טוב , sont les deux pôles de l'Arbre de la connaissance.
Le soir n'est pas une descente dans le mal, mais dans ce qui est encore ténèbre et confusion.

ou encore :

רעב
Rāʿoḇ — avoir faim, désirer
L'accomplissement fait naître au cœur de l'Homme le désir d'aller toujours plus loin. La Bible est fertile en récits de famines qui attirent un homme, une famille, un peuple vers une terre étrangère pour y trouver la nourriture. Il s'agit toujours du symbole d'une terre accomplie qui a donné ses fruits et ne peut nourrir davantage le héros de l'histoire, lequel se trouve contraint d'aller vers une terre étrangère, terre nouvelle, champ de conscience autre qui libère une force nouvelle, inconnue jusque-là.

ou encore :

עבר
ʿEḇer — Hébreu, « celui qui passe »... d'une terre accomplie à une autre terre.
Se fait hébreu tout homme vivant qui s'inscrit dans cette marche intérieure. Le peuple hébreu dont le nom est lourd de cette vocation, ce peuple appelé à ces « passages » de terre en terre intérieures, s'il n'obéit pas au programme de son NOM se verra errer de terre en terre extérieures.
Plus nous avancerons dans la découverte du message divin, plus nous compren-

ne redoutant pas l'« Adversaire »,
gardien du seuil de chaque terre, qui lui donne l'« éveil »

en dissipant les « nuages »
qui le séparent (dans sa conscience) du Père-Epoux

Au « matin » le jeune fils est nourri d'"Elohîm
Proche de la nuit et proche du jour, le « matin » lie le ciel et la terre

drons que ce qui ne se vit pas à l'intérieur de l'Homme pour sa libération, se vit à l'extérieur de lui, par compensation inconsciente, pour son esclavage.

Dans ce nom des hébreux,

ב Lettre Beiṯ — la création, est saisie dans

ער 'Er — l'Adversaire qui, le mot étant prononcé 'Ēr, est l'éveillé.
La résistance de l'Adversaire permet l'éveil, la lumière.

Le soir ערב est enfin :

ר Lettre Reish — principe

עב 'Aḇ — nuage
Le nuage sépare l'Homme du soleil, c'est-à-dire du Père אב .
En écartant les nuages, de passage en passage, l'Homme découvrira son vrai chef, sa vraie tête, son principe, l'Epoux-Père.

וַיְהִי WaYehi — et est

בֹקֶר Ḇoqer — un matin — En ce mot la lettre Qoph ק , « cordon ombilical » divin plonge au cœur de Bar בר le Fils. Par lui, ce dernier est nourri d'« en-haut ». Il peut alors commencer de construire le jour qui se lève, c'est-à-dire une nouvelle terre, grâce à la rencontre de cette nourriture d'« en-haut » et des énergies-informations qu'il a puisées « en-bas » pendant la nuit qui s'achève.

Ḇoqer בקר c'est encore :

קרב Qāroḇ — ce qui est « proche », proche de la nuit et proche du jour, instant liminaire, émouvant où l'Homme monte des ténèbres et

Un jeu de lettres lie les deux mots « soir, 'Ereḇ et matin, Ḇoqer », jeu d'énergies disposées de telle façon qu'elles permettent de conclure ceci :
C'est parce qu'il assume dans la nuit la descente vers sa « source » que le
« jeune fils » y trouve là implanté le cordon ombilical nourricier d''Elohîm

'Elohîm ne nourrit qu'en tant que l'Homme (jeune fils) cherche יהוה dans ses profondeurs

Toute démarche d'accomplissement est participation au jour UN, jour divin
Elle ne s'achèvera que lorsque l'Homme sera devenu lui-même UN

Dieu descend vers lui, instant qui

רקב « lie » le ciel et la terre.

Rāqob̲

Les deux mots ʻEreb̲ ערב soir et B̲oqer בקר matin, se partagent la racine Bar בר , le « Fils » ou Rab̲ רב , la « multiplication-fécondité » ; ils ne se distinguent que par leur troisième lettre respective ʻAyin ע pour le premier mot, Qoph ק pour le second. C'est parce que l'Homme assume le ʻAyin ע , la descente vers la « source » qu'il trouve là, implanté en elle, le cordon nourricier Qoph ק .

Ceci est une loi fondamentale qui ne fera que se confirmer par la suite : le ʼĀleph ne nourrit qu'en tant que l'Homme cherche le Yod̲ dans ses profondeurs.

קבר Le « tombeau » est matrice de mort et
Qeb̲er résurrection pour atteindre à la lumière. Le tombeau prépare le matin de Pâque, le « passage » !

יום Yōm — jour

אחד ʼEḥād̲ — UN — Ce mot exprimant l'unité est un NOM divin. On pourrait traduire Yōm ʼEḥād̲ par « jour divin ».
Les autres jours, nous le verrons, ne seront pas appelés jour deux, jour trois, etc., mais « deuxième jour, troisième jour », etc.

Seul ce jour de la lumière est jour UN et non premier jour qui serait Yōm HaRiʼshon יום הראשון

Jour UN est temps de participation à une nouvelle lumière, temps de résurrection jusqu'à l'acquisition de la totale lumière jusqu'à ce que l'Homme ו étant devenu Yod̲ י, le jour יום ne soit plus que

Fin des temps car fin des espaces intérieurs tous conquis

Mais dans les temps, chaque accomplissement est
émergence à la lumière
participation au jour UN

L'Unité est conquête d''Elohîm à la fine pointe de l'Etre

Yām ים , la mer des lumières parce que l'Homme sera devenu l''Elohîm qu'il doit devenir.

Ce sera la fin des temps car alors la fin des espaces intérieurs tous conquis ; fin aussi de toute dualité.

Mais dans les temps, chaque accomplissement, chaque émergence à la lumière est participation au jour divin, jour UN.

'Eḥāḏ אחד est :

א Lettre 'Āleph	'Elohîm
חד Ḥoḏ	pointe

'Elohîm conquis à la fine pointe de l'être. חד a pour valeur 8 + 4 = 12. Ce 12 est symbole du créé dans l'essence même de ses structures : les 12 signes du zodiaque, les 12 heures du jour et celles de la nuit, les 12 bœufs sur lesquels repose le Temple de Salomon — Temple, symbole de l'Homme —, les 12 tribus d'Israël, les 12 apôtres du Christ, les 12 portes de la Jérusalem céleste, nos 12 vertèbres dorsales, etc.

Au milieu est le 'Āleph, le treizième, focalisation de la vie qui se retire (Shabbāṯ) et revient dans la personne d''Elohîm-Père, qui meurt et ressuscite dans la personne du Fils, qui expire et inspire dans le souffle de l'Esprit.
La Divine Trinité est là, présente dans l'Unité, le UN et le TROIS, le Treize.

Ce n'est que mû par le désir de l'Epoux
que l'Homme aura la force de puiser dans ses profondeurs
et de passer l'épreuve

des « barrières »

L'unité se conquiert en devenant, en intégrant le « frère »
que l'Homme est à lui-même,
jusqu'à ce qu'il entre dans la dimension de l''Elohîm

Cette unité ne peut être conquise par l'Homme que si lui-même obéit à cette respiration archétypielle.
Ce n'est que mû par le désir de l'Epoux qu'il pourra aller puiser dans ses profondeurs

אד
'Ēḏ

la « vapeur », l'humide de l'inaccompli. Seul, ce désir amoureux (1) donne la force de passer

ח

les « barrières » énergétiques.

Lettre Ḥeiṯ

L'unité אחד est encore :

אח
'Aḥ

le « frère », gardien du seuil de

ד
Lettre Dālet

la « porte », frère qu'il faudra vaincre non pas en le tuant mais en le devenant. L'ange fut ce frère pour Jacob — frère intérieur qui donne à Jacob son nouveau nom Israël. Alors Jacob embrasse Esaü, son frère extérieur qui auparavant venait vers lui en adversaire.

L'unité ne se conquiert qu'à la fine pointe de ces rencontres, intégrations, dans des morts-résurrections successives, jusqu'au 'Āleph 'Elohîm !

(1) Cf. plus loin, p. 357.

CHAPITRE VI

וַיֹּאמֶר אֱלֹהִים יְהִי רָקִיעַ בְּתוֹךְ הַמָּיִם וִיהִי
Et dit ' Elohîm : que soit une étendue au milieu des eaux et qu'elle soit
מַבְדִּיל בֵּין מַיִם לָמָיִם
ordre de séparation entre ce qui vient de la mer et ce qui va vers les eaux

Le verset précédent était consacré à la Lumière
celui-ci est consacré à la Ténèbre

Sous le symbole des eaux, la ténèbre, inaccompli, ne peut être « vue » de Dieu
Elle n'est pas ṬŌḆ accomplie mais RA' inaccomplie
Ce deuxième jour est le seul des six jours de la Genèse
qui ne sera pas « regardé » de Dieu parce qu'il n'exprime que l'inaccompli
Il est RA'. Il est centré sur le mot RĀQÎ'A,
l'« étendue », qui contient discrètement ce RA'

CHAPITRE VI

(verset 6)

וַיֹּאמֶר
WaYo'mer — Et dit

אֱלֹהִים
'Elohîm — 'Elohîm

Yehî — que soit

רָקִיעַ
Rāqî'a — une étendue

Ce mot est cerné par les deux lettres ר et ע. dont nous avons vu qu'elles forment le mot RA' רע qui signifie non pas le « mal », mais l'« inaccompli » (1) ; l'« accompli » étant Ṭob̲ טוב . Remarquons bien que le jour UN concerne essentiellement la Lumière qui est arrivée au regard divin parce que Ṭōb̲ טוב . Il n'a rien été dit de la Ténèbre dont cette lumière a été tirée. Ce nouveau verset lui est consacré.

Sous le symbole des eaux, la ténèbre est étudiée maintenant et l'« inaccompli » RA' רע ne pouvait rester inexprimé.

Il présidera si impérieusement à ce deuxième jour que rien ne viendra frapper le regard divin parce que rien dans ces eaux-ténèbres ne sera encore ṬŌB̲ טוב .

Ce sera le seul jour — et cela est remarquable — où aucun ṬŌB̲ ne viendra ponctuer l'œuvre divine.

---

(1) Cf. v. p. 111, 113 et 115.

RĀQÎ'A est la plongée de QÎ dans RA'

RA' est alors une matrice, le Yoḏ est le Germe dans cette matrice,
le Qoph ק , le cordon ombilical venant d''Elohîm
pour nourrir et faire croître le Yoḏ, יהוה

RĀQÎ'A est nourriture : « verdure » conduite à la « source »

Elle est déjà le « Sauveur » qui se donne en nourriture

Jour mystérieux par excellence, il est centré sur ce mot Rāqî'a dont la discrète présence de RA' רע imprime une force d'autant plus grande qu'elle est à peine perçue.

Rāqî'a רקיע est alors la plongée de QÎ קי dans RA' רע .

La lettre Qoph ק , « cordon ombilical » divin est porteur de la Sagesse nourrissante d''Elohîm. Il vient s'implanter au cœur de l'inaccompli RA' רע , au cœur du principe même ר de la « source » ע , pour nourrir son Germe Yoḏ י.

Ra' רע est alors une matrice. Le Yoḏ י est le Germe dans cette matrice, et le Qoph ק , le cordon ombilical venant d''Elohîm pour nourrir et faire croître le Yoḏ, יהוה .
Nous venions de rencontrer ces deux lettres ק et ע comme déterminant le « matin » et le « soir » de ce jeune fils בר dans son chemin d'accomplissement ! (2)

La nourriture est contenue dans רקיע que l'on peut lire :

ירק Yereq	verdure
ע Lettre 'Ayin	à la source La verdure est la nourriture qui sera donnée aux énergies constitutives de l'Homme (Genèse I, 30). Elle est inséparable du « Sauveur » qui se donnera Lui-même en nourriture : en effet, je ne peux me priver de faire remarquer que si, au sein de רקיע on remplace רק (200 + 100 = 300) par la lettre Shîn ש

(2) Cf plus haut, p. 131.

Elle est la « tige » du Yod̲ qui grandira dans la « tige de Jessé »

Elle sépare יהוה d''Elohîm et les unit

Que soit une étendue au milieu des eaux
Ce « milieu » est « mon signe en toi » semble dire 'Elohîm

Qu'elle soit ordre de séparation

Cette séparation est le premier temps nécessaire d'un processus d'union
qui implique tout d'abord la sortie de la confusion

de valeur 300, on obtient ישע Yēsha', le « Sauveur », racine du Nom de Jésus ישוע .

Rāqî'a est encore :

עקר racine, tige

'Ēqer de יהוה

En profondeur, cette « étendue » qui sépare les eaux est aussi celle qui les unit. Elle est la « tige » que nous verrons grandir dans l'Arbre de Jessé déjà entrevu dans le songe de l'échelle de Jacob. Elle sépare le Yoḏ du 'Āleph, et les unit. Cela va nous être confirmé.

בְּתוֹךְ Beṯōḵ — Au milieu

ב dans

Lettre Beiṯ

תוך le milieu

Tōḵ

que nous pouvons encore lire :

תו le signe, la marque

Ṯaw

בך en toi

Bāḵ

« Ce cordon ombilical est mon signe en Toi », semble dire 'Elohîm. « Sache le reconnaître ».

Ce qui viendra rompre les eaux, dans la vie de l'Homme, sera toujours un événement difficile, voire douloureux. « Sache reconnaître en lui ma Sagesse créatrice », dit encore 'Elohîm.

הַמָּיִם HaMāyim — des eaux

ויהי Wîhî — et qu'elle soit

מַבדיל Mabd:l — ordonnant de séparer — Racine : Bāḏol בדל , étudiée plus haut. Ici, la forme hébraïque dite « hiphil » qui indique un « faire faire », donne à la Rāqî'a la vocation fondamentale programmée en Bāḏol בדל . « Séparer », dit cette racine, n'est que le premier temps

Entre ce qui vient de la mer des lumières et ce qui va vers les eaux

Un cordon ombilical unit l'enfant à sa mère :
la mère est la provenance, l'enfant-la destination

La mer des lumières, provenance de la nourriture,
sera appelée « eaux qui sont au-dessus de l'étendue »

d'un processus d'union : on ne peut unir que deux termes qui ne sont pas confondus l'un avec l'autre. « Séparer », dans cette optique, implique « sortir de la confusion ».
Ce participe hiphil, Maḇdîl מבדיל , plus encore que le verbe du quatrième verset met en lumière :

	בד Baḏ	la part, le partage qu'opère	
	מילה Mîlāh	la circoncision	
	ילד Yāloḏ	pour enfanter	la circoncision étant une taille comparable à celle d'un arbre, afin de « mettre à fruit » (3).
בֵּין Bein	entre-discernant		Mot dont nous avons vu les connexions avec l'intelligence créatrice qui « discerne ».
מַיִם Mayim	les eaux		Ces deux mots reliés entre eux par le principe de provenance מ et de destination ל , ne peuvent être dissociés.
לָמַיִם LāMāim	vers les eaux		

Le cordon ombilical unit l'enfant à sa mère :
la mère est la provenance,
l'enfant la destination.
Le premier Mayim peut se prononcer MiYām ; il désigne « ce qui vient de la mer des lumières », qui sera appelé au verset suivant « les eaux qui sont au-dessus de l'étendue ». Ces eaux sont divines, increéées.
Le deuxième Mayim sera appelé « les eaux qui sont

(3) Cf. S. du C., p. 135.

Ces eaux sont divines, incréées
Les eaux auxquelles est destinée la nourriture seront appelées
« les eaux qui sont au-dessous de l'étendue »
Elles sont la création dans son état non accompli
Les premières sont inconnaissables
Les secondes sont appelées à être connues, nommées,
dévoilées comme une femme aimée, épousées

La Rāqî'a est le cordon ombilical fondamental
qui relie l'incréé-Père-Mère-'Elohîm
au créé-incréé-Germe- יהוה , et qui les sépare

Cette séparation est le principe des espaces et des temps intérieurs
à l'Homme et tous reliés par le cordon nourricier qui vient de Dieu
Ce cordon s'implante dans le Yod̲, Germe divin en l'Homme, caché dans
son dernier espace, sa dernière « terre » la plus profonde, « terre promise »...
La vision de Jacob commence à s'ébaucher :
« Jacob vit une échelle posée à terre,
dont le sommet touchait le ciel... » (Genèse 28, 12)

'Elohîm
א
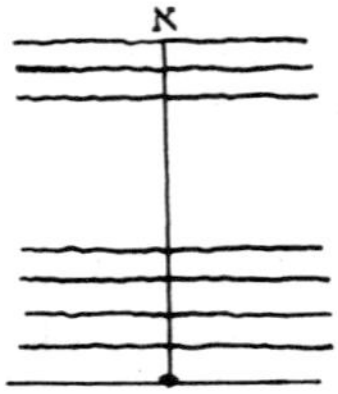
יהוה

Eaux-d'en-haut

Eaux-d'en-bas

Terre promise (appelée « terre »
quand elle sera accomplie)

au-dessous de l'étendue ». Ces eaux sont créées, elles sont la création dans son état inaccompli.
Les premières eaux sont inconnaissables.
Les secondes eaux sont appelées à être connues, nommées, dévoilées comme une femme aimée, épousées.

La Rāqî'a est le cordon ombilical fondamental qui relie l'Incréé-Père-Mère-'Elohîm, au Créé-Germe יהוה , et qui les sépare (sans oublier que יהוה participe aussi de l'Incréé).

C'est l'enfantement éternel du Fils incréé en tant qu'il se fait créé qui est le principe même de la création, le principe des espaces et des temps qui séparent l'Homme de Dieu et qui l'unissent à Lui par le cordon ombilical nourricier.

Nous pourrions déjà ébaucher l'« échelle » que verra Jacob, qui est en l'Homme, au départ, inaccomplie, et dont les espaces ne sont donc que des eaux. יהוה est le Germe caché dans la plus grande profondeur des eaux, lesquelles s'échelonnent selon les niveaux énergétiques différents que nourrit le cordon ombilical ק allant de יהוה à 'Elohîm.

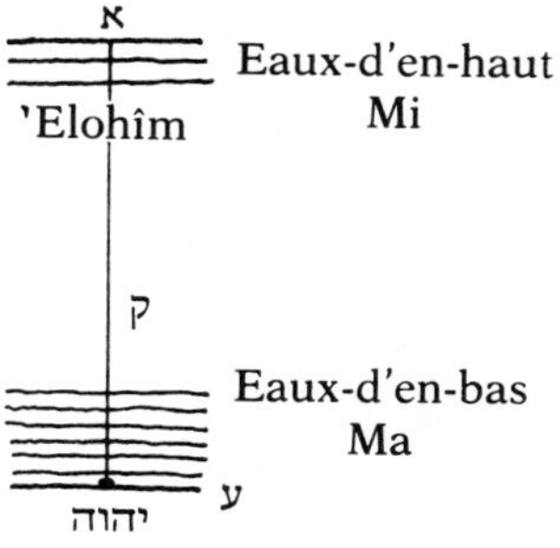

CHAPITRE VII

וַיַּעַשׂ אֱלֹהִים אֶת־הָרָקִיעַ וַיַּבְדֵּל בֵּין הַמַּיִם אֲשֶׁר מִתַּחַת לָרָקִיעַ
Et fait 'Elohîm l'étendue, et Il sépare entre les eaux qui sont
au-dessous de l'étendue
וּבֵין הַמַּיִם אֲשֶׁר מֵעַל לָרָקִיעַ וַיְהִי־כֵן
et entre les eaux qui sont au-dessus de l'étendue, cela est certes

Parmi les trois verbes : créer, former, et faire
qui président au récit de la Genèse,
le verbe « faire » est œuvre d'accomplissement. C'est 'Elohîm et
יהוה unis
dans la puissance de l'Esprit qui seront auteur de ce faire (a)

(a) Je laisse le mot « auteur » volontairement au singulier car l'auteur est ici la divine Trinité.

CHAPITRE VII

(verset 7)

וַיַּעַשׂ
WaYa'aś

Et fait — Du verbe 'Āśoh עשה, « faire » qui, avec les verbes Bārā' ברא « créer » et Yātsor יצר « former », décrivent les trois actions divines fondamentales de la Genèse. Ils sont souvent confondus.

Ne dit-on pas couramment que « l'Homme a été créé à l'image et à la ressemblance de Dieu » ? Nous verrons — et la distinction est importante — que « l'Homme est *créé* à l'image de Dieu ». « Il *sera fait* à sa ressemblance ».

Le verbe faire עשה est œuvre d'accomplissement. « Je ferai de toi une grande nation » dit יהוה (Genèse 12, 2), qui commence à travailler en 'Aḇrām, premier patriarche, le peuple d'Israël, symbole du peuple intérieur qu'est chaque homme en lui-même ; יהוה montre la grandeur de l'œuvre divine en celui qui accepte de se laisser conduire vers sa terre promise.

Le « faire » sera œuvre de יהוה et 'Elohîm unis dans la puissance de l'Esprit (1). Mais à la hauteur de ce verset יהוה n'a pas encore été révélé pleinement. — Il ne le sera qu'après le Shabbāṯ —.

(1) Cf. plus haut, p. 93.

Ce « faire » divin est inséparable du nom de Jésus, Yeshou'a en hébreu ;
inséparable aussi du « regard » divin
Un jeu de lettres lie ces trois mots

Ce « faire » est œuvre de l'« alliance de feu » contenu
dans le premier mot de la Genèse

La Rāqî'a-étendue est centre de l'alliance, fil conducteur de l'énergie
venue d''Elohîm pour « informer » sa création

Elle est le lieu privilégié des transformations d'accomplissement

Aussi 'Elohîm est-Il seul nommé. Mais יהוה est d'autant plus présent dans cette forme du verbe « faire » employée ici ויעש , que nous y retrouvons les quatres lettres du Nom de Jésus ישוע , dont je parlais à propos de la Rāqî'a. יהוה est donc présent et dans le verbe faire et dans la Rāqî'a qui est faite !

Par ces mêmes lettres qui le composent, ce « faire » divin prépare l'accomplissement, et de ce fait, le « regard » divin porté sur ce qui est accompli : « וישע יהוה ... et regarde יהוה ... (Genèse IV, 4) du verbe Shā'oh שעה , « porter le regard sur ... accueillir ».

Dans le rapport intime qui unit le « point-d'en-haut » 'Ayin אין au « point-d'en-bas », « source » 'Ayin עין , le א au ע , nous pouvons dire que l'œuvre achevée dans son total accomplissement ne sera plus עשה mais אשה , 'Ishāh l'« épouse » prête à rencontrer l'Epoux איש 'Ish dans la consommation de l'« alliance de feu » que révélait déjà le premier mot de la Genèse Berē'shît בראשית (2).

אֱלֹהִים
'Elohîm

'Elohîm

אֶת־הָרָקִיעַ
'Et-
HāRāqî'a

l'étendue qui se révèle ainsi être le centre de l'alliance, le fil conducteur de l'énergie divine venue d''Elohîm pour nourrir, « informer » sa création. Colonne vertébrale de la création, la Rāqî'a est le lieu privilégié des transformations d'accomplissement.

(2) Cf. plus haut, p. 45.

Et Dieu sépare les eaux-qui-sont-au-dessous de l'étendue :
elles sont appelées Ma dans la Tradition orale
— Elles sont le monde créé —
des eaux-qui-sont-au-dessus de l'étendue :
elles sont appelées Mi dans la Tradition orale
— Elles sont le monde divin incréé —

La Rāqî'a sépare et relie le Mi et le Ma

La création est encore cela :
les Mayim, Mi et Ma confondues se font soudain face à face
Le Mi est le monde divin incréé
en tant qu'il se fait connaître dans le Ma, le monde créé
Dans ce « miroir » chaque élément créé est relié à son modèle
archétypiel dans
le monde des énergies divines par la Rāqî'a

וַיַּבְדֵּל WaYabdēl — et il sépare

בֵּין Bein — entre

הַמַּיִם HaMayim — les eaux

אֲשֶׁר 'Asher — qui

מִתַּחַת MiTaḥat — d'au-dessous

לָרָקִיעַ LāRāqî'a — vers l'étendue

de la racine חת ou חתת , « terreur, épouvante ». Terreur qu'inspirent les profondeurs gardiennes de

מתת Matat — « Tous les dons » du Yod

ou encore :

חת Ḥat — « Terreur » qui entraîne la

מת Mot — « mutation ».

Ces eaux-qui-sont-au-dessous de l'étendue sont appelées Ma מה dans la Traditon orale.

וּבֵין OuBein — et entre

הַמַּיִם HaMayim — les eaux — Ces « eaux-qui-sont-au-dessus-de-l'étendue » sont appelées Mi מי dans la Tradition orale.

אֲשֶׁר 'Asher — qui

מֵעַל Mē'Al — viennent d'au-dessus

לָרָקִיעַ LāRāqî'a — vers l'étendue — La Rāqî'a relie le Mi au Ma, le Ma au Mi.
Le Mi est le monde divin incréé en tant qu'il se fait connaître dans le Ma, le monde créé.

La création est encore cela : les Mayim Mi et Ma confondus se font soudain face à face.
Le monde du Mi, modèle, pose son image, le Ma.

Chaque élément du monde du Ma, chaque élément créé, est relié à son modèle archétypiel dans le monde des énergies divines par la Rāqî'a.

Il n'est pas un élément du monde créé qui ne reçoive de son archétype-modèle (une énergie divine incréée) l'information qui
détermine son être — sa forme,
sa couleur, son odeur, ses vertus —
Chacun est lourd d'un potentiel le rendant capable de réintégrer
l'archétype

Chaque élément créé — extérieur comme intérieur à l'Homme —
est lourd du germe de son archétype

'Āḏām, au sixième jour, sera plus que la somme de toutes les
énergies
Il est à l'image d''Elohîm Lui-même

'Āḏām est l'Homme-d'en-bas
'Elohîm l'Homme-d'en-Haut

L'Homme-d'en-bas a pour vocation de retourner vers l'Homme-
d'en-haut
Il le peut car il est lourd du Germe d''Elohîm
déposé en lui le sixième jour

La création est comme un expir d''Elohîm à יהוה -Germe
L'histoire de l'Homme est celle d'un inspir, celle de son retour à
'Elohîm,
dans la croissance de יהוה sur l'axe de la Rāqî'a

Il n'est pas un élément du monde créé qui ne reçoive de son archétype — une énergie divine incréée — l'information qui détermine son être, sa forme, sa couleur, son odeur, ses dons, ses vertus, en un mot : l'énergie créée. Et cette dernière est lourde du potentiel énergétique la rendant capable de réintégrer l'archétype.
Le Ma est symbole du Mi.

Le Ma est appelé à entrer dans la dimension du Mi et à le réintégrer accompli.

Chaque élément créé, extérieur comme intérieur à l'Homme, est une potentialité ; il est lourd du germe de son archétype.

Je compare volontiers les six jours de la création à un *« expir »* divin : 'Elohîm, à partir de ses énergies incréées exprime les énergies créées et les pose à l'image des premières dans l'axe de la Rāqîʻa.
Au sixième jour qui verra la création de l'Homme, 'Ādām récapitule tous les jours précédents. 'Ādām est la somme de toutes les énergies et plus que cela encore : Il est à l'image d''Elohîm Lui-même.

Les hébreux appellent 'Elohîm l'« Homme-d'en-haut », ou encore l'« Homme du Mi », et 'Ādām l'« Homme-d'en-bas », ou encore l'« Homme du Ma ».

L'Homme-d'en-bas a pour vocation de retourner dans un *« inspir »* axé sur la Rāqîʻa vers l'Homme-d'en-haut. Il le peut car au sixième jour, 'Elohîm dépose en l'Homme-'Ādām son Germe, le Yoḏ, יהוה, le NOM. Le septième jour, dans le mystère du Shabbāṯ, le Yoḏ sera mobilisé ; l'Homme prendra le chemin de son Nom.

On ne peut d'ailleurs séparer le mot Rāqîʻa רקיע du verbe יקרא « il appelle-nomme » rencontré précédemment et que nous allons retrouver plus bas.

L'Homme est un dieu inaccompli

« J'ai dit : vous êtes des 'Elohîm » (Jean X, 34), dit le Christ

Si l'Homme n'apparaît qu'au sixième jour,
ses structures énergétiques font l'objet du récit des six jours
et ce deuxième jour est révélateur du rapport de l'Homme à 'Elohîm,
du monde créé au monde divin incréé

Tenir en main la totalité des énergies
est le oui absolu à cet accomplissement

Entre ces deux mots le ʼĀleph א et le ʻAyin ע jouent en dialectique, car ce n'est qu'au plus profond de la Rāqîʻa, en assumant ע , la « source » que l'on trouvera le NOM.

Appuyé sur ce fondement, le Yoḏ, axé sur la Rāqîʻa, ʼĀḏām retourne à ʼElohîm dans un inspir. Ce « retour » fait l'objet de notre histoire. L'histoire humaine est celle d'un retour, d'une réintégration à l'Unité dans l'accomplissement de l'infini potentiel humain.

L'Homme est un dieu, un ʼElohîm inaccompli.

C'est dans ce sens que, reprenant le Psaume 81, le Christ dit à ses Apôtres :

« J'ai dit : vous êtes des ʼElohîm » (Jean X, 34).

Si l'Homme n'apparaît qu'au sixième jour, ses structures énergétiques font l'objet du récit des six jours et ce deuxième jour est révélateur du rapport de l'Homme à ʼElohîm, du monde créé au monde divin incréé.

Le verset suivant précisera cette réalité.

וַיְהִי
Wayehî — et est

כֵן
Ḵēn — certes oui — assurément — mot fait de la « paume de la main » כ et du Noun final ן qui est l'énergie des grandes profondeurs.

Tenir en main la totalité des énergies est le oui absolu à l'accomplissement.

CHAPITRE VIII

וַיִּקְרָא אֱלֹהִים לָרָקִיעַ שָׁמָיִם

'Elohîm appelle l'étendue cieux

וַיְהִי־עֶרֶב וַיְהִי־בֹקֶר יוֹם שֵׁנִי

Il est un soir, il est un matin, jour deuxième

Au premier verset « Dieu crée les cieux », ici « Dieu appelle l'étendue : cieux », au troisième jour Dieu appellera « le sec : Terre ». Créer et appeler sont en profondeur une unité. Dieu crée par son Verbe ; Il crée les noms.

Le Mi et le Ma confondus en Mayim, « les eaux », qui viennent d'être séparés,

sont immédiatement réunis en Shāmayim, « les cieux », autour de la lettre Shîn ש

Le mot hébreu Shîn est l'anagramme de Shēnî « deuxième », mot qui termine ce verset :

jour deuxième

Shēn est la « dent », symbole de la pierre des profondeurs,

le « noyau » qui contient le Yoḏ, le NOM ;

elle en est le gardien, celui qui se fait « Adversaire »

A cette fine pointe il est le Śāṭān

CHAPITRE VIII

(verset 8)

וַיִּקְרָא WaYiQrā'	Et appelle, crie...	Si, au premier verset « Dieu crée les cieux », ici « Dieu appelle l'étendue cieux ». Au troisième jour Dieu appellera le sec : Terre. קרא et ברא sont intimement liés : Dieu crée par son Verbe. Il crée les Noms.
אֱלֹהִים 'Elohîm	Elohîm	
לָרָקִיעַ LāRāqî'a	à l'étendue	
שָׁמָיִם Shāmāyim	cieux	Le Mi et le Ma confondus en Mayim, qui viennent d'être séparés, sont immédiatement réunis en Shāmayim, שמים , autour de la lettre Shîn ש : celle-ci est :

שן Shēn	la dent, pointe du
י Lettre Yoḏ	Yoḏ, יהוה.

La racine Shēn שן donnera de nombreux mots rendant compte de « changement ». Parmi ceux-là, le mot Shēnî שני qui termine ce verset, qui signifie « deuxième » et qui est un anagramme de Shîn.

Ce deuxième jour est essentiellement celui du mystère de la lettre Shîn ש qui sépare et unit le créé et l'incréé.

Les Shāmayim se révèlent donc bien être « Les deux Noms »

Les Shāmayim, les « cieux », qualifient la Rāqî'a, l'« étendue »
La Rāqî'a contient en effet le Yoḏ י et 'Ar, l'« Adversaire »,
tous deux nourris du Qoph, cordon ombilical divin qui les
recouvre

Humides-inaccomplis, les « cieux » sont les futurs secs-accomplis

Le moment de l'accomplissement est celui où 'Elohîm se
retirant,
יהוה rencontre l'Adversaire et l'épouse
pour faire le UN qui détermine le retour d''Elohîm
C'est en l'Homme que ce mystère s'accomplit

Tous les changements-mutations qu'elle porte en son nom, invitent à descendre dans les profondeurs où est inscrit le Yod̲ י noyau de l'accomplissement, pour monter vers le 'Âleph א .

Le Yod̲ י est inséré dans le Shēn שן , la dent, symbole de la pierre des profondeurs, de la « pierre d'angle », qui contient la totalité de l'énergie (1). Elle en est la protection, elle en est le gardien, celui qui se fait « adversaire », celui qui, à la racine, déploie le « bouclier » devant l'Epée הוה .
A cette fine pointe, il est le שטן Śāṭān.

Les Shāmayim שמים se révèlent donc bien ici être — leur réalité grammaticale le confirme — « Les deux Noms » (2)
Shāmayim שמים « Les deux Noms » qualifie la Rāqî'a רקיע en qui est יהוה

י Lettre Yod̲	et	
ער 'ar	l'Adversaire	Tous deux nourris du Qoph ק de valeur 100, unité qui les recouvre.

Dans la totalité des cieux les deux Noms sont inscrits. Leur puissance énergétique s'étage sur plusieurs niveaux et les constituent.

Humides, inaccomplis, les cieux sont les futurs secs-accomplis ארץ 'Erets-Terre.

Le moment de l'accomplissement est celui où, 'Elohîm se retirant, יהוה rencontre l'Adversaire et l'« épouse », c'est-à-dire, fait avec lui le UN qui détermine le retour d''Elohîm.
C'est en l'Homme que ce mystère s'accomplit.

---

(1) Cf. L., ch. V, chap. XXIII.
(2) Cf. plus haut, p. 63 et 65.

Les cieux sont en l'Homme
Ils sont le lieu de l'Alliance, celui du dialogue essentiel

Si le jour UN est celui de la révélation du 'Āleph-'Elohîm dans la lumière,
le deuxième jour est celui des cieux créés
et faits des deux NOMS יהוה et l'Adversaire
Ils sont la ténèbre

Ce jour n'est pas « vu » par 'Elohîm
car il ne rend pas compte de l'accomplissement
Tout est potentiel à accomplir à partir du dualisme יהוה-Adversaire,
générateur du TROIS qui est participation à UN

Les cieux sont en l'Homme.
Ils sont le lieu de l'alliance Berîṯ ברית , celui du dialogue essentiel.

וַיְהִי WaYehî	et est
עֶרֶב 'Ereḇ	un soir
וַיְהִי WaYehî	et est
בֹקֶר Ḇoqer	un matin
יוֹם Yōm	jour
שֵׁנִי Shēnî	deuxième jour du Shîn שין .

Si le jour UN est celui de la révélation du 'Aleph- 'Elohîm dans la lumière, le deuxième jour est celui de la révélation d''Elohîm posant la ténèbre créée, les « cieux » faits des deux NOMS, יהוה et l'Adversaire, שטן . שטן est un autre aspect du שין , le Ṭeiṯ ט comme nous l'avons vu (3) précédant le Yoḏ י .

A ce niveau du deuxième jour, rien n'est figé, tout est vie, potentialité, travail à accomplir.

Nous nous souvenons que ce jour n'est pas « vu » d''Elohîm car rien n'est encore accompli (4).

Mais les Shāmayim שמים sont aussi l'union du Ma et du Mi.
Ce serait une immense erreur que de les réduire au dualisme des deux NOMS.

Dans la partie incréée, Germe d''Elohîm, que contient יהוה , une fulgurante dynamique de verti-

---

(3) Cf. plus haut, p. 113.
(4) Cf. plus haut, p. 139.

Lorsque tout sera accompli le UN sera

calisation est contenue, que chaque rencontre avec l'Adversaire libèrera.

Chaque rencontre des deux sera génératrice du trois qui est participation à l'UN.

Lorsque « tout sera accompli » le UN sera.

CHAPITRE IX

וַיֹּאמֶר אֱלֹהִים יִקָּווּ הַמַּיִם מִתַּחַת הַשָּׁמַיִם אֶל-
Et dit 'Elohîm : que s'assemblent les eaux qui sont en-dessous les cieux vers
מָקוֹם אֶחָד וְתֵרָאֶה הַיַּבָּשָׁה וַיְהִי־כֵן
un lieu UN et que le sec soit vu. Et que cela soit, certes

Le rassemblement des eaux est une sorte de coagulation des eaux, de resserrement, contraction

CHAPITRE IX

(verset 9)

וַיֹּאמֶר
WaYo'mer — Et dit

אֱלֹהִים
'Elohîm — 'Elohîm

יִקָּווּ
Yiqāwou — que se rassemblent — se rassembleront

du verbe Qāwoh קוה qui signifie « espérer », mais à la forme dite « niphal » « se rassembler ». Tout se passe autour de la lettre Qoph ק , centre de la Rāqî'a que nous retrouvons ici, « cordon ombilical » qui lie la création à sa matrice divine et qui va se vérifier être l'axe de réintégration autour duquel seul pourront s'accomplir les eaux-d'en-bas.

Je reviendrai sur la connotation « espérance » qui s'impose.
Mais ne perdons pas de vue que la racine Qaw קו est le « fil à plomb » et aussi la « mesure ».
Que de textes je serais tentée de faire chanter ici jusqu'à la glorification du Fils, Christ, juste mesure de toute chose et seule espérance !

הַמַּיִם
HaMayim — les eaux

מִתַּחַת
Mitaḥaṯ — qui sont en-dessous

autour de l'axe divin trinitaire

הַשָּׁמַיִם HaShāmayim — les cieux — Il s'agit ici des « cieux » mis en apposition à « eaux »-qui-sont-en-dessous, c'est-à-dire des cieux inaccomplis mais dont

השם HaShēm — le NOM contient

מי Mî — les eaux-d'en-haut incréées.

Le processus d'accomplissement des unes vers les autres commence d'être décrit.

אֶל 'El — vers (Dieu) — Nom d''Elohîm qui est la seule direction vers...
et Celui-là seul qui conduit « vers la Mer ».

מָקוֹם Māqōm — un lieu (Dieu) — Ce « lieu » est pénétré du קו Qaw, fil-à-plomb »,
cordon ombilical divin, et limité par deux Meim comme les parois d'une matrice.

Chaque « lieu » est une matrice intérieure, chaque espace est fait d'une somme énergétique venant du NOM.
A la limite, le dernier espace, dans la profondeur des Taḥaṯ תחת , celui qui contient le NOM, est Dieu Lui-même. C'est pourquoi MĀQŌM est aussi un des Noms divins.

אֶחָד 'Eḥād — UN (Dieu) — L'unité est aussi un des Noms divins.

'EL MĀQŌM ' EḤĀḎ « vers un lieu un » est une révélation trinitaire :
le Père qui est source,
le Fils qui est le chemin de chaque espace,
l'Esprit qui unifie tout.

Les eaux-d'en-bas, la création tout entière, et chaque homme en particulier reçoit cet ordre fondamental de ramasser le potentiel énergétique à accomplir, de le centrer et de l'ancrer dans la divine Trinité.

Tout véritable enseignement est celui-là
On n'apprend qu'en rassemblant les eaux de l'ignorance,

en les retournant pour qu'elles deviennent sec, lumière

Que les eaux se rassemblent et se retournent comme se retournent
celles du
Jourdain autour du Christ, axe du monde
Yabāshāh est le « retournement » des eaux autour de Yāh qui est
déjà le Christ

וְתֵרָאֶה Weṯērā'eh — et que soit vu — On pourrait presque répéter le verset du jour UN « Et que la lumière soit ».

Ici la Tōrāh תּוֹרה est désignée.
L'enseignement ne peut être reçu que si l'Homme reste greffé à Dieu, ancré en Dieu, axé sur Dieu. Les eaux alors seront saisies ; le 'Āleph א 'Elohîm, se révèlera peu à peu en elles ; ce que signifie en profondeur le mot suivant :

הַיַּבָּשָׁה HaYabāshāh — le sec — La racine Yaḇosh יבש qui indique une contraction vient confirmer ce rassemblement des eaux autour de l'axe divin. Le sec n'est pas ce qui est découvert par les eaux lorsqu'elles se retirent — comme dans les espaces extérieurs — mais il est ces eaux elles-mêmes transmutées dans un travail d'accomplissement autour de la Rāqî'a-Shāmayim, colonne vertébrale cosmique, lieu de rencontre et de séparation du 'Āleph א et du Yod י .
Yabāshāh יבשה est une coagulation de l'humide devenant sec.

שׁוּב Shouḇ — Une notion de « retournement » שׁוּב Shouḇ est aussi présente. « Retournement des eaux » comme celui des eaux du Jourdain, lorsque le Christ, axe du monde, plonge en elles (Psaume 114, 5-7).

יָהּ Yāh — Retournement ici autour de יה Yāh qui est déjà le Christ.
La création, inaccompli de Dieu, ne peut s'accomplir, c'est-à-dire participer d''Elohîm que si elle construit le Fils יהוה en retournant les énergies vers leur pôle lumière.

וַיְהִי WaYehî — et est — que cela soit.

כֵן Ḵēn — certes

CHAPITRE X

וַיִּקְרָא אֱלֹהִים לַיַּבָּשָׁה אֶרֶץ וּלְמִקְוֵה הַמַּיִם קָרָא יַמִּים
Et appelle 'Elohîm le sec terre, et l'amas des eaux Il appelle mers
וַיַּרְא אֱלֹהִים כִּי־טוֹב
Et voit 'Elohîm parce que accompli

L'accomplissement du Yoḏ est « terre » ou : « participation à 'Elohîm »

L'amas des eaux est *l'espérance*. L'espérance est le potentiel d'accomplissement amassé en l'Homme
Elle est une vertu ontologique

CHAPITRE X

(verset 10)

וַיִּקְרָא WaYiqrā'	et Appelle		
אֱלֹהִים 'Elohîm	'Elohîm		
לַיַּבָּשָׁה LaYabāshāh	le sec		
אֶרֶץ 'Erets	terre	Je viens de décrire au verset 9 pourquoi le « sec » Yabāshāh était la coagulation-retournement des eaux autour de Yāh.	
	Cet accomplissement du Yoḏ est de ce fait « participation au 'Āleph ».		
	רץ Rats	participation	
	א Lettre 'Āleph	au 'Āleph- 'Elohîm	Ce qui a été étudié au premier verset est ici confirmé.
וּלְמִקְוֵה OuLeMi- qwēh	et l'amas, le rassemblement		Même racine que le verbe Qāwoh קוה étudié plus haut.
הַמַּיִם HaMayim	des eaux		Miqwēh מקוה est aussi « *l'espérance* »

Il est ici très important d'ouvrir notre intelligence à ceci : l'espérance est une *vertu ontologique* liée à la présence en l'Homme de son potentiel énergétique qu'est cet « amas des eaux ». Lorsque l'Homme

Nous en avons fait une vertu psychique consistant à tout attendre
d'un dieu
extérieur totalement étranger à notre noyau divin alors ignoré

La foi est la certitude de l'accomplissement dans le 'Āleph-Père

L'espérance est la connaissance du potentiel d'accomplissement
de la dimension de Fils

La charité est amour, alliance-feu qui est l'œuvre de l'Esprit obéit à l'ordre divin lui commandant de s'axer dans le flux de la respiration 'Elohîm- יהוה dont nous verrons au Chapitre deux de la Genèse qu'il est le jardin d''Ēd̲en, il accomplit cet « amas » qui devient « terre », participation à 'Elohîm.

Nous avons fait de l'Espérance une vertu psychique qui consiste à tout attendre d'un dieu extérieur qui, à la limite, est totalement étranger à notre noyau divin alors ignoré.

La foi est la certitude de l'accomplissement et donc de réalités autres que celles auxquelles nous participons et que nous pouvons vérifier. Elle est la certitude des lois nouvelles qui se réfèrent à ces réalités. Leur obéir en dépit des lois du monde, c'est leur donner vie et donner naissance à ces réalités nouvelles ; c'est nous accomplir.
La foi est une continuelle tension vers le 'Āleph-Père.

L'espérance est la certitude que ces réalités sont en nous, en attente d'être « ramassées, retournées ». Dans ce but, elles doivent être placées dans l'axe créateur du rapport י-א .
L'espérance est liée à la dimension de Fils atteinte dans l'accomplissement-croissance du Yod̲ vers le 'Āleph.

La charité est amour-feu de l'Alliance ברית־אש Berît̲-'Ēsh du Berē'shît̲.
Elle est celle qui unifie. Elle est l'œuvre de l'Esprit de Dieu.

Lorsque tout sera accompli il n'y aura plus d'espérance car la totalité de l'amas des eaux sera devenue terre.
Il n'y aura plus de foi car toute réalité sera vue, étant devenue lumière.

Seul l'amour demeurera, dit l'apôtre Paul (I Corinthiens XIII).

L'amas des eaux — Espérance —
Dieu l'appelle Mers
ou Jours
Ce sont les espaces-temps intérieurs à l'Homme
L'espace et le temps sont l'unique lumière à venir
Dans leur dualité ils sont porteurs d'un unique principe dynamique

Si Dieu met « dans le voir » c'est que le processus créateur s'accomplit

קָרָא Qārā'	Il appelle	
יַמִּים Yamîm	« mers » ou « jours »	Yām ים , la mer et Yōm יום , le jour, ont le même pluriel Yamîm.

Si nous nous souvenons que, au jour UN, c'est la lumière qui est appelée « Jour », nous pouvons en conclure que la lumière et la mer sont en profondeur une même réalité. C'est pourquoi je m'étais permis d'appeler Yām ים , la mer archétypielle vers laquelle reconduit 'Elohîm אלהים , « mer des lumières ».
Mais au niveau créé, les eaux inaccomplies sont liées à la ténèbre. Elles sont lumière potentielle; c'est pourquoi « la lumière brille dans les ténèbres »... (Jean I, 5).
La lumière est appelée à se dégager des ténèbres. Nos océans extérieurs qui sont le symbole de l'inaccompli intérieur-ténèbre, sont porteurs de lumière dans leur élément « sel ». Les « mers », en tant qu'inaccompli intérieur, sont nos espaces intérieurs, inséparables des « jours », des temps qui sont donnés à l'Homme pour en faire la lumière. Espace et temps sont recouverts de l'unité « lumière ».
Dans leur dualité ils sont porteurs d'un unique principe dynamique.

וַיַּרְא WaYar'	Et voit	Si Dieu « voit » c'est que le processus du créé « dans le voir ברא » continue.
אֱלֹהִים 'Elohîm	'Elohîm	Mais peut-être pouvons-nous l'entendre ici à deux niveaux :
כִּי Kî	parce que	A un premier niveau qui est celui du principe, le « face à face » divin est précisé en ce troisième jour en ce qu'il décrit le processus du devenir lumière.
טוֹב Ṭōḇ	accompli	Ce Ṭōḇ du troisième jour n'est alors que participation au Ṭōḇ fondamental du jour UN.

Il va s'accomplir par paliers, par niveaux énergétiques successifs jusqu'à ce qu'il n'y ait plus ni espace ni temps, parce que tout sera lumière

D'autre part :
Chacun de nous ne sera « vu » de Dieu que s'il apprend à poser devant lui
le sec et l'humide, à les distinguer l'un de l'autre et à les placer dans l'axe de la respiration 'Elohîm- יהוה qu'il porte en lui

Alors seulement s'opèrera le second temps de ce troisième jour, que nous abordons maintenant

> Il va se construire par paliers, par niveaux énergétiques successifs jusqu'à ce que tout soit accompli dans un ṬŌḆ absolu qui est Dieu.

A un second niveau qui est celui des structures de l' 'Āḏām, l' 'Āḏām — chacun de nous — ne sera « vu » de Dieu que dans un processus créateur qui incombe à l'Homme. C'est-à-dire : si l'Homme apprend à poser devant lui le sec et l'humide, à les distinguer l'un de l'autre et à les placer dans l'axe de la respiration 'Elohîm- יהוה qu'il porte en lui (1). Alors seulement s'opérera le second temps du troisième jour, temps que nous abordons maintenant.

(1) Nous découvrirons ce que cela signifie très concrètement dans notre vie quotidienne, à la lumière des chapitres suivants, mais dès maintenant laissons ce message divin œuvrer en nous, nous en ressentirons instinctivement l'écho.

CHAPITRE XI

וַיֹּאמֶר אֱלֹהִים תַּדְשֵׁא הָאָרֶץ דֶּשֶׁא עֵשֶׂב מַזְרִיעַ זֶרַע
Et dit 'Elohîm : que verdure la terre, verdure d'herbe ensemençant semence,
עֵץ פְּרִי עֹשֶׂה פְּרִי לְמִינוֹ אֲשֶׁר זַרְעוֹ־בוֹ עַל־
arbre à fruits faisant fruits selon son espèce, qui en lui sa semence sur
הָאָרֶץ וַיְהִי־כֵן
la terre/le sec et que cela soit, certes

C'est le mariage du ciel et de la terre pour la plus sublime fécondité

CHAPITRE XI

(verset 11)

וַיֹּאמֶר WaYo'mer	Et dit	
אֱלֹהִים 'Elohîm	'Elohîm	
תַּדְשֵׁא TaDshē'	que verdure	Que ce néologisme me soit permis pour garder au plus près la beauté de ce texte. Aucun terme français

en dehors de ce redoublement « que verdure la verdure », ne peut rendre compte de la luxuriante fécondité contenue dans la racine דשא où se réunissent :

אש 'Ēsh — le feu et

אד 'Ēd — la « vapeur » d'eau qui se distingue du sec car c'est elle que nous verrons (Genèse II, 6) sourdre du sec-terre au commencement de la mise en œuvre de l'accomplissement dont nous n'étudions en ce premier chapitre que le processus de principe.

Ce troisième jour est véritablement celui du mariage, celui de la réalisation de l'alliance où la terre s'unit au ciel pour la plus sublime fécondité.

Le mariage des eaux-d'en-haut et des eaux-d'en-bas

A travers la verdure, 'Elohîm donne le sein à sa création

Bien sûr cela se traduit sur un plan concret extérieur par le mystère admirable de la germination et de la croissance des arbres et des plantes.

Mais il s'agit ici, dans l'essentiel, du concret intérieur : il s'agit de la rencontre du sec-terre né de l'amas des eaux coagulées autour du Yoḏ, avec le feu qui émane des eaux-d'en-haut, les eaux amoureuses de 'Elohîm-Epoux.

Car ce n'est que lorsque le sec et l'humide ont été distingués l'un de l'autre, en-bas, qu'ils peuvent s'unir. Et cette montée de l'eau venant du sec ébranle les eaux-d'en-haut qui répondent par le feu.

Nous avons vu que le mariage de l'eau et du feu construit la « mer des lumières ». Celle-ci parfaitement riche et accomplie, s'enrichit des fruits du mariage du sec et de l'humide en bas.

Ce mot Deshe' דשא trois fois dit entre ce verset et le suivant, contient le secret du mariage des « eaux-d'en-haut » et des « eaux-d'en-bas », le secret ineffable de l'accomplissement divin dans celui de l'Homme depuis le 'Āleph jusqu'au Tāw et du Tāw au 'Āleph.
Car cet impératif peut encore se lire : dernière et première lettres de l'alphabet — totalité des énergies.

ת-א Lettre 'Āleph — Lettre Tāw

שד Shaḏ

Le « sein » — 'Elohîm donne le sein, nourrit à travers l'explosion de la fécondité intérieure et extérieure.

L'herbe est le premier fruit du mariage

A chaque terre, elle ne délivre qu'une part du Shēm — du NOM —
mais elle est à ce niveau une plénitude

Tout niveau accompli nécessite un retournement vers la source
pour procéder
à un nouveau mariage, puis à la formation d'un nouveau fruit

הָאָרֶץ Hā'Ārets	la terre — sec	Elle est ici saisie entre deux Deshe' דשא comme entre les mâchoires juteuses de la fertilité.
דֶּשֶׁא Deshe'	verdure	
עֵשֶׂב 'Ēśeb̲	d'herbe	L'herbe est le premier fruit du mariage du Mî et du Ma.

שׂ Lettre Shîn	Elle est un degré d'accomplissement du Shîn שׂ qui ne livre de la sève du NOM-Shēm, que pour se revoiler
עב 'Āb̲	par le nuage. Les nuages écartés feront voir la plénitude de 'Āb̲ אב, le Père. Mais à tel niveau, l'herbe עשׂב 'Eśeb̲ est une plénitude.

שׂבע Śob̲a'	« satiété — rassasiement » qui est aussi Sheb̲a', le nombre sept, symbole de plénitude.
שוב Shoub̲ ע Lettre 'Ayin	C'est pourquoi tout niveau accompli nécessite Shoub̲ שוב un « retournement » vers la « source » ע pour former un nouveau fruit.

מַזְרִיעַ Mazrî'a	ensemençant	Le redoublement de la racine Zera' זרע comme celui de la
זֶרַע Zera'	semence	précédente racine דשא donnent à ces mots une force de

La semence du fruit est le principe de la force

Elle est la lumière dans la ténèbre

Elle est l'arme mâle et pénétrante au sein de l'inaccompli

percussion qui nous pénètre et nous atteint au cœur de ce qu'est leur réalité en nous.

	זרע Zera', la « semence » est :	
	ר Lettre Reish	le principe
	עז 'Oz	de la force,
	car elle est aussi :	
	זר Zār	« étranger » de valeur 207, comme אור la « lumière », cette racine est liée à la lumière (Zohar, la « splendeur » — Zāhor, « luire » — Rāz, le « mystère »...). Elle est la lumière encore « étrangère », inconnue,
	ע Lettre 'Ayin	à la source des profondeurs La semence est la lumière dans la ténèbre, le potentiel d'accomplissement. Zera' זרע est fait des mêmes énergies que 'Āzor עזר « aider-sauver ». Ce verbe consiste essentiellement à user de
	ז Lettre Zayin	l'« arme » mâle (1) pour pénétrer
	רע Ra'	l'inaccompli et faire de l'inaccompli l'accompli-lumière.
עֵץ 'Ēts	arbre	Il semble être un deuxième aspect de la production de la terre, l'herbe en étant le premier aspect.

(1) Cf. L., ch. V, chap. IX et plus bas chap. XXVII (verset 27).

L'arbre est l'accomplissement de ce qui a été puisé à la source

En haut de l'arbre la semence éclate dans la totalité de la lumière accomplie. Son dernier fruit est יהוה

L'espèce est faite des eaux-d'en-haut Mî s'incarnant dans un germe en bas

Une espèce est donc définie par son archétype — une énergie divine incréée — dont elle porte le germe

Ces deux mots, herbe et arbre, ne sont pas reliés entre eux par la conjonction « et » comme ils le seront au verset suivant. Si en ʿEśeḇ עשב la lettre ʿAyin ע la « source » amène à un « retournement », ici, dans le mot ʿĒts עץ, l'arbre, elle est accomplie.

עץ
ʿĒts

L'« arbre » est un accomplissement car la source est assumée. עץ est en effet עין si nous nous souvenons que le Tsadei צ est fait de l'union du Yoḏ י et du Noun נ (2). En haut de l'arbre, la « semence » éclate dans la totalité de la lumière accomplie. C'est le dernier fruit יהוה.
L'arbre est la verticalisation des énergies.

פְּרִי
Perî

à fruit — Le fruit de chaque terre accomplie est participation à יהוה.
La racine Pār פר, fréquente dans le vocabulaire biblique, est toujours symbole de fécondité.
Le verbe « croître » que nous rencontrerons bientôt (3) est Pāroh פרה.
Les différents fruits sont les successives étapes de croissance de יהוה.

עֹשֶׂה
ʿOśeh

faisant

פְּרִי
Perî

fruit

לְמִינוֹ
LeMînō

selon son espèce — La racine Mîn מין, « espèce » est faite des « eaux-d'en-haut », Mî s'incarnant dans la lettre Noun ן le « poisson » dans les « eaux-d'en-bas » Ma.
Une espèce, dans le monde créé, est définie par son

(2) Cf. plus haut, p. 73.
(3) Cf. chap. XXII (verset 22).

Chaque espèce a sa réalité propre ; elle ne peut en devenir une autre

L'évolution se fait à la verticale
Un singe n'a jamais pu devenir un homme. Mais l'homme a pour vocation
de faire évoluer le singe qu'il est vers la Sagesse divine
— archétype du singe — et de devenir lui-même 'Elohîm dont il est l'image

archétype dans le monde incréé, qu'elle porte en germe.
Invisiblement la Rāqîʿa-Shāmayim relie le Mi et le Noun מי־ן . A chaque échelon de la création, une espèce a sa réalité propre, qui ne peut être confondue avec aucune autre, fût-ce au terme d'une évolution dans le temps.

L'évolution ne se fait qu'à la verticale.
Un singe, par exemple, est appelé à intégrer la sagesse divine dont il est l'un des symboles.
Un homme est appelé à devenir 'Elohîm dont il est l'image.
Mais à l'horizontale, aucun singe n'a pu devenir un homme. Ce serait confondre Dieu dans son essence avec ses énergies. La Sagesse divine ne peut devenir 'Elohîm.
Par contre, les temps et les espaces intérieurs sont donnés à l'Homme qui au sixième jour, nous le verrons, récapitule toute la création, pour qu'il donne à l'énergie « singe » qu'il est, la dimension de la Sagesse divine — ce qu'a fait Salomon.
Pour nourrir sa sagesse, ce dernier recevait tous les trois ans de la Reine de Saba « de l'or, de l'argent, de l'ivoire, des singes et des paons » (I Rois X, 22) chaque cadeau représentant un aspect de la Sagesse. C'est le seul moment où le singe soit présent dans la Bible.

אֲשֶׁר 'Āsher	qui
זַרְעוֹ־בוֹ Zarʿō-Ḇō	sa semence en lui
עַל ʿAl	sur
הָאָרֶץ Hā'Ārets	la terre-sec
וַיְהִי־כֵן WaYehî-Ḵēn	et que cela soit, certes.

CHAPITRE XII

וַתּוֹצֵא הָאָרֶץ דֶּשֶׁא עֵשֶׂב מַזְרִיעַ זֶרַע לְמִינֵהוּ
Et fait jaillir la terre (sec) verdure d'herbe ensemençant semence selon son espèce,
וְעֵץ עֹשֶׂה־פְּרִי אֲשֶׁר זַרְעוֹ־בוֹ לְמִינֵהוּ
et arbre faisant fruit qui porte en lui sa semence selon son espèce,
וַיַּרְא אֱלֹהִים כִּי־טוֹב
et voit 'Elohîm parce que accompli

Ce jaillissement est déterminé par l'exigence d'accomplissement du Yoḏ יהוה et
par le désir amoureux du 'Āleph-'Elohîm venant à sa rencontre

CHAPITRE XII

(verset 12)

וַתּוֹצֵא
WaTōtsē'

Et fait jaillir — De la racine Yātso' יצא, « jaillir, sortir », dans laquelle le Tsadei צ travaille entre le 'Āleph א et le Yod̲ י.

Si nous nous souvenons que le Tasd̲ei צ est le « harpon » par lequel Dieu nous saisit pour nous tirer hors de chaque terre — champ énergétique intérieur — et nous conduire dans une terre nouvelle, ou que, fait du Yod̲ י et du Noun נ, il est le « hameçon » divin qui saisit le poisson נ jusqu'à ce qu'il soit devenu le Yod̲ י, nous comprenons quel est ce jaillissement de la terre.

Il est déterminé par l'exigence d'accomplissement du Yod̲ י et par le désir amoureux du 'Āleph א venant à sa rencontre.

הָאָרֶץ
Hā'Ārets

la terre — le sec — dont je rappelle qu'elle est l'accompli en tant que T̲ohou mais « vide » et générant le désir de montée de sève et de plénitude de pénétration de « l'en-haut », en tant que Bohou.

דֶּשֶׁא
Deshe'

verdure en laquelle la rencontre exprimée dans la racine יצא est confirmée ici par celle de l'eau et du feu.

Tout le reste du verset est une redite du verset précédent.

Deux exceptions sont cependant à noter :

Tout le reste du verset est une redite du verset précédent à l'exception de
trois lettres qui s'insèrent dans le texte
et qui forment le mot הוה appelant le Yoḏ

Dans ce contexte, l'herbe et l'arbre qui ne faisaient qu'un avec la semence,
dans le verset précédent, sont ici distingués, saisis dans une dynamique de
progression, et porteurs de la promesse du fruit de la dernière terre יהוה .

D'une part : l'herbe et l'arbre sont ici reliés par la conjonction de coordination Wāw ו appuyée sur le mot עץ ʿĒts, l'arbre, qui présente alors un nouveau groupe de lettres de même énergie que ʿOuts עוץ « former des desseins ». Ici l'arbre forme le fruit, projet de l'ultime fruit יהוה . Ce Wāw ו de valeur 6, appuyé sur l'arbre profile déjà l'Homme qui sera créé le sixième jour, homologue de ce troisième jour dans la perspective des deux triades (2 × 3 jours) de la création.
Par ce Wāw ו l'arbre préfigure la verticalisation de l'Homme en marche vers son fruit.
Herbe et arbre, dans ce verset, jaillissent chacun respectivement « selon son espèce ». LeMînēhou למינהו est donc dit deux fois. De plus ce mot, par rapport à celui du verset précédent, se voit attribuer dans les deux cas un Hē ה supplémentaire : למינהו au lieu de למינו (LeMînēhou au lieu de LeMînō).
Grammaticalement il ne semble y avoir aucune raison à cela. Mais la logique du texte ressortit à un autre niveau : ces deux Hē — outre qu'ils sont un souffle de vie qui déjà anime le monde végétal, extérieur et intérieur à l'Homme —, ces deux Hē forment avec le Wāw précédent le Hē Wāw Hē הוה qui appelle le Yoḏ, le fruit, יהוה qui jaillira de la dernière terre accomplie.

A la fin de ce verset « Dieu voit parce que accompli ».
C'est la seconde fois, en ce troisième jour, que Dieu voit. Une double création s'y est accomplie :
La première dans la contraction de l'humide se faisant sec, la seconde dans le mariage des eaux-d'en-bas et des eaux-d'en-haut au cœur de ce sec-terre devenant le haut lieu de la fécondité.

CHAPITRE XIII

וַיְהִי־עֶרֶב וַיְהִי־בֹקֶר יוֹם שְׁלִישִׁי
Il est un soir, il est un matin, jour troisième

Le travail extérieur de l'Homme commence le matin et s'achève le soir

Son travail intérieur commence le soir. Le matin est une résurrection

Le deuxième jour était celui de la rétention des énergies
au cœur de l'inaccompli
le troisième jour est celui de l'explosion de ces énergies
obéissant au guide divin qui les conduit à leur but

CHAPITRE XIII

(verset 13)

Si le travail extérieur de l'Homme commence le matin et se poursuit jusqu'au soir,

son travail intérieur commence le soir.
Le matin est celui d'une résurrection.

Travail de nos nuits du corps
de nos nuits de l'âme
de la nuit de l'Esprit.

En ce verset le jour troisième est accompli.

יום
Yōm

Jour

שלישי
Shelîsh

Troisième Si le deuxième jour était le jour du Shîn ש en tant que rétention de l'énergie contenue en puissance en cette lettre (1) (comparable à la force concentrée à l'extrême limite de la tension d'un arc), ce troisième jour est encore le jour du Shîn ש mais en tant qu'explosion de cette énergie (comparable à celle qui se libère de l'arc soudain relâché, fait « jaillir » la flèche et la conduit au cœur de la cible).

(1) Cf. L., ch. V, chap. XXIII.

Ce troisième jour voit l'accomplissement de la puissance divine
créatrice ;
puissance trinitaire qui est celle de l'Esprit venant du Père-'Āleph
pour accomplir le Fils יהוה

La racine Shālosh שלש qui exprime le nombre Trois pose en effet la lettre Lāmed̠ ל en son centre. L'« aiguillon » qui est à l'origine du Lāmed̠ (2) est le symbole du guide qui préside à la conduite de l'énergie de telle sorte que celle-ci atteindra son but.

L'explosion qui n'obéit pas à la loi de croissance est meurtrière.

Shālosh שלש 300 — 30 — 300 est une triplicité du Trois, un accomplissement de la puissance divine créatrice ; puissance trinitaire qui est celle de l'Esprit venant du 'Āleph-Père afin d'accomplir le Fils יהוה. .

---

(2) Cf. L., ch. V, chap. XIV.

CHAPITRE XIV

וַיֹּאמֶר אֱלֹהִים יְהִי מְאֹרֹת בִּרְקִיעַ הַשָּׁמַיִם לְהַבְדִּיל
Et dit 'Elohîm : que soit une rupture dans l'étendue des cieux pour faire
בֵּין הַיּוֹם וּבֵין הַלָּיְלָה וְהָיוּ
séparation entre le jour et la nuit et qu'ils deviennent (les deux pôles de la rupture)
לְאֹתֹת וּלְמוֹעֲדִים וּלְיָמִים וְשָׁנִים
des signes, des temps et des espaces, et qu'ils soient deux

CHAPITRE XIV

(verset 14)

וַיֹּאמֶר WaYo'mer	Et dit	
אֱלֹהִים 'Elohîm	'Elohîm	
יְהִי Yehî	que soit	Notons bien qu'il s'agit d'un singulier
מְאֹרֹת Me'orot	une rupture	Du verbe Mā'or מאר « fendre, casser, rompre ».

Nous venons de voir que les eaux rassemblées autour de la Rāqîʿa-Shāmayim deviennent sec-accompli et lieu de mariage du ciel et de la terre. La totalité des eaux ne subira pas cette transformation en une seule fois. Il faudra un long travail pour atteindre à cette fin des eaux qui alors sera la fin des temps (n'oublions pas que les espaces-eaux et les temps sont une même réalité Yamîm ימים (1)).

Si le troisième jour a révélé le principe du travail des eaux, le quatrième jour révèle celui du travail du temps qui structure cette œuvre d'accomplissement.

(1) Cf. plus haut, p. 185.

L'axe des cieux subit une rupture : d'une part le sec-accompli-lumière-jour,
d'autre part l'humide-inaccompli-ténèbre-nuit

L'Homme qui fait le chemin d'accomplissement doit descendre dans la profondeur des eaux-inaccompli pour monter dans une terre-accompli
Puis il redescendra plus profond encore pour monter plus haut ; et ainsi de suite jusqu'à ce qu'il atteigne à son NOM יהוה dans la plus grande profondeur

Au sein de la Rāqîʿa-Shāmayim se séparent le sec et l'humide, l'accompli et ce qui reste à accomplir. L'axe des cieux est comme cassé en deux. Je me permets d'illustrer ce quatrième jour par le symbole de l'échelle

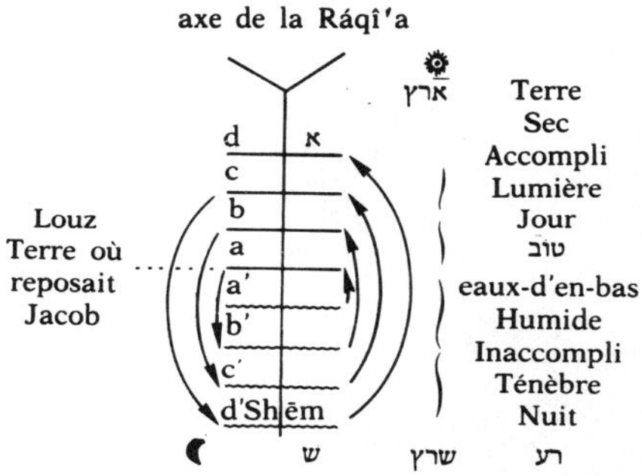

— déjà ébauchée au deuxième jour — (2) selon la vision qu'en aura le Patriarche Jacob au moment où, sous le symbole de sa séparation d'avec sa famille pour prendre le chemin des épousailles, il quitte une terre accomplie pour aller puiser l'eau de l'inaccompli. Il vit cette expérience dans sa chair (Genèse XXVIII, 12).

Jacob, en songe, voit la totalité des Shāmayim en tant qu'inaccomplis — c'est-à-dire la partie inférieure du dessin —. Il part chez son oncle Lāḇān לבן — la « lune » — pour se marier, c'est-à-dire pour accomplir la plongée dans sa ténèbre afin d'en faire la lumière : la partie supérieur du dessin. Lorsque le jour se lève et que Jacob émerge de ce songe, il se sent revêtu d'une force redoutable. Il est prêt à s'accomplir. Il part pour tracer par sa vie la partie supérieure du dessin.

Entre les deux parties de l'échelle une rupture s'inscrit autour de laquelle l'Homme qui fera le chemin d'accomplissement passera de la nuit au jour et du jour à la nuit, par échelons successifs. Car il lui faudra descendre dans la ténèbre pour monter

(2) Cf. plus haut, p. 147.

qui le fera jaillir dans la plus grande hauteur : 'Elohîm

Cette rupture dans les cieux créés est une rupture de lumière analogue
à celle qui sépare, dans le principe, 'Elohîm de יהוה

dans la lumière, puis descendre plus profondément pour monter plus haut, et ainsi de suite, autant de fois que cela sera nécessaire jusqu'à ce que tout soit accompli.

Nous verrons au deuxième chapitre de la Genèse que le songe de Jacob s'enracine, dans son principe, dans le sommeil d'"Āḏām.

Au quatrième jour du livre des principes, Dieu ordonne cette rupture ; elle est une rupture de lumière analogue, au niveau créé, à celle qui concernait l'Incréé au jour UN.

Les deux triades des six jours de la Création sont d'ailleurs homologues entre elles : de même qu'il y a eu rupture entre 'Elohîm et יהוה (et non-rupture !), de même se fait en l'Homme une charnière entre ses jours — participation à 'Elohîm — et ses nuits — descente vers son Nom יהוה

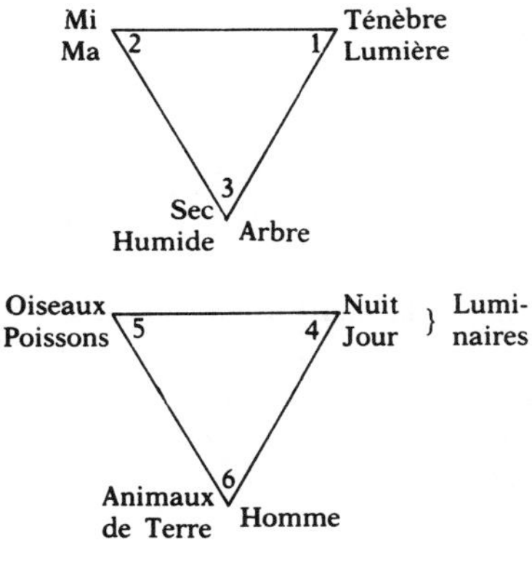

Cette rupture est d'autant plus une rupture de lumière que la racine Mā'or מאר joue avec celle de la lumière אור , au point que le mot Me'orot מארת tout entier sera confondu avec le mot Me'ōrot מאורת du verset suivant, prononcé de la même façon mais dans lequel la présence du Wāw ו donne à la racine אור sa plénitude. Là, et là seulement, il s'agira des luminaires. Dans ce présent verset 14, le verbe être יהי, dont Me'oroṯ est le sujet,

Dans la phrase « que soit une rupture... », le verbe être est au singulier,
ce qui implique un sujet singulier
Les luminaires ne seront décrits qu'au verset suivant

Cette rupture sépare le jour de la nuit

« que soient... »
Le verbe être est alors au pluriel
Les deux termes de la séparation en sont le sujet
Ils serviront de signes et d'espaces-temps
dans le processus d'accomplissement ;
ils seront la « marque » des « étapes » du cheminement de l'Homme

Les temps sont donnés à l'Homme pour qu'il se *verticalise*
Confondu avec l'humide-inaccompli, l'Homme reste rampant, identifié au monde animal qui sera décrit dans les cinquième et sixième jours

est au singulier. Ce Me'oroṯ est un singulier, forme construite de Me'orāh מארה la rupture (3).

בִּרְקִיעַ BiRqî'a — dans l'étendue — axe

הַשָּׁמַיִם HaShā-mayim — des cieux

לְהַבְדִּיל LeHabdîl — pour ordonner la séparation

בֵּין Béin — entre

הַיּוֹם HaYom — le jour

וּבֵין OuḆéin — et entre

הַלָּיְלָה HaLāyelāh — la nuit

וְהָיוּ WeHāyou — et qu'ils soient — verbe au pluriel dont le sujet est les deux pôles de la cassure

לְאֹתֹת Le'Oṯoṯ — pour signes — mot que l'on peut lire :

לתת Lāṯēṯ — donner
א Lettre 'Āleph — 'Elohîm

Dons d'"Elohîm, ces « signes » dans le ciel intérieur de l'Homme sont des repères d'accomplissement pour le jour, et de nécessité d'aller vers l'inaccompli, pour la nuit. L'un et l'autre sont signes de sa grâce.

וּלְמוֹעֲדִים OuLemō'aḏîm — et pour les temps
les époques
les étapes

Racine Mō'aḏ מועד , elle contient celle du

---

(3) מארה est traduit par « destruction — ruine », coextensivement « malédiction ». L'homme qui vit cette expérience du passage à la ténèbre vit en effet une véritable destruction (cf. Job dont l'histoire n'est autre que celle-là) mais en aucun cas une malédiction.

Les espaces intérieurs à l'Homme (ses champs de conscience)
sont, avec les temps, les étapes de son chemin

« Qu'ils soient deux »

La conjonction « et » qui précède le nombre deux ne relie pas ce nombre
à la série des substantifs précédents mais à leur ensemble.
Il ne s'agit donc pas d'« années » pour venir clore cette série,
mais du nombre deux si important.

Si, en effet, la nuit et le jour auxquels préside ce « deux »,
ne sont pas distingués l'un de l'autre, il ne peut y avoir de descente
dans la nuit ni de montée dans le jour. Si nuit et jour sont bien distingués
sur le plan extérieur, il n'en va pas de même du plan intérieur à l'Homme

verbe ʿĀmoḏ עמד « se tenir debout, se verticaliser ».
Le temps est donné, je dirais même la « durée » car ʿAḏ עד , exprime plus encore la durée que le temps en lui-même, dans le seul but de la verticalisation dont nous avons vu l'ébauche avec l'érection de l'Arbre. Cela s'éclairera par la suite.
Mais on peut lire sur le schéma de l'échelle que, dans la mesure où l'Homme reste confondu avec l'humide, il reste animal, rampant ou sur quatre pieds, mais horizontalisé. Les cinquième et sixième jours nous le ferons découvrir. Ce n'est que au fur et à mesure des opérations de séparation du sec et de l'humide, puis de la fructification de ses terres intérieures qu'il se verticalise.
Ces « temps » de nuits et de jours « marquent » les étapes de la verticalisation.

וּלְיָמִים OuLeYāmîm	et pour les espaces (ou les jours)	Mais il semble que ce soient les espaces-temps que marquent les alternances de nuit et de jour.
וְשָׁנִים WeShānîm	et (qu'ils soient) deux	Le Wāw ו ne relie pas ce mot aux trois précédents qui sont reliés entre eux par le préfixe ל indicateur de but, de direction vers.

S'il s'agissait d'« années » comme cela est souvent traduit, le Lāmeḏ ל serait aussi présent : OuLeShānîm ולשנים lirait-on, mais WeShānîm ושנים est lié par le Wāw à l'ensemble de ces trois substantifs :
« Que les deux termes de la rupture servent à tel but, et qu'ils soient deux. »
Le verset bute sur ce dernier mot comme sur une fermeture dont il faut trouver la clef.
Mais il me semble que la clef est tout simplement celle avec laquelle nous avons déjà ouvert le secret

Qui aujourd'hui sait discerner la nuit du jour à l'intérieur de lui
pour gravir ses champs de conscience successifs ?

L'humanité est encore dans la presque totale confusion

Les traductions jusqu'ici n'ont aucunement tenu compte de la différence
d'écriture entre les deux mots hébreux prononcés tous deux ME'OROṮ
et que je traduis ici par « rupture » et, aux versets suivants, par « luminaires »
Les deux pôles de cette rupture de l'axe des Shāmayim deviendront en effet les luminaires
Mais il y a un temps d'arrêt sur ce « deux » non nommé dans un premier temps,

de toute fécondité : il faut qu'il y ait séparation, désidentification d'avec un état confusionnel, être deux, pour qu'il y ait mariage.
Les cieux doivent être « vus » inaccomplis dans leurs différents niveaux liés à des temps différents pour que soit mis en œuvre le processus d'accomplissements. Souvenons-nous que Bārā' ברא , « créer », est essentiellement œuvre de séparation en vue de l'union des deux termes séparés, union source de fécondité.
Ce « deux » peut être mieux compris de nous si nous réalisons le manque que nous avons de ce à quoi ils président dans notre vie quotidienne où, pour l'essentiel, nuits et jours sont confondus. Qui aujourd'hui sait descendre dans la ténèbre pour monter dans la lumière et ainsi gravir des champs de conscience successifs ? La banalisation et l'affadissement de la vie pour la plupart des êtres sont la directe conséquence de cette confusion.

Ce « deux » en fin de verset introduit immédiatement le Me'ōroṯ מאורת du verset suivant. Il est le cœur du jeu de mots qui lie ces deux termes :
YeHî Me'oroṯ יהי מארת et
WeHāyou Lime'ōroṯ והיו למאורת du verset suivant, lequel comporte la véritable racine de la lumière אור dont le Wāw ו central lie le 'Āleph א au Reish ר (alors qu'il est absent de la racine Mā'or מאר).

Les traductions jusqu'ici n'ont aucunement tenu compte de cette différence et ont introduit d'entrée de jeu les luminaires au début du verset.

Elles n'ont pas tenu compte non plus du fait que les « luminaires » introduisent alors un verbe singulier. Cette incompatibilité grammaticale peut cependant trouver sa justification si l'on sait que ces deux luminaires sont יהוה .
Elle relève de la logique qui préside au « Bārā'

qui laisse place au mystère du NOM יהוה
Car יהוה est indissociablement UN,
mais antinomiquement Il se fait « deux »
en épousant les deux pôles de la rupture

C'est pourquoi au verset 16 ces « deux » non nommés sont « les deux grands »
et quand ils sont nommés : les « luminaires », l'un est grand, l'autre petit

'Elohîm » (4) du premier verset. Ce Me'oroṯ, « luminaires » serait UN et deux.

Mais là où ce premier Me'oroṯ traduit d'emblée par « luminaires » devient plus discutable, c'est lorsqu'au verset 16 nous nous trouverons devant ces « deux » appelés « grands » tous deux.

Lorsqu'ils seront véritablement appelés « luminaires » — sans discussion possible — l'un sera « grand », l'autre « petit ».

Il me semble qu'il existe un admirable temps d'arrêt, semblable à une révérence, totalement écrasé dans les traductions courantes, mais exalté si nous respectons dans un premier temps le silence observé quant au nom de ces « deux » de la rupture, dont nous savons qu'ils sont l'un et l'autre יהוה .

En tant que יהוה , ils sont antinomiquement UN et « deux grands ». En tant que יהוה se faisant « luminaires » ils deviennent le grand et le petit luminaires.

Ceci est à l'image d''Elohîm UN et indissociablement UN, qui cependnat se révèle sous les Noms d''Elohîm et de יהוה dans le tissu créé.

Ici, c'est au niveau de יהוה qu'indissociablement UN, le Germe divin épouse la dualité de la création. Dès le principe nous l'avons vu épouser cette dualité en l'« Adversaire » sans lequel aucune dynamique d'accomplissement ne s'instaurerait.
En ce quatrième jour, יהוה épouse les deux pôles de la cassure de l'axe des cieux pour guider sa création dans la nuit de l'inaccompli comme dans le jour de la lumière accomplie.

(4) Cf. verset 1, p. 49.

Dans les Evangiles, Christ dira :
« Mon Père et Moi sommes UN » (Jean X, 30)

En tant que Fils de l'Homme participant du monde, Il dira :
« Mon Père est plus grand que Moi » (Jean XIV, 28)

Dans les Evangiles, Christ dira :
« Mon Père et Moi sommes UN » (Jean X, 30)
— Analogiquement, Ils sont UN et les « deux grands » —
En tant que Fils de l'Homme Il dira :
« Mon Père est plus grand que Moi » (Jean XIV, 28)

CHAPITRE XV

וְהָיוּ לִמְאוֹרֹת
Et qu'ils soient (ces « deux » de la rupture) pour être éclairant dans
בִּרְקִיעַ הַשָּׁמַיִם לְהָאִיר עַל־הָאָרֶץ וַיְהִי כֵן
l'étendue-axe des cieux et pour illuminer sur la terre-sec et que cela soit,
certes

L'« Un » de la rupture doit être éclairant dans l'axe des cieux-inaccompli

L'« autre » de la rupture doit illuminer la terre-sec-accompli

Les « deux » de la rupture sont יהוה

יהוה est la colonne de feu qui éclaire le peuple hébreu pendant la nuit

CHAPITRE XV

(verset 15)

וְהָיוּ WeHāyɔu	Et qu'ils soient	s'enchaîne à « qu'ils soient deux... »
לִמְאוֹרֹת LiMe'ōroṯ	pour être éclairant	
בִּרְקִיעַ BiRqîʿa	dans l'étendue-axe	
הַשָּׁמַיִם HaShā-mayim	des cieux	(inaccompli — nuit)
לְהָאִיר LeHā'îr	pour illuminer	
עַל־הָאָרֶץ ʿAl-Hā'Arets	sur le sec-terre	(accompli — jour)
וַיְהִי כֵן Wayehî-Ḵēn	et que cela soit, certes.	

Les deux verbes employés ici ont même racine 'ōr אוֹר « éclairer ». Car nos nuits ont besoin elles aussi de lumière !
A sa sortie d'Egypte, le peuple hébreu est précédé d'une colonne de feu qui le guide pendant la nuit, et d'une colonne de nuée qui le guide pendant le jour (Exode III, 21).

Les deux colonnes sont יהוה.

יהוה se fait « feu » — feu de l'alliance — pour éclairer l'Homme pendant ses nuits de l'âme où la

יהוה est la colonne de nuée qui éclaire le peuple hébreu pendant
le jour
יהוה se fait feu pendant nos nuits de l'âme
יהוה tamise le jour nouveau qui accueille l'être ébloui
à sa nouvelle naissance sur une terre nouvelle

Seul Christ éclaire l'ultime et absolue ténèbre du dernier espace
intérieur,
nous permettant de faire irruption à la lumière absolue

terre se dérobe sous ses pieds et où il ne sait plus rien.

יהוה se fait « nuée » pour tamiser la nouvelle lumière à laquelle naît l'Homme qui, arrivant sur une terre intérieure jusque là inconnue, est ébloui, émerveillé, doué d'une intelligence neuve.

Ce ne sera qu'au passage du dernier espace que la ténèbre sera totale, absolue. Et nul ne pourrait la passer, si יהוה Lui-même, Christ-Messie, qui a assumé cette ténèbre dans le tombeau, ne se faisait l'unique guide vers la totale lumière, (fin du livre de Job) lumière absolue, 'Elohîm.

CHAPITRE XVI

וַיַּעַשׂ אֱלֹהִים אֶת־שְׁנֵי הַמְּאֹרֹת הַגְּדֹלִים
Et fait 'Elohîm les deux grands de la cassure :
אֶת־הַמָּאוֹר הַגָּדֹל לְמֶמְשֶׁלֶת הַיּוֹם
le grand luminaire pour présider au jour
וְאֶת־הַמָּאוֹר הַקָּטֹן לְמֶמְשֶׁלֶת הַלַּיְלָה
et le petit luminaire pour présider à la nuit
וְאֵת הַכּוֹכָבִים
et les étoiles

'Elohîm fait les deux grands de la rupture
Ces « deux » sont œuvre divine dans le processus d'accomplissement,
à partir du NOM יהוה

CHAPITRE XVI

(verset 16)

וַיַּעַשׂ WaYa'aś	Et fait	Ces « deux » ne sont pas créés mais « faits », c'est-à-dire qu'ils sont œuvre divine dans le processus d'accomplissement à partir du NOM יהוה — dans son Etre créé —. N'oublions pas que ויעש est ישוע Jésus Sauveur !
אֱלֹהִים 'Elohîm	'Elohîm	
אֶת־שְׁנֵי 'Eṯ Shenei	les deux	Ils ne sont pas vraiment nommés.
הַמְּאֹרֹת HaMe'oroṯ	de la rupture	Ils sont « deux » et « grands » semble-t-il, parce qu'en profondeur ils sont « UN » et « infini ». Leur « nom » appartient à l'innommable. Dans le tissu créé ils vont être appelés « le grand luminaire » et « le petit luminaire ».
הַגְּדֹלִים HaGeḏolîm	les grands	
אֶת־הַמָּאוֹר 'Eṯ-HaMā'ōr	le luminaire	Ce substantif qui vient du verbe אור « éclairer » se distingue totalement de celui du verset 14 qui vient du verbe Mā'or מאר, « casser ».

Il n'y a lumière que lorsque l'opération de séparation — rupture
— a été faite
Ces « deux grands » de la rupture sont alors
le grand luminaire et le petit luminaire

Ces deux « grands » seigneurs de la rupture deviennent seulement maintenant des « luminaires ». Enoncés : le grand et le petit, ils sont mis en apposition à ces « deux grands » UN et séparés. L'auteur insiste sur le fait qu'il n'y a lumière que lorsque la séparation est faite entre le jour et la nuit.

הַגָּדֹל
HaGādol

le grand — La grandeur est littéralement l'état d'être du

ג
Lettre Gîmel — chameau — qui se fait

דַל
Dal — pauvre

Le chameau est l'animal qui symbolise l'Homme passant les portes de plus en plus étroites de ses terres intérieures, ce qui l'oblige à s'appauvrir, c'est-à-dire à ramasser ses énergies autour de l'axe des Shāmayim, dans l'unique nécessaire.

Le Christ nommera la dernière porte, la plus étroite le « chas de l'aiguille » (Matthieu XIX, 24) qui est la lettre Qoph ק correspondant à un aspect de la sagesse.

Gādol peut se lire :

גל
Gal — racine exprimant la « libération »

ד
Delet — de la porte !

ou encore :

גד
Gad — le bonheur

ל
Lettre Lāmed — mis en mouvement, guidé.

Le chameau est l'animal du désert qui connaît le chemin de l'humide car il sait qu'il a en lui « l'amas des eaux » lui permettant le voyage dans le sec.

La grandeur est inséparable de cette démarche.

Le grand luminaire préside au jour
Il est l'« essence » qui vient du Shēm, du NOM יהוה
Le petit luminaire préside à la nuit
Il est aussi l'« essence » qui vient du NOM
Tous deux se manifestent dans la colonne qui guide les Hébreux dans le désert,
colonne de feu pendant la nuit, de nuée pendant le jour
Tous deux se manifestent dans les symboles de Père et Mère
Père : valeurs sur lesquelles l'Homme s'appuie à tel niveau de conscience
Mère : intelligence qu'il a des événements à ce même niveau
Il faudra « quitter le père et la mère » (Genèse II, 24) pour passer à un autre
niveau — nouvelle terre —. L'exigence de יהוה oblige à cette « cassure »
Mais avec tendresse et miséricorde Dieu entre dans le jeu de l'Homme,
dans son « économie » pour le conduire vers un autre niveau de son essence

לְמֶמְשֶׁלֶת LeMem-shelet	pour gouvernement ou domination	— Forme construite de Memeshālāh : ממשלה « domination » ; ce mot étant lui-même construit sur la racine Māshol משל « règner, dominer ».
הַיּוֹם HaYōm	du jour	Le redoublement du Meim מ permet de cueillir aussi au cœur du mot la racine
	ממש Mamāsh	« l'essence, la substance » « la réalité fondamentale »

Cette lumière de יהוה est la réalité fondamentale du jour. Elle est le soleil pour le jour extérieur ; elle est la fonction « Père » pour un jour plus intérieur ; elle est toute « vérité », « valeur » authentique qui fait fondement sur lequel on s'appuie à tel niveau de conscience.
Mamāsh ממש est מ tiré de (provenance), שם Shēm, le NOM, יהוה . En tant que les énergies de יהוה se libèrent, elles forment « vérité » à tel échelon de l'échelle que l'Homme gravit. Lorsqu'il faudra « quitter le Père et la Mère » (Genèse II, 24) il faudra quitter ces valeurs pour aller vers l'échelon suivant où les critères de vérité seront autres. L'exigence de יהוה est telle, qu'aucune installation n'est possible.

La racine Māshol משל qui nous oblige à traduire « pour gouvernement » du jour — alors que « pour essence du jour » s'impose aussi — est fait de :

שם Shēm	le NOM
ל Lettre Lāmed	Lāmed — mis en mouvement guidé —. Nous avons vu que יהוה dans les colonnes de feu et de nuée présidera

à la marche des Hébreux pendant la nuit et pendant le jour, marche qui les conduit vers la Terre Promise où ils sont appelés à devenir le NOM. Ceci est vrai au niveau de chacun de nous, l'histoire des Hébreux étant prototype de celle de l'humanité tout entière et de chaque homme en particulier.

Le grand luminaire, sur le plan physique, est le soleil,
le petit luminaire, la lune
Le soleil est la lumière intérieure de l'Homme conscient ; elle est
sa sagesse
La lune veille sur son potentiel énergétique encore voilé ;
elle est intelligence intuitive, expérimentale, révélation...
Est « grand » le soleil qui rend l'être conscient de son inaccompli
et
qui l'amène à prendre le chemin de son accomplissement, à se
faire « chameau »
Est « petite » la lune qui veille à la nidification de l'accomplissement
et qui accouche l'être à sa grandeur
Est grand celui qui se fait petit...
C'est pourquoi soleil et lune sont les « deux grands » de la
rupture !

Mais ce même mot משל signifie aussi « être semblable à... » Ce n'est pas celui qui s'oppose qui domine, mais celui qui entre dans le jeu du dominé. יהוה entre ici dans l'essence même du créé qui est la dualité.
Ce que les Pères de la Tradition appellent « l'économie divine », est là.
La lumière divine pénètre les jours et les nuits de l'Homme dans ses plus grandes capacités pour le conduire « vers son NOM » לשם fait des mêmes lettres que Māshol משל.

וְאֶת־הַמָּאוֹר We'Et-HaMā'ōr	et le luminaire	
הַקָּטֹן HaQāṭon	le petit	Petit est
	קן Qēn	le nid
	ט Lettre Ṭeiṯ	Lettre de valeur 9 symbole d'accomplissement ; elle préside au mot Tōḇ טוב l'accompli. Ce qui nidifie l'accompli se fait de plus en plus étroit.

Les portes dont je parlais tout à l'heure à propos de Gāḏol, le « grand », sont celles de ces matrices.
Est grand celui qui se fait petit, celui qui accepte les nuits des matrices successives, temps de gestations indispensables.
L'accomplissement se joue dans « l'acquisition » (Qānoh קנה , « acquérir ») du potentiel énergétique.
La plongée dans ce potentiel ne se fait que la nuit : nuit physique qui redonne les forces au corps nuit de l'âme qui conduit vers Yāh יָה (1) nuit, « mère » de la vie.

(1) Cf. plus haut, p. 125.

Au-delà de ces « deux », les étoiles sont le troisième terme
qui ramène à l'Unité

Chacune est comme une petite terre,
« terre » en tant que « participation à 'Elohîm » (2)

L'étoile est le « destin » de l'Homme

לְמֶמְשֶׁלֶת LeMem-shelet	pour gouvernement ou domination	
הַלַּיְלָה HaLayelāh	de la nuit	
וְאֵת הַכּוֹכָבִים We'Et-HaKōkābîm	et les étoiles	Point d'orgue ! Des étoiles, il n'est rien dit. Mais écoutons leur silence, il tinte dans une infinie résonance.

Nous venons de voir que la lumière est UNE en 'Elohîm incréé, deux dans les luminaires affectés à chacune des deux parties de la « cassure », pour atteindre à nouveau à l'unité en יהוה.
Les étoiles sont le troisième terme qui, au-delà des « deux », à chaque étape, est une unité conquise.

L'étoile est symbole de יהוה.
Elle est comme une terre ארץ « participation à 'Elohîm » (2) en laquelle elle retourne dans un ailleurs absolu.

Sur le plan du cosmos extérieur, cela vient confirmer la théorie des trous noirs.

Sur le plan du cosmos intérieur à l'Homme, l'étoile est le « destin » de l'Homme. — Kōkāb כוכב est aussi le « destin » — destin de réintégration à 'Elohîm.

C'est dans ce sens que Dieu dit à 'Abrām :
« Lève ton regard vers le ciel et compte les étoiles si tu peux les compter ; telle sera ta postérité » (Genèse XV, 5).

Les étoiles sont liées à la multiplicité promise à l''Ādām (3), multiplicité antinomique à l'unité atteinte dans son accomplissement.

(2) Cf. plus haut, p. 73.
(3) Cf. plus bas, chap. XXVIII.

Elle est liée à son NOM

Les anges qui montent et descendent le long de l'échelle de Jacob
sont comme
les étoiles dans le ciel de l'Homme
A un moment leur lumière se transforme, leur énergie mute en
une réalité
qui nous échappe totalement
mais dont les effets sont les manifestations de sainteté

L'étoile est la « chambre sépulcrale » de la création, celle dans
laquelle
l'Homme passe d'une lumière à une autre lumière jusqu'à יהוה

Les étoiles, comme les anges, sont des relais de lumière,
des transformateurs d'énergie

Le Psaume 147 chante יהוה qui
« rassemble les dispersés d'Israël
Il panse leurs blessures
Il compte le nombre des étoiles
Il les appelle toutes par leur nom... »

L'étoile est liée à l'accomplissement du NOM.

Le livre de l'Apocalypse identifie les étoiles aux « anges de Dieu ».
Lorsque, sorti de son sommeil, Jacob rapporte de son expérience le récit des « anges de Dieu qui montaient et descendaient le long de l'échelle », le patriarche décrit les énergies qui s'accomplissent pour les unes, qui retournent dans l'inaccompli pour les autres, le long de l'axe de mutation qu'est la Rāqî'a Shāmayim.

Les anges qui montent sont comme les étoiles dans le ciel de l'Homme. A un moment leur lumière se transforme, leur énergie mute en une réalité qui nous échappe totalement mais dont nous pouvons constater les effets : ce sont les manifestations de sainteté dans le dépassement de toutes les lois du monde.

L'étoile Kōḵāḇ כוכב porte cette vocation dans son nom : Kouḵ כוך est la « chambre sépulcrale » de la création, celle en laquelle l'Homme passe d'une lumière à une autre lumière et devient dieu.

Les étoiles, comme les anges, sont des relais de lumière, des transformateurs d'énergie.

CHAPITRES XVII-XVIII

וַיִּתֵּן אֹתָם אֱלֹהִים בִּרְקִיעַ הַשָּׁמָיִם לְהָאִיר
(verset 17) Et donne eux 'Elohîm dans l'étendue-axe des cieux
pour illuminer

עַל הָאָרֶץ
sur la terre-sec

וְלִמְשֹׁל בַּיּוֹם וּבַלַּיְלָה וּלְהַבְדִּיל
(verset 18) Et pour présider au jour et à la nuit, et pour faire
séparation

בֵּין הָאוֹר וּבֵין הַחֹשֶׁךְ וַיַּרְא אֱלֹהִים כִּי־טוֹב
entre la lumière et la ténèbre. Et voit 'Elohîm, parce que accompli

Dans les luminaires 'Elohîm se donne, Il donne son Fils יהוה

יהוה dans le créé se fait « deux grands » non nommés
qui illuminent l'accompli-terre,
qui gouvernent le jour et la nuit en se faisant semblable à l'un et l'autre
et qui séparent impérativement entre la lumière et la ténèbre

CHAPITRES XVII-XVIII

(versets 17 et 18)

וַיִּתֵּן WaYitēn	Et donne 'Elohîm « place » ces deux luminaires mais, plus encore Il les « donne ». En profondeur Il se donne, Il donne son Fils, son Germe יהוה pour guide et lumière du chemin d'accomplissement. La racine Tan תן liée au « don » se rencontrera dans de nombreux mots qui se rapporteront aux profondeurs de l'être, aux plus hauts lieux de son accomplissement, de l'acquisition des « dons » de Dieu, יהוה.	
אֹתָם 'Otām	eux	les « deux grands » qui en profondeur ne sont qu'UN
אֱלֹהִים 'Elohîm	'Elohîm	
בִּרְקִיעַ הַשָּׁמָיִם BiRqî'a HaShā-māyim	dans l'axe des cieux (l'axe 'Elohîm- יהוה)	
לְהָאִיר LeHā'îr	pour illuminer —	Le petit luminaire éclaire l'humide, inaccompli, mais les deux luminaires illuminent l'accompli où la dualité disparait.
עַל-הָאָרֶץ 'Al-Hā'Ārets	sur la terre-sec	יהוה , sous le symbole des « deux grands » de la rupture, illumine — forme intensive du verbe éclairer — le sec et l'humide dans leur principe. Il est

Ici le verbe « gouverner, présider sur... » est un peu différent de celui qui est employé au verset 16 : l'auteur insiste sur la présidence des « deux grands » au déroulement des jours et des nuits, mais aussi sur l'unité que ces « deux » sont appelés à reconquérir dans l'accomplissement. Ce verbe contient en effet le mot « paix », Shalom ; cette paix n'est plus le contraire de la guerre, elle est la lumière totalement conquise.

Les « deux grands » ne sont pas les « deux noms »,
il s'agit là d'une autre forme de dualité
Ce serait une erreur que d'identifier יהוה à la lumière
et l'Adversaire à la ténèbre

		Père et Mère, Sagesse et Intelligence, qui ne seront révélés que peu à peu.
וְלִמְשֹׁל WeLimshol	et pour gouverner ou pour se faire semblable à	— La racine Mamāsh ממש a ici disparu : l'essence des « deux grands » a été révélée. L'auteur insiste sur la présidence des deux luminaires au déroulement des jours et des nuits, mais aussi sur l'unité que ces « deux » sont appelés à reconquérir dans l'accomplissement car Leshalēm לשלם est le verbe « accomplir, apporter la paix ». שלום Shālōm, la « paix » est le Ṭōb final, la lumière qui a intégré toute la ténèbre.
בַּיּוֹם וּבַלַּיְלָה BaYōm Ou-Balayelāh	le jour et la nuit	
וּלְהַבְדִּיל OuLehabdîl	et pour faire séparation	Ce verbe est une répétition de celui qui a été employé au verset 14 où il n'était alors question que de la rupture en soi.
בֵּין הָאוֹר Béin Hā'ōr	entre la lumière	Plus qu'ailleurs ce quatrième jour fait ici référence au jour UN de la création où « 'Elohîm sépare entre la lumière et la ténèbre » (1).
וּבֵין הַחֹשֶׁךְ OuBein Ha-Ḥoshek	et entre la ténèbre	

Aujourd'hui il nous est dit que יהוה est cette rupture dans la Rāqî'a, comme Il est la Rāqî'a. Il est UN et se fait « les deux grands » sans rompre l'unité de la Rāqî'a. יהוה pénétrant le créé épouse sa dualité. Il « se fait semblable » à l'accompli-lumière et « semblable » à l'inaccompli-ténèbre pour présider à ces deux phases du chemin.

Ce serait une grande erreur, je le répète, que d'identifier cette dualité, dans ses pôles respectifs, à la dualité révélée dans « les deux noms ». Dans

(1) Cf. chap. IV (verset 4).

(ce qui deviendra réel dans l'état de chute qui est un état de confusion)

Dans le principe ontologique de la création, là où est יהוה là est l'Adversaire

« Le soleil ne sera plus pour toi comme lumière du jour
L'éclat de la lune ne sera plus éclairant pour toi
Et יהוה sera ta lumière à toujours
Et ton 'Elohîm te glorifiera »
(Isaïe LX, 19)

Par paliers successifs, dominant l'Adversaire,
l'Homme éclairé de יהוה pendant ses jours et pendant ses nuits,
devient son NOM, totale lumière

Et Dieu voit, parce que accompli

l'inaccompli-ténèbre, où préside יהוה , l'Adversaire est présent.

Ce sont deux aspects différents de la dualité créée, aspects qui, il est vrai, prendront fin ensemble, quand tout sera accompli. A ce moment-là dit Isaïe :
« Le soleil ne sera plus pour toi comme lumière du jour,
L'éclat de la lune ne sera plus éclairant pour toi,
Et יהוה sera ta lumière à toujours ;
Et ton 'Elohîm te glorifiera » (Isaïe LX, 19)

Par paliers successifs, dominant l'Adversaire, l'Homme éclairé de יהוה , pendant ses jours et pendant ses nuits, devient son NOM, totale lumière.

וַיַּרְא אֱלֹהִים כִּי־טוֹב
WaYar' 'Elohîm Kî-Ṭōḇ

Et Dieu voit parce que accompli.

CHAPITRE XIX

וַיְהִי־עֶרֶב וַיְהִי־בֹקֶר יוֹם רְבִיעִי
Il est un soir, il est un matin, jour quatrième

Le « quatre » est le passage d'une porte

Il symbolise les structures de cette porte et le passage lui-même

Les structures sont au service de la vie sans laquelle elles ne sont rien,
et la vie elle-même ne peut croître sans s'appuyer sur les structures

CHAPITRE XIX

(verset 19)

Le nombre « quatre » correspond à la lettre Dāleṯ ד (1) dont le développement דלת est le mot qui désigne « la porte ».
דלת est fait des nombres 4-30-400.
Deux « 4 » entourent le nombre 30 qui est comme le 3, mouvement-fécondité.
Le nombre 30 est la vie qui passe la porte.
Les deux « 4 » sont les structures de la porte, comme ses deux chambranles.
Le peuple hébreu est le 30, les deux colonnes, de feu et de nuée, sont le 4, dans l'exemple énoncé plus haut.
Les structures sont inséparables de la vie sans laquelle elles ne sont rien ; et la vie, elle non plus ne peut se développer sans structures.

יוֹם Yōm — jour

רְבִיעִי Reḇî'î — quatrième — Vient de la racine Roḇa' רבע qui est le « quart » ou le « carré », donnant 'Arba' ארבע qui est le nombre 4.

Les trois lettres centrales (si nous faisons abstraction du Aleph ici et du Yod en Reḇî'î), restent רבע qui sont celles du « soir », 'Ereḇ ערב étudiées plus haut (2), ou celles de 'Eḇer עבר père

(1) Cf. L., ch. V, chap. VI.
(2) Cf. plus haut, p. 125 à 129.

La création, en ce quatrième jour, saisie dans les mâchoires de l'Adversaire,
sous la lumière de יהוה , atteint à l'éveil
Elle reçoit la force de retourner les énergies de la ténèbre à la lumière

Le passage de la porte est un retournement de l'horizontal à la verticale

La vie de ce passage est symbolisé par les étoiles, icônes de יהוה ,
qui tissent sa trame secrète, chantent et dansent sa victoire
Puis elles disparaissent en 'Elohîm... 'Ayin — Rien
Trou noir...

des « Hébreux » dont le nom signifie « passer ». Il s'agit bien de passer une porte, et pour cela d'accueillir le « soir » et la nuit... si nous voulons voir un jour nouveau.

Ici, la création ב saisie dans les mâchoires de l'« Adversaire » ʿAr ער , atteint à l'« éveil » ʿĒr ער sous la lumière de יהוה ʾ car elle reçoit la force de retourner les énergies des ténèbres à la lumière. Le « passage » de la « porte » est un retournement à la verticale, à 90° , au carré, justement !

C'est pourquoi ce quatrième jour décrit et les structures des portes qui devront être passées, et le passage lui-même dont les étoiles, icônes de יהוה , tissent la trame secrète ; elles dansent et chantent silencieusement sa victoire, puis disparaissent en ʾElohîm... אין « Rien », Trou noir...

CHAPITRE XX

וַיֹּאמֶר אֱלֹהִים יִשְׁרְצוּ הַמַּיִם שֶׁרֶץ נֶפֶשׁ חַיָּה
Dieu dit : que foisonnent les eaux un foisonnement âme vivante,

וְעוֹף יְעוֹפֵף עַל־הָאָרֶץ עַל־פְּנֵי רְקִיעַ הַשָּׁמָיִם
et que l'oiseau oiselle sur le sec-terre, au niveau de l'axe des cieux

Un jeu de mots hébreux lie Sherets, le « foisonnement »
à 'Erets, la « terre » - « sec » - accompli

Les eaux qui foisonnent un foisonnement... révèlent ceci :
La multiplicité de l'inaccompli retenue dans les profondeurs,
est faite des mêmes énergies qui, accomplies, forment unité dans les hauteurs
Sherets : « participation au Shîn » est multiplicité inaccomplie
'Erets : « participation au 'Āleph » est unité accomplie
L'une est liée à l'autre par 'Āleph-Shîn 'Ēsh le « feu »
C'est l'« alliance de feu », alliance d'amour,
exprimée dès le premier mot de la Genèse : « Berē'shîṯ » dans le « Berîṯ- 'Ēsh »

CHAPITRE XX

(verset 20)

וַיֹּאמֶר אֱלֹהִים WaYo'mer 'Elohîm	Et Dieu dit	
יִשְׁרְצוּ Yishretsou	que foisonnent —	Du verbe Shārots שרץ « foisonner-pulluler... » racine d'autant plus importante qu'elle est ici répétée : « que foisonnent les eaux, un foisonnement... ».

Shārots est une multiplicité indescriptible. שרץ est le contre-point des 'Erets ארץ le sec-terre qui est רץ « participation » à א 'Elohîm-Unité.
שרץ est רץ « participation » au Shîn ש pierre des profondeurs qui contient la totalité de l'énergie retenue dans un redoutable potentiel.
'Erets ארץ est, dans l'axe des Shāmayim, le produit de l'œuvre de la « coagulation » des eaux. Elle est l'accès à une unité accomplie à partir de la multiplicité non accomplie.
שרץ est cette multiplicité non accomplie.
A chaque niveau de l'« échelle », Sherets et 'Erets sont faits des mêmes énergies.
C'est pourquoi, si nous nous reportons au schéma de l'échelle (1) les niveaux a et a' sont faits des mêmes

(1) Cf. plus haut, p. 219.

L'accompli connaîtra une autre multiplicité :
« croissez et multipliez... » ordonne 'Elohîm (Genèse I, 28)

Mais cette multiplication est antinomique à l'unité, inséparable d'elle,
et contraire donc à ce Sherets des profondeurs
Ceci s'éclairera au verset 28

A chaque niveau énergétique, les eaux Mayim participant au Shîn
forment « Shāmayin », « les deux Noms »
Chaque niveau est constitué d'une énergie de יהוה
et de celle de l'« Adversaire » gardien de la porte de ce niveau

énergies : Sherets en a', 'Erets en a ; multiples en a', ayant conquis une unité, lumière en a.
Et ainsi de suite à chaque niveau.
Le dernier niveau, représenté dans le schéma par d', contient le secret du NOM, la totalité des énergies, יהוה.
Cette ultime multiplicité שרץ conquise donne accès en d à la Terre ארץ Promise, à la totale unité א, 'Elohîm.
Cette unité connaîtra une multiplicité, non plus opposée à l'unité, mais antinomique à elle, inséparable d'elle. Ce mystère s'éclairera au verset 28 qui révèle l'ordre divin donné à l'Homme : « croissez et multipliez ».

Il s'agira là d'une multiplication mystérieuse, au sommet de la croissance, au faîte de l'échelle.
'Erets ארץ et Sherets שרץ sont liés par ce qui lie le 'Aleph א au Shîn ש, אש, le « feu » ! C'est l'« alliance de feu », l'amour qui fait jaillir l'inaccompli-multiple de ses profondeurs pour tendre vers l'unité.

הַמַּיִם
HaMayim

les eaux Dans cette « participation au shîn », les eaux Mayim מים forment les Shāmayin שמים, les « cieux » dont nous avons vu qu'ils sont l'humide inaccompli des profondeurs. Mais à chaque échelon de l'échelle ils sont aussi « les deux Noms » : le NOM יהוה qui constitue l'énergie de tel niveau, et celui de l'« Adversaire », gardien de la porte de ce niveau.

שֶׁרֶץ
Sherets

un foisonnement

נֶפֶשׁ חַיָּה
Nephesh
Ḥayāh

âme vivante Deux mots distincts mais inséparables, redoutables à traduire car il sont le principe même de l'œuvre divine.

Nephesh est essentiellement le « souffle » (les arabes en font le verbe « respirer »).

La « vie » Ḥay est faite de cette rencontre symbolisée par chacune des deux lettres du mot. Elle est ce principe divin et la résistance qui lui
est inhérente, à chaque niveau de distribution énergétique, selon une intensité différente, en ordre croissant

Fondamentalement la vie est un phénomène néguentropique

« L'âme vivante » est une respiration jaillie de la rencontre des « deux NOMS »
« L'Adversaire » oblige à un expir, voire une mort nécessaire au jaillissement

A l'aube de ce cinquième jour le principe même de la respiration cosmique est amorcé. Nephesh-Ḥayāh est à la charnière d'une descente dans les profondeurs des eaux et d'une montée dans les hauteurs accomplies où s'envole l'oiseau.

Nephesh est :

ש
Lettre Shîn — La lettre Shîn qui contient le NOM dont les énergies sont triées et distribuées en niveaux successifs à accomplir.

נפה
Nāphoh — « Tamiser-cribler ».
Et c'est en cela que Nephesh est inséparable de Ḥayāh car chaque niveau est fait d'un aspect du NOM et de l'Adversaire correspondant qui joue le rôle de « barrière » et de gardien.

חיה
Ḥayāh — חי. Ḥay la « vie » est faite de la rencontre du Nom י et de l'adversaire-barrière ח. La vie est faite de ce principe divin et de la résistance qui lui est inhérente, à chaque niveau de distribution énergétique, selon une intensité différente, en ordre croissant.

Fondamentalement la vie est un phénomène néguentropique.

Nous ne ferons l'expérience du contraire qu'après la chute.

Nephesh-Ḥayāh est une respiration dans la mesure où l'intimité de la rencontre des « deux Noms » est un expir, voire une mort pour une résurrection, jaillissement d'un inspir qui libérera un nom

de l'inspir qui libérera un nouveau NOM
se rapprochant de plus en plus du noyau énergétique absolu,
יהוה

« L'âme » est la qualité du NOM émanée de יהוה
à chaque niveau de l'échelle (de conscience),
le souffle du NOM ressenti dans l'exigence intense de réalisation

Ce foisonnement d'énergies tapi dans nos profondeurs est notre violence
La loi régit l'état de chute en faisant répression à la violence
Seul l'accomplissement du Royaume dans l'« axe » qui relie 'Elohîm à יהוה
peut permettre la libération de cette violence

L'oiseau est porteur du verbe libérateur
La rigueur du verbe donne à l'oiseau le rôle d'assumer
la « source » des profondeurs pour conduire dans les hauteurs
vers une vision nouvelle

C'est pourquoi l'oiseau est inséparablement lié à ce qui grouille d'inaccompli dans les eaux car, symboliquement, c'est lui qui y conduit,
comme c'est lui qui en fait émerger

nouveau se rapprochant de plus en plus du noyau énergétique absolu יהוה.
Nephesh Ḥayāh est traduit par « âme ». Rien de plus flou que ce mot. Il me semble se clarifier si nous entendons par « âme » la qualité du NOM émanée de יהוה à chaque niveau de l'échelle (de conscience), le souffle du NOM ressenti dans l'exigence intense de réalisation.
Ce foisonnement d'énergies tapi dans nos profondeurs est notre violence : violence destructrice si l'Homme reste confondu à elle dans un état de chute ; violence constructrice si l'Homme prend le chemin d'accomplissement dont le processus va s'éclairer peu à peu. C'est en ce sens que l'évangéliste Luc (XVI, 16) rapporte cette parole du Christ :

> « La loi et les prophètes ont subsisté jusqu'à Jean ; depuis Jean le Royaume de Dieu est annoncé et tout homme, pour le pénétrer, entre dans sa violence ».

La loi régit l'état de chute en faisant répression à la violence. Le Royaume seul peut libérer cette violence car ce n'est que dans la construction du Royaume que le foisonnement d'énergies trouve le chemin de son accomplissement.

וְעוֹף Weʿōph	Et l'oiseau	Le substantif et le verbe relèvent de la même racine עוֹף ʿōph.
יְעוֹפֵף Yeʿōphēph	Qu'il vole	J'aurais aussi envie de traduire : « que oiselle l'oiseau... »

La lettre Phē פ, triplée entre ces deux mots, est la « bouche », cœxtensivement le « verbe ».
« L'oiseau qui oiselle » est porteur essentiellement de la Parole libératrice.
Mais la rigueur de la Parole donne à l'oiseau le rôle d'assumer le ʿAyin ע, la « source » des profondeurs pour conduire dans les hauteurs où l'« œil » est ouvert.
C'est pourquoi l'oiseau est nommé inséparablement lié à ce qui grouille dans les profondeurs des eaux car, symboliquement, c'est lui qui y conduit comme c'est lui qui en fait émerger.

Les rôles respectifs du corbeau et de la colombe
dans l'histoire du déluge illustrent cela

Le foisonnement des eaux est le potentiel inaccompli en germe

L'histoire de Noé nous en donne l'application immédiate dans la description de l'œuvre du corbeau et de celle de la colombe au sein du travail intense qui se fait en Noé, à l'intérieur de son arche :
Le corbeau naît du sec, de la lumière-'Elohîm ; il est *germe de l'accompli* fortifié qui doit maintenant descendre dans les profondeurs de l'humide de la ténèbre pour y cueillir le Yoḏ.
La colombe naît de l'humide, de cette ténèbre. Elle est *germe d'un nouvel accompli*, Yoḏ fraîchement né, maintenant prêt à se fortifier dans la montée vers la lumière-'Elohîm.
Le corbeau arrache l'Homme à la lumière d'une terre accomplie pour le conduire vers le foisonnement de l'inaccompli restant.
La colombe arrache l'Homme à la ténèbre de l'inaccompli pour le conduire vers la nouvelle lumière de l'énergie intégrée.
Car l'information que ces deux oiseaux nous apportent concernant l'état de la terre extérieure abandonnée au déluge concerne bien davantage l'état de la terre intérieure de Noé qui, lui, construisant son arche — son être — échappe au désastre et s'accomplit.

עַל־הָאָרֶץ 'Al-Hā'Ārets	sur le sec	
עַל־פְּנֵי 'Al-Penei	au niveau de	Sec et humide, donc oiseau et foisonnement d'âme respirante, ne sont opératifs que placés dans l'axe du « cordon ombilical » divin qui relie le 'Āleph א, 'Elohîm, au Yoḏ י, יהוה.
רקיע הַשָּׁמָיִם Reqî'a Ha Shāmāyim	l'axe des cieux	Hors de cet axe rien ne peut s'accomplir. Nous verrons au septième jour qu'il est, dans sa vie profonde, celui de l'archétype même de la respiration.

Le foisonnement des eaux est le potentiel inaccompli en germe.

L'oiseau sur le sec est l'accompli en germe

L'inaccompli, âme vivante, s'accomplira s'il se greffe, par l'oiseau,
à l'axe de la respiration archétypielle 'Elohîm- יהוה
S'il ne s'y greffe pas
sa qualité d'« âme vivante » lui confère une autonomie
qui le rendra non plus force de libération, mais de destruction

L'oiseau sur le sec est l'accompli en germe.

L'inaccompli, âme vivante, s'accomplira s'il se greffe, par l'oiseau, à l'axe de la respiration archétypielle 'Elohîm- יהוה.
S'il ne s'y greffe pas, sa qualité d'« âme vivante » lui confère une autonomie qui le rendra non plus force de libération, mais de destruction.

CHAPITRE XXI

וַיִּבְרָא אֱלֹהִים אֶת־הַתַּנִּינִם הַגְּדֹלִים וְאֵת כָּל־נֶפֶשׁ הַחַיָּה
Et crée 'Elohîm les poissons les grands et toute âme de vie :

הָרֹמֶשֶׂת אֲשֶׁר שָׁרְצוּ הַמַּיִם לְמִינֵהֶם
la rampante dont foisonnent les eaux selon leur espèce

וְאֵת כָּל־עוֹף כָּנָף לְמִינֵהוּ
et tout oiseau oisellant selon son espèce

וַיַּרְא אֱלֹהִים כִּי־טוֹב
Et Dieu voit parce que accompli

Après l'énoncé du premier verset qui ramassait la totalité de l'œuvre,
c'est la première fois qu'apparaît le verbe créer Bārā',
littéralement « dans le voir »
Dieu met « dans le voir », en face à face :
— les germes dans l'humide inaccompli et
— les germes dans le sec accompli

CHAPITRE XXI

(verset 21)

וַיִּבְרָא
WaYibrā'
אֱלֹהִים
'Elohîm

Et crée

'Elohîm

C'est la première fois que le verbe Bārā' ברא , « créer » est employé après l'énoncé du premier verset qui ramassait la totalité de l'œuvre.

Bārā' ברא , « dans le voir » : la création est vie. En ce cinquième jour, les structures ayant été posées, Dieu souffle la vie.
Dieu met en face à face un souffle en bas, le germe qui se meut dans l'humide-inaccompli ; un souffle en haut, le germe qui se meut dans le sec-accompli. Chacun d'eux constitue l'un des aspects de chacun des deux Hè de l'archétype הוה en l'Homme. L'Homme lui-même sera le waw qui, unissant ces deux souffles, conquérera le yod.

Ce cinquième jour, celui du premier *créé* est mouvement : grouillement dans les profondeurs des ténèbres, montée vers la lumière, puis nouvelle descente vers la ténèbre.
Il est homologue du deuxième jour où Dieu sépare les eaux-d'en-haut, Mi, des eaux-d'en bas, Ma (1).

D'une part les « grands poissons »
qui recèlent les « dons »-énergies à chaque niveau des eaux,
ainsi que tous les êtres vivants dans les eaux,

Les oiseaux, serviteurs de l'accompli créé sont serviteurs du Mi.

Les poissons, énergies de l'inaccompli créé ressortissent au Ma.

Ames vivantes respirant, dans leur principe, de la respiration archétypielle, saisies dans le rythme universel de l'accomplissement divin, poissons et oiseaux sont des énergies autonomes par rapport à l'Homme.
Mais ce sera à l'Homme, nous le verrons, de les dominer, faute de quoi elles le domineront (ce sera le drame de la chute reconduit chaque jour par nous...).

אֶת־הַתַּנִּינִם 'Et-HaTanînim — Les poissons

הַגְּדֹלִים HaGedolîm — Les grands

Energies qui tissent les champs non accomplis. Leur nom est dérivé du verbe Nāṯan נתן « donner » précédemment rencontré au verset 17, lorsque Dieu « donne » les deux luminaires et les étoiles dans l'axe des cieux. Dons de Dieu dans les structures de la vie, ils apparaissent ici dans la vie elle-même. Ces énergies sont les dons divins que l'Homme porte dans les profondeurs de ses eaux-ténèbres et dont chacune constitue un échelon de l'échelle énergétique.
Inaccomplis, ces « grands poissons » jouent le rôle d'« adversaire », barrière énergétique, barreau de

(1) Cf tableau, p. 219.

ceux qui rampent
et qui sont le fondement même de la verticalisation de l'Homme,
verticalisation intérieure qui est montée des niveaux
énergétiques,
montée de conscience.

l'échelle. L'un d'eux avale Jonas, l'autre se dresse devant Tobie effrayé, un troisième est abordé par Job que יהוה accompagne. Celui des plus grandes profondeurs est le Liwyāṯān en qui l'on retrouve la racine « Tan » ; il est porteur de la totalité des dons car celui, tel Job, qui l'« épouse » (nous verrons ce que ce mot veut dire) ouvre le noyau de son NOM et devient יהוה .
Mais avant d'atteindre à ces ultimes rencontres, l'Homme fera l'expérience de face à face avec lui-même à des niveaux intermédiaires. Ce sont les énergies de ces différents niveaux qui sont maintenant nommées.

וְאֵת כָּל־נֶפֶשׁ
We'Ēṯ
Kol-Nephesh — Et toute âme

הַחַיָּה
HaḤayāh — la vivante

Tout être vivant dans les eaux, animal extérieur qui a sa correspondance en l'Homme, est une énergie créée, à l'image de l'Energie divine incréée dont elle procède et qui lui envoie son information-nourriture par l'axe du « cordon ombilical ». Cette relation de l'Energie incréée à l'énergie créée détermine l'« espèce » comme cela va être redit.

הָרֹמֶשֶׂת
HaRomeśeṯ — La rampante

La vie rampante qui est :

שׁת
Shāṯ — base

רם
Rom — d'élévation

Il s'agit du fondement même de verticalisation, j'entends de la verticalisation intérieure de l'Homme.

Si la création extérieure offre l'admirable tableau de cette progressive verticalisation depuis le reptile jusqu'à l'animal supérieur, puis l'Homme, cette

L'Homme est un cosmos intérieur qu'il devra conquérir
Il ne pourra devenir Homme
— même s'il en a déjà l'apparence extérieure —
que s'il s'accepte dans sa qualité de « rampant »,
à chaque niveau énergétique

C'est dans le retour au plus archaïque du rampant que l'Homme
deviendra son Nom ; « il sera vu » dans son NOM

progression est constituée d'espèces dont nous avons vu que le verbe divin les situe chacune dans une relation à son archétype correspondant, mais aucunement dans un processus relationnel historique d'évolution de l'une à l'autre.

C'est par projection mentale inconsciente que l'Homme a appliqué à la création extérieure ce processus d'évolution dont il n'a pas encore conscience qu'il est celui de son cosmos intérieur.

L'Homme, nous commençons de le découvrir, est un cosmos intérieur. Il va nous être dit que sa vocation est de le conquérir. Il ne pourra devenir Homme que s'il s'accepte dans sa qualité de « rampant » à partir de laquelle, et d'elle seulement, il pourra se verticaliser.
Cette « croissance » obéira à l'ordre divin dont nous avons déjà parlé (Genèse I, 28) et qui se fera par « étapes » (2).

Si nous le lisons le mot Hāromeśeṯ, הרמשת à l'envers, il contient en son centre :

שם Le NOM יהוה
Shēm

entouré de :

ת(ו)רה Torāh	la Torāh,	livre sacré qui contient la totalité de l'enseignement, lequel se découvre en « scrutant » Tour תור les profondeurs de l'être pour que « soit vu » le NOM (3).

C'est dans le retour au plus archaïque du rampant que l'Homme découvrira son NOM et sera alors élevé vers 'Elohîm.

(2) Cf. plus haut, p. 269-271.
(3) Cf. plus haut, p. 177 et tome II, chap. XXI.

Les eaux sont distribuées elles aussi « selon leur espèce »
car chaque niveau est constitué d'une somme énergétique
correspondant à telle énergie divine

Dieu crée d'autre part l'oiseau,
l'oiseau qui libère dans les hauteurs
et l'oiseau qui invite l'Homme à redescendre dans les profondeurs
et à se faire « poisson » — comme Noé — pour épouser les grands poissons

אֲשֶׁר 'Asher	Dont
שָׁרְצוּ Shārtsou	Foisonnent
הַמַּיִם HaMayim	Les eaux
לְמִינֵהֶם LeMînēhem	Selon leur espèce

Grammaticalement il peut s'agir ici de l'espèce des eaux. Toutes les eaux-d'en-bas sont à l'image des eaux-d'en-haut et donc reliées à elles, mais à des énergies divines différentes selon que l'on s'enfonce de plus en plus profondément en elles. Chaque échelon de l'échelle correspond à des distributions énergétiques d'intensités différentes allant en ordre croissant. Chaque échelon connaîtra son « rampant » (4).

L'« espèce » pour les eaux, correspond donc à chaque niveau.

וְאֵת כָּל־עוֹף We'Ēṯ Kol'ōph	Et chaque oiseau	
כָּנָף Kānāph	Oisellant	Osé-je écrire, car nous avons ici un mot qui désigne l'« aile ». « Tout oiseau à aile », devrait-on dire.

En vérité ce mot semble venir confirmer :

כן Kēn	oui, certes
ף Lettre Phē	Le Phē final de צוף.

Et tout oiseau, oui certes, qui libère. L'oiseau est image du Verbe, image de la Puissance divine libératrice.

La libération s'obtient selon un mode qu'une autre lecture du mot nous révèle :

(4) Cf. plus haut, p. 219 et 273.

Les oiseaux sont les germes d'en haut
Les grands poissons sont les germes d'en bas,
ainsi que tout ce qui vit et qui rampe dans les eaux
le contexte biblique nous fera aussi rencontrer de « grands oiseaux »
tel l'aigle ;
mais aussi les hiérarchies angéliques
dont la plus haute sera dépassée par l'Homme lui-même

Et Dieu voit parce que accompli

כף
Kaph — la « paume de la main », tenant en son centre
נ
Lettre Noun — le « poisson ».

Et cette acception du mot est très riche car il s'agit ici non pas de l'oiseau s'élevant tout nouvellement du sein de l'humide, comme la colombe de Noé, pour acquérir force et vigueur dans les hauteurs, mais de l'oiseau qui a acquis force et vigueur et qui est prêt à replonger dans l'humide, donc à se faire « poisson » pour aller à la rencontre du poisson des profondeurs suivantes. Celui-là ressemble davantage au corbeau de Noé, lequel Noé, Noaḥ נח en hébreu, est défini par cette qualité de « poisson » נ allant à la rencontre des « barrières » ח, obstacles qu'il conquiert. Le récit biblique ne raconte pas la lutte de Noé avec les « grands poissons » — c'est le livre de Job qui révèlera cette expérience — mais Noé ne serait pas sorti de l'arche s'il ne les avait pas rencontrés et « épousés ».

Ces oiseaux sont ici les « germes-d'en-haut » répondant aux « germes-d'en bas » que sont les « grands poissons » et le « rampant » des eaux.
Nous aurions aimé entendre nommer de « grands oiseaux » répondant plus strictement aux « grands poissons ». Les textes bibliques abondent à leur sujet. Et si en particulier le « grand aigle » a un rôle central dans la libération finale de chacun, ne voyons-nous pas des êtres ailés tel Raphaël, dans le livre de Tobie, l'ange « qui guérit » ? Et les mondes angéliques sont ces « grands oiseaux » que l'Homme est appelé même à dépasser !

לְמִינֵהוּ
LeMînēhou — Selon son espèce

וַיַּרְא
WaYar' — Et voit

אֱלֹהִים
'Elohîm — 'Elohîm

כִּי־טוֹב
Kî-Ṭōḇ — parce que accompli

CHAPITRE XXII

וַיְבָרֶךְ אֹתָם אֱלֹהִים לֵאמֹר
Il bénit eux 'Elohîm en disant :

פְּרוּ וּרְבוּ וּמִלְאוּ אֶת־הַמַּיִם בַּיַּמִּים
croissez et multipliez et remplissez les eaux-espaces dans les jours-temps,

וְהָעוֹף יִרֶב בָּאָרֶץ
et que l'oiseau se multiplie dans le sec

Dieu les bénit (ou les agenouille) :
« Genou » et « bénédiction » sont tous deux symboles de « naissance »
portant en soi promesse de réalisation dans la « couronne »
Rotule — roue — couronne sont le mouvement fondamental
La bénédiction divine met les « âmes de vie » sur leur orbite,
et leur donne la poussée vitale de leur croissance

CHAPITRE XXII

(verset 22)

וַיְבָרֶךְ
WaYeḇārek̲
אֹתָם
'Otām

Et Il bénit — ou encore : « Il les agenouille »

Eux

Le « genou » et la « bénédiction » relèvent de la même racine Berek̲ ברך . Je me suis exprimée sur le symbolisme du genou lié à la « naissance » (1). Je rappelle simplement que les deux couronnes que sont les deux rotules au niveau des genoux sont promesse de l'unique couronne à laquelle l'Homme est appelé dans son accomplissement.

La bénédiction est une impulsion divine mettant le « béni » dans la voie de sa réalisation et lui donnant le pouvoir d'atteindre à la couronne. Lu à l'envers, ce mot devient Kerouḇ כרוב , le « chérubin » traditionnellement représenté par « une grande roue pleine d'yeux tout autour » (2).

La roue, la rotule et la couronne sont le dynamisme essentiel, le mouvement fondamental et libérant.

Il est certain que le contexte ne nous permet de retenir ici que l'acte de bénédiction qui met ces « âmes de vie » sur leur orbite et qui leur donne la poussée vitale de leur croissance.

(1) S du C., p. 122.
(2) Ezéchiel I, 18.

La croissance est la fécondité intérieure essentielle
donnant aux « âmes de vie »
la possibilité de construire en l'Homme la dimension de Fils

Cette construction implique des brisures successives
(morts assumées à chaque niveau énergétique intégré)
qui sont l'œuvre d'« ébranlement » de l'Esprit-Saint

La multiplication à laquelle ces « âmes de vie » sont promises
au terme de la croissance,
est antinomique à l'unité ainsi conquise

Nous retrouvons d'ailleurs en tête de Berek̠ ברך la racine Bar בר étudiée au début de ce travail sur le Berē'shît̠ בראשית, Bar בר qui est « jeune fils » ou « grain de blé » qui doit mourir pour croître et se multiplier, ce que la suite du texte vient confirmer.

אֱלֹהִים 'Elohîm — 'Elohîm

לֵאמֹר Lē'mor — En disant

פְּרוּ Perou — Croissez Du verbe Pāroh פרה qui exprime essentiellement la fécondité. Nous en avons déjà rencontré la racine dans le « fruit » du verset 11.

Par פר est le taureau, symbole de terre et de fécondité.

Retournées, ces deux mêmes lettres ר et פ, forment la racine du verbe « guérir », laquelle guérison n'est qu'un retour aux normes ontologiques perdues par la chute, afin d'atteindre à la totale fécondité-croissance.

Rouph רוף est le verbe « briser, ébranler », car cette croissance ne peut se faire que dans des brisures successives, des morts assumées à chaque niveau énergétique intégré. Nous avons rencontré cette racine au deuxième verset de la Genèse (3) liée à la puissance de l'Esprit d''Elohîm qui dans son « souffle » רוח Rouaḥ brise et féconde les eaux.

רוף a pour valeur 200 – 6 – 800
רוח a pour valeur 200 – 6 – 8

Il n'y aura croissance que dans ces ébranlements successifs, œuvre de l'Esprit de Dieu.

וּרְבוּ OuRebou — Et multipliez De la racine Rāb̠oh רבה « multiplier ».
Saisie entre les deux Wāw ו comme entre deux colonnes qui

(3) Cf. plus haut, p. 95.

Chaque conquête d'un niveau énergétique constitué par ces
« âmes de vie »,
fait participer d'une unité
qui libère aussitôt la multiplicité des dons qu'elle recèle

A chaque étage
l'Homme fera l'expérience de la participation à la réalité
antinomique
UN-MULTIPLE

nous font penser aux deux luminaires sur lesquels s'appuie chaque niveau de l'échelle, la racine Raḇ רב n'est autre que celle de Bar בר inversée. Le « fils » (grain de blé) qui aura assumé toutes ses morts et résurrections dans les terres successives en lesquelles il se sera fait germe, connaîtra, à la fin de la croissance, cette multiplication. Celle-ci, comme je l'ai dit plus haut, n'a rien à voir avec le multiple du départ, qui est contraire de l'unité. Cette multiplication en haut de la croissance est antinomique à l'unité conquise, coexistante à elle.
J'aurai à revenir sur ce sujet.
Ceux qui sont censés avoir atteint à cette unité, participent du nom du Rabi, Rabin, Raḇ.
Marie-Madeleine reconnaissant le Christ ressuscité s'écriera « Rābounî ». Celui qui a fait éclater le tombeau, pierre extérieure, symbole de la Pierre intérieure recélant le NOM, celui-là seul est Un et multiple. Tout homme qui deviendra son NOM donc l'UN, connaîtra antinomiquement l'universel (mot dont l'étymologie confirme bien sa coexistence à l'Un).

Mais avant d'atteindre à l'UN-Multiple, chaque conquête d'un nouvel échelon de l'échelle, nouveau champ intérieur, nouvelle unité énergétique, libérera la multiplicité des dons que recèle cette unité. A chaque étage, l'Homme fera déjà l'expérience de la participation à la réalité antinomique UN-MULTIPLE.

ומלאו OuMil'ou	Et remplissez	Du verbe Mālē' מלא « remplir ». Troisième terme de l'ordre divin venant confirmer les deux autres.
	Cet acte de « remplir » peut être lu :	
	מ Lettre Meim	qui vient de
	לא Lo'	Négation « non », retournement de 'Ēl אל, le mouvement « vers », ces deux mots ne pouvant oublier

L'autre réalité antinomique
à laquelle il participe encore
est celle de la plénitude s'enracinant dans le Non-Etre divin

Obéissant à cet archétype,
toute plénitude impliquera un retrait
dans un germe appelé à une plus grande plénitude

Toute plénitude est fruit de « circoncisions » successives
— comme un arbre ne donne son fruit qu'après avoir été taillé —

Ce triple impératif divin :
croissez, multipliez et remplissez les eaux
s'adresse aux « âmes de vie » - poissons
qui peuplent les espaces-temps de l'inaccompli

'Elohîm qui est et qui n'est pas, mais que l'on peut contempler au-delà de l'Etre et du non-Etre. Au niveau de la manifestation, toute plénitude impliquera un retrait :
— retrait qui précède, car n'atteint à la plénitude que celui qui se fait germe ;
— retrait qui suit car toute plénitude n'est encore que le germe d'une plénitude ultérieure pour celui qui désire aller plus loin et ne pas s'installer dans l'expérience d'une lumière accomplie.
Ceci est confirmé par les deux lettres מ et ל qui président à la « circoncision » מילה ,
au « face à face » מול nécessitant une séparation d'avec soi dont nous avons vu qu'il est l'acte créateur par excellence.

La racine Mālē' מלא est encore :

	ל Lettre Lāmeḏ	la mise en mouvement
	אם 'Ēm	des maternités successives. Toute naissance est fruit d'une plénitude.
	מלא Mālē'	par son 'Āleph final, symbole de couronnement, est cette plénitude.
אֶת-הַמַּיִם 'Et-HaMayim	les eaux	L'ordre s'adresse aux « âmes de vie » - poissons dans les profondeurs des espaces inaccomplis.
בַּיַּמִּים BaYamîm	dans les jours	c'est-à-dire dans les temps inhérents aux espaces inaccomplis pour les accomplir.

L'oiseau est toujours le fruit d'une croissance
Il ne reçoit que l'ordre de se multiplier sur le sec
Ce sera l'Homme lui-même qui remplira le sec

וְהָעוֹף WeHā'ōph	et que l'oiseau
יִרֶב Yireḇ	se multiplie
בָּאָרֶץ Bā'Ārets	dans le sec, dans la lumière.

Ce sera l'Homme lui-même qui remplira le sec. Ces trois derniers mots sont, en fin de verset, comme un point d'orgue qui résonne en profondeur avec le « ואת הארץ », finale du premier verset... conséquence de la rencontre des « deux noms » (4).

(4) Cf. plus haut p. 73.

CHAPITRE XXIII

וַיְהִי־עֶרֶב וַיְהִי־בֹקֶר יוֹם חֲמִישִׁי
Il est un soir, il est un matin, jour cinquième

Ce mot hébreu « cinquième » est un admirable jeu de lettres
— donc jeu énergétique divin —
entre la « vie » et le verbe « placer »
qui lui-même partage sa racine avec le « NOM »

Après le quatrième jour
qui avait révélé la mise en place des structures nécessaires à la vie
et qui avait déjà laissé prévoir la vie dans son « destin » (les étoiles),
le cinquième jour
souffle les âmes respirantes de vie
dans les profondeurs de l'inaccompli (poissons)
et dans les hauteurs de l'accompli (oiseaux)

Ces âmes sont douées d'une vie autonome
par rapport à l'Homme qui, lui, sera appelé à les régir

CHAPITRE XXIII
(verset 23)

Le seul mot à analyser ici est :

חֲמִישִׁי Ḥamîshî	le cinquième	Ce cinquième jour est essentiellement celui de la vie.	
	חי Ḥay	la vie	mot dont les deux lettres enchâssent Ḥamîshî.

Après que le quatrième jour ait mis en place les structures nécessaires au passage des « portes » (la quatrième lettre de l'alphabet ד Dālet̲ est la « porte ») le cinquième jour donne vie aux âmes respirantes, il donne souffle aux énergies des profondeurs et à celles des hauteurs.
Celles-ci sont douées d'une vie autonome par rapport à l'Homme qui, lui, sera appelé à les régir.

C'est la redoutable vie qui grouille dans les profondeurs de l'Homme et qui jouit d'une puissance infinie ; puissance créatrice si l'Homme, à l'écoute du message divin, la prend en mains ; puissance destructrice s'il ignore ou veut ignorer sa présence opérationnelle.

Le destin de cette vie était déjà clamé au cœur des structures du quatrième jour dans le chant des étoiles.
Déjà, dans leur course vers l'UN, les étoiles affirmaient l'accomplissement de la vie.

Maintenues refoulées dans l'inaccompli par un être inconscient,
leur puissance croîtrait
et remplirait la ténèbre
qu'aucun oiseau ne pénètrerait

C'est à l'Homme
de faire quotidiennement le choix d'en devenir le maître
ou de se faire détruire par elles
(ceci touche un sujet central
qui sera développé aux deuxième et troisième chapitres de la
Genèse)

Le Messie préside à ce cinquième jour :
un autre jeu de mots lie son NOM au « cinquième »
Le Messie vient du Verbe de Dieu

Mais au cinquième jour c'est au fond des océans de l'inaccompli que nous la voyons germer, au sommet des terres accomplies que nous la voyons s'envoler, nouveau germe, libérée.

Telle est sa loi.

Refoulée dans l'inaccompli, par un être inconscient, sa puissance s'exercerait, croîtrait et remplirait la ténèbre seule qu'aucun oiseau ne pénètrerait : aucun oiseau ne viendrait faire le sec ; aucun ne reconduirait à de plus grandes profondeurs pour donner ultérieurement un plus haut vol.

Ce sera à l'Homme de se couler dans les structures libérantes de la création ou de s'aliéner dans le refus de leurs lois.

Ce choix est à faire quotidiennement car chaque jour est tous les jours de la création, chaque instant est riche de leur richesse. Chaque instant est lourd de la vie du cinquième jour.

Le Messie y préside :

משיח
Māshîaḥ Le « Messie » est fait des mêmes lettres-énergies que חמישי , le cinquième.

Celui qui :

מ Lettre Meim	tiré de	
שיח Śîaḥ	la parole	est
שם Shēm	le NOM	et
חי Ḥay	la vie.	

Et la vie est dans le NOM car elle ne peut se construire qu'à la lumière du NOM — le quatrième jour l'a révélé —

Au cinquième jour
Il « place » la « vie » dans les énergies de l'eau et du sec,
images des énergies divines

Au sixième jour
l'Homme qui sera plus que la totalité d'elles toutes,
sera image de Dieu
Au cinquième mois de la vie fœtale
l'enfant est totalement constitué
mais non viable
car son NOM, fondateur de son être,
n'a encore déroulé qu'une première « programmation »

La cinquième lettre de l'alphabet est Hē ה le « souffle »
Au cinquième jour un souffle est créé dans l'humide,
un souffle est créé dans le sec
L'enfant du cinquième mois est ה־ה Hē-Hē ;
Il manque le Wāw et le Yoḏ,
que les sixième et septième jours vont apporter

Or en ce cinquième jour :

חי la vie

Ḥay

שׂים est placée

Sîm Les énergies sont là pour que l'Homme qui, au sixième jour, sera plus que la totalité d'elles toutes, soit parfaite image.

Au cinquième mois de la vie fœtale l'enfant n'est pas encore viable ex utero ; il est fait d'énergies vivantes, créées à l'image des énergies divines incréées.
Mais son NOM, fondateur de son être, n'a encore déroulé qu'une première « programmation »

La cinquième lettre de l'alphabet est le « souffle », le Hē ה :
Un souffle en-bas dans les eaux est créé
Un souffle en-haut dans le sec est créé
L'enfant du cinquième mois est ces deux souffles ה-ה . Il lui manque le Wāw et le Yoḏ, que les sixième et septième jours vont apporter.

CHAPITRE XXIV

וַיֹּאמֶר אֱלֹהִים

Et dit 'Elohîm :

תּוֹצֵא הָאָרֶץ נֶפֶשׁ חַיָּה לְמִינָהּ

que la terre-sec produise âme vivante selon son espèce,

בְּהֵמָה וָרֶמֶשׂ וְחַיְתוֹ־אֶרֶץ לְמִינָהּ

bétail et rampant et le vivant du sec selon espèce

וַיְהִי־כֵן

Et que cela soit, certes

Les troisième et sixième jours de la Genèse sont homologues comme le sont respectivement le premier et le quatrième, le deuxième et le cinquième (1)

Deux opérations divines président à chacun de ces deux jours, le troisième et le sixième

Ce sixième jour verra :

— l'apparition des animaux dans le « faire »

— et la « création » de l'Homme

L'Homme au sixième jour est homologue de l'arbre au troisième jour

Il est un arbre dont יהוה sera le fruit

Les animaux sont homologues de la verdure dont il devront se nourrir

L'Homme se nourrira de plus du fruit de l'arbre car le fruit est sa part intime (2)

CHAPITRE XXIV
(verset 24)

L'ordre divin en ce sixième jour, est inséparable de celui du troisième jour (versets 11 et 12).

Troisième et sixième jours sont homologues comme l'étaient respectivement entre eux le premier et le quatrième, le deuxième et le cinquième jours (1).

Deux opérations divines président à chacun de ces troisième et sixième jours :

Au troisième jour :	Séparation du sec et de l'humide puis mariage pour que « jaillissent »verdure, arbre et fruits.
Au sixième jour :	Jaillissement des animaux puis création de l'Homme.

L'Homme-'Āḏām, homologue de l'arbre, est l'arbre de la création ; יהוה en sera le fruit.
Les animaux sont liés à la verdure — c'est d'ailleurs pour cela qu'ils devront se nourrir d'elle — L'Homme ne nourrira d'herbe et de fruit — le fruit est sa part intime —
Je reviendrai sur ce sujet (2).

---

(1) Cf. tableau, p. 221.
(2) Cf. p. 413 et 419-421.

Il s'agit en cette première partie du sixième jour
de l'apparition de l'« âme vivante » du sec accompli

Elle est appelée bétail
— ou quadrupède —
du nom des animaux qui lui correspondent dans la
sphère du cosmos extérieur

Dans le cosmos intérieur à l'Homme,
elle est la somme énergétique accomplie
nouvellement puisée dans l'inaccompli des eaux-ténèbres

וַיֹּאמֶר
WaYo'mer — Et dit

אֱלֹהִים
'Elohîm — 'Elohîm

תּוֹצֵא
Tōtsē' — que fasse jaillir

הָאָרֶץ
Hā'ārets — le sec

נֶפֶשׁ חַיָּה
Nephesh Ḥayāh — âme vivante

Ces différents mots ont été étudiés plus haut. Cette « âme vivante » du sec est maintenant nommée ; elle est :

לְמִינָהּ
LeMînāh — selon son espèce

בְּהֵמָה
Behēmāh — bétail (quadrupèdes)

Mot mystérieux dont le pluriel Behēmōṯ בהמות désigne le dernier animal que Job pénètre avec יהוה avant d'affronter le Liwyāṯān. Dans la bouche divine, ce pluriel fait l'unité et devient un singulier (Job 40, 15).

Behēmōṯ בהמות est construit des mêmes lettres-énergies que Beṯehōm בתהום qui signifie « dans l'abîme » (3).

Job n'atteindra en effet à son unité qu'après être descendu dans les dernières eaux de l'abîme, celles dans lesquelles se meut le Liwyāṯān.

L'expérience de cette ultime rencontre avec le monstre ne pourra se faire que si Job a ramassé auparavant toutes les énergies accomplies du sec.

Behēmoṯ est cette unité riche de toutes les énergies accomplies du sec.

Le singulier, Behēmāh, est cette énergie en soi, à chaque niveau du sec.

Elle a sa correspondance, dans la sphère du cosmos extérieur, dans les animaux de terre en général.

---

(3) Cf. plus haut, p. 91.

Cette âme vivante du sec peut être lue :
« dans sa force »

ou encore :

« dans le mugissant »
car chaque animal exprime sa force dans ce qui s'exhale de ses deux poumons

Chaque énergie est déterminée par la qualité vibratoire de sa phonation

Seul l'Homme sera Verbe
Seul, au départ il est doué de la fonction parolière
mais il est habité inconsciemment de tous ces rugissements animaux

Mais en ce qui concerne le cosmos intérieur à l'Homme, essentiellement désigné ici, ces animaux sont ceux que l'Homme pourra commencer de nommer au deuxième chapitre de la Genèse parce qu'il les aura fait émerger de son inaccompli ; il les aura mis en lumière, en face à face, se revêtant de leur force nouvellement puisée dans sa ténèbre.

C'est pourquoi le mot Behēmāh בהמה peut être lu :

ב Lettre Beit	dans	
המה Hēmāh (de הם la force)	sa force	« que le sec fasse jaillir l'âme vivante selon son espèce, et dans sa force »

ou encore :

ב Lettre Beit	dans	
המה Hāmāh	mugissant ou rugissant	L'animal exhale sa force à travers ses deux « poumons » que sont les deux Hē ה de Hāmāh המה , dans un mugissement, un son qui n'est pas encore celui du Verbe.

L'être d'une énergie est en effet intimement déterminé par la qualité vibratoire de sa phonation, icône de son archétype.

Seul l'Homme sera Verbe car il est image du Verbe. Au départ il jouit seul de la fonction parolière qui le détermine, mais il est inconsciemment habité de tous ces rugissements animaux.

Au IVe siècle, Basile de Césarée affirme dans une célèbre homélie (I, 19) :

« C'est une foule immense de bêtes sauvages que tu portes en toi... La colère est un petit fauve quand elle aboie dans ton cœur... La ruse qui se tapit dans une âme perfide n'est-elle pas plus sauvage que l'ours des cavernes ? L'hypocrisie n'est-elle pas une bête féroce ? L'individu aux invectives mordantes

Cette force animale inhérente à chaque terre conquise
est tout d'abord rampante

La « vie rampante » appartient aussi aux eaux de l'inaccompli
(verset 21)

Le rampant est à la limite de l'humide et du sec,
à la charnière du *retournement* qu'implique l'opération d'accomplissement
(ou « coagulation » des eaux étudiée plus haut)

Le rampant est « base d'élévation »

mais il est aussi « gardien du NOM »
Il est la forme la plus archaïque de la vie
en laquelle il convient de retourner pour puiser les énergies du NOM

n'est-il pas un scorpion ? Celui qui dans l'ombre se jette dans la vengeance n'est-il pas plus dangereux qu'une vipère ? Et l'ambitieux n'est-il pas un loup ravisseur ? Quelle sorte de bête sauvage n'est pas en nous ? Celui qui a la passion des femmes n'est-il pas un cheval furieux ? car, dit l'Ecriture, ... chacun hennit après la femme de son voisin (Jérémie V, 8) ».

A chaque niveau énergétique accompli (montée de l'échelle de Jacob), l'Homme atteignant au « sec » — terre nouvelle — intègre la force animale de la totalité des énergies inhérentes à cette terre. Cette force est celle du Behēmāh.

Elle va tout d'abord être rampante :

וָרֶמֶשׂ WaRemeś — et le rampant — que nous avons déjà découvert au verset 21 dans l'humide (4).

Le rampant est celui qui tient de l'humide et du sec. Il est à la charnière de l'opération de *retournement* de l'inaccompli à l'accompli.

Au verset 21, « La vie rampante » Romeśet רמשת se présentait au féminin et jouait un jeu de lettres différent de celui-ci : il était essentiellement « base d'élévation ».

Ici le Tāw étant absent, le mot est la racine Remeś à l'état pur. Le message fondamental qu'il recèle est le même car la lettre Shîn ש, pierre d'angle, est à elle seule le fondement de toute élévation רם .

Mais ce qui frappe en רמש , c'est que, retournée cette racine est le verbe Shāmor שמר qui signifie « garder ». Cette garde est celle du NOM Shēm שם, dans son principe ר.

Le « rampant » est la forme la plus archaïque de la vie, celle qui est la plus proche des archétypes à son départ — c'est en elle qu'il convient de venir puiser pour rester dans l'axe du NOM et l'accomplir. Elle est gardienne du NOM.

(4) Cf. p. 287.

Il est celui qui « tire » les énergies du NOM
et qui « garde » le NOM

Appelé à se redresser dans le sec il devient « le vivant du sec »
dont l'ensemble constitue le Behēmāh de chaque terre

Le Behēmāh de chaque terre accomplie
correspond à l'énergie accomplie du « grand poisson » des eaux
inaccomplies
ou encore :
A niveau énergétique égal,
le Behēmāh est au sec ce que le grand poisson est à l'humide

Cette production de la terre,
œuvre de יהוה en l'Homme et d''Elohîm,
est *faite* et non *créée*

ר dans son principe
Lettre Reish
מש elle tire la force du Shîn.
Mesh
Ces deux lettres sont la racine du nom du Mosheh
משה (que nous appelons Moïse) qui, retourné, est
HaShēm השם le NOM !
Mais Isaïe (63, 11) confirme bien que Mosheh est « celui qui tire... (mon peuple de la mer) ».

Le rampant, à la limite de l'humide et du sec, est celui qui tire les énergies du NOM et qui garde le NOM.

Ce rampant va donc être appelé à se redresser en intégrant chaque force qui constituera le Behēmāh de chaque terre.

וְחַיְתוֹ־אֶרֶץ WeḤayetō-'Erets — et la terre son vivant, c'est-à-dire chaque énergie qui fait la qualité de telle terre accomplie.

Chacune correspond à un Remeś. Et chaque Behēmāh d'une terre correspond à un « grand poisson » dans l'inaccompli des eaux, à niveau énergétique égal (5).

Cette production de la terre-sec se joue en l'Homme à partir du travail qu'il opère sur ses énergies poissons dans chacun des rampants.
C'est pourquoi les animaux du sec — hormis l'oiseau qui en est le germe — ne sont pas *créés* mais *faits*.
Le rampant participera des deux opérations car il est à la charnière du sec et de l'humide.

Les trois derniers mots de ce verset sont connus.

---

(5) Cf Echelle, p. 219. Je parle ici des niveaux a' et a, b' et b... etc.

CHAPITRE XXV

וַיַּעַשׂ אֱלֹהִים אֶת־חַיַּת הָאָרֶץ לְמִינָהּ
Et fait ''Elohîm le vivant de la terre selon son espèce

וְאֶת־הַבְּהֵמָה לְמִינָהּ וְאֵת כָּל־רֶמֶשׂ הָאֲדָמָה לְמִינֵהוּ
et le bétail selon son espèce et chaque rampant de la ''Aḏāmāh
selon son espèce

וַיַּרְא אֱלֹהִים כִּי־טוֹב
Et Dieu voit parce que accompli

Les animaux du sec naissent du travail à partir de l'humide
Travail d''Elohîm et de יהוה en l'Homme
Dieu ici fait et ne crée pas
Ces énergies faites sont personnifiées, elles ont une présence

CHAPITRE XXV

(verset 25)

וַיַּעַשׂ
WaYa'aś

Et fait — Au sujet du verbe 'Āśoh עשה , « faire », je disais plus haut (1) qu'il est œuvre d'accomplissement, œuvre de יהוה et 'Elohîm unis dans la puissance de l'Esprit et travaillant « au cœur de l'Homme » comme le confirmera par exemple l'histoire de Noé (2).

Les animaux du sec naissent de ce travail à partir de l'humide.

Ce qui est remarquable en ce verset où les énergies de terre sont faites, c'est qu'elles sont personnifiées, elles ont une présence ; elles sont introduites par le signe de l'accusatif 'Ēṯ dont nous avons vu que, prononcé 'At, il est le pronom personnel « toi » (3).
« Toi le bœuf, toi le tigre, toi le serpent... etc.
Chacun nommé, donc connu.
Chacun est alors défini « selon son espèce » alors qu'au verset précédent ils étaient encore indifférenciés.
La même remarque aurait pu être faite au cinquième jour où les énergies de l'eau n'ont été

---

(1) Cf. p. 151-241 et 325.
(2) Genèse VI, 6 à condition de lire en ce verset que c'est l'Homme en tant qu'il porte יהוה en lui qui est « travaillé dans son cœur ».
(3) Cf. plus haut, p. 59.

Dieu fait le vivant du sec,
puis le Behēmāh (bétail), ensemble de tous les vivants,
puis le rampant qui est retour à l'inaccompli devant s'accomplir

Le rampant est « rampant de la 'Aḏāmāh »

Qui est 'Aḏāmāh ?

Traduite par le mot « terre », comme 'Erets, il risque d'y avoir confusion
Gardons-lui son nom hébreu : 'Aḏāmāh
'Erets est une terre intérieure accomplie
Elle est appelée « sec » par rapport à l'inaccompli-humide

'Aḏāmāh — terre rouge, « 'Āḏom » est la couleur rouge —
est la totalité des terres non accomplies
lourdes d'une infinie richesse à accomplir (4)

définies, et selon leur espèce, qu'au verset 21 où elles sont créées.
Créer, c'est déjà nommer.
Faire, c'est transformer pour aller vers un nom nouveau et se rapprocher du NOM.

Dieu fait donc le vivant du sec selon son espèce et le Behēmāh — ensemble de tous les vivants — selon son espèce ; et puis enfin chaque rampant qui est retour à un inaccompli qui va s'accomplir et qui détient le secret du nom nouveau !

Mais ce rampant est plus que défini, il est le « rampant de la 'Adāmāh ».

Qui est la 'Adāmāh ?
Et chaque rampant de
la 'Adāmāh

הָאֲדָמָה
Hā'Adāmāh

Il me semble devoir garder le mot hébreu « 'Adāmāh » si nous ne voulons pas confondre ce nom de « terre » par lequel nous le traduisons couramment, avec la « terre » que désigne ארץ .

'Erets est la qualité d'une terre intérieure accomplie, donc sortie de l'humide ; c'est pourquoi l'hébreu la nomme le « sec ».

La 'Adāmāh, la « terre rouge » — car 'Ādom אדם est la couleur « rouge » — est la totalité de nos terres inaccomplies, lourdes du potentiel d'accomplissement dans le pullulement du Remeś-rampant (4).

En tant qu'inaccomplie, 'Adāmāh grosse d'infinies richesses appelées à parfaire l'infiniment Parfait, semble se présenter à nous comme une matrice cosmique ou plus simplement une mère dont je n'ose parler tant elle m'émerveille.

(4) Cf. la partie inférieure du dessin, p. 219.

Elle porte le nom d'"Āḏām dans le souffle de ses entrailles
Hā'Aḏāmāh
(La lettre Hē ה est le souffle,
elle est rendue en français dans le son « Ha » qui enveloppe le nom
d'"Āḏām)
'Āḏām le sixième jour est associé à la lettre Wāw de valeur 6,
qui est la conjonction « et »

La 'Aḏāmāh est הוה Hē-Wāw-Hē
dont le Wāw n'a puissance de coordination
que parce qu'il est puissance du Yoḏ י

La couleur rouge est celle du dynamisme de cette puissance

Ce dynamisme ne sera effectif qu'avec 'Āḏām lui-même qui,
image de Dieu,
œuvrera dans Hā'Aḏāmāh avec la force du Yoḏ ;
il épousera sa terre-mère intérieure et la rendra féconde
Sinon la puissance du Wāw dans הוה n'a que celle de la
répétition :
Hā'Aḏāmāh dans son énergie autonome de cette première partie
du sixième jour
ne peut que se multiplier sans croître

La verdure, au troisième jour,
était mariage principiel des eaux-d'en-haut et des eaux-d'en-bas
par l'eau et le feu (5)
'Āḏām, arbre rouge du sixième jour,
qu'annonçait l'arbre vert du troisième jour,
nous sera révélé essentiellement dans sa vocation de mariage :
mariage de lui-même avec lui-même pour mettre au monde
יהוה,

Elle est définie, nommée : « la 'Aḏāmāh » האדמה, et je la reçois comme elle nous est donnée : le nom d''Āḏām saisi entre ses deux « souffles » ה , comme entre deux poumons que deux mains prolongent. Elle tient 'Āḏām entre ses mains, אדם qui au sixième jour est Wāw ו , lettre de valeur six, conjonction de coordination « et ». Au niveau de la 'Aḏāmāh-mère qui porte 'Āḏām — ו — dans le souffle de ses entrailles האדמה est הוה Hē-Wāw-Hē.

La 'Aḏāmāh est הוה dont le Wāw ו n'a puissance de coordination que parce qu'il est puissance du Yoḏ י .

La couleur rouge qui fait son nom, comme celui d''Āḏām, est la qualité de la vibration lumineuse qu'elle émet dans le dynamisme de cette puissance.

Ce dynamisme ne sera effectif qu'avec 'Āḏām lui-même qui, image de Dieu, œuvrera dans Hā'Aḏāmāh avec la force du Yoḏ ; il épousera sa terre-mère intérieure, et la rendra féconde.
Sinon la puissance du Wāw dans הוה n'a que celle de la répétition : Hā'Aḏāmāh dans son énergie autonome de cette première partie du sixième jour ne peut que se multiplier sans croître.

La verdure, Deshe' דשא faisait chanter le troisième jour d'une première lumière de vie.
L'eau et le feu étaient en elle (5), mariage principiel des eaux-d'en-bas et des eaux-d'en-haut.
'Āḏām, arbre rouge qu'annonçait l'arbre vert, nous sera révélé au verset suivant, essentiellement dans sa vocation de mariage.
Dans sa réalité quotidienne, il est mariage de lui-même avec lui-même pour mettre au monde le Yoḏ qu'il est dans ses profondeurs ; et, dans la

(5) Cf. p. 191.

puis mariage de celui qu'il est devenu dans cette dimension, avec
'Elohîm (6)

'Aḏāmāh est le sanctuaire de cette double noce
Elle est matrice :
— d'eau, car elle est « 'Ēḏ » — vapeur —

— de sang, car elle est « Dam » — sang —

— de quoi ? interrogation fondamentale
car elle est « Ma »,
ultime matrice des eaux-d'en-bas,
ultime mystère

De 'Aḏāmāh-mère va naître 'Āḏām « tiré » de la matrice d'eau

Puis יהוה naîtra « tiré » de la matrice de sang
Dans la dernière matrice
l'Homme devenu son NOM connaîtra le mystère ineffable

Au sixième jour 'Āḏām apparaît
Le temps lui est donné

mesure où il l'assume, mariage de ce qu'il devient là avec 'Elohîm (6).

Hā'Aḏāmāh est le sanctuaire de cette double noce. Elle est le ventre qui mûrit le fruit de l'arbre. Elle est tout d'abord matrice d'eau car 'Āḏām est :

אד « vapeur » dont je parlerai en étudiant
'Éḏ אדם le nom d''Āḏām lui-même
au verset suivant
puis matrice de feu car 'Āḏām est :
דם « sang » et nous comprendrons en
Daṃ quoi le feu le concerne
puis matrice d'une ultime matière :
מה laquelle ? Traditionnellement ce pronom interrogatif désigne
Mā les eaux-d'en-bas, leur
mystère.

La totalité des eaux-d'en-bas réunies par 'Āḏām le feront pénétrer cette troisième matrice qu'est encore 'Aḏāmāh.
A ce niveau 'Aḏāmāh sera le sanctuaire des noces du Ma et du Mi, d''Āḏām et d''Elohîm.

Essentiellement mère la 'Aḏāmāh va donner naissance à 'Āḏām dans la première matrice d'eau. D'elle il va être « tiré », comme le rappelle יהוה - 'Elohîm aux termes du tragique dialogue de la chute (7).
D'elle יהוה naîtra aussi. De sa matrice de sang il sera « tiré », l'Homme deviendra son NOM.
Dans la dernière matrice il connaîtra le mystère ineffable.

Au sixième jour, c'est 'Āḏām qui apparaît.
Le temps qui est donné à l'Homme, encore aujour-

(6) Cette vocation va être éclairée par la suite de l'étude du sixième jour. Elle prendra son poids au deuxième chapitre de la Genèse.
(7) Gen. III, 19.

pour accomplir ses espaces intérieurs jusqu'au neuvième jour
où, tout étant accompli, naîtra יהוה ;
auparavant il passera par les septième et huitième jours
qui sont les jours de son Histoire
Son Histoire est symbolisée par celle du peuple hébreu.
Chaque terre nouvellement intégrée verra le temps se rétrécir
l'espace infini du NOM annulera le temps
Mais n'anticipons pas :
à la fin de cette première partie du sixième jour,
'Ādām n'est pas encore
Seule est Hā'Adāmāh peuplée de principes de vie inaccomplis
dont il convient qu''Ādām les accomplisse,
et les conduise au « sec »

Les énergies mises en place à la fin de cette première partie du sixième jour
sont encore les mondes angéliques qui,
à chaque niveau créé,
ont leur correspondance dans les règnes minéral, végétal et animal.

> d'hui, est celui du chemin de ses espaces intérieurs pour qu'il aille jusqu'au neuvième jour, en passant par les septième et huitième jours, ceux de son Histoire, Histoire symbolisée par celle du peuple hébreu. Chaque nouvelle terre conquise verra se rétrécir le temps.
> Au neuvième jour, il mettra au monde יהוה, le Messie pour l'humanité, la dimension messianique, celle du NOM en chacun de nous, le « dix », Yoḏ, unité reconquise à partir du « deux ».
> Dans cet espace infini le temps s'annulera.

Au terme de cette première partie du sixième jour, l'œuvre divine semble totale, parfaite. Pour la sixième fois Dieu la regarde : elle est accomplie dans son principe.
Toutes les Energies divines incréées ont posé leur image dans chacune des énergies créées se correspondant à chaque niveau d'intensité croissant vers le NOM, mais encore inaccomplies dans leur devenir, car le NOM ne sera donné qu'à 'Āḏām.

Les neuf hiérarchies angéliques de la tradition orale parcourent tous les plans de la manifestation divine et se répondent de l'un à l'autre :

« les anges de Dieu montent et descendent »

assure le patriarche Jacob rendant compte de sa vision de l'échelle (8).
Ils ont à chaque plan leur correspondance dans le monde minéral, végétal et animal :
d'où la très riche Tradition biblique décrivant par exemple le Temple de Jérusalem qui, dans sa construction, est orné de leurs symboles (9) ou le Trône divin qui repose sur leurs puissances (10)

La Tradition chrétienne accomplissant celle d'Israël n'exaltera pas moins leur beauté, leur gloire et leur intervention constante au cœur de l'Histoire.
L'Islam se réclamant de la même Tradition n'est-il pas né d'une révélation de l'Archange Gabriel au Prophète ? et se reliant à la

---

(8) Gen. XXVIII, 12.
(9) I Rois VI, 23-28.
(10) Ezéchiel I.

Ce sera le rôle de l'’Āḏām de les accomplir
en épousant la ’Aḏāmāh

’Āḏām se déifiant humanisera la terre :
terre intérieure et terre extérieure
car il est leur clef de voûte
qui seule ouvre au secret de l'unité qui recouvre ces deux pôles

très antique tradition persane, ne glorifie-t-il pas les Energies divines à travers la luxuriante allégresse de ses chants d'amour aux mondes créés ?

Mais qui clame cette allégresse ? et qui surtout amènera ces mondes créés à frémir :

> « La terre à bondir de joie,
> les îles à se réjouir,
> les montagnes à fondre comme la cire,
> les fleuves à applaudir,
> la mer à s'enfuir,
> les collines à sauter comme des agneaux,
> les arbres à parler et à clamer leur joie... etc. (11)

qui humanisera la terre ? qui accomplira la 'Aḏāmāh si ce n'est l'Homme, l''Āḏām, se déifiant ?

En l'Homme, Dieu va poser Son image exacte et l'appeler à Sa parfaite ressemblance.

Composé à l'intérieur de lui de toutes ces énergies, l'Homme les accomplira et les transfigurera à l'intérieur comme à l'extérieur de lui car il est leur clef de voûte qui seule ouvre au secret de l'unité qui recouvre ces deux pôles.

(11) Ps. 95-96-97-114. Juges IX, 8... etc.

CHAPITRE XXVI

וַיֹּאמֶר אֱלֹהִים נַעֲשֶׂה אָדָם בְּצַלְמֵנוּ כִּדְמוּתֵנוּ

Et dit ’Elohîm : faisons ’Āḏām dans notre image, comme notre ressemblance

וְיִרְדּוּ בִדְגַת הַיָּם וּבְעוֹף הַשָּׁמַיִם

et qu’il domine sur les poissons de la mer, sur l’oiseau des cieux

וּבַבְּהֵמָה וּבְכָל־הָאָרֶץ

et sur le bétail et sur chacun du sec

וּבְכָל־הָרֶמֶשׂ הָרֹמֵשׂ עַל־הָאָרֶץ

et sur chaque rampant qui rampe sur le sec

’Elohîm pour la première fois ici introduit un verbe au pluriel :
Dieu parlant de Lui-même
parle au nom des Trois Personnes de l’unique divinité

CHAPITRE XXVI

(verset 26)

וַיֹּאמֶר WaYo'mer	Et dit	
אלהים 'Elohîm	'Elohîm	
נַעֲשֶׂה Na'aśeh	faisons	Rappelons que jusqu'ici le nom divin 'Elohîm qui en soi est un pluriel, a toujours été sujet d'un verbe construit à

la troisième personne du singulier. Ici encore 'Elohîm est sujet du verbe « dire » qui est au singulier.

Mais voici que lorsque 'Elohîm parle de Lui-même, Il fait appel aux Trois Personnes qu'Il est dans son Unité. Le verbe est alors au pluriel.

La langue française obéira à cet archétype en plaçant un pluriel dit « de majesté » dans la bouche du roi. C'est une image lointaine par rapport à l'archétype que nous vivons dans ce verset, mais une image exacte qui éveille en nous plus concrètement le mystère du Roi des Rois. (N'avons-nous pas vu qu''Elohîm est « les ceux-là des ceux-là (1).)

Non seulement ce verbe « faire » est au pluriel, mais

(1) Cf. p. 48.

Le verbe faire implique le déploiement de la dynamique contenue dans le verbe créer

'Ādām est l'Homme principe et non premier

'Ādām est l'Homme (hommes et femmes) de tous les temps et de tous les lieux

Il est l'humanité entière et chacun de nous la récapitulant toute

'Elohîm va parler plus loin de « notre » image, et de « notre » ressemblance, qui ne permettent plus de douter de la présence des Trois Personnes divines dans le nom d''Elohîm, Trois Personnes à l'image desquelles en effet 'Āḏām est créé et à la ressemblance desquelles il est appelé à être fait.

Rappelons enfin que le verbe « faire », employé ici à l'état de projet divin, implique tout le déploiement de la dynamique contenu dans le verbe « créer » Bārā' ברא , « principe ר du devenir Bo' בא .

Les Pères ont insisté sur la grandeur de cette « délibération sur l'Homme ». Basile de Césarée (Homélies I, 3) fait remarquer que « Dieu n'a pas dit comme pour les autres êtres : que l'Homme soit. Reconnais la dignité qui t'appartient, dit-il à l'Homme ; Il n'a pas provoqué ton origine par un commandement, mais il y eut en Dieu un conseil pour savoir comment introduire dans la vie ce vivant digne d'honneurs ».

אָדָם
'Āḏām

'Āḏām est-il le nom du premier homme ?

Les origines historiques de l'Homme sont continuellement renvoyées à un passé que l'on découvre toujours plus lointain et qui ne nous touche que secondairement ; mais nous avons vu que ce premier chapitre de la Genèse n'a rien d'historique, il décrit le principe même de la création, c'est-à-dire la création dans ses origines non temporelles mais ontologiques.
Il s'agit donc de la vie et des structures de la création de tous les temps et de tous les lieux.
Dans cette perspective 'Āḏām est l'Homme de tous les temps et de tous les lieux ; il est l'humanité entière, et chacun de nous en particulier la récapitulant toute ! Grégoire de Nysse est formel : « le nom donné à l'Homme créé n'est pas un tel ou un tel, mais celui de l'Homme universel » (La Création, Chap. 16).

La Genèse est un présent ; elle nous touche dans l'instant
L'instant participe du temps mais s'inscrit aussi dans l'Incréé
créant

Chacun de nous est 'Āḏām,
appelé à devenir יהוה

« Qui est ceux-là en-haut qui a fait quoi en-bas ? »

Telle est la double et unique question que posent les hébreux
lorsqu'ils contemplent
'Elohîm (Mî, Qui ? en hébreu)
et 'Āḏām (Mā, Quoi ? en hébreu)

'Elohîm et 'Āḏām sont tous deux « mère »
et sont reliés dans leur nom par cette fonction de maternité

La Genèse est un présent qui nous concerne directement et qui nous touche dans l'instant, l'instant étant ce moment unique qui participe du temps et qui lui échappe aussi complètement car il s'inscrit dans l'Incréé créant.

Je me sens personnellement faite de chacun des jours de la création ; je suis tissée de leurs énergies, saisie dans le cadre des différents champs — niveaux de conscience que j'ai à conquérir, dont l'ensemble est ma 'Aḏāmāh intérieure —, gouvernée par les deux luminaires, père et mère archétypiels se manifestant à chaque niveau par une sagesse et une intelligence nouvelles, irrésistiblement poussée par une étoile intérieure, une exigence irrépressible à devenir ce « quelque chose » que je ne saurais nommer si la Tradition ne me disait qu'il est mon « NOM », inconnu certes tant que je ne le serai pas devenue, mais exprimé symboliquement par « Le NOM » qui rassemble tous les NOMS, יהוה .

Je suis 'Āḏām
Je suis appelée à devenir יהוה .

Et ceci m'est confirmé par la suite du texte.

« Qui est ceux-là en haut qui a fait quoi en bas ? »

Telle est la double et unique question que posent les Hébreux lorsqu'ils contemplent les Noms d''Elohîm (Qui ? « Mî » ceux-là en haut dans le Mı) et d''Āḏām (Quoi ? « Mā » celui-là en-bas dans le Ma) et lorsqu'ils les désigne comme étant
« L'Homme-d'en-haut et l'Homme-d'en-bas ».
D'autre part nous avons vu (2) que l'« Homme-d'en-haut », 'Elohîm, est « mère » et qu'il porte 'Āḏām, l'« Homme-d'en-bas » dans ses entrailles, un 'Āḏām défini par son programme « celui qui doit aller vers

(2) Cf. p. 55-57.

Le nom d''Āḏām contient sa vocation :
'Āḏām est appelé à se mettre au monde dans des engendrements intérieurs,
« fils » intérieurs qui devront passer des portes

Ce « Fils » qui forme le mot hébreu « Bar »
doit être « planté » dans une terre intérieure
(avec le « grain de blé » qu'est encore « Bar » dans la terre extérieure)

où il devra mourir pour ressusciter, passer des portes,
jusqu'à ce que tout soit accompli

Ce qui est là indiscutable au niveau humain
ne trouve-t-il pas sa racine dans une même réalité divine ?
Immense mystère !

'Āḏām ne pourrait être défini par sa fonction de maternité
s'il ne portait pas en lui le Germe

Dès le sixième jour,
plus que la somme de toutes les énergies qui le constituent,
'Āḏām est porteur du Germe d''Elohîm dans son NOM

ל son NOM יה Yāh » : C'est en l'Homme que Dieu trouvera Dieu.

A l'image d''Elohîm אלהים , 'Āḏām אדם est « mère » אם .

Le nom d''Āḏām peut en effet être lu :

אם 'Ēm	« mère »	'Āḏām est mère de lui-même devenant Bar בר « fils » dans ses engendrements intérieurs.
ד	lettre Dāleṯ dont le développement דלת signifie la « porte ».	

'Āḏām garde scellées en lui de nombreuses portes qu'il devra ouvrir dans ses engendrements intérieurs successifs, laissant passer ce « fils » בר dont il a été question dès les deux premières lettres du premier mot de la Genèse, lettres qui, dans leur développement, constituent même ce premier mot (3).

Le « fils » planté en telle terre intérieure, avec le « gain de blé » qu'est encore Bar בר dans la terre extérieure, doit mourir pour ressusciter, passer des portes, jusqu'à ce que tout soit accompli.

Ceci, qui est indiscutable au niveau humain, semble être l'image d'une réalité fondamentale au niveau divin. Immense mystère ! dont les mystères chrétiens sont la révélation car ils en sont l'actualisation.

Mais au niveau humain qui nous intéresse directement ici, il est bien certain qu''Āḏām, au sixième jour, ne pourrait être défini dans son nom par sa fonction de maternité s'il ne portait pas en lui le Germe.

C'est pourquoi au-delà de la récapitulation de toutes les énergies des six jours qu'il est, 'Āḏām est plus

(3) Cf. p. 41-43.

יהוה ne sera vraiment nommé qu'au deuxième chapitre de la Genèse
quand il nous sera donné de le voir opérer en l'Homme,
mais dès le sixième jour,
Il est en 'Āḏām

Le récit de la création, principe de toute vie,
s'applique aussi à l'embryogenèse

Au cinquième mois l'enfant n'est pas encore viable ex-utero
il n'est que ה־ה
Il reste confondu avec Hā'Āḏāmāh- הוה dans la première partie
du sixième mois
Dans cette seconde partie du sixième mois,
la filiation d''Elohîm dans le Yoḏ' est révélée ; l'enfant est הוֹה
en germe, réalité qui fait de lui un 'Āḏām
Il est viable

Les trois mois suivants in utero
mettent en place des structures subtiles relatives à la formation
du « moi »,
à celle de la Personne, image divine, unique
Une nouvelle « programmation » du NOM s'accomplit

que la somme d'elles toutes : dès que nommé, il est image d''Elohîm ; il est 'Elohîm en germe, germe dont nous savons qu'il est יהוה non encore accompli.

יהוה ne sera vraiment nommé qu'au deuxième chapitre de la Genèse lorsqu'Il deviendra opératif en l'Homme dans l'inexorable poussée de son exigence d'accomplissement. Mais dès le sixième jour, Il est là. Dès le sixième jour 'Āḏām est lourd de son NOM.

Les six jours de la Genèse qui décrivent la vie et les structures de la vie dans la totalité des aspects de la création, s'appliquent en particulier à l'embryogénèse.
Leur lumière projette un éclairage tout particulier sur les six premiers mois de la gestation d'un enfant.

Je disais plus haut (4) qu'au cinquième mois de la vie foetale l'enfant n'est pas encore viable ex-utero, il n'est que ה־ה . Il reste confondu avec Hā'Aḏāmāh- הוה dans la première partie du sixième mois.
Dans cette seconde partie du sixième mois est révélée la filiation d''Elohîm א dans le Yoḏ י : l'enfant est הוה en germe. C'est pourquoi il est 'Āḏām, c'est pourquoi il devient viable.

Mais s'il est encore gardé trois mois dans le ventre maternel c'est parce que le Yoḏ, tout ce temps, va opérer une mise en place de structures beaucoup plus subtiles qui échappent à l'observation scientifique car elles portent sur la formation du « moi », c'est-à-dire sur celle de la personne de l'enfant en tant qu'image divine, unique.
La vie in utero entre le sixième et le neuvième mois est un raccourci symbolique de ce que devrait être la vie de cet être entre sa naissance au monde qui est

(4) Cf. p. 313 et 333.

J'appuie cette assertion :
— sur l'étude de la transformation du sang in utero (5)
— sur la visite de יהוה -Christ, alors dans le ventre de Marie,
à Jean qu'Elisabeth porte dans son sixième mois
et qui bondit à la rencontre du NOM

Je pose enfin cette question :
La naissance de יהוה -Christ il y a deux mille ans
n'est-elle pas intervenue dans l'humanité
au moment où celle-ci entrait dans le sixième mois de sa gestation ?
Encore aujourd'hui dans le premier ventre d'eau de la Grande Mère 'Aḏāmāh,
l'humanité va vers sa première naissance.

un état de « six » et son accomplissement total dans le « dix ». D'où l'importance d'une gestation consciente et riche de la part de la mère ! Elle aidera ainsi certainement à l'accomplissement de son enfant que la mort ne surprendra pas immobilisé dans le 6, mais passé au 7, au 8 ou au-delà !

L'étude dont j'ai fait part (5) concernant la transformation du sang de l'enfant au cours des premiers mois de vie foetale rend compte d'une preuve concrète de ce que je crois pouvoir affirmer ici. J'illustrais cette assertion par le passage suivant de l'évangile de Luc (I, 41) :
Elisabeth enceinte de six mois reçoit la visite de sa cousine Marie qui, venant d'être fécondée de l'Esprit-Saint, porte יהוה -Christ en elle :

> « dès qu'Elisabeth entendit la salutation, son enfant bondit dans son ventre et elle-même fut remplie de l'Esprit-Saint ».

Jean, fils d'Elisabeth, germé dans son NOM en son sixième mois, reconnaît le NOM et bondit d'allégresse.

Je l'illustrerais aussi volontiers en me penchant sur la gestation de l'enfant humanité qui aujourd'hui n'est pas encore née à sa dimension d'Homme. Encore aujourd'hui dans le premier ventre d'eau (6) de la Grande Mère 'Adāmāh, l'humanité n'a-t-elle pas commencé de vivre son sixième mois de gestation en germant son NOM il y a 2000 ans dans la naissance de יהוה -Christ ?
L'Ancien Testament ne se ferme-t-il pas sur la prophétie de Zacharie (III, 8) :

> « Voici je fais venir mon serviteur le Germe » ?

---

(5) Cf. S. du C. p. 228 à 230.
(6) Cf. p. 335.

Christ entrant dans le corps d'"Āḏām-humanité
accomplit les mystères d'Israël
et met l'accent sur l'importance de la personne humaine,
en même temps qu'Il révèle la tri-unité des Personnes divines

Depuis 2000 ans l'humanité est travaillée dans sa personne,
elle est à la recherche de sa véritable identité,
de celle qui lui permettra de naître à sa dimension d'Homme (8)

Je ne peux développer pour l'instant cette acception du sens des Ecritures
que confirment les prophètes d'Israël, les Evangélistes,
l'Apôtre Paul et d'autres,

Christ accomplissant les mystères d'Israël met l'accent sur l'importance de la personne humaine en même temps qu'Il révèle la Trinité des Personnes divines :

> « Quand sera venu le Paraclet que je vous enverrai de la part du Père, l'Esprit de vérité qui procède du Père. Il me rendra témoignage, et vous témoignerez vous aussi car vous êtes avec moi depuis le principe » (7).

Depuis 2000 ans l'humanité n'est-elle pas travaillée dans sa personne ? Ne cherche-t-elle pas sa véritable identité, celle qui lui permettra de naître à sa dimension d'Homme qu'elle n'a pas encore atteinte (8) ?

Il semble que nous vivions actuellement la fin du sixième mois de cette grossesse et que se profile la sortie de notre première matrice d'eau de la 'Aḏāmāh.
Cette constatation, si elle est juste, nous ferait mieux comprendre pourquoi, au début du deuxième chapitre de la Genèse, bien que créé, l''Āḏām ne soit pas encore...
L''Āḏām sera lorsque toutes les nations seront entrées en résonance avec le NOM ; elles retrouveront alors le chemin d''Éḏen. Mais n'anticipons pas.

Je ne peux développer pour l'instant cette acception du sens des Ecritures que les prophètes d'Israël, les Evangélistes et après eux l'Apôtre Paul viennent confirmer.

---

(7) Jean XV, 26.
(8) Ceci ne veut pas dire que, avant la naissance du Christ, il n'y ait pas eu d'êtres ayant atteint à ce sixième mois et même au-delà. Cette réalité proposée, si elle est juste, n'est vraie qu'au niveau collectif de l''Āḏām-humanité, mais au niveau de chaque personne, de grands saints ont jalonné les ères pré-chrétiennes et des êtres encore embryonnaires pullulent aujourd'hui. N'oublions pas que si l'humanité est une, antinomiquement chaque être humain est unique.

Je veux seulement affirmer qu'"Āḏām n'est 'Āḏām
que parce qu'il est יהוה en puissance
et qu'il est défini dans son nom par sa vocation de maternité
Celle-ci le constitue ;
même après la chute elle ne lui sera pas ôtée

יהוה est en 'Āḏām ce que symboliquement le sel est dans la mer,
la présence fécondante des eaux-d'en-haut dans les eaux-d'en-bas (10)
יהוה est la saveur de l'Homme qui lui-même est la saveur de la terre :
« vous êtes le sel de la terre...
vous êtes la lumière du monde » (11)

Le sel préside à la transmutation de l'Homme qui est eau et sang
'Āḏām est « 'Ēḏ » : « vapeur » et « Dām » : « sang »
La vapeur est l'humide des profondeurs de l'inaccompli
que le désir d'accomplissement fait monter

Tout désir implique une montée d'humide

Je désire seulement affirmer qu’’Āḏām n’est ’Āḏām que parce qu’il est déjà יהוה en puissance et qu’il est défini dès le départ par sa vocation de maternité ; celle-ci le constitue essentiellement ; elle ne lui sera jamais retirée, même après la chute où ’Ishāh (qui est ’Āḏām dans sa vocation féminine) est éclairée des lois nouvelles que son choix a déterminées et qui la conditionnent, en ces termes :

> « Je multiplierai ton travail et tes gestations,
> dans la douleur tu enfanteras des fils... » (9)

Il y aura douleur — et nous verrons pourquoi — mais les enfantements intérieurs d’’Āḏām seront toujours possibles car s’il est ’Āḏām, il est יהוה en puissance.

יהוה est en ’Āḏām ce que symboliquement le sel est dans la mer, la présence fécondante du Mi dans le Ma (10).

יהוה est la saveur de l’Homme. Il est, à travers l’Homme, la saveur de la création tout entière.

> « Vous êtes le sel de la terre
> ... vous êtes la lumière du monde... » (11)

dit le Christ à ses premiers disciples ; et le sel va commencer son travail de transformation de l’’Āḏām.

Car ’Āḏām est encore :

אד ’Ēḏ דם Dām	vapeur (eau) et sang	Cette « vapeur » est l’humide des profondeurs de l’inaccompli exprimant son désir d’accomplissement. Cela sera confirmé au deuxième chapitre de la Genèse.

Tout désir implique une montée de l’humide. L’archétype de tout mouvement, de toute motivation est là. Car tout désir est en profondeur — si inconscient

---

(9) Genèse III, 16.
(10) Cf. p. 185.
(11) Matthieu V, 13-14.

'Āḏām est pétri du désir de Dieu pour lui et de lui-même pour Dieu
'Āḏām est essentiellement un homme de désir
Tuons le désir, nous tuons l'Homme

Le désir est son NOM

Mais s'il dirige cette montée de sève vers ses veaux d'or extérieurs
auxquels il donne puissance divine,
il perd sa sève;
il reste alors dans la première matrice d'eau;
il n'est que souffrance et va vers la mort

Bouddah a dénoncé ce crime

S'il donne à cette montée de sève sa véritable orientation,
celle de l'Epoux divin,
il mute et devient « sang »,
deuxième partie de son nom

La transmutation de l'eau en sang pour devenir Esprit
est l'essence même des mystères chrétiens
Le « premier 'Āḏām » est resté « eau » — par la chute —
Christ appelé « nouvel 'Āḏām » devient « sang »

que cela soit aujourd'hui — désir d'accomplissement. Le mot est présidé par le 'Āleph א 'Elohîm, car, en profondeur aussi, c'est 'Elohîm qui désire son épouse — la création qu''Āḏām récapitule — et qui promeut son désir à elle. Le mystérieux personnage d''Elîhou' le confirmera dans son discours à Job (36, 27) :

« Dieu soustrait les gouttes des eaux et elles se pulvérisent en pluie pour sa vapeur. »

L'humanité est faite du désir de Dieu pour elle, sa future épouse ; elle est pétrie de son propre désir pour Dieu, son époux. 'Āḏām est essentiellement un homme de désir — que le désir soit tué en lui, il n'est plus.

Le désir est son nom.

Mais s'il dirige ce désir vers des « époux » extérieurs : tous ses objets de désir auxquels la Bible donne le nom de « veaux d'or », s'il donne à ses veaux d'or puissance divine et dimension d'absolu, il perd ses énergies ; elles ne s'accomplissent pas. L'homme reste dans la matrice d'eau d'où il ne peut naître car il est totalement identifié à elles ; il n'est que « eau ».
C'est cet « homme de désir » que le Bouddha dénoncera comme générant la souffrance et la mort.

Si 'Aḏām accomplit ce désir à l'intérieur de lui, s'il donne à cette montée de sève sa véritable orientation, celle de l'Epoux divin, il transmute ses énergies et devient « sang », Dām דם , seconde partie de son Nom.

Cette transmutation de l'eau en sang — en passant par le vin — pour devenir Esprit, est l'essence même des mystères chrétiens, l'essence même de l'accomplissement du « Fils de l'Homme » appelé le « second 'Āḏām ».

Le « premier 'Aḏām » est resté « eau » 'Ēd אד — il

Celui qui ne devient pas « sang », à l'intérieur de lui,
fait couler le sang à l'extérieur (12)

Celui qui ne sacrifie pas le « fils intérieur »
se fait complice de la mort des fils extérieurs

Dans la première partie de sa vie,
l'Homme est « eau » :
il n'est que désir orienté vers le monde extérieur

Dans la seconde partie de sa vie,
polarisant son désir sur Dieu,
l'Homme est « sang »
Ses désirs portés sur le monde extérieur
entrent peu à peu dans ce seul désir de Dieu

fait alors couler le sang extérieur — (Il est 'Eḏom אדום, 'Esaü).
Le « second 'Āḏām » devient « sang » Dām דם. Il accomplit l'humanité (Il est Jacob devenant Israël qui met au monde le Messie).

Je me suis expliquée (12) au sujet de ce drame central de l'Homme qui, s'il n'accomplit pas intérieurement le sang, se fait complice qu'il le veuille ou non, même s'il est pétri de bons sentiments (ce qui est un aspect de l'« aqueux ») de toutes les hémorragies du monde, de tous les sangs versés.

Et il n'y a pas que le sang rouge de nos veines et artères, il y a « des sangs » (ce mot est presque toujours au pluriel en hébreu) plus subtils, tel celui que fait couler une langue perverse... J'ai essayé de montrer que celui qui ne sacrifie pas le « fils intérieur » (le sacrifice d'Isaac (13) en est le symbole) pour donner naissance au fils nouveau, celui-là se fait complice de la mort des fils extérieurs. Les sacrifices sanglants de l'antiquité ont là leur origine.

Dans la première partie de sa vie — enfance et adolescence — l'Homme n'est symboliquement que « eau ». Idendifié à la première matrice de la 'Āḏāmāh il n'est que désir orienté vers le monde extérieur parce que géré par les énergies autonomes qui l'habitent et qu'il n'a pas conscience d'être.
Aujourd'hui encore l'humanité dans son ensemble n'a pas dépassé ce stade ; ce qui ne veut pas dire que certains êtres ne l'aient pas dépassé ! Les « saints » de toutes les traditions sont déjà allés très loin sur le chemin du NOM.
Car dans la seconde partie de sa vie l'Homme est « sang ». Son désir est polarisé sur Dieu seul dans l'essentiel car les désirs liés à des pôles extérieurs

(12) C. S. du C., p. 235-239.
(13) Genèse XXII, 1-20.

Aux noces de Qānāh il y avait six jarres...
Le vin des réjouissances extérieures liées au mariage extérieur
venant à manquer,
Christ fait remplir d'eau ces jarres ;
Il transforme l'eau en vin de la joie intérieure liée aux noces
intérieures
qui alors commencent
C'est le mariage de l'Homme avec lui-même
Le véritable amour ne commence que là
Il ne commence que chez celui
qui prend conscience de la présence divine dans son sang
et qui la vit,
car 'Āḏām est encore 'Ā — Dām : 'Elohîm dans le sang

'Āḏām est le sanctuaire de la rencontre יהוה - 'Elohîm

S'il l'assume, il s'accomplit,
s'il le refuse, l'exigence du Yoḏ se traduit en maladies — c'est la
mort

vont peu à peu entrer dans le concert du seul désir de Dieu.

Aux noces de Qānāh (14) le vin coule jusqu'à extinction — Ce sont les noces extérieures et la réjouissance de type « eau » — Il y a six jarres... Lorsque le Christ change l'eau en vin, c'est le commencement des noces intérieures — mariage de l'Homme avec lui-même — et le jaillissement d'une joie qui ne s'éteint pas. C'est le passage au 7. Le véritable amour ne commence que là.

Il ne commence que chez celui qui prend conscience de la présence divine dans son sang et qui la vit, car
'Āḏām אדם est encore
א 'Elohîm
Lettre Āleph
דם dans le sang !
Dām

'Āḏām est le sanctuaire de la rencontre יהוה - 'Elohîm.

L'assume-t-il ? Il s'accomplit.
Le refuse-t-il ? C'est la maladie et la mort.

En 'Āḏām Dieu danse son grand'œuvre par pulsions rythmées qui font battre notre cœur, par effusions d'amour qui font jubiler notre chair et la rendre plus brillante que les étoiles.

Saint Jean Chrysostome n'a pas de mots suffisamment éloquants pour chanter la grandeur de l'Homme, étoile de la terre :

> « Dieu soit béni car voici que de la terre aussi apparaissent des étoiles plus brillantes que celles des cieux ; des étoiles sur terre à cause de Celui qui des cieux est apparu sur terre. Non

(14) Jean II, 1-10.

Le septième jour nous dira le secret de la danse d''Elohîm dans le
sang

Faisons 'Āḏām, dit 'Elohîm

dans notre « image » — ou dans notre « ombre »

'Āḏām, ombre de Dieu, est l'« inaccompli de Dieu »,
l'infinie potentialité divine

L'ombre contient la lumière
et l'image est plus que la représentation du modèle,
elle en porte la puissance
L'image est l'exactitude de l'ombre dans son rapport à la lumière
à laquelle elle est liée dans l'axe de la Rāqî'a Shāmayim

seulement sur terre, ces étoiles, mais en plein jour.
Deuxième merveille ! Etoiles de jour plus éclatantes que celles de la nuit car les unes s'effacent quand paraît le soleil ; les autres, quand paraît le Soleil de Justice brillent d'un plus vif éclat. As-tu jamais vu des étoiles paraître en plein soleil ! ... » (Homélies)

Le septième jour nous dira le secret du nom de la danse d'’Elohîm dans le sang des « étoiles de la terre ».

« Faisons ’Āḏām », dit ’Elohîm,

בְּצַלְמֵנוּ BeTsalmēnou — dans notre image

La racine est Tselem צלם au cœur de laquelle est Tsel צל , contraction de Tse'ēl, צאל , l'« ombre ».

L'ombre est ce qui va être « harponné » צ par ’Elohîm אל .
L'ombre est à la lumière ce que l'inaccompli est à l'accompli.
’Āḏām, ombre de Dieu, est « l'inaccompli de Dieu », l'infinie potentialité divine.
’Āḏām sera « harponné » par Dieu.
Mais la racine צלם couronnée du Meim final ם porte dans sa vocation la participation à la gloire divine.
L'image en elle-même porte la vocation de la ressemblance.
L'ombre est appelée à la lumière.
L'image est l'exactitude de l'ombre dans son rapport à la lumière à laquelle elle est liée dans l'axe de la Rāqî'a-Shāmayim.

Pour nous occidentaux qui avons tout « chosifié », une image n'est qu'une représentation plus ou moins bien rendue de son modèle. Les pratiquants de la magie savent bien, eux, qu'une image est

C'est pourquoi le mot hébreu « dans notre image »
peut être traduit :
« image son Fils »

'Āḏām est image car Fils de Dieu

Nous avons effleuré plusieurs aspects de l'image et de son modèle :

— leur commune vocation de maternité
'Elohîm porte 'Āḏām dans ses entrailles,
'Āḏām porte le Yoḏ
— l'unité fondamentale d''Āḏām dans la multiplicité des personnes
dont chacune contient la totalité d''Āḏām,
image de la Tri-unité divine

porteuse de la réalité vivante du modèle ; ceux-là et les iconophiles ; non pas ceux qui aiment les icônes en tant qu'objets d'art, mais ceux qui les contemplent en tant qu'à travers elles le modèle vient les visiter.

C'est pourquoi dans cette « image » il y a la présence du « fils » accompli, Bēn בן .

Betsalmēnou בצלמנו — car tel est le groupe de lettres-énergies qui proclament cette dimension d'« image » — peut-être lu

צלם Tselem	image, ombre
בנו Beno	son fils.

'Āḏām est image car fils de Dieu, potentiellement יהוה.

Modulé sur son Nom-germe, l'Homme en est, dans son être tout entier et jusque dans son corps, l'amplificateur (15).

« Qui est celui-là qui est en haut qui a fait quoi en bas ? »

Une seule et même question, disais-je !

L'énigme d'en haut se pose en miroir en bas.

« L'Homme-d'en-bas » est parfaite image de « l'Homme d'en-haut »

Nous en avons effleuré plusieurs aspects :

— Leur commune vocation de maternité אם inscrite en leurs noms respectifs אלהים et אדם (16).

— L'unité fondamentale d''Āḏām dans la multiplicité des personnes humaines dont chacune contient la totalité d''Āḏām, à l'image des trois personnes

(15) J'ai développé ce thème dans le S. du C. cf. p. 32-33.
(16) Cf. p. 57.

L'éclatement d''Āḏām,
la rupture d'unité dans sa conscience,
est une des plus graves conséquences de la chute

— Le don privilégié d''Āḏām,
sa fonction parolière, est image du Verbe qu'il est en devenir

— A l'image du pouvoir créateur divin posant le « face à face »,
l'autre « dans le voir »,
'Āḏām participera de ce pouvoir
en mettant « dans le voir » et pour l'épouser,
ce dont il se sera distancé

— Car si 'Āḏām est l'« ombre de Dieu »
il aura aussi à découvrir son ombre

'Āḏām est image appelé à rejoindre son modèle
Cette intégration au modèle est la ressemblance
« Comme notre ressemblance »

Il n'est encore que potentialité de ressemblance
Cette potentialité est exprimée par la lettre Kaph
incorporée en préfixe au mot ressemblance

divines dont chacune les contient toutes et dont aucune n'en rompt l'unité (17).
Cette rupture d'unité chez 'Āḏām, dans sa conscience, est une des plus graves conséquences de ce que la Tradition appelle la « chute ».

L'éclatement d''Āḏām, l'un ne se reconnaissant plus en l'autre, introduit la peur et fait que l'un ne sait plus que, détruisant l'autre, il se détruit ; il ignore tout autant que se construisant, il construit l'humanité.
Mais n'anticipons pas sur ce drame de la chute que je n'ai cependant pas le droit d'évoquer sans affirmer que, revenant à cette conscience de l'image exacte et la vivant, l'Homme réinséré dans son NOM reçoit le souffle de Dieu et sort des griffes de la mort.

— Le don privilégié d''Āḏām, sa fonction parolière, est image du Verbe qu'il est en devenir (18).

— Liée à cet aspect, une autre image s'impose : celle du pouvoir créateur d''Āḏām. Ce pouvoir ne portera pas le nom de « créateur » réservé à Dieu, mais il en aura la puissance. Il s'exercera lorsqu'au deuxième chapitre de la Genèse, 'Āḏām aura à « mettre en lumière », en « face à face », « dans le voir ב־רא », pour épouser ce dont il se sera distancé.

— Car si 'Āḏām est l'« ombre de Dieu », il aura aussi à découvrir son « ombre »...

Image ! Il est image appelé à rejoindre son modèle.
C'est cela la « ressemblance »

כִּדְמוּתֵנוּ
KiḎmouṯēnou

« comme notre ressemblance »

Si 'Āḏām est d'emblée *dans* l'image, il n'est encore qu'en *potentialité* de ressemblance. Mais il va être

(17) Cf. p. 49 et 355, note 8.
(18) Cf. p. 321.

« Comme » est une très mauvaise traduction
Elle signifie, cette lettre Kaph,
qu'’Āḏām a « dans ses mains » le pouvoir d'atteindre à la ressemblance

La ressemblance, Demouṯ en hébreu, se fait par le « sang », Dām,
par le sang biologique
pour la ressemblance au père et à la mère biologiques
par le sang transmuté, c'est-à-dire par le sang du Fils divin
pour la ressemblance au Père-Mère archétypiel

Le mot ressemblance, dans le texte, est mis en apposition à image
C'est en tant qu'« image » qu'’Āḏām est potentiellement ressemblant

La ressemblance « Demouṯ » s'acquiert dans la transmutation du « sang », « Dām »,
en passant par des « morts », « Māweṯ »
La mort est la loi qui préside à la dynamique du germe allant vers le fruit

« fait » dans ce sens. C'est le préfixe rendu par la lettre Kaph כ qui indique une puissance de réalisation ; il est très mal traduit par notre expression « comme ».
La lettre Kaph développée כף est la « paume de la main ». Elle indique qu''Āḏām tient en main la puissance de la ressemblance ; « dans le principe », il en a les clefs. A lui de laisser jouer le « faire » divin et d'y travailler — ce qui va être explicité plus bas —.

La racine du mot est Dāmoh דמה , « ressembler ».
La ressemblance est Demouṯ דמות .
C'est par le sang Dām דם que l'Homme est ressemblant.
A un premier niveau — je dirai « horizontal » — c'est par la voie du sang qu'un enfant ressemble à ses parents biologiques.
Au niveau que j'appellerai « vertical », c'est par ce même sang transmuté que l'Homme peut atteindre à la ressemblance du Père-Mère archétypiel, c'est-à-dire par le sang du Fils divin.
Remarquons bien que les deux termes « image » et « ressemblance » ne sont aucunement liés par une conjonction. Il semble que la « ressemblance » soit mise en apposition à « image », car l'Homme ne pourra atteindre à la ressemblance qu'à partir de l'image. Celle-ci contient celle-là.
C'est 'Āḏām dans sa qualité d'image qui « tient en main » la possibilité de ressemblance.
Ceci est très important, car, dans la chute, il perdra conscience de l'image ; il se trouvera alors incapable d'atteindre à la ressemblance. Mais dès qu'il en reprendra conscience, il pourra reprendre le chemin de la réalisation.

Si la ressemblance דמות se vit dans le sang
דם le sang
Dām

elle se vit aussi dans
מות la mort
Māweṯ

Chaque terre ensemencée verra la mort de la semence pour sa résurrection
dans le fruit qui lui-même deviendra semence d'une nouvelle terre...
jusqu'à ce que tout soit accompli
'Āḏām ne peut manger — intégrer — que le fruit qu'il est devenu,
ceci au niveau de chaque terre
Le dernier fruit sera יהוה , 'Aḏām deviendra son NOM
et entrera dans la ressemblance

Un jeu de mots, en hébreu, lie 'Āḏām et Demouṯ :
autour de la racine Dām, le « sang »,
tout doit s'accomplir depuis le A ('Āleph, première lettre de l'alphabet)
jusqu'au T (Tāw, dernière lettre de l'alphabet)
Les grecs diront : « de l'alpha à l'omega »

Et « qu'ils dominent » sur toutes les énergies créées

'Āḏām, singulier, devient ici un pluriel,
ce qui confirme l'image :

'Āḏām est l'humanité tout entière ;
un seul homme est 'Āḏām tout entier

Cet ordre de « dominer sur » contient aussi celui de « descendre dans »...

L'acquisition de la ressemblance à partir de l'image est la dynamique même qui permet au germe de devenir fruit. Chaque terre ensemencée verra la mort de la semence pour sa résurrection dans le fruit qui sera lui-même semence d'une terre nouvelle... jusqu'à ce que tout soit accompli. Āḏām pourra « manger » ce dernier fruit car il le sera devenu. Il aura mis à fruit יהוה , devenant son NOM.
Il entrera alors dans la ressemblance d''Elohîm.

Du 'Āleph א au Tāw ת (de l'Alpha à l'Omega, diront les grecs) toutes les énergies, symbolisées par les vingt-deux lettres de l'alphabet hébraïque auront été intégrées.

C'est pourquoi, par son sang דם , 'Āḏām אדם sera devenu דמות ressemblance !

Du 'Āleph א au Tāw ת tout sera accompli.

וְיִרְדּוּ
WeYirdou

qu'ils dominent — du verbe Rāḏoh רדה , « dominer » à la troisième personne du pluriel. C'est au tour d''Āḏām, parfaite image d''Elohîm, dont le nom est singulier, d'être sujet d'un verbe au pluriel. La similitude est en miroir.
'Āḏām un et multiple est ici confirmé.
Chaque 'Āḏām est 'Āḏām tout entier
Cet axiome fondamental est la base d'une anthropologie qu'il n'est pas lieu de développer ici, mais que je signale comme essentielle car aucune institution humaine ne sera viable en dehors de cette équation ontologique : un homme est égal à l'humanité tout entière.
Toute cellule d'un corps est ce corps tout entier.
Un atome est un cosmos entier.
Toute la création en 'Āḏām est à l'image de la Tri-unité divine.

Cet ordre de « dominer sur » qui annonce la programmation du chemin à accomplir depuis l'image — et en la gardant — jusqu'à la ressem-

Nul ne pourra dominer sur... qui ne sera descendu dans...

Christ, Fils de l'Homme
descendra dans les eaux du Jourdain pour dominer l'inaccompli
Le Jourdain est lui-même le verbe « descendre »
que couronne le « grand poisson » des profondeurs !

Il ne s'agit nullement ici de la domination par la force,
mais de la pénétration dans un acte de « mariage »
C'est une domination par l'amour

L'Homme aura avec le cosmos extérieur
la même relation qu'avec son cosmos intérieur :
l'un vérifiera l'autre

Dans la première partie de sa vie,
l'Homme inconscient de son cosmos intérieur
domine à l'extérieur en domptant, en tuant, en luttant contre

Dans la seconde partie de sa vie,
s'il devient conscient de son cosmos intérieur
et s'il l'« épouse »,

blance, comporte en sous-jacence, un second ordre inséparable du premier :
celui du « descendre dans »
Yrdou ירדו est en effet porteur de la racine Yārad̲ ירד qui veut dire « descendre ».

Nul ne pourra dominer sur... qui ne sera descendu dans...

Christ, Fils de l'Homme, ne pourra dominer sur les eaux de son inaccompli qu'après les avoir pénétrées. Un des aspects de son baptême dans le Jourdain est celui-là. Le Jourdain lui-même : Yardēn ירדן est le verbe « descendre », Yārad̲ suivi du Noun final qui symbolise les « grands poissons » sur lesquels Dieu demande à 'Ād̲ām de dominer, et, à ce niveau, 'Ād̲ām lui-même.

Il ne s'agit nullement ici de la domination telle que nous l'entendons en projetant sur l'ordre divin notre mental primaire, non purifié ; il s'agit d'une intégration des énergies (poissons — oiseau — bétail, etc.) préalablement pénétrées, « épousées », et, comme nous le verrons, « nommées » car le nom donne la puissance. Ceci implique un rapport d'épousailles, et non de force, selon une qualité d'amour dont il est trop tôt de parler ici.

Ce verbe Yrdou est très important car il est la clef du rapport ontologique de l'Homme avec son cosmos intérieur, donc avec lui-même, rapport qui est à son tour la clef de celui que l'Homme instaurera avec le cosmos extérieur.
Dans la première partie de sa vie l'Homme est inconscient de son cosmos intérieur. Animal parmi les autres animaux, ses rapports avec le monde sont inspirés par la peur ; dans le meilleur des cas, il dompte ; la plupart du temps — et même en domptant ! — il tue.
Dans la seconde partie de sa vie, s'il devient conscient de son cosmos intérieur, il commence à

il sera maître *naturellement* du cosmos extérieur

Le miracle ne relève pas du *surnaturel*
(mot déplorable),
mais de la nature accomplie de l'Homme
à tel ou tel niveau de l'axe de la Rāqîʿa-Shāmayim

C'est pourquoi le second ʾĀḏām, Christ- יהוה, affirme :
« Amen, je vous le dis,
celui qui croit en moi fera aussi les œuvres que moi je fais,
et il en fera même de plus grandes parce que je vais au Père » (20)

Le cosmos intérieur et le cosmos extérieur
ne se dominent pas par la violence de la force (lutter contre)
mais par celle de l'amour (lutter avec)

faire sur lui-même le travail annoncé dans cette « descente », travail qui va être décrit plus loin. Il apprend alors que son rapport au monde extérieur est le reflet exact de son rapport avec lui-même, ces deux mondes étant, comme nous l'avons vu, les deux pôles d'une même réalité (19).
Si de grands saints vivent un commerce amical avec des bêtes féroces, c'est qu'ils sont « descendus » dans ces fauves qui hurlaient en eux ; ils les ont nommés et ont retourné leur énergie de ténèbre en lumière. Si dans l'arène les lions venaient lécher les pieds des martyrs, c'est que ceux-ci avaient pénétré le lion négatif de leur être et étaient devenus amour pur. Il peut en être de même avec tous les éléments de la création : c'est là la loi ontologique.
Ce que nous appelons « miracle » n'est pas une loi « surnaturelle » (ce mot est très faux), mais fait partie intégrante de la nature profonde de l'Homme, de celle qui est dans l'axe de la Rāqîʽa-Shāmayim, mais à des niveaux que nous n'avons pas encore atteints.

Si l'Homme, par le drame de la chute a quitté cet axe, il peut par son désir de Dieu et la grâce divine le retrouver.
C'est en ce sens que le Christ dit à ses disciples :

> « Amen, je vous le dis, celui qui croit en moi fera aussi les œuvres que moi je fais, et il en fera même de plus grandes parce que je vais au Père » (20).

Le cosmos intérieur et le cosmos extérieur ne se dominent pas par la violence de la force (lutter contre) mais par celle de l'amour (lutter avec).

---

(19) Cf. p. 339.
(20) Jean 14, 12.

CHAPITRE XXVII

וַיִּבְרָא אֱלֹהִים אֶת־הָאָדָם בְּצַלְמוֹ
’Elohîm crée le ’Āḏām dans son image
בְּצֶלֶם אֱלֹהִים בָּרָא אֹתוֹ
dans l’image d’’Elohîm Il crée lui
זָכָר וּנְקֵבָה בָּרָא אֹתָם
Mâle et femelle ⎫ Il crée eux
se souvenant et contenant du Nom ⎭
Le verbe « créer »
est dit pour la troisième fois depuis le début du premier verset
Il est dit ici trois fois
Le « ’Āḏām » placé « dans le voir » est aussi dans le mystère de l’ombre-image.

Le ’Āḏām est souffle par l’article qui le définit
(lettre Hē qui, en hébreu, est le souffle)

Il est le ’Āḏām parce qu’il deviendra יהוה
Mère, il deviendra épouse épousée

CHAPITRE XXVII

(verset 27)

וַיִּבְרָא WaYibrā'	Crée	
אֱלֹהִים 'Elohîm	'Elohîm	
אֶת־הָאָדָם 'Et-Hā'Ādām	le 'Ādām	

Le verbe « créer » vient ici pour la troisième fois dans le déroulement du récit biblique, et il va être dit trois fois. Il est au centre de ce verset qui lui-même est l'acmé de la création.

Le « créer » du premier verset comme celui du cinquième jour ne sont qu'un avec celui-là. Dieu crée de toute éternité : aucune précession dans ses actes : les cieux et la terre sont en 'Āḏām, leurs germes sont en lui, 'Āḏām est.
Le 'Āḏām est, car il est placé « dans le voir » divin, mais aussi dans l'ombre, dans le mystère de l'ombre-image.
Telle une épouse pour l'Epoux, 'Āḏām est voilé d'ombre.
Tel un époux se penchant sur son épouse, 'Elohîm lui enlèvera ses voiles, un à un, jusqu'à la totale lumière, jusqu'au « voir » total, si l'épouse, image, fait ce même travail en elle.

Le 'Āḏām est ; l'article le nomme car il est une personne. Il est « souffle » par le ה qui le définit.
Il est image par le Yoḏ י qui le module.
Il est le 'Āḏām parce qu'il va devenir יהוה .
Mère, il aura enfanté le Fils. Mère, il deviendra épouse épousée !

Le 'Āḏām totalement autre qu''Elohîm est lourd de lui
Créé, et cependant éternel

Inscrit dans les temps
et participant de ce qui transcende les temps

Comment chanter l''Āḏām ?
Sa lumière, ombre de Lumière
Sa beauté, image de Beauté
Sa royauté, héritage du Roi des rois,
Car il est Fils !

« Qu'est-ce que l'Homme pour que tu te souviennes de lui ?
Et le fils de l'Homme pour que tu le recherches ?

Tu l'as fait de peu inférieur à Dieu » (1)

Dans le principe le Père par son Verbe crée le 'Āḏām
A l'image du Fils Il crée lui
Dans la puissance de l'Esprit Il crée eux, mâle et femelle

Le 'Āḏām est, totalement autre qu''Elohîm et cependant lourd de lui.
Créé et cependant éternel.
Créé de toute éternité, il n'a ni commencement ni fin.
Inscrit dans les temps, qui eux commencent et s'achèvent, il participe de ce qui les transcende radicalement.

Comment chanter l''Āḏām ?
Sa lumière, ombre de Lumière
Sa beauté, image de Beauté
Sa royauté, héritage du Roi des rois,
Car il est Fils !

« Qu'est-ce que l'Homme pour que tu te souviennes de lui ? et le fils de l'Homme pour que tu le recherches ?
Tu l'as fait de peu inférieur à Dieu
Tu l'as couronné de gloire et de magnificence... » (1)
Qui en haut à fait quoi en bas ?

Mystère de l''Āḏām !
Dans le principe le Père par son Verbe crée le 'Āḏām,
Dans l'image du Fils Il crée lui,
Dans la puissance de l'Esprit, Il crée eux, puissance qui les spire et les repousse et les respire au rythme des noces universelles, eux, « mâle et femelle ».

בְּצַלְמוֹ BeTsalmō	dans son image	Son image à Lui 'Elohîm maintenant au singulier. Et s'il y avait un doute sur la personne à laquelle se rapporte ce possessif, le texte le confirme.
בְּצֶלֶם BeTselem	dans l'image	Si le texte insiste sur l'image et sur l'image seule, c'est bien pour

(1) Psaume 8, 5-8.

Dans le « créé » 'Āḏām n'est encore qu'image
Le « faire » l'introduira dans la ressemblance ;
le temps du faire est celui de notre Histoire

'Āḏām singulier est aussi deux :
il est mâle et femelle,
ce qui signifie que chaque 'Āḏām, chaque être humain, homme *ou*
femme
est mâle *et* femelle

Mâle : Etre « mâle », en hébreu, c'est « se souvenir »
L''Āḏām est mâle lorsqu'il se souvient de ce qu'il est
Il ne s'agit pas du souvenir historique d'un passé vécu,
mais du souvenir ontologique des profondeurs de ses terres
intérieures
L''Āḏām est mâle lorsqu'il se souvient des énergie violentes
contenues dans la 'Āḏāmāh
elle-même révélée par la qualité « femelle » de l''Āḏām

אֱלֹהִים
'Elohîm — d''Elohîm — nous faire saisir que la ressemblance ne relève pas du « créer », mais du « faire ». Ce faire vient d'être énoncé dans son principe — sa réalisation qui appartient au temps est notre Histoire.

בָּרָא
Bārā' — Il crée

אתו
'Otō — lui — 'Āḏām est ici au singulier par opposition au pluriel qui va suivre et qui ne désignera pas les hommes mais la double composante de chaque 'Āḏām : « Mâle et femelle » dont nous allons voir qu'au niveau fondamental il ne s'agit pas de l'homme devant la femme.

זָכָר
Zāḵār — mâle — Ce même mot est le verbe « se souvenir ». Faits des mêmes énergies, « être mâle » et « se souvenir » ne peuvent que se rejoindre dans une même réalité.

L''Āḏām — dont je rappelle qu'il est tout l'humanité, hommes et femmes donc — est mâle lorsqu'il se souvient de ce qu'il est, c'est-à-dire lorsqu'il se souvient des « âmes de vie » dont il est constitué, de la réserve d'énergies qu'il est dans la 'Āḏāmāh, elle-même révélée dans le mot « femelle ».

Moi, femme, je peux être mâle en plongeant dans le souvenir non pas de mon passé historique, mais dans ce qui sera au contraire mon devenir, c'est-à-dire en me souvenant du potentiel que je recèle dans les profondeurs de mon être. Mon passé historique n'a d'intérêt que pour me révéler ces énergies dans leur agissement autonome lors de ma vie inconsciente passée. Mais la « mémoire » dont il est question ici ne concerne pas en soi le passé, mais l'ontologie.

Le mot זכר peut être lu :

La lettre hébraïque Zayin
qui préside au mot « mâle » ou au verbe « se souvenir »
était autrefois représentée par une arme qui traversait une peau d'animal
Elle est l'organe mâle de ce grand'œuvre :
elle doit tuer en l'"Āḏām tel animal qui,
ressuscitant à la lumière « fait le sacré » en lui
Tel est le sens du « sacrifice »
L'agneau en est le prototype
Dans la première partie de sa vie
l'Homme ne comprend que la nécessité du sacrifice sanglant extérieur
Dans la seconde partie,
il entre dans la conscience du sacrifice nécessaire de ses animaux intérieurs

Pour l'"Āḏām, être mâle
c'est encore « prendre en main » ce potentiel de lumière qui,
ayant vie autonome, lui est étranger,

ז
Lettre Zayin

La lettre Zayin ז qui préside au mot Zāḵar זכר est l'organe mâle de ce grand'œuvre.

L'idéogramme originel de cette lettre est une arme représentée par une flèche qui transperce une peau d'animal, arme qui doit « tuer » l'animal sacrifié, animal intérieur qui, ressuscité à la lumière, va « faire le sacré » — car tel est le sens du sacrifice.

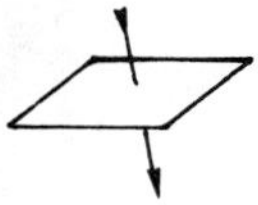

Dans la première partie de sa vie, l'Homme n'entendra que la nécessité des sacrifices sanglants extérieurs.

L'Homme (homme ou femme) mâle est celui qui pénètre, épouse son monde animal intérieur pour en faire la lumière.

כר agneau C'est l'agneau du sacrifice.
Kar

Le mot זכר peut encore être lu :

כ
Lettre Kaph

paume de la main. La main qui tient

זר

racine liée à la « lumière » — sa valeur — 207 — est celle de אור la lumière. Zohar זהר est la « splendeur ». Ces deux mêmes lettres retournées forment le mot רז rāz, le « mystère », mais Zār זר est aussi « l'étranger, l'autre ».

Etre mâle c'est être responsable, « tenir en main » « l'étranger », « l'autre » en soi qui est encore « mystère » tant qu'il n'est pas pénétré.

L'"Āḏām faisant œuvre mâle prend en main la lumière potentielle qu'il est dans cette autre partie de lui-même que révèlera le mot « femelle ».

mais qui « épousé » de lui devient sa lumière
Le principe de la « purification »-accomplissement est là (2)

Mâle est lié à accompli-sec-lumière-pureté
Femelle est lié à inaccompli-humide-ténèbre-impur

Femelle : La racine du mot hébreu Nāqoḇ veut dire « trouer »
mais aussi « nommer »

Elle comporte un contenant, un contenu,
et un mouvement de pénétration pour accomplir ce contenu

Le contenant est la lettre B
(prononcée ici « v »)
qui est symbole de la création
et de l'"Āḏām qui la récapitule toute
C'est elle essentiellement qui est « femelle »
La lettre Q est le cordon ombilical divin qui relie 'Elohîm au Germe

Le contenu — יהוה, le Nom (d'où le verbe nommer)

Ne peut nommer que celui
qui pénètre le secret de la profondeur des eaux — inaccompli — du féminin

זך
Zak̲ — est le « pur » — nom de Zachée (Luc 19, 5-7), homme que le Christ cueille, tel un fruit mûr, dans le haut d'un arbre.

ר
Lettre Reish — dans son principe

Mâle est lié à l'accompli, lumière, pur, car n'est mâle que celui — ou celle — qui a commencé de voir, d'être conscient, et de faire le travail intérieur.

Femelle est lié à l'inaccompli, ténèbre, impur (2)

וּנְקֵבָה
OuNeqēb̲āh — et femelle — De la racine Nāqob̲ נקב qui signifie « trouer » mais aussi « nommer ».
Ce mot désigne essentiellement un contenant que la racine קב mesure de capacité, structure.

Qēb̲āh קבה est le « ventre », Qabēl קבל , le verbe « recevoir ». A l'intérieur de cette racine, le Beit̲ ב à lui seul, préposition « dans », est la création tout entière, la « fille », « vierge d'Israël » que Dieu visite de la lettre ק Qoph dont nous nous souvenons (3) qu'elle est le cordon ombilical divin porteur de la sagesse nourrissante d''Elohîm.
Le cordon ombilical divin vient s'implanter dans le ventre de la création où 'Elohîm a déposé le NOM.
Neqēb̲ah נקבה , la « femelle » est le lieu secret de l''Ād̲ām où 'Elohîm a déposé le secret du NOM.

C'est pourquoi cette même racine signifie « nommer ».

Mais l''Ād̲ām ne pourra découvrir son Nom qu'en pénétrant ce ventre, en épousant son féminin et en

(2) « pur » - « impur » dans le langage biblique ne se réfère pas un système moral mais à la réalité ontologique dite encore « accomplie et non encore accomplie ».
(3) Cf. p. 141.

La lettre N qui en hébreu est le « poisson »
symbolise la qualité « poisson » que l'’Āḏām doit revêtir
pour épouser son féminin

Si ’Āḏām ne fait pas ce travail,
il n'est que trou vide,
totalement confondu avec son féminin
qui le manipule et n'accomplit pas le NOM
Une population qui ne fait pas œuvre mâle est dite « femelle »,
comme au temps de Noé (5)

venant « nommer » les énergies qui le constituent — ce qu'Elohîm lui apprendra à faire (4).

נ « Poisson »
Lettre Noun C'est en se faisant symboliquement « poisson » mâle qu'Ādām pourra descendre dans les eaux de son féminin inaccompli, pour les accomplir.

L'élément femelle de l'Ādām est inséparable de l'élément mâle, par la lettre Noun נ.
S'il ne se fait mâle, l'Ādām n'est que femelle ; mais ne se souvenant pas de son potentiel énergétique avec lequel il est totalement confondu, il ne peut devenir son nom. Il n'est que trou vide... C'est ainsi qu'au temps de Noé (5) « les hommes se multipliaient sur la terre et ne mettaient au monde que des filles... »
Par rapport à l'ordre « croissez et multipliez » que va recevoir l'Ādām au verset suivant, l'humanité du temps de Noé oubliait de croître ; elle se multipliait selon la quantité dans ses catégories animales ; elle n'était que « femelle », mais il y avait probablement autant d'hommes que de femmes à être « femelle » ! Notre humanité d'aujourd'hui lui ressemble fort.

Par rapport au « Fils de l'Homme », « Fils de l'Ādām » que le Christ dit être, Il nomme Jean, le Précurseur, « fils de la femme » (6). Ceci vient confirmer ce que je proposais plus haut de penser, à savoir que l'humanité prémessianique est symboliquement celle des six premiers mois d'une gestation cosmique, une humanité femelle (7).

---

(4) Genèse II, 19-20.
(5) Genèse VI, 1.
(6) Matthieu XI, 11.
(7) Ce qui ne veut pas dire que des hommes et des femmes de l'Ancien Testament n'aient été que « femelle » — Citons par exemple les parents de Jean : Zacharie est le nom du mâle ; et de stérile qu'il était avec Elisabeth, son épouse, le couple entre par la foi dans la fécondité essentielle.

Christ ouvrant l'ère messianique où l'Homme se souvient de son NOM
est « fils de l'Homme »
Jean le Précurseur est encore « fils de la femme »
En Marie l'humanité devient mâle

Lorsque l'Homme « se souvient » de son féminin et fait œuvre « mâle » en elle,
Dieu « se souvient » de l'Homme

« Qu'est-ce que l'Homme pour que tu te souviennes de lui »

Grandeur de l'humanité en qui Dieu-'Elohîm fait œuvre mâle,
se souvenant de son épouse,
lorsque l'Homme se souvenant de son épouse intérieure, lourde de יהוה,
fait œuvre mâle en elle.

Avec le Christ, l'humanité achève son sixième mois et acquiert la conscience du NOM. Et le Christ lui-même, né paradoxalement d'une femme seule sur le plan biologique, se dit fils de l'Homme car en Marie l'humanité consciente devient mâle.

L'Homme mâle est celui qui se souvient de son féminin dépositaire du NOM.

Lorsqu'’Āḏām, l'Homme-d'en-bas fait ce travail, alors ’Elohîm, l'Homme-d'en-haut répond :
Il se souvient de Noé (Genèse 8, 1)
Il se souvient d'’Aḇrāhām (Genèse 19, 29)
Il se souvient de Rachel (Genèse 30, 32)
Il se souvient d'Anne (I Samuel 1, 19)
de David, des Patriarches et de tous ceux qui font miséricorde.

> « Qu'est-ce que l'Homme pour que tu te souviennes de lui ? »

Grandeur de l'humanité en qui Dieu-’Elohîm fait œuvre « mâle », « se souvenant » de son épouse, lorsque l'Homme se souvenant de son épouse intérieure, lourde de יהוה , fait œuvre mâle en elle.

CHAPITRE XXVIII

וַיְבָרֶךְ אֹתָם אֱלֹהִים וַיֹּאמֶר לָהֶם אֱלֹהִים
Et bénit eux 'Elohîm, et dit à eux 'Elohîm :
פְּרוּ וּרְבוּ וּמִלְאוּ אֶת־הָאָרֶץ
croissez et multipliez et remplissez la terre-sec
וְכִבְשֻׁהָ וּרְדוּ בִּדְגַת הַיָּם
et pour la vaincre, dominez sur les poissons de la mer,
וּבְעוֹף הַשָּׁמַיִם וּבְכָל־חַיָּה הָרֹמֶשֶׂת עַל־הָאָרֶץ
sur l'oiseau des cieux et sur toute énergie rampante sur la terre-sec

« Bénir » est inséparable de « créer »
Les deux mots hébreux sont réunis par la racine « Bar » — fils — germe —
qui forme le mot Berē'shîṯ (1), principe de la création
« Créer » est mettre ce fils « dans le voir »
« Bénir » est le mettre dans une situation de fragilité — celle du germe —
qui lui conférera le dynamisme nécessaire à son accomplissement

CHAPITRE XXVIII

(verset 28)

וַיְבָרֶךְ
WaYeb̲ārek̲ — Et bénit (ou agenouille)

Reportons-nous au verset 22 où le récit du cinquième jour nous fait contempler la bénédiction divine donnée aux oiseaux et aux poissons qui viennent d'être créés.
En ce sixième jour 'Ād̲ām est créé.
La bénédiction est inséparable de l'acte créateur.
Bārā' ברא est « créer ».
Bārok̲ ברךְ est « bénir ».
Les deux verbes ne diffèrent que par leur lettre finale ; ils sont unis par la racine Bar בר dont nous avons vu (1) qu'elle est le Berē'shît̲ même, le « principe » même de toute vie créée.
Si « créer » c'est placer « dans le voir », « bénir », c'est placer « dans » une situation de « fragilité » — רךְ — fragilité du germe qui est appelé à croître.
Nul ne peut croître qui se croit accompli.
L''Ād̲ām, en tant que Bar בר « grain de blé, jeune fils » est amené par la bénédiction à se savoir inaccompli et à recevoir la force pulsante de son accomplissement.

En ce sixième jour, Dieu « agenouille » l''Ād̲ām.
Notre expression « être sur les genoux » pour dénoncer un épuisement vient peut-être du savoir

---

(1) Cf p. 41.

Par la bénédiction 'Āḏām est mis sur le chemin de son devenir,

'Āḏām, mâle et femelle,
car ne peut s'accomplir que celui
qui se souvient du potentiel dont il dispose

Alors Dieu lui parle

Première parole divine adressée à l'Homme !

Parole d'amour :

« Croissez » !
grandis,
va vers la totalité de toi-même toi qui dois devenir épouse

L'amour est cela :
que l'être aimé croisse et que l'aimant diminue

secret, enfoui dans les profondeurs de l'inconscient, que l'épuisement implique un retour au germe, et que se refaire germe au terme d'un accomplissement, est la loi de la vie et l'objet même de la bénédiction.

'Āḏām est mis sur le chemin de son devenir.
La force vitale lui est donnée.
A lui de déployer les ailes du dynamisme que lui confère la bénédiction d''Elohîm, lui, qui est ici « eux ».

אֹתָם 'Oṯām — eux — Mâle et femelle, c'est-à-dire un 'Āḏām capable de se souvenir de cette partie féminine de lui-même qui contient sa force d'accomplissement.
Un 'Āḏām prêt à la fécondité intérieure.

אֱלֹהִים 'Elohîm — 'Elohîm

וַיֹּאמֶר WaYo'mer — et Il dit

לָהֶם Lāhem — à eux — Ici commence la première parole divine adressée à l'Homme. Elle dépasse, c'est évident, toute formulation. Ce qui va suivre est le contenu exprimable de la bénédiction.

Et cependant une nuance existe par rapport au verset 22.
En celui-là Dieu bénit les poissons et les oiseaux « en disant ».
En celui-ci Dieu bénit l'Homme « et Il dit... » : c'est une parole de Personne à personne.

פרו Perou — croissez — Il dit à l''Āḏām-humanité et à chaque être humain que nous sommes, à celle qui doit devenir son épouse, « grandis ! », va vers la totalité de toi-même.

L'amour n'est-il pas cela :
« que l'être aimé croisse et que moi je diminue » ai-je envie de dire en paraphrasant l'apôtre Jean-

'Elohîm va s'effacer dans un sublime Shabāṯ

« Multipliez »
dit encore 'Elohîm
La multiplication est le fruit de la croissance,
lequel est réintégration à l'unité
La multiplication est ici antinomique à l'unité

« Remplissez le sec »

La multiplication du fruit remplit un niveau de terre accompli
Elle est le germe de la terre suivante

Le dernier fruit qui remplira tout sera l'ultime germe, unité
absolue,
Le NOM יהוה

La bénédiction du cinquième jour
fécondait les énergies autonomes de l'humide
Celle du sixième jour
donne à l''Āḏām puissance sur elles
C'est pourquoi le dire divin va plus loin
'Elohîm dit encore :
« Et pour la vaincre » (cette terre-sec), pour la conquérir

Baptiste qui s'efface pour que le Christ — lumière du monde — grandisse ? (2)

Jean obéit à l'amour archétypiel qui se dessine ici : « Il faut qu'elle croisse » dit 'Elohîm qui, bientôt dans le Shabbāṯ va s'effacer devant l''Āḏām humanité pour qu'elle atteigne à sa dimension d'épouse.

ורבו
OuReḇou

multipliez — La multiplication est le fruit de la croissance. Or toute croissance, nous l'avons vu, est réintégration à l'unité.

La multiplication est antinomique à l'unité conquise.
La multiplication absolue sera la conquête de l'unité absolue dans le dernier fruit conquis, le NOM, יהוה !

ומלאו
OuMil'ou

remplissez — La plénitude est la réponse que donne Dieu au « Bohou » de la terre, c'est-à-dire au vide que l'Homme y creuse.

Chaque terre accomplie sera remplie des fruits inhérents à sa qualité — son degré d'intensité énergétique —.
La plénitude d'un niveau sera le germe du niveau suivant.
Là est la force de la bénédiction.
Chaque plénitude, chaque germe, sera participation à la multiplication absolue, au Germe absolu יהוה.

את־הארץ
'Eṯ-Hā'Ārets

la terre-sec — La force pulsante de la bénédiction permet à l'Homme sa réalisation sur le sec.
La bénédiction du cinquième jour fécondait les énergies autonomes de l'humide.

(2) Jean III, 30.

sors de la confusion qui te retiens prisonnier d'elle
dans son aspect inaccompli

A son tour l'Homme devra mettre sa terre « dans le voir »
Ce grand sujet fera l'objet du deuxième chapitre de la Genèse

Puis pénètre la amoureusement
Le rapport d''Āḏām aux énergies des cinquième et sixième jours
— sa terre intérieure 'Aḏāmāh —
est un rapport d'amour, une relation de mariage

Celle du sixième jour donne à l'"Āḏām puissance sur elles. C'est pourquoi le dire divin va plus loin !

וְכִבְשֻׁהָ WeKib̲-shuāh	et conquiers	vaincs,, cette terre, ce sec...

Du verbe Kāb̲osh כבש , « vaincre, conquérir » que l'on traduit aussi par « dompter, assujettir », car notre mental perverti ne conçoit la victoire qu'au terme d'un rapport de force.
Or nous allons découvrir que l'Homme devra se rendre maître de chacune de ses terres intérieures en les pénétrant amoureusement. Pour cela il devra instaurer un commerce d'amour avec toutes les énergies qui les composent ; car chaque terre conquise sera

כבש Keb̲esh	le « marche-pied » sur lequel l'Homme prendra appui pour pénétrer la terre suivante ; ou encore l'« échelon » de l'échelle qui permettra la « croissance » dans l'ordre juste.
בש Bosh	est la racine de la « confusion », non dans le sens moraliste de « honte », mais dans celui de « mêlé », non distingué ».
כ Lettre Kaph	« paume de la main ». Celui qui « tient en main » cette confusion, la maîtrise. Il procède alors à son contraire ; une différenciation s'opère, en l'occurence différenciation de lui-même, 'Āḏām, par rapport aux énergies qui tissent ses terres et dont nous avons vu qu'elles sont douées d'une vie autonome (3). Il n'est plus confondu avec elles. C'est cela commencer de vaincre ; c'est déjà ne plus être confondu avec : si je ne sais pas que je suis un lion vaniteux, le lion joue à ma place et me dévore. Si je le sais, je me distingue de lui et je le pénètre peu à peu

(3) Cf. p. 309.

Il ne s'agit ni de dompter ni de dominer dans un rapport de force
mais de se différencier d'elle et de « descendre » en elle
pour dominer avec amour

« Domine sur les poissons de la mer »
ces poissons — Degaṯ, en hébreu —
sont les poissons que j'appelle « femelles »
par rapport au poisson « Noun » que j'appelle « mâle »
et qui est l'Homme se faisant germe, poisson mâle,
pour descendre rencontrer les « Degaṯ »
et en retourner les énergies vers la lumière

amoureusement pour renvoyer les admirables énergies qu'il est à leur devenir lumière. Je participe alors à la création.

Il ne s'agit donc ni de dompter, ni d'assujettir, ce qui implique encore un rapport de force mais d'« épouser » — on ne peut épouser que ce dont on est différencié —. C'est, ontologiquement, un rapport d'amour.

וּרְדוּ OuReḏou	dominez	Du verbe Rāḏoh רדה étudié deux versets précédents, dont la forme verbale nous avait permis de préciser que pour « dominer sur... » il fallait « descendre dans... ».
בִדְגַת BiḎegaṯ	sur les poissons	Il s'agit ici des poissons femelles, c'est-à-dire inaccomplis, qui peuplent les eaux.
הַיָּם HaYām	de la mer	

Je ne peux séparer cette étude des poissons en tant que דגת Degaṯ, poissons que j'appelle « femelles », de celle que j'ai faite plus haut (4) des poissons Noun נ que j'appelle « mâles ».
Les Degaṯ peuplent les eaux de l'inaccompli en chacun de leurs niveaux.
Le Noun est l'Homme qui se fait symboliquement poisson, c'est-à-dire « germe », pour descendre dans ses eaux et épouser ses énergies. Noé נח est celui-là qui se fait Noun נ en construisant son arche pour y pénétrer et plonger dans ses eaux intérieures. Le poisson Noun נ est l''Āḏām mâle qui se souvient de son féminin, réserve d'énergies inaccomplies constituées par les poissons femelles, Degaṯ דגת.

(4) Cf. p. 293 et 391.

Christ descend dans les eaux du Jourdain
dans l'humide inaccompli de l'humanité
pour en retourner les énergies vers le sec-lumière
C'est le bain rituel des noces

Et domine sur l'oiseau des cieux
la totalité des mondes angéliques
que l'Homme est appelé à dépasser

Au cinquième jour, les oiseaux avaient reçu l'ordre
de « multiplier sur le sec »
mais non celui de « remplir »,
car c'est l'Homme accompli,
au-delà de toutes les hiérarchies angéliques
qui remplira la Terre !

Christ obéit à cette loi et descend dans les eaux du Jourdain. Nous avons vu (5) que le baptême n'est pas autre chose, dans son principe, que cette pénétration des eaux par l'Homme se faisant poisson — germe mâle.
C'est le bain rituel de toutes vraies noces.

וּבְעוֹף OuBe'ōph	et sur l'oiseau	L''Ādām est appelé à dépasser toutes les hiérarchies angéliques
הַשָּׁמַיִם HaShāmayin	des cieux	qui gravitent dans l'axe de « l'échelle » vue par Jacob, axe qui est celui de la « respiration » 'Elohîm- יהוה .

Marie, la Vierge totalement accomplie, qui a mis au monde Christ- יהוה et qui monte vers ses épousailles divines, est chantée par la Tradition : « Toi plus vénérable que les chérubins et plus glorieuse incomparablement que les séraphins... » car elle les a dominés, dans l'amour.

Au cinquième jour, les oiseaux avaient reçu l'ordre de « multiplier sur le sec » mais non celui de « remplir », car c'est l'Homme accompli, au-delà de toutes les hiérarchies angéliques qui remplira la Terre !

(5) Cf. p. 375.

CHAPITRE XXIX

וַיֹּאמֶר אֱלֹהִים
Et dit 'Elohîm :
הִנֵּה נָתַתִּי לָכֶם אֶת־כָּל־עֵשֶׂב זֹרֵעַ זֶרַע
voici, je donne à vous toute herbe ensemençant semence
אֲשֶׁר עַל־פְּנֵי כָל־הָאָרֶץ
qui est au niveau de chaque terre
וְאֶת־כָּל־הָעֵץ אֲשֶׁר־בּוֹ פְרִי־עֵץ
et tout arbre qui porte en lui fruit d'arbre
זֹרֵעַ זָרַע לָכֶם יִהְיֶה לְאָכְלָה
ensemençant semence sera nourriture pour vous

CHAPITRE XXIX

(verset 29)

וַיֹּאמֶר WaYo'mer	Dit
אֱלֹהִים 'Elohîm	'Elohîm
הִנֵּה Hinēh	voici
נָתַתִּי Nāṯatî	je donne
לָכֶם Laḵem	à vous
אֶת־כָּל־ עֵשֶׂב 'Eṯ-Kol- Ēśeḇ	toute herbe dont nous nous souvenons (1) qu'elle « rassasie » celui qui la mange
זֹרֵעַ זֶרַע Zorēa 'Zera'	ensemençant semence
אֲשֶׁר עַל־פְּנֵי 'Asher-'Al-Penei	qui (est) au niveau
כָל־הָאָרֶץ Ḵol-Hā'Ārets	de chaque terre
וְאֶת־כָּל־הָעֵץ We'Eṯ-Kol-Hā'Ēts	et chaque arbre
אֲשֶׁר־בּוֹ 'Asher-Bō	qui en lui
פְּרִי־עֵץ Perî-'Ets	fruit d'arbre

(1) Cf. p. 195.

« Manger » est :
'Elohîm qui se donne en totalité

L'accent est mis, à travers l'herbe et le fruit, sur cette totalité
divine

L'herbe et les fruits de l'arbre sont les dons
que délivre chaque terre accomplie

Le fruit de chaque terre est participation à יהוה

Les différents fruits

זֹרֵעַ זֶרַע Zorēa 'Zāra'	ensemençant semence	
לָכֶם Lakem	pour vous	
יִהְיֶה Yiheyeh	sera	
לְאָכְלָה Le'oklāh	pour nourriture	de la racine 'Ākol « manger ».

Manger est :

א Lettre 'Āleph	'Elohîm	
כל Kol	tout	'Elohîm se donne en totalité sous la forme symbolique de l'herbe et du fruit de l'arbre. L'accent est intensément mis sur cete totalité Kol כל qui apparaît non seulement au niveau du verbe manger אכל , mais trois fois auparavant dans « toute herbe, tout arbre, et toute terre ».

L'herbe et les fruits de l'arbre sont les dons que délivre chaque terre accomplie, chaque « sec » qui a épousé son « humide » et qui a reçu la lumière des « eaux-d'en-haut » comme nous l'a révélé le troisième jour de la création.

Ce fruit de chaque terre est participation à יהוה dont la croissance (Perou פרו « croissez » vient d'ordonner 'Elohîm) est exprimée par Perî פרי le fruit.
Les différents fruits sont les successives étapes de

sont les successives étapes de croissance de יהוה en l'Homme,
fruits dont alors il se nourrit
pour les devenir et pour atteindre à son NOM,
ultime fruit de sa dernière terre
Le drame de la chute consistera à manger ce fruit avant de l'être
devenu

« Manger »
c'est encore capter 'Elohîm
L'herbe et le fruit sont les principes du blé et de la vigne,
du pain et du vin déjà consacrés par Malkîtseḏeq
et rétablis par יהוה -Christ en nourriture essentielle

Dans l'état de chute,
l'Homme qui ne se nourrit pas de Dieu ne peut nourrir son cosmos
intérieur
qui se retourne contre lui et le dévore

C'est un renversement total qui est à opérer dans notre état actuel
pour retrouver cet ordre ontologique

La description de cet ordre se poursuit dans le verset suivant
où Dieu pourvoit à la nourriture de « toute âme vivante »,
c'est-à-dire à celle des énergies autonomes en l'Homme

croissance de יהוה en l'Homme, fruits dont celui-ci se nourrit pour les devenir et pour atteindre à son NOM, ultime fruit de sa dernière terre.

Nous verrons que le drame de la chute consiste en ce que l'Homme mange ce fruit avant de le devenir, avant d'assumer sa croissance.

Manger אכל , c'est capter כ'Elohîm אל , car tout fruit, participation à יהוה est donné d'en haut. L'herbe et le fruit de l'arbre sont les principes du blé et de la vigne, du pain et du vin, que le Christ-יהוה rétablit en nourriture essentielle pour faire sortir l'Homme de son état de chute, et que déjà Malkîtseḏeq, prêtre du Dieu très Haut avait consacrés (2).

Dans cet état de chute, l'Homme qui ne se nourrit plus de Dieu ne peut nourrir son cosmos intérieur qui se retourne contre lui et le dévore.

C'est un renversement total qui est à opérer dans notre état actuel pour retrouver cet ordre ontologique.

La description de cet ordre se poursuit dans le verset suivant où Dieu pourvoit à la nourriture de « toute âme vivante », c'est-à-dire à celle des énergies autonomes en l'Homme.

---

(2) Genèse XIV, 18.

CHAPITRE XXX

וּלְכָל־חַיַּת הָאָרֶץ

Et pour toute vie de la terre-sec,

וּלְכָל־עוֹף הַשָּׁמַיִם

et pour tout oiseau des cieux (de l'axe 'Elohîm- יהוה),

וּלְכֹל רוֹמֵשׂ עַל־הָאָרֶץ אֲשֶׁר־בּוֹ נֶפֶשׁ חַיָּה

et pour tout rampant sur la terre-sec qui en lui a souffle de vie

אֶת־כָּל־יֶרֶק עֵשֶׂב לְאָכְלָה

— âme vivante — (je donne) toute verdure d'herbe pour nourriture

וַיְהִי־כֵן

Et cela est, certes

CHAPITRE XXX

(verset 30)

וּלְכָל־חַיַּת OuLeKol- Ḥayāṯ	Et pour toute vie	
הָאָרֶץ Hā'Ārets	de la terre-sec	
וּלְכָל־עוֹף OuLeKol-'Ōph	et pour tout oiseau	
הַשָּׁמַיִם HaShāmayim	des cieux (de l'axe 'Elohîm- יהוה)	
וּלְכֹל־רוֹמֵשׂ OuLekol-Romeś	et pour tout rampant	
עַל־הָאָרֶץ 'Al-Hā'Ārets	du sec	
אֲשֶׁר־בּוֹ 'Asher-Bō	qui en lui	
נֶפֶשׁ חַיָּה Nephesh-Ḥayāh	(a) souffle de vie — âme vivante —	
(נָתַתִּי) (Nātatî)	(je donne)	
אֶת־כָּל־יֶרֶק 'Et-Kol- עֵשֶׂב Yereq-'Eséḇ	toute verdure d'herbe	Ce mot nouveau Yereq ירק est surprenant.
לְאָכְלָה Le'oklāh	pour nourriture	La « verdure d'herbe » du troisième jour n'était-elle pas « deshe' 'Ēśeḇ דשא עשב .

L'herbe seule est donnée en nourriture
aux énergies qui constituent les terres de l''Āḏām
Les fruits n'appartiennent qu'à l''Āḏām
car ils naissent de la croissance qui ne concerne que lui
Le fruit est de même nature que le Yoḏ
et le jus du fruit de même nature que le sang de l'Homme

Le sang des âmes vivantes
est de même nature que la sève de l'herbe
qui est énergie naissante

Seul l'Homme se nourrira de fruits
Seul il se nourrira du sang du Christ,
du sang du Fils pour devenir Fils et parfaitement ressemblant au Père

L'herbe porteuse de semence,
nourriture de l''Āḏām
est prière
qui elle-même nourrit le cosmos intérieur de l'Homme

Pourquoi ne la retrouvons-nous pas ici pour servir de nourriture à ces âmes vivantes ?
Le message divin demande là toute notre attention.
Constatons tout d'abord que l'herbe seule est donnée aux énergies qui constituent les terres de l'"Āḏām.
Les fruits n'appartiennent qu'à l'"Āḏām car ils naissent de la croissance qui ne concerne que lui.
Le fruit est de même nature que le Yoḏ, et le jus du fruit de même nature que le sang de l'Homme qui contient le Yoḏ et au niveau duquel s'accomplit essentiellement le grand travail de transmutation (1).
Le sang des « âmes vivantes » ne contient pas le Yoḏ — il est de même nature que celui des mondes angéliques — ou plus exactement, il ne contient du Yoḏ que ce qui correspond aux premiers éléments de la croissance : l'herbe.
C'est pourquoi les deux mots Yereq 'Ēśeḇ ירק עשב peuvent être traduits « du Yoḏ ' rien que רק l'herbe עשב ».
L'herbe est bien sûr une énergie du Yoḏ, mais une énergie naissante. Seul l'Homme fera croître
Seul il se nourrira du fruit
Seul il se nourrira du sang du Christ, du sang du Fils pour devenir Fils et parfaitement ressemblant au Père.

Ce mot Yereq ירק qui est « verdure », mais aussi « fraîcheur », est tout juteux de la sève qui fera le fruit ; c'est pourquoi en permutant ses lettres-énergies, il est aussi יקר Yāqār « précieux, essentiel ».

De l'herbe, rien que l'herbe, jusqu'au fruit, en passant par l'herbe qui porte en elle semence d'herbe... etc., une hiérarchie d'intensité énergétique est nettement signifiée :

---

(1) Cf. p. 359 à 363.

Cette nourriture doit être constante
Si l'Homme ne la fournit pas sans cesse
à ses « animaux » (âmes vivantes) intérieurs,
ceux-ci mangent l'Homme
Si l'Homme la leur donne,
les « animaux » fécondent ses terres intérieures
qui prodiguent alors leurs fruits

Fruits dont seul l''Āḏām se nourrit
car l'Homme est de la race de Dieu

L'Homme qui se nourrit de l'herbe porteuse de semence, nourrit à son tour de cette sève d'herbe son cosmos intérieur dont la terre alors lui prodigue son fruit.

Cette herbe essentielle, précieuse, n'est-elle pas chez tous les peuples, quelle que soit la tradition de chacun, la prière ? « Manger Dieu » c'est l'aimer, le dévorer d'amour.

Prier, chanter, glorifier, méditer est nourriture d'herbe qui nourrit nos terres intérieures.
Cette nourriture doit être constante.
La mastication incessante d'un quelconque chewing-gum ou d'une fumée de cigarette n'est que compensation inconsciente à la prière — respiration — nourriture fondamentale.
Les animaux qui mangent sans cesse l'herbe des champs extérieurs sont l'exacte image de nos « animaux » (âme vivante) intérieurs dont l'exigence de nourriture est constante. Si nous ne fournissons pas à ces derniers l'herbe divine, ils nous mangent. Si nous la leur donnons ils fécondent nos terres intérieures qui prodiguent leurs fruits.

Fruits de lumière, car nos yeux entrent dans une nouvelle intelligence.
Fruits d'un verbe nouveau car l'oreille sourde entend.
Fruits de croissance du désir de l'Epoux qui se laisse toucher, goûter, respirer...
Fruits dont seule l'Epouse, l'Homme-'Āḏām se nourrit,
car il est de la race de Dieu.

וַיְהִי־כֵן
WaYehī-Ḵēn Et cela est, certes·

CHAPITRE XXXI

וַיַּרְא אֱלֹהִים אֶת־כָּל־אֲשֶׁר עָשָׂה
Et voit 'Elohîm tout ce qu'Il a fait
וְהִנֵּה־טוֹב מְאֹד
Et voici accompli avec puissance
וַיְהִי־עֶרֶב וַיְהִי בֹקֶר יוֹם הַשִּׁשִּׁי
Il est un soir, il est un matin, jour *Le* sixième

'Elohîm voit ce qui est *fait*
c'est-à-dire ce qui est accompli dans son principe
Un jeu de mots hébreux entre le superlatif « très »
(que je traduis ici « avec puissance »)
et le nom d'"Āḏām
permet de dire que l'accomplissement total est entre les mains d'"Āḏām
qui a toute puissance pour devenir totale lumière

CHAPITRE XXXI

(verset 31)

וַיַּרְא WaYar'	Et voit	
אֱלֹהִים 'Elohîm	'Elohîm	
אֶת־כָּל־אֲשֶׁר 'Et-Kol-'Asher	tout ce que	
עָשָׂה 'Āśāh	Il fait	
וְהִנֵּה־ WeHinēh -	Et voici	
טוֹב מְאֹד Ṭōḇ-Me'oḏ	accompli avec puissance	Le mot Me'oḏ מאד est fait des mêmes lettres-énergies que le nom

d''Āḏām אדם . Ce « très bon » qui traduit généralement Ṭōḇ Me'oḏ est bien faible pour exprimer le message sous-jacent à ce texte, à savoir : « 'Āḏām a tout en main pour son accomplissement total ».

A la fin de ce sixième jour, tout est mis en place dans son principe ; de toute éternité et à chaque instant de la vie de l'Homme cela est ainsi.

Le Ṭōḇ טוב qui au premier jour qualifie la lumière, au sixième jour, avec discrétion, qualifie 'Āḏām capable de devenir totale lumière car il est יהוה en puissance.

Il s'agit d'autant plus de cette potentialité que le

Ce jour « le sixième »
est caractérisé par la présence
de l'article défini :
« le » devant l'adjectif numéral « sixième »

Ce jour est capital :
'Āḏām récapitule toute la création. Qui est-il ?

Ombre de Dieu, inaccompli divin et future épouse d''Elohim,
'Āḏām est à 'Elohîm ce que son côté « femelle » est à lui

La même autonomie qui préside à la vie des énergies dans sa partie femelle,
préside à sa propre vie dans son rapport à Dieu

verset est construit autour du verbe faire et non autour du verbe créer. C'est dans le faire divino-humain qu'"Āḏām s'accomplira totalement. Mais au cours de ce « faire » se présenteront plusieurs fois des situations de sixième jour : elles se dessineront à la fin de chaque terre accomplie, au terme de la formation de chaque échelon de l'échelle de Jacob.

וַיְהִי־ WaYehî-	et est	
עֶרֶב ʻEReḇ	un soir	
וַיְהִי WaYehî	et est	
בֹקֶר Ḇoqer	un matin	
יוֹם Yōm	jour	
הַשִּׁשִּׁי HaShishî	Le sixième	Ce jour est caractérisé par l'article ה placé devant ששי Shishî, sixième.

Si le début de l'œuvre divine occupe le jour « UN » et non « premier », la suite de l'œuvre se joue les jours « deuxième, troisième, etc. ».
Mais voici que ce jour de la création d'"Āḏām est « Le » sixième. Soyons à l'écoute ; ce jour le sixième est défini ; il est capital car il récapitule tous les autres.

Il révèle dans son principe l'"Āḏām que nous sommes.

Qui sommes-nous ?

« Qu'est-ce que l'Homme pour que tu te souviennes de lui ? »

Ombre de Dieu, inaccompli divin et future épouse d'"Elohîm, 'Āḏām est à 'Elohîm ce que le potentiel énergétique contenu dans la partie « femelle » d'"Āḏām est à 'Āḏām.
Une étrange autonomie préside à la vie des énergies inaccomplies d'"Āḏām.

Une liberté redoutable lui est conférée
Elle est inséparable de la nourriture-information qu'il reçoit

La vie de l'humanité
comme celle de chaque homme,
rejoue l'histoire des six jours
L'humanité (comme chaque homme)
est appelée à continuer sa gestation jusqu'à la ressemblance

Le sixième jour est celui où 'Āḏām dans un premier temps
est encore identifié au monde animal — il n'est que femelle
Dans le deuxième temps du sixième jour
nous le voyons entrer dans l'image,
devenir l''Āḏām car il est nourri, informé

C'est pourquoi trois verbes président à ces premiers chapitres de la genèse :

— créer qui est « mettre dans le voir », poser l'altérité
— former qui est informer, former de l'intérieur
— faire qui est accomplir

Celle-ci est l'image de l'autonomie qui maintenant est conférée à 'Āḏām.
Une liberté souveraine et redoutable lui est donnée pour accomplir le Dieu qui est en lui.

C'est pourquoi nous venons de voir 'Elohîm nourrir 'Āḏām ; nous verrons 'Elohîm se retirer pour qu''Āḏām croisse. La nourriture est information. 'Āḏām « formé de l'intérieur » par le cordon ombilical divin est l'être façonné à l'image ; tel un enfant dans le ventre de sa mère, il reçoit par étapes successives tout ce qui nous a été décrit dans son principe au cours des six jours de la création.

La vie de l'humanité comme celle de chacun de nous rejoue l'histoire des six jours. L'humanité (comme chaque homme) est appelée à continuer sa gestation pendant ce que nous pouvons deviner être les septième, huitième et neuvième jours, pour atteindre à la ressemblance (1).

Au sixième jour, dans la première partie de ce jour l'Homme est encore animal, il n'a pas atteint à la dimension d''Āḏām. Il faut attendre la seconde partie du sixième jour pour qu'il devienne L''Āḏām, Homme à l'image d''Elohîm.
Puis il lui faudra trois jours encore pour atteindre à la ressemblance.

La description de cette formation va nous être donnée au deuxième chapitre de la Genèse.

Les verbes créer, bārā' ברא , former, yātsor יצר et faire, 'āśoh עשה , sont une trilogie d'action dans ce grand'œuvre divino-humain.
Nous avons étudié le verbe créer : « mettre dans le voir ».

(1) C'est à la neuvième heure que, sur la croix, Christ dit : « Tout est accompli. » Depuis la sixième heure les ténèbres recouvraient la terre.

Au sixième jour, dans sa seconde partie,
l'Homme informé est germe du NOM

Jusqu'ici il était vu du modèle,
maintenant, de l'autre côté du miroir, l'Homme est prêt à voir le modèle,
le potentiel énergétique qu'il porte en lui pour revenir au modèle
et l'absolue nécessité d'y revenir

La liberté conférée à l'Homme pour ce faire
n'a rien de commun avec l'idée que nous nous faisons de la liberté,
nous qui n'appartenons encore qu'à la partie animale du sixième jour
et qui ne sommes pas encore devenus des hommes.
La seule chose que nous puissions dire
est que cette liberté est antinomique
à la nécessité que nous avons de devenir
parfaitement ressemblants
elle appartient à une réalité
qui est au-delà du tout ce que nous pouvons concevoir de l'amour

Former est œuvre d'information.

Faire est œuvre d'accomplissement.

Dans la perspective des neuf jours de cette grandiose gestation, le sixième jour occupe une place charnière : celle d'une émergence du NOM-GERME.
La charnière est celle du miroir à l'intérieur duquel l'image qui était vue du modèle depuis le premier jour, à son tour est prête à voir le modèle, le potentiel énergétique qu'elle porte en elle pour revenir à lui et la nécessité absolue de revenir à lui.

Il va sans dire que la liberté conférée à l'image ne ressemble en rien à ce que nous appelons aujourd'hui liberté, nous qui sommes encore dans l'inconscience de la partie animale du sixième jour. Lorsque nous entrerons dans la dimension d'"Ādām, Homme-d'en-bas conscient de porter en luï la puissance potentielle de son modèle l'Homme-d'en-haut, nous comprendrons que liberté et nécessité sont antinomiques d'une même réalité qui est au-delà de tout ce que nous pouvons concevoir de l'amour.

TOME DEUX

Réjouis-toi du Shabbāt

INTRODUCTION À LA DEUXIÈME PARTIE

« Alliance de Feu », Alliance d'amour entre le Roi et « celle-ci » (1) qui doit devenir Reine, entre l'Époux et « celle-ci » appelée à revêtir la dimension d'Épouse, entre le Père et sa Fille qu'Il vient de placer là, face à Lui, radicalement autre que Lui et cependant lourde de Lui, son Germe (2).

« Alliance de Feu », Alliance illuminant l'essentielle maternité et la réchauffant depuis l'obscurité utérine des premiers jours où tout est possible, jusqu'à la dernière heure où « tout est accompli ».

« Alliance de Feu », amoureuse et grandiose promesse, voici ce que sussurait le « clignotant » (3) « Berē'shîṯ » sous son austère habit de « principe »...

> « Berē'shîṯ », tout est dit :
> Le Verbe se fait chair
> et la Vierge est enceinte.

Tout est dit « dans le principe » et le mystère s'accomplira sur la terre *extérieure* dans le peuple élu à cette œuvre messianique ; il s'accomplira sur la « Terre promise », dans l'*intériorité* de chaque être élu à ce grand'œuvre, à quelque peuple qu'il appartienne.

---

(1) Genèse II, 23 et cf. plus bas chapitre XXIII.

(2) Cf. p. 43-45.

(3) Cf. p. 22.

Extérieur et intérieur sont les deux pôles d'une même réalité que l'Homme divisé divise, et que, unifié, il unifiera.

Mais distinguons-les sans les séparer, comme le fait la Bible.

Plus je scrute le Livre Sacré de notre Tradition, plus je suis amenée à entrer en moi-même et, découvrant mon « histoire intérieure », je suis émerveillée de ce qu'elle est racontée là, dans ces pages, dans ce Verbe qui danse aussi en moi, vierge d'Israël, lourde de Lui.

Si lourde de Lui que peu à peu j'efface de ma mémoire enfantine la trop légère traduction de ce Livre qui réduisait à une historicité lointaine ce qui me concerne si puissamment aujourd'hui même.

Dans le nom d''Āḏām je lis mon nom ; dans le mâle qu'il est je lis ma fonction mâle qui consiste à pénétrer en moi-même, à « me souvenir » (4) de la « femelle » que je suis, ce potentiel énergétique qui m'est donné avec la vie pour que je m'accomplisse, et qui est fait de tous les animaux des cinquième et sixième jours, inconnus encore parce que confondus avec un moi inconscient !

Dans la « femelle » qu'est 'Āḏām je lis aussi le dépôt sacré que Dieu mit au creux de mon ventre, au cœur de ma substance, son Germe, mon NOM, gardé par celui qui fait barrière, l'« Adversaire » (5).

Dans sa qualité d'« image de Dieu » 'Āḏām me révèle que je suis de race divine, appelée à croître vers « Lui » dans la gestation du Germe que je porte, face à l'Adversaire, jusqu'à la « Ressemblance » à Lui, Dieu.

Je suis femme, mère de deux enfants que j'aime mais qui sont eux-mêmes deux 'Āḏām appelés à croître, à devenir leur propre NOM.

Mes maternités extérieures peuvent concourir à ma maternité intérieure, mais non la remplacer.

Tous, hommes et femmes, sommes concernés par cette maternité intérieure : 'Āḏām est essentiellement « mère » (6) ; il n'y a pas d'Ève dans le principe ontologique de la création.

Mettant au monde cet enfant divin que je porte ou que tel homme porte et qu'alors je serai — que celui-ci sera —, devant Dieu j'entrerai — il entrera — dans la dimension d'Épouse, épousée de Dieu ! Telle est l'Alliance !

La première partie nous avait laissés au soir du sixième jour où 'Āḏām créé est là, décrit dans ses structures profondes et dans la vie qui l'anime.

---

(4) Cf. p. 385.
(5) Cf. p. 65 à 69.
(6) Cf. p. 349.

Mais une vie encore inconsciente.

Si grandiose que soit ce jour de l'’Āḏām, qui voit récapituler et couronner la totalité du « créé » en celui qui est « image de Dieu », rien n'est encore « fait » de cette image : ’Āḏām n'est que potentiel d'accomplissement ; il est inconscient.

Seuls les animaux qui l'habitent ont été dits « Nephesh Ḥayāh » et sont doués d'une conscience collective, âme-groupe autonome. L'’Āḏām, lui, confondu avec eux n'est encore que cela ; il est mû par eux ; et je dirai en termes modernes : mû par ses désirs inconscients ; il est âme animale ; chaque être, en cet état de sixième jour, est indifférencié au sein du groupe humain. Ce n'est qu'en sa qualité d'« image de Dieu » qu'il peut devenir autre que cela.

Et si le deuxième chapitre de la Genèse qui fait l'objet de cette partie, nous montre le chemin de ce devenir, si même le dernier mot de ce deuxième chapitre est celui de la « non-confusion », le dernier mot du premier chapitre aurait pu être celui de la « confusion » : il est « le sixième », et le sixième jour est en effet une situation de confusion, car rien n'a émergé de la « personne » d'’Āḏām, aucune conscience.

Cette situation de « six » je l'ai exprimée dans des ouvrages antérieurs (7) et rappelée dans l'introduction générale. Les Évangiles la cristallisent dans le récit que fait Jean des noces célébrées à Qanāh de Galilée (8) : récit d'un mariage, d'une réjouissance banale, mais au cœur de laquelle Jésus, le NOM, est là : la conscience veille. Car lorsque la banalité tarit – et elle tarit toujours : « ils n'ont plus de vin » – Marie la dénonce. Jésus fait alors remplir d'eau six jarres : le « six » n'est que de l'eau, symbole d'inaccompli. Et si Jésus transforme cette eau en vin avant de faire de celui-ci son Sang, c'est qu'Il est Lui, Christ, la septième jarre !

> Il est le Sept
> Il est le Shabbāṯ
> Il est l'émergence de la conscience, la sortie de la confusion, pour tous les hommes et tous les peuples.

Le deuxième chapitre de la Genèse nous introduit dans cette réalité exprimée « dans son principe ».

L'’Āḏām passe du sixième au septième jour de son être ; il devient « Nephesh Ḥayāh », conscience. Son âme-groupe psychique devient âme spirituelle et personnelle.

(7) Cf. S. du C., p. 34 et 230. L. Ch. de V. Chapitre VIII.

(8) Jean II, 1-10.

Le NOM en lui travaille avec ’Elohîm pour ce « faire ».

Le NOM latent jusque-là dans la qualité d’« image » est soufflé dans les narines de l’’Ādām ; animé par l’Esprit-Saint de Dieu, Il exige sa croissance. ’Ādām est alors placé dans l’axe de son devenir, sur le chemin de ses maternités intérieures, dont il prend connaissance...

Une première couche — sans doute uniquement mythique — du récit biblique, rend compte de la première application de ce passage « de principe » du six au sept en la personne de Lemeḳ, septième descendant d’’Ādām par Qaïn qui, meurtrier de son frère, en ce septième descendant, confesse sa faute, prend conscience, prophétise la résurrection et commence sa vie d’Homme réel, conscient ; de lui à Noé, par Shet « redonné à Qaïn à la place d’Abel qu’il avait tué », une croissance essentielle se joue à travers dix patriarches.

Ces « dix » ont des âges longuement contés (et comptés !) car eux seuls accomplissent les temps. Ils accomplissent les temps car ils investissent leurs espaces intérieurs.

Avant Lemeḳ aucun temps n’est mentionné car aucun accomplissement, aucune prise en compte des espaces intérieurs ne se fait.

Les noms de ces dix patriarches contiennent la programmation de la montée de conscience qui se maximalise en Noé dont les Pères s’accordent à voir en lui une préfigure du Messie.

Ces « dix », dans leur nombre symbolique, contiennent en un raccourci fulgurant toute l’histoire de l’humanité.

Une deuxième couche, historique celle-ci, du récit biblique, voit une deuxième application de ce passage « de principe » du six au sept, dans la vie du peuple hébreu. Né de ‘Ēḇer « celui qui passe », le peuple hébreu rejoue le schéma inscrit dans le récit mythique.

Inconscient, il est esclave en Égypte ;

Inconscient, mû par ses instincts primaires, il tue. Moïse, le Qaïn-Lemekh historique, tue (9).

Alors il prend conscience : il est à la charnière du six au sept. Quittant sa terre d’esclavage, il est visité du NOM puis investi de la puissance divine pour conduire son peuple tout entier hors d’Égypte, hors de l’inconscience.

La Pâque des Hébreux se situe à ce niveau ; car, à partir d’elle en Israël, la croissance du NOM, que les dix patriarches ont assumée « dans le principe » comme une montée de sève donnant son fruit en Noé, se joue dans une lignée d’êtres et culmine en Jésus.

---

(9) Exode 2, 12.

Une Tribu se distingue alors parmi les douze, celle de Juda ; une famille dans cette Tribu, celle de David ; une femme à l'acmée de cette famille, Marie. Marie enfante le Messie, le NOM. Jésus, en tant que Fils de l'Homme, est fruit de l'Arbre.

Mais venu dans le « six », dans le tissu animal d'une humanité inconsciente, Il en est le levain, le « sept » : Il porte au plan cosmique cette fois la puissance de la montée de conscience de l''Ādām.

Depuis sa mort et sa descente aux Enfers, depuis sa résurrection dans l'unité d'un éclatement universel (10) :

> « Allez, enseignez toutes les Nations » (11)

les prophéties s'accomplissent :

> « Nations ! Écoutez la Parole du Seigneur »,

s'était écrié Jérémie (12)

> « Il est la lumière qui doit éclairer toutes les nations »,

avait reconnu en Lui, avant de mourir, le vieillard Siméon (13)

> « Toutes les nations que tu as créées viendront t'adorer et glorifier ton Nom »,

chantait David, mille ans avant sa venue ! (14).

Nous sommes ces nations en lesquelles s'est effectuée la dispersion d'Israël et la fécondation du Verbe, Levain de l'Histoire.

Nous rejouons le schéma « de principe » et vivons aujourd'hui son premier temps dans le « six » :

> — L'inconscience qui conduit au meurtre — car l'Homme, image de Dieu, est fait de son Verbe-Épée יהוה à la ressemblance duquel il est appelé.
>
> Celui qui n'œuvre pas à son « devenir Verbe » retourne cette puissance-verbe contre lui-même et contre les autres
> en langue qui déchire
> en sexe qui épuise
> en épée (et tous ses prolongements) qui tue.

---

(10) La multiplicité est ici coexistante à l'unité. Cf. p. 401.

(11) Matthieu 28, 19.

(12) Jérémie 31, 10.

(13) Luc 2, 32.

(14) Psaumes 86, 9.

— L'esclavage en Égypte, étendu au monde entier, car l'Homme identifié au monde animal qui l'habite en est esclave.

Doué d'une âme-groupe, il n'est pas encore très éloigné de la « horde primitive » que dénoncent les sciences humaines, mais dont ces dernières ne savent pas qu'il ne pourra s'en séparer qu'en découvrant en lui l'« image » et en émergeant à la conscience de sa « personne », son NOM.

— L'obscurité utérine essentielle où « l''Āḏām n'est encore rien pour cultiver sa terre (intérieure) » (15) ; où l'Homme est « seul de lui » (16), coupé de lui-même, aliéné dans la prison du cosmos extérieur auquel il donne puissance divine, ignorant qu'il est de son « autre côté » (17). Ignorant de son cosmos intérieur, l'Homme ne peut l'épouser ; il ne peut devenir יהוה son NOM, ouvrir le noyau de son être, en libérer l'énergie et devenir l''Elohîm...

Le troisième chapitre de la Genèse nous dira que le péché consiste en ce que nous reconduisons cette situation chaque jour, en ce que chaque jour nous construisons notre prison et en épaississons les murs, en ce que chaque jour enfin nous choisissons d'aimer les maladies qu'elle génère et la justification d'exister que nous puisons en celles-ci ! Nous donnons au sixième jour valeur d'absolu construisant nos tours de Babel où tout n'est que babillage.

Et lorsque sonne l'heure d'un Shabbāṯ, l'heure du « sept » qui, pour nous appeler à la dimension de Verbe, vient détruire nos édifices, nous rejetons le dieu criblé de nos projections infantiles qui, s'il est Dieu ne peut évidemment agir ainsi !...

Que ce livre éveille en nous l'adulte. Qu'il fasse écho à la voix de Lemeḳ.

Que son cri — car il crie en mon ventre comme sur ce papier — rejoigne celui de Qaïn : « j'ai tué... »

Je tue ! Je n'emploie mon Épée que pour tuer !

Qu'il éclaire notre génération sur le Touḇal-Qaïn d'aujourd'hui, le forgeron qui œuvre à l'extérieur pour libérer la force nucléaire et construire nos univers concentrationnaires — qu'ils soient de droite ou de gauche, mais également bégayant dans le « six » — et sur le

(15) Genèse II, 5 et cf. plus bas, chapitre 5.
(16) Genèse II, 18 et cf. plus bas, chapitre 18.
(17) Genèse II, 21-22 et cf. plus bas, chapitres 21 et 22.

« Forgeron divin » qui secrètement travaille le fer du sang des hommes intériorisés, prêts à passer au « sept » et à devenir comme Noé, « Fils ».

Qu'il éclaire notre génération sur la Pâque prochaine à laquelle elle est appelée à se mesurer, et sur les plaies qui s'abattent sur le monde-Égypte, mais qui, sur les Hébreux de cœur qui l'habitent, changent l'eau de leur inaccompli en sang accompli.

Il ne peut y avoir de Pâque sans Shabbāṯ.

Le Shabbāṯ contient la résurrection.

C'est pourquoi, au septième jour, jour béni, jour sanctifié, Dieu se retire.

Il n'y a pas de plus grand amour que de se retirer pour que l'autre soit.

Dieu se retire pour que l''Āḏām soit.

Dieu se retire pour que l'Homme jeté dans ce vide essentiel fasse grandir le noyau divin qu'il est, jusqu'à ce qu'il devienne « Fils ».

Jour terrible où les contractions d'une naissance saisissent l'être dans ses fondements :

> « tu accoucheras dans la douleur » (18)

de cet accouchement de toi-même à ton NOM.

C'est le jour du Seigneur

> « jour grandiose » (19)

dont Jésus nous montre que « le Fils de l'Homme en est maître » (20) et que l'Homme devenant « Fils » en est maître aussi...

Réjouis-toi du Shabbāṯ !

---

(18) Genèse III, 16.
(19) Joël II, 11.
(20) Matthieu, XII, 8.

CHAPITRE PREMIER

וַיְכֻלּוּ הַשָּׁמַיִם וְהָאָרֶץ וְכָל־צְבָאָם

Et sont { achevés / détruits } { les cieux et la terre / l'inaccompli et l'accompli }
et toute leur { armée / puissance }

Le verbe « achever » à la forme intensive est aussi « détruire »

L'achèvement de l'œuvre divine n'est pas une réalité statique.
Il est saisi dans l'intense bouleversement
que suscite la présence de יהוה en l''Āḏām

Le Nom divin יהוה inscrit au cœur de l''Āḏām
auquel il confère sa dimension d'« image » d''Elohîm,
au sixième jour,
se mobilise au septième jour
pour donner à l''Āḏām l'irrésistible impulsion
qui le conduira vers sa dimension de « ressemblance »,
sa déification

Cette loi de principe
s'applique à toute dimension historique de « septième jour »

CHAPITRE PREMIER

(verset 1)

וַיְכֻלּוּ
WaYekulou Sont {achevés / détruits}

Sous cette forme dite « intensive », le verbe Kāloh כלה « achever, finir », prend le sens de « détruire ».
Cette deuxième acception du verbe ne doit pas nous échapper car, dans la perspective de lecture qui s'est dessinée à nous au cours du premier chapitre de la Genèse, l'achèvement de l'œuvre divine ne nous est certainement pas présentée comme une réalité statique. Nous le ressentons saisi dans l'intensité du bouleversement que suscite la présence de יהוה en l''Ādām.
Ce Nom divin va être incessamment révélé pour la première fois dans ce nouveau chapitre de la Genèse, mais il est inscrit dès l'aube de la création dans le tissu de l'œuvre et plus admirablement encore au cœur de l''Ādām auquel il confère sa dimension d'« image » d''Elohîm au sixième jour ; ce Nom יהוה se mobilise maintenant pour donner à l''Ādām l'irrésistible impulsion qui le conduira vers sa dimension de « ressemblance », sa déification.

Il me semble entendre ici les paroles que יהוה adressera à Noé ; dans un contexte existentiel, ce sera l'application de la situation de principe décrite en ces sixième et septième jours de la Genèse.

Elle est particulièrement décrite dans l'histoire de Noé,
histoire de l'Homme d'un « septième jour »
à qui יהוה fait connaître son exigence :

« Je ne ferai pas régner mon esprit dans l'"Āḏām
pour qu'il reste stérile » (2)
Alors 'Elohîm confirme :
« L'accomplissement de toute chair arrive » (3)
La destruction opérée par le déluge n'est pas une punition,
mais la mise en œuvre de l'accomplissement de l'Homme

Au temps de Noé, du fait de la « chute » (1), les hommes sont réidentifiés au monde animal du sixième jour de la création. Mais voici que, tel un filon d'or au cœur d'une terre charbonnière, la lignée d'hommes dont Noé est le fruit a fait croître la conscience au sein d'une humanité pour le reste inconsciente. Et voici que יהוה parle à Noé :

> « Je ne ferai pas régner mon esprit dans l'"Āḏām pour qu'il reste stérile » (2).

Aussitôt 'Elohîm confirme :

> « l'accomplissement de toute chair arrive... » (3)

et la destruction opérée par le déluge « pour que toute chair s'accomplisse » n'a rien à voir avec une punition mais est une des applications de la loi d'accomplissement de יהוה à partir du « septième jour » de toute situation historique.

— L'essence de ce septième jour va se dégager dans les versets suivants —.

Je crois que nous pourrions mettre en exergue de ce chapitre cet avertissement d''Elohîm à Noé :

> « Voici, l'accomplissement de toute chair arrive » :

---

(1) Un éclairage sera fait sur ce terme dans l'étude du troisième chapitre de la Genèse.

(2) Genèse VI, 3. Je traduis le mot Le 'Olām לעלם par l'idée : « pour qu'il reste stérile », donnant au Lāmeḏ ל sa vocation de but à atteindre, et au mot 'Olām עלם non pas son sens d'« éternité » dont je ne crois pas qu'il soit le sien, mais de « continuité dans le temps, indéfiniment ».

La vocation de l'Homme est d'accomplir les temps pour entrer dans l'éternité qui transcende le temps.

'Olām est de même racine que le verbe 'Ālom qui signifie « cacher », voire « oublier », et que 'Elem, le ou la « vierge ».

L'homme qui reste indéfiniment dans les temps est celui qui est dans l'« oubli » (contraire de « l'œuvre mâle » qui est la « mémoire ») ; il n'assume donc pas ses mariages intérieurs ; il reste vierge et stérile. Ce n'est pas dans ce but que Dieu fait régner son Esprit en l'Homme !

(3) Genèse VI, 13. Je traduis Qēts קצ par « accomplissement » plutôt que par « fin », bien qu'ici le mot soit juste ; mais le contexte des traductions donne à cette « fin » un caractère punitionnel d'anéantissement : or cette « fin » est ici un accomplissement, total pour les uns, partiel pour les autres, ou nul pour d'autres encore, mais le déluge est l'événement qui vérifie chacun, exactement comme une moisson rassemble les épis mûrs et rejette les autres.

La racine Qēts קצ a pour valeur 1 000 (100 + 900) symbole du 'Āleph final, la « couronne » ; elle est à l'origine de mots exprimant cet accomplissement, tels que : Qayits קיצ, l'« été », Qātsîr קציר, la « moisson ».

Un bouleversement fondamental ébranle ce qui a été *fait*
(une terre intérieure accomplie)
dans toute situation historique liée au « septième jour » :
descente dans l'inaccompli
Soudain Dieu défait

Si l'Homme n'assume pas l'épreuve,
il reste dans la situation du « sixième jour »,
une banalisation
S'il l'assume, une nouvelle terre apparaît,
une lumière surgit,
un nouveau champ de conscience s'ouvre

En ce septième jour nous nous retrouvons au soir
qui précède le jour UN
quand l'Esprit d''Elohîm ébranle les eaux (5)
Alors Dieu parle et la lumière éclate

« Quand les puissances des cieux seront ébranlées, dit le Christ, ...
redressez-vous et relevez la tête (votre niveau de conscience)
parce que votre délivrance approche » (6)

Un bouleversement fondamental ébranle ce qui a été *« FAIT »* (ce verbe va être confirmé au verset suivant) dans toute situation historique liée au septième jour :
Le sixième jour ne vient-il pas d'être dit : « Ṭoḇ Me'oḏ », « accompli parfaitement ». A ce niveau, on ne peut aller plus loin. L'inaccompli et l'accompli sont détruits dans leur rapport d'équilibre car l''Āḏām a reçu l'ordre de croître.
S'il n'a vécu cet ordre jusqu'ici que dans le contexte animal du sixième jour, en ce septième jour il prend conscience de la bénédiction reçue pour faire croître en lui son NOM, le יהוה qu'il est.

יהוה fait alors connaître son exigence de fécondité.
En réponse, 'Elohîm achève, détruit, bouleverse.

Au niveau du Tétragramme הוה, si l'Homme n'assume pas cet « achèvement », il reste figé dans l'aspect répétitif du Wāw ו de valeur six, conjonction de coordination : et.. et.. et.., il est un הוה confondu avec son féminin intérieur, inconscient du Yoḏ qui l'habite (4).
C'est la banalisation d'une jungle humaine destructrice.
Si, conscient du Yoḏ, l'Homme assume ce bouleversement en lui, le Wāw joue le rôle de coordonnateur-catalyseur ; les deux Hē ה de הוה s'unissent, un nouvel état se dégage en l'Homme qui commence réellement sa vie d'Homme en marche vers son devenir divin, il n'est plus figé dans un état de six, mais passe au sept.

En ce septième jour, une sorte de boucle se ferme, et nous nous retrouvons au soir qui précède le jour UN dans la ténèbre duquel l'Esprit d''Elohîm ébranle les eaux (5).
Alors Dieu parle et la lumière éclate.

Lorsque les cieux et la terre sont ébranlés en nous, comme à l'extérieur de nous, c'est qu'une nouvelle lumière va se lever.

> « Quand les puissances des cieux seront ébranlées, dit le Christ, alors on verra le Fils de l'Homme venant dans une nuée avec grande

---

(4) Cf. tome I, p. 333.
(5) Genèse I, 2.

Les cieux et la terre sont ébranlés,
ce qui n'est pas encore accompli et ce qui est accompli et ferme,
tout est ébranlé

L'armée des cieux et celle de la terre sont ébranlées

Ces armées sont les énergies décrites au chapitre premier
de la Genèse
et qui peuplent nos terres intérieures

Le mot hébreu employé ici désigne encore aujourd'hui
l'armée extérieure
mobilisée pour satisfaire nos rapports de force
Ontologiquement
cette armée est l'infinie puissance énergétique qui est en l'Homme,
en tant qu'elle est appelée à être saisie par Dieu
pour conduire l'Homme à son devenir divin

En ce septième jour
la mobilisation des armées, de ces armées intérieures, est décrétée !

puissance et grande gloire. Quand ces choses commenceront à arriver, redressez-vous et relevez la tête (le niveau de conscience) parce que votre délivrance approche » (6).

הַשָּׁמַיִם
HaShāmayim — Les cieux, l'inaccompli

וְהָאָרֶץ
WeHā'Ārets — et la terre, le sec accompli

וְכָל־צְבָאָם
WeKol-Tseba'ām — et toute leur armée, puissance.

Toutes les énergies qui font les cieux et la terre sont ébranlées : puissances encore inaccomplies et puissances de lumière, tout est ébranlé.

Tsābā' **צבא**, qui désigne aujourd'hui les armées extérieures mobilisées pour défendre un territoire ou en conquérir un autre, dans les rapports de force liés à la jungle que nous sommes encore, Tsābā' est l'ensemble des populations de nos terres intérieures décrites au premier chapitre de la Genèse, en tant que, en ce septième jour, elles sont mobilisées, appelées à l'accomplissement.

צבא est :

Tsābā' **צ** le « harpon » divin (7) saisissant
ב la création ainsi « convoquée » pour aller vers
א le « couronnement », son mariage avec 'Elohîm (8)

ou encore :
ב la création saisie par l'impératif divin
צא sors ! fait jaillir de toi le Yod,
Tsē' ton NOM.

La couronne ('Āleph final) attend le vainqueur de cette immense bataille intérieure. Mais n'anticipons pas :

En ce septième jour, la mobilisation des armées est décrétée.

---

(6) Luc XXI, 26-28.
(7) Cf. L. ch. V, chapitre XX.
(8) Cf. L. ch. V, chapitre XXX.

CHAPITRE II

וַיְכַל אֱלֹהִים בַּיּוֹם הַשְּׁבִיעִי מְלַאכְתּוֹ אֲשֶׁר עָשָׂה
Il achève (détruit) 'Elohîm dans le jour le septième l'œuvre qu'Il a faite,
וַיִּשְׁבֹּת בַּיּוֹם הַשְּׁבִיעִי מִכָּל־מְלַאכְתּוֹ אֲשֶׁר עָשָׂה
et Il se retire en le jour le septième de toute l'œuvre qu'Il a faite

Comme le sixième jour,
le septième jour est bien déterminé par l'article
Il est un grand jour
En lui, l'Homme qui vient de récapituler les six jours est יהוה en puissance ;
il s'avance maintenant vers le terme de son enfantement

En lui, יהוה Germe divin
fait connaître son impérative exigence de réalisation

Au septième jour 'Elohîm s'efface pour laisser croître יהוה

Le nombre sept est symbole de rassasiement, d'abondance :
rien ne peut plus être ajouté (2)

CHAPITRE II

(verset 2)

וַיְכַל **WaYekal**	Achève, détruit	La répétition de ce verbe donne un poids plus dense encore à sa gravité
אֱלֹהִים **'Elohîm**	'Elohîm	
בַּיּוֹם **BaYom**	dans le jour	
הַשְּׁבִיעִי **HaShebîʿî**	le septième	Comme *le* sixième jour celui-ci est bien déterminé. Il est *le* septième. Il est un grand jour.

Le sixième était déterminé par la création de l''Ādām, c'est-à-dire par la présence de יהוה en cet être qui vient de récapituler la totalité des six jours et qui s'avance maintenant vers le terme de son enfantement.

Quelle est la grandeur du septième jour ?
La totalité de ce nouveau chapitre va nous le révéler.
Mais, je viens de le dire : l'Homme s'avance vers le terme de son enfantement.
Le septième jour est celui d'une fondamentale poussée de croissance.
En l'Homme, יהוה germe divin fait connaître son impérative exigence de réalisation.

'Elohîm s'efface pour laisser croître יהוה

Laissons tout d'abord parler le nombre sept.
La racine Sheba' שׁבע qui le désigne, lorsqu'elle est prononcée Śoba' est « l'abondance », le « rassasiement », voire le « comble ». Rien de plus ne peut être ajouté.

L'Homme ne peut aller plus loin sur son chemin
sans qu'il se passe quelque chose

Nous arrivons en ce septième jour à la fin d'une étape
caractérisée par la parole divine qualifiant le sixième jour
et le disant « très bon » —
ce que nous avons entendu : « accomplissement » —
Ne faut-il pas maintenant qu''Āḏām descende vers le « non-accompli » ?

La lettre qui a pour valeur sept
provient d'un idéogramme qui symbolise l'« arme mâle »,
celle dont l'Homme doit se servir
pour « se souvenir » de son côté non-accompli
et pénétrer cette partie féminine de son être (3) et (4)

Le nombre sept lui-même, Sheḇa' en hébreu,
indique qu'un « retournement » doit se faire vers la « source »
de l'être

Nous avions effleuré cette racine en nous penchant au chapitre précédent (1) sur la nourriture ʿEśeb̲ עשׂב, — faite des mêmes lettres énergies — l'« herbe » donnée à l''Ād̲ām, lui-même chargé d'en nourrir le monde animal ; et nous avions vu combien elle était dispensée à profusion car elle est le corps divin se donnant à l'infini.

A profusion, mais pas plus que l'Homme n'en peut supporter à telle étape du chemin.

Il est bien certain que nous arrivons en ce septième jour à un « rassasiement », à la fin d'une étape qui semble se définir par le « Ṭob̲ Me'od̲ » du sixième jour, « accompli pleinement ». Pour ce « faire », ne faudrait-il pas maintenant qu''Ād̲ām descende dans le « non accompli » ? (2)

La lettre hébraïque qui a pour valeur sept est le Zayin ז dont j'ai parlé plus haut à propos du mot « mâle » זכר qui signifie aussi « se souvenir » (3).

La mémoire que doit maintenant exercer l''Ād̲ām est celle *qu'il est appelé à porter sur* son pôle « ténèbre, non accompli ».

Le Zayin ז est l'« arme mâle » (4) qui lui permet de pénétrer la partie féminine de lui-même pour s'accomplir à un plus haut niveau de lumière.

Le nombre sept, Sheb̲aʿ שׁבע indique, dans les lettres-énergies qui le composent, la loi de ce mouvement : elle réside en un essentiel

שׁוּב Shoub̲	« retournement » vers
ע ʿAyin	la « source » de l'être où une nouvelle lumière attend dans la ténèbre. (La lettre ʿAyin ע est aussi l'« œil »)

(1) Cf. Tome I, p. 195.

(2) Il est à noter que de nombreuses situations de septième jour se présenteront sous le symbole de famine (dans la Bible : descente des Hébreux en Égypte ou Livre de Ruth — comme dans nos contes : histoire du Petit Poucet — comme dans nos vies où les idéologies proposées ne nous nourrissent plus).

(3) Cf. Tome I, p. 385.

(4) Cf. L. ch. V, chapitre IX.

L'Homme est appelé à « se tourner vers son Nom »

Tout accomplissement, à une étape,
est une *œuvre faite*
qui implique un retournement avant d'aller plus loin

En ce septième jour Dieu « achève » son œuvre,
il est même permis d'écrire qu'Il la détruit,
non pas dans son être créé, mais dans son être *fait*
Le mot « œuvre » en hébreu contient une idée de plénitude
Une plénitude atteinte à un niveau appelle une rupture
pour continuer l'œuvre vers un autre niveau
'Ādām qui, au sixième jour, est « image d''Elohîm »
est appelé à aller d'étape en étape
— dont chacune connaîtra son accomplissement —
vers la plénitude de la ressemblance divine

L'œuvre divine est le « royaume » d''Elohîm
L''Ādām qui la récapitule est « reine » par rapport à 'Elohîm, Roi
Ici se trouve confirmée la qualité de l'humanité,
découverte au premier chapitre de la Genèse :
elle est le « féminin divin »,

Et dans le mot « le septième » הַשְּׁבִיעִי employé ici on peut aussi dire que

בּ lettre Beiṯ	tout homme est appelé à se retourner pour
שְׁעֹה Sha'oh	« regarder vers » son Nom
י lettre Yoḏ	יהוה tenu au secret, à la source de ses profondeurs.

Tout accomplissement, à la fin d'une étape, est une *œuvre faite* qui implique un retournement (celui-ci va être expliqué) avant d'aller plus loin.

מְלַאכְתּוֹ
Mela'ḵetו

Son œuvre	En ce septième jour, Dieu achève (détruit) son œuvre qu'Il a faite. L'œuvre Melā'ḵāh מלאכה est, dans le principe, celles des six jours, dont le chef-d'œuvre est l''Āḏām.
כַּת Kaṯ	une partie
מָלֵא Malē'	est « pleine » : l''Āḏām du sixième jour, image d''Elohîm.
	Car maintenant 'Āḏām doit aller vers la plénitude d''Elohîm. Il est « image », il a pour vocation de « ressembler pleinement ». Si
א Lettre 'Āleph	'Elohîm est
מֶלֶךְ Meleḵ	Roi
	l'œuvre tout entière, et l''Āḏām qui la récapitule toute est
מַלְכָּה Malekāh	reine, vierge d'Israël qui doit enfanter et devenir épouse du Roi.
	L'œuvre est
מַלְכוּת Malekouṯ	royaume
א Lettre 'Āleph	d''Elohîm royaume à accomplir par étapes.

l'« inaccompli » de Celui qui est totalement accompli...
appelée à parfaire le totalement parfait !

Pour cela 'Elohîm la détruit en tant qu'elle est *« faite »*
à un niveau,
en tant qu'elle a construit une terre intérieure,
« terre » dont nous nous souvenons qu'elle est en hébreu
« participation à 'Elohîm »
La participation à 'Elohîm d'une somme d'énergies accomplies,
devenues lumière
implique sa disparition en 'Elohîm

La Reine s'unissant au Roi meurt en Lui
Le Roi se retire et la Reine est appelée à se redresser
car une force nouvelle qu'elle ne connaît pas,
nouvelle part de יהוה,
monte de ses ténèbres

C'est pourquoi ce qui a été *fait* est maintenant détruit.
Le verbe « faire », 'Āśoh **עשה** va éclairer cette « destruction ».

אֲשֶׁר
'Asher — que

עָשָׂה
'Āsāh — il a faite

Ce verbe a ici un tel poids que, venant d'être dit, il est répété une première fois en ce même verset, une autre fois au verset suivant, pour qu'il pénètre notre cœur de sa signification.

Ce n'est pas en tant qu'être *créé* que l'œuvre est détruite mais dans ce qui vient d'être *fait* d'elle, c'est-à-dire en tant que le processus d'intégration d'une première lumière est accompli. Si je reconsidère le dessin de l'échelle de Jacob tel que je l'ai présenté au premier chapitre de la Genèse (5), je me ferai mieux comprendre en disant que le *faire* est le mouvement qui y est dessiné.

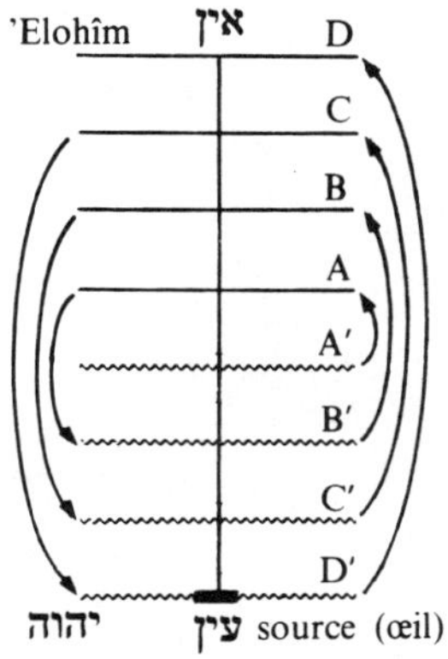

Quel que soit le bouleversement de celui qui monte l'échelle, l'échelle, elle, reste immuable dans son être créé.
Mais lorsque pour un homme (ou l'humanité) la terre A est accomplie, *faite*, lorsque les énergies qui la composent à cet échelon sont intégrées par lui, il doit, pour monter en B, descendre tout d'abord vers sa source **ע**, c'est-à-dire en B'. Ce n'est qu'à cette condition qu'il pourra cueillir les énergies-informations (vision) qui feront la nouvelle terre B. Il ne fera pas son chemin si la terre A faite et intégrée à son être, n'est détruite ! Elle tremble, un séisme grandiose la saisit,

---

(5) Cf. Tome I, p. 219.

'Elohîm se retire
pour que l'Homme descende dans ses cieux intérieurs
afin de faire croître le Yoḏ, יהוה, son Nom,
vers une nouvelle terre, nouvelle et plus grande participation à 'Elohîm

Un jeu de mots hébreux lie le verbe 'Āśoh « faire »,
et le substantif 'Ishāh « épouse »,
jeu au terme duquel
on peut écrire que l'humanité totalement « faite »
(ou tel être humain assumant ce travail)
devient « épouse »

Ce « faire » est œuvre d'amour

et c'est par amour qu'à chaque étape 'Elohîm se retire

'Elohîm s'efface devant יהוה
Le Père laisse la place au Fils
qui ne pourrait croître sans l'effacement de son auteur

Dieu se retire pour que l'Homme soit

Il n'y a pas de plus grand acte d'amour
Tout amour qui ne s'enracine pas dans cet effacement shabbatique
pour que l'être aimé soit, est illusion !

Dès le premier mot,
Berē'shîṯ,
la Genèse nous disait : « crains le Shabbāṯ !

car 'Elohîm א se retire de cette 'Erets ארץ, pour que l'Homme descende plus profondément dans ses cieux intérieurs שמים. Alors il fera croître le Yod, יהוה, son NOM, vers une nouvelle terre, nouvelle et plus grande « participation à 'Elohîm ».

Nous avons vu (6) que ce « faire » divino-humain est inscrit dans l'« alliance » Berît ברית de « feu » 'Esh אש qui implique la relation du « je » divin au « toi » créé du Berē'shît. Et lorsque tout sera « fait » עשר, le 'Ayin ע laissera place au 'Āleph א et 'Ishāh אשה l'« épouse » sera prête pour ses noces !

Ce faire est œuvre d'amour.

Et c'est par amour qu'à chaque étape 'Elohîm se retire, Lui le totalement riche, enrichi de la part croissante et accomplie de l'épouse.

וַיִּשְׁבֹּת
WaYishebot

Il se retire

A la fin du sixième jour יהוה est là.
Au septième jour 'Elohîm se retire devant Lui.
Le Père laisse la place au Fils qui ne pourrait croître sans l'effacement de son auteur.

Dieu se retire pour que l'Homme soit.
Il n'y a pas de plus grand acte d'amour.

Tout amour qui ne s'enracine pas dans cet effacement shabbatique pour que l'être aimé soit, est illusion.

Que dire du Shabbāt qui devrait être contemplation silencieuse, sans ternir de nos concepts ce qui les dépasse totalement ?

Déjà le Berē'shît בראשית, « Alliance de Feu » nous invitait d'entrée de jeu, à « craindre le Shabbāt ».

יְרֵא Crains
Yārē'

שַׁבָּת le Shabbāt
Shabbāt

---

(6) Cf. Tome I, p. 151 et 153.

Crains ce jour terrible où יהוה monte avec son armée
(les énergies des nouvelles profondeurs)
pour amener l'Homme à participer d'une plus grande lumière
Alors 'Elohîm reviendra la nourrir, pour disparaître encore

La source de toute respiration est là
Flux et reflux de toute vie, le Shabbāṯ fait battre le cœur
du monde
Il est la loi
Toutes les lois lui obéissent

Il est le fondement de la création

En lui prend vie la pierre sacrée des profondeurs
qui repose au sein de la « fille », vierge d'Israël,
reine qui doit devenir épouse du roi

Fonds de l'expir, c'est en lui que rebondit l'inspir

« Réponse », il est le retrait pour que l'aimée parle et devienne
verbe !

disait encore, en effet, cette intraduisible parole divine qui domine de son inépuisable richesse la totalité des Écritures ! Crains ce jour terrible, ce jour où יהוה monte avec son armée (les énergies des nouvelles profondeurs) pour amener l'Homme à participer à une plus grande lumière. Alors 'Elohîm reviendra la nourrir, pour disparaître encore !

La source de toute respiration est là ! Flux et reflux universel de toute vie, le Shabbāṯ fait battre le cœur du monde. Toutes les lois lui obéissent. Il est La Loi.

De Sheḇa' שׁבע le nombre sept, il répète la racine Shouḇ שׁוב qui est ici « retournement divin ».

Ce retournement divin שׁבת est :

שׁת
Shēṯ — Le fondement de la

ב
lettre Beiṯ — création La création se fonde dans le retrait d''Elohîm au cœur de « la mer des lumières », dans son essence.

Le Shabbāṯ dynamise יהוה caché dans

שׁ
lettre Shîn — la pierre sacrée des profondeurs de

בת
Baṯ — la fille, vierge d'Israël, reine qui doit devenir épouse du roi.

Le mot Shabbāṯ est fait des trois radicales de

תְּשׁוּבָה
Teshouḇāh — la « réponse » qui est aussi « retour », et la « respiration » y prend sa source.
La réponse implique le retrait pour que l'autre parle et devienne verbe !...
le « retournement » qui, venant de l'Homme est « pénitence ».

Amour, où est ton origine
si ce n'est dans le Shabbāṯ, lieu de toute résurgence,
dans l'effacement qui n'est pas abandon bien qu'il soit ainsi ressenti :

« Mon Dieu, mon Dieu, pourquoi m'as-tu abandonné ? (7)

Shabbāṯ, gouffre de vacuité divine et lieu de toute résurrection !

Amour, où est ton origine si ce n'est dans le Shabbāṯ, lieu de toute résurgence ; dans l'effacement qui n'est pas abandon bien qu'il soit ainsi ressenti :

« Mon Dieu, mon Dieu pourquoi m'as-tu abandonné » ? (7)

Shabbāṯ, gouffre de vacuité divine et lieu de toute résurrection !

בַּיּוֹם Dans le jour
BaYom

הַשְּׁבִיעִי le septième
HaShebîʿî

מִכָּל־מְלַאכְתּוֹ de toute son œuvre
MiKol-Mela'keto

אֲשֶׁר que
'Asher

עָשָׂה Il a faite
ʿĀsāh

---

(7) Mathieu XXVII, 46.

CHAPITRE III

וַיְבָרֶךְ אֱלֹהִים אֶת־יוֹם הַשְּׁבִיעִי
Il bénit 'Elohîm le jour le septième

וַיְקַדֵּשׁ אֹתוֹ כִּי בוֹ שָׁבַת מִכָּל־מְלַאכְתּוֹ
Il sanctifie lui car en lui Il se retire de toute son œuvre

אֲשֶׁר־בָּרָא אֱלֹהִים לַעֲשׂוֹת
qu'Il crée 'Elohîm, pour faire

Voici la troisième évocation de ce « jour le septième »
qui se propose ainsi à notre entendement avec une intensité croissante
En ce « jour le septième »
une première fois Dieu détruit son œuvre en tant qu'elle a été *faite*
une deuxième fois Dieu se retire d'elle en ce qu'elle a été *faite*

En cette troisième fois, Dieu bénit ce jour
car en lui Il se retire de son œuvre en tant qu'elle est *créée*,
et pour qu'elle soit *faite*

CHAPITRE III

(verset 3)

וַיְבָרֶךְ Il bénit
WaYeḇārek̲

אֱלֹהִים 'Elohîm
'Elohîm

אֶת־יוֹם le jour
'Et̲-Yom

הַשְּׁבִיעִי le septième Voici la troisième évocation de ce « jour le septième » qui se propose ainsi à notre entendement avec une intensité croissante.
HaSheḇî'î

Une première fois il a été dit qu'en ce jour, le septième, Dieu *détruit* son œuvre en tant qu'elle a été *faite*.
Une deuxième fois, qu'Il *se retire* d'elle en ce qu'elle a été *faite*.
Et voici que cette troisième évocation déferle comme une tempête sacrée sur ce jour terrible en lequel le retrait divin va plus loin.
C'est pourquoi Dieu le bénit et le sanctifie.
J'ai déjà parlé de la bénédiction inséparable de l'acte créateur auquel il est lié par la racine Bar בר qui fait l'objet même du mot Berē'shît̲ et donc de la totalité de la révélation (1).
Ici encore, le verbe créer va apparaître incessamment dans ce verset.

En bénissant le septième jour, Dieu se retire de son œuvre en tant qu'elle est créée et pour qu'elle soit faite.

---

(1) Cf. Tome I, p. 297-299 et 397-399.

Jour si foudroyant que Dieu le bénit pour lui donner la force d'être,
et qu'Il le sanctifie pour lui faire partager Sa Sainteté

Car Dieu seul est saint !
Saint, Qāḏosh en hébreu, est un Nom divin
Il est la clef de la grandeur de ce septième jour

Ne renvoie-t-il pas à cet autre Nom divin « UN »
qui faisait la grandeur du « jour UN » ?
Tout n'a-t-il pas commencé en ce « jour UN » de la création
où Dieu déchire les ténèbres et fait exploser la lumière ?
En ce « jour saint » Dieu se retire dans les ténèbres,
la lumière étant accomplie et pour qu'une nouvelle lumière
apparaisse
'Elohîm se retire pour que יהוה croisse
Temps suspendu entre un accompli, et ce qui se propose à l'être
Temps d'une apnée entre un expir et un nouvel inspir !

Instant d'éternité !

Ô combien d'êtres visités de l'Époux en ces heures de destruction,
savent reconnaître la sainteté du septième jour ?

Ce septième jour est pour son œuvre, un moment si foudroyant, que Dieu le bénit et le sanctifie.
Par la bénédiction Il lui donne la force d'être.
Par la sanctification Il lui fait partager Sa Sainteté.

וַיְקַדֵּשׁ
WaYeqadēsh

Il sanctifie — Car Dieu seul est saint !
Qāḏosh, NOM divin !
Ce Nom nous donne peut-être la clef de la grandeur du septième jour, car il évoque aussitôt un autre NOM divin, 'Eḥāḏ **אחד**, celui qui qualifiait le « jour UN ».

Ce jour, le septième, ne renvoie-t-il pas au jour UN de la création, où Dieu déchire les ténèbres et fait exploser la lumière ? Temps liminaire entre un espace qui s'efface avec 'Elohîm et un nouvel espace où monte **יהוה** !

Temps suspendu entre un accompli et ce qui se propose à l'être !

Temps d'une apnée entre un expir et un nouvel inspir !

Temps qui n'est plus et qui n'est pas encore !

Instant d'éternité !
Gouffre de vacuité où tout bascule !

Orgasme des mondes visités de Dieu.
Retrait de Dieu qui d'une épouse aimée s'efface pour l'appeler à une plus grande profondeur d'elle !

Ce jour arraché au temps, planté dans l'éternité ne serait-il pas pulvérisé dans une néantisation absolue si Dieu ne le faisait participer de Sa Sainteté ?

Ô combien d'êtres visités de l'Époux en ces heures de destruction savent reconnaître la sainteté du septième jour ? Qāḏosh **קדש**...

ק
lettre Qoph — « Cordon ombilical » divin, « fil à plomb » qui en ce jour envoie une nouvelle nourriture, et vérifie d'une force énergétique telle qu'elle écrase, foule...

Jour où l'Homme est écrasé, battu,
foulé comme est foulé le grain de blé (Fils)
pour être séparé de son enveloppe de ténèbres (2)

Temps d'une apnée où tout chavire

Instant d'éternité !

Participer de la sainteté divine implique
de se laisser saisir dans le rythme de cette respiration
par la force qui vient d'en-haut, qui nourrit et qui vérifie
et qui libère les énergies d'en-bas contenues dans le NOM

La sainteté est la juste relation de l'épouse à l'Époux
dont le Shabbāṯ ponctue le mystère des élévations vers Lui
— Le mystère de chaque terre accomplie ! —

Lourde de יהוה,
l'épouse qui dispose de ses énergies pour d'autres fins que 'Elohîm —
Qāḏosh devient « Qeḏēshāh », la prostituée !
La prostitution est une déviation des dons de sainteté vers nos
« veaux d'or »

Tout don conféré à l'Homme est d'origine et de fin divines

Toute destruction qui n'est pas vécue ontologiquement
comme libération de nouveaux dons,
est refus de vivre et d'aimer

דש Radicales du verbe Doush דוש, « écraser, fouler ». Il est employé pour « battre » le blé, c'est-à-dire pour que le Germe de lumière soit séparé de son enveloppe de ténèbres ! (2)

Ne faut-il pas dans cette participation à la sainteté divine, passer une « porte » ד pour que la « pierre précieuse des profondeurs » ש libère une information nouvelle du NOM ?

Il semble que par les trois lettres qui composent le mot Qāḏosh קדש Dieu nous révèle Sa Sainteté essentiellement dans la relation d''Elohîm, « mer des lumières », à son épouse en tant que celle-ci porte dans ses eaux profondes la lumière de יהוה.
Cette lumière confiée à l'épouse n'appartient qu'à 'Elohîm, époux. C'est pourquoi l'épouse, en en disposant pour d'autres fins, devient Qeḏēshāh קדשה la « prostituée » !

La prostitution est une déviation des dons de sainteté vers nos « veaux d'or ».
La sainteté est l'amour juste.
Tous les dons conférés à l'Homme sont d'origine et de fin divines.
Tout don qui ne concourt pas à ce but est objet de prostitution. Nos arts, nos cultures, nos civilisations ont une grandeur, une beauté, intimement liées au caractère divin qui les façonne : s'ils ne chantent pas la gloire de Dieu ils sont objets de prostitution. S'ils sont l'expression d'une croissance intérieure ils concourent à la sainteté de l'Homme.

Toute destruction qui n'est pas vécue ontologiquement comme libération de nouveaux dons est refus de vivre et d'aimer.

---

(2) N'oublions pas que le « grain de blé » et le « fils » partagent le même mot Bar בר, - Tome I, p. 35. - Dieu foule la création, et chaque créature, pour que le « Fils » croisse et se dégage de l'inaccompli. Ce même symbole présidera à la circoncision au temps d''Aḇrāhām.

Car ce jour, le septième, jour béni et sanctifié, est jour de noces !

En lui Dieu se retire

de son œuvre

qu'Il *crée*

'Elohîm

Seule l'œuvre *faite* est détruite
Mais de l'œuvre *créée* tout entière, Dieu maintenant se retire

Dieu se retire non seulement du sec accompli et donc fait,
mais de l'humide inaccompli !
Les cieux, à leur tour, expirent !
Rien ! Instant d'éternité — Instant sanctifié —

'Elohîm se retire, יהוה monte des profondeurs

Car ce jour, le septième, jour béni et sanctifié est jour de noces !

אתוֹ
'Oṯo

Lui — ce septième jour discrètement nommé par le pronom, comme en une quatrième fois.

כִּי
Kî

car

בוֹ
Ḇo

en lui — ce septième jour, à nouveau désigné par le pronom, comme en une cinquième fois !

Ainsi le septième jour est-il nommé trois fois, puis deux fois : trois, car en lui est le mouvement ; deux car il est « autre » ; cinq car il est « souffle », nouveau « germe » d'un autre « jour UN ».

שָׁבַת
Shāḇaṯ

Il se retire — Le verbe est ici « accompli parfait » : Dieu a achevé de se retirer ; et c'est l'ensemble de la fin de ce verset qui fait retentir la gravité croissante de l'effacement divin.

מִכָּל־מְלַאכְתּוֹ
MiKol-Mela'ḵeṯo

de toute son œuvre

אֲשֶׁר־בָּרָא
'Asher-Bārā'

qu'Il *crée*

אֱלֹהִים
'Elohîm

'Elohîm

Seule l'œuvre *faite* est détruite.
Mais de l'œuvre *créée* tout entière, 'Erets et Shāmayim, Dieu maintenant se retire.
Au deuxième verset nous assistions au retrait divin de l'œuvre *faite*. Ce troisième verset nous conduit dans un retrait plus profond, celui de l'œuvre *créée*.
Dieu se retire non seulement du sec accompli et fait, mais de l'humide inaccompli !
Les cieux, à leur tour, expirent !
C'est le temps du « Rien » 'Ayin **אין**, instant d'éternité ; instant sanctifié :
Apnée
'Elohîm se retire, **יהוה** monte des profondeurs, Il monte de la « source », ‘Ayin **עין**.

C'est la force de retrait d''Elohîm des mondes créés
qui fait croître יהוה
Et c'est la force d'émergence de יהוה qui appelle le retour
d''Elohîm
dans la lumière d'un nouveau jour UN,
nouvelle terre que de nouveaux six jours vont *faire*

Le Shabbāṯ est à tous les niveaux des mondes créés l'icône de la
respiration
qui va du Père au Fils et du Fils au Père,
au sein de l'inconnaissable essence divine
Il est l'icône de l'Esprit qui régule et accomplit
le mouvement dans lequel l'œuvre respirée est *faite*, c'est-à-dire aimée

Dieu se retire de son œuvre qu'Il crée, *pour la faire*

Le verbe « faire » se rapporte essentiellement à la finalité de la
création,
à celle de l''Āḏām qui, accompli,
accomplira toute l'œuvre créée qu'il rassemble en lui
'Āḏām est appelé « microcosmos », « petit univers »
par les Pères qui n'hésitent pas à le qualifier aussi de
« microthéos », « petit dieu », ou « micro-logos », « petit verbe »,
car, de souche divine,
il est appelé dans ce « faire » à transformer le monde
et devenir Dieu

Dans ce but 'Āḏām est saisi, travaillé, voire détruit,
par les mains divines,
pour être reconstruit à un autre niveau de lui-même
et atteindre à la ressemblance
Rappelons que la structure des mots hébreux nous permet de dire
que l'humanité *faite* devient *épouse* (Cf. p. 40)

C'est la force de retrait d''Elohîm des mondes créés qui fait croître יהוה.
Et c'est la force d'émergence de יהוה qui appelle le retour d''Elohîm dans la lumière d'un nouveau jour UN, nouvelle terre que de nouveaux six jours vont forger, *faire*.

Le Shabbāṯ est, à tous les niveaux des mondes créés, l'icône de la respiration qui va du Père au Fils et du Fils au Père, au sein de l'inconnaissable Tri-unité divine. Il est celle du souffle de l'Esprit qui régule et accomplit le mouvement dans lequel la création, l'« œuvre » respirée est faite, c'est-à-dire aimée.

לַעֲשׂוֹת
La'Aśoṯ

Pour faire Le Lāmeḏ ל initial est celui de l'infinitif construit du verbe « faire » ; il désigne ici le but :
Dieu pose « dans le voir, en face à face » son œuvre inaccomplie afin de l'accomplir.
Le verbe « faire » se rapporte essentiellement à cette finalité de la création, à celle de l''Āḏām qui, accompli, accomplira toute l'œuvre créée qu'il rassemble en lui. L''Āḏām ne sera-t-il pas appelé « microcosmos » — petit cosmos — par les Pères : Maxime le Confesseur n'hésitera pas à le qualifier aussi de « microthéos » — petit dieu — ou « micrologos » — petit verbe — car, de souche divine, il est appelé dans le « faire » à trasformer le monde et devenir Dieu.

Dans ce but, l''Āḏām est saisi, travaillé... voire détruit par les mains divines pour être reconstruit à un autre niveau de lui-même.

Aucun terme ne suffit, dans la littérature sacrée, à chanter ce « faire » que rythment les « Shabbāṯ ».

Job anéanti et dont l'histoire n'est pas autre que celle du septième jour, ne s'écriera-t-il pas (3) :

> « Tes mains m'ont travaillé, fait tout entier et tu me détruirais ?

---

(3) Job X, 8-13.

Sa chair est alors « pétrie » comme du pain qui doit lever

Le temps inhérent à ses espaces intérieurs,
lui est donné pour ce faire ;
il est le temps de notre histoire

Tout Shabbāṯ est ouverture d'un nouveau temps,
car il est émergence d'un espace neuf, d'un espace à faire
(champ de conscience à construire)

Ce « temps nouveau » s'inscrit dans la vie de tout 'Āḏām, de tout homme
qui se met en route pour conquérir son NOM ;
mais aussi dans la vie de l''Āḏām total, l'humanité,
qui est inexorablement en marche vers ce devenir

L''Āḏām-'Ayin d'aujourd'hui n'est pas vraiment inscrit dans le temps
puisqu'il n'est encore dans aucun espace intérieur
Le quatrième chapitre de la Genèse qui décrit l'histoire de Qaïn nous le montrera — ;
il est dans un temps labyrinthique illusoire dont seul un Shabbāṯ le libérera

Nos épreuves cosmiques actuelles prennent leur sens
dans cette perspective de Shabbāṯ
En lui l'humanité est *faite* dans une œuvre d'amour

> Souviens-toi que tu m'as pressé comme l'argile, et tu me ferais retourner à la poussière ? Ne m'as-tu pas coulé comme le lait ? caillé comme le fromage ? Tu m'as revêtu de peau et de chair, tu m'as tissé d'os et de nerfs... et voilà ce que tu cachais dans ton cœur ! »

Le seul mot peut-être que n'emploie pas Job est le verbe « pétrir » que contient La'Aśot̲ לַעֲשׂוֹת :

לוּשׁ Loush	pétri	est l''Ād̲ām, car sa chair (dont nous verrons plus bas comment elle est construite), est un pain qui doit lever et devenir chair divine (4) ;
עֵת 'Ēt̲	le temps	inhérent aux espaces intérieurs est alors donné à 'Ād̲ām pour ce faire ; il est le temps de son histoire, celui de notre histoire.

Tout Shabbāt̲ est ouverture d'un nouveau temps, car il est émergence d'un espace neuf, d'un espace à faire (champ de conscience à construire).

Ce « temps nouveau » s'inscrit dans la vie de tout 'Ād̲ām, de tout homme qui se met en route pour conquérir son NOM ; mais aussi dans la vie de l''Ād̲ām total, l'humanité, qui est inexorablement en marche vers ce devenir.

L''Ād̲ām-'Ayin d'aujourd'hui n'est pas vraiment inscrit dans le temps puisqu'il n'est encore dans aucun espace intérieur. Le quatrième chapitre de la Genèse qui décrit l'histoire de Qaïn nous le montrera — ; il est dans un temps labyrinthique illusoire dont seul un Shabbāt̲ le libérera (5).

Nos épreuves cosmiques actuelles prennent leur sens dans cette perspective de Shabbāt̲. En lui, l'humanité est *faite* dans une œuvre d'amour.

---

(4) Genèse II, 21.
(5) 'Ad̲ām-'Ayin : cf. cette expression p. 514-515.

CHAPITRE IV

אֵלֶּה תוֹלְדוֹת הַשָּׁמַיִם וְהָאָרֶץ
Ceux-ci sont les engendrements des cieux et de la terre
בְּהִבָּרְאָם בְּיוֹם עֲשׂוֹת יְהוָה אֱלֹהִים אֶרֶץ וְשָׁמָיִם
dans leur « étant créés » au jour où יהוה-'Elohîm fait terre et cieux

Le premier mot de ce verset : « ceux-ci »,
'Ēleh en hébreu,
est la racine essentielle du Nom d''Elohîm
Il préside à cette phrase dont l'importance est rendue capitale
par la toute première révélation qu'elle nous apporte du NOM
divin יהוה

Tenu caché jusqu'ici dans la seule lettre Yod̲ י
Le NOM qui contient tous les Noms créés
et qui les pourvoit d'une parcelle d'incréé,
est révélé dans ses quatre lettres
(d'où son appellation : « Tétragramme »)
Ce sont donc trois noms divins que contient ce verset

La Tri-unité divine respire son œuvre

CHAPITRE IV

(verset 4)

אֵלֶּה
'Ēleh
תּוֹלְדוֹת
Toledot

Ceux-ci

les engendrements

On ne peut manquer d'être frappé par le premier mot de ce verset dont j'ai envie de dire qu'il est « le singulier » d''Elohîm encore que, nous nous en souvenons, il est en soi un pluriel : « ceux-ci ». Compte tenu de cette réflexion, bien que le sens littéral du verset soit incontestablement :
« ceux-ci sont les engendrements des cieux et de la terre... etc. », nous ne pouvons nous contenter de cette traduction : 'Ēleh est tout aussi incontestablement un Nom divin. Il préside à cette phrase dont l'importance est rendue capitale par la toute première révélation qu'elle nous fait du NOM יהוה.

Tenu caché jusqu'ici dans la seule lettre Yod̲ י mais maintenant glorifié dans ses quatre lettres, et lié au Nom d''Elohîm, HaShēm, le NOM est Dieu UN et Increéé. Mais tissant le créé en l''Ād̲ām dans le NOM de chacun, Il le pourvoit d'une « parcelle » d'Increéé... Mystère de l''Ād̲ām créé, appelé à participer de l'Increéé ! Mystère des épousailles !

Ce sont donc, en profondeur, trois Noms divins que chante ce verset, dont l'un, יהוה, le Fils est semence dans le créé.

La Tri-unité divine respire son œuvre — son royaume — qui, créée dans un expir, dans un inspir est « faite », portée à la dimension de reine-épouse.

Les engendrements concernent le « faire » et non le « créé »
« Engendrer » pour les hébreux c'est « apprendre le Yoḏ »,
c'est devenir son NOM

Engendrer, c'est faire naître une étoile
entre les deux luminaires de chaque échelon d'évolution

D'échelon en échelon,
le long de l'axe qui relie 'Elohîm à יהוה,
au fil de l'Épée,
le NOM-Verbe s'accomplit
Ce chapitre nous montre comment se fait l'accomplissement
de l'humide au sec,
du multiple à l'UN,
des cieux à la terre,
à partir de leur être créé

Le « faire » implique des « engendrements » Ṯoleḏoṯ, dont nos engendrements extérieurs par lesquels nous mettons au monde nos enfants, sont les images biologiques de ce « faire » essentiel.

תולדות Ṯoleḏoṯ a pour racine le verbe Yāloḏ ילד, « enfanter », dont il est simple de constater que, pour les hébreux, il ne s'agit en profondeur que de la mobilisation du Yoḏ, par la

ל	apprendre	connaissance.
lettre Lāmeḏ		Engendrer, c'est « apprendre le Yod »,
יד	le Yoḏ	apprendre le NOM.
Yoḏ		Engendrer, c'est devenir son NOM.

Le mot Ṯoleḏoṯ תולדות est construit comme le quatrième jour de la Genèse :
La racine לד (לֵדָה, la « naissance ») est saisie entre deux « signes » תו, comme les étoiles entre les deux luminaires dont nous avons vu que tous deux sont l'expression de יהוה à tel niveau précis de l'accomplissement, ou, pour mieux dire ici, de l'engendrement (1). L'engendrement lui-même est alors semblable à l'étoile qui conduit à יהוה (comme celle qui conduisit les Mages à Jésus — Matthieu II).

D'échelon en échelon, le long de l'axe de la Rāqî'a Shāmayim, au fil de l'Épée, le NOM-Verbe s'accomplit.

Ce chapitre est celui de l'histoire de l'accomplissement et du savoir-faire concernant ce dernier pour aller de l'humide au sec, de l'inaccompli à l'accompli et du multiple à l'UN que sont :

הַשָּׁמַיִם **HaShāmayim**	les cieux	Cieux et terre étant bien définis par leur article-souffle ה.
וְהָאָרֶץ **WeHā'Ārets**	et la terre	
בְּהִבָּרְאָם **Behibāre'ām**	dans leur être créé	Ce mot très difficile à traduire est centré sur la racine Bar.

(1) Cf. Tome I, p. 229.

Le créé est le Fils-Germe placé dans la mère
Les « engendrements » des cieux et de la terre
racontent la croissance du Fils dans le ventre de la mère, 'Aḏāmāh

La création a sa cause dans sa finalité :
l'engendrement du Fils

Dans la création qui reste le principe continu de chaque instant,
le « faire » divin opère

Parce que les espaces intérieurs commencent d'être « faits »
l'horloge du temps est mise en mouvement

Mais qui fait ?
Qui remonte cette horloge
pour atteindre à l'espace infini où Père et Fils se rejoindront
et pour abolir le temps ?

יהוה le Fils, et 'Elohîm, le Père
s'appellent et se cherchent en l'Homme
qui se révèle être l'espace même de leur distance
et le sanctuaire de leur rencontre

הבר HaBar	Le Fils-germe, lui-même placé
באם	dans la mère.
Bā'Ēm	Les engendrements des cieux et de la terre sont ceux du Fils, en tant que Germe déposé au cœur de la 'Aḏāmāh. Nous avons ici la confirmation que la création a sa cause dans sa finalité : l'engendrement du Fils.

Celui-ci commence son accomplissement dans le nouveau jour qui nous est maintenant décrit :

בְּיוֹם **BeYom**	dans le jour	Il n'est plus un jour de création à proprement parler bien qu'il ne s'agisse que d'elle ; mais, en la création qui reste le principe continu de chaque instant, le faire divin opère.	
עֲשׂוֹת **'Aśot**	du faire	dont nous avons vu que	
	שׂ lettre Śîn	la lettre	Śîn שׂ, la pierre précieuse qui contient le trésor caché du Yoḏ, est saisie dans
	עֵת 'Ēṯ	le temps	Parce que les espaces intérieurs commencent d'être « faits », l'horloge du temps est mise en mouvement.

Mais qui « fait » ? Qui se met à l'œuvre ? Qui remonte cette horloge pour abolir les espaces créés qui séparent le Fils du Père, ou plutôt : pour rendre infini l'espace où Fils et Père se rejoindront et pour abolir le temps ?

יְהוָה אֱלֹהִים **יהוה 'Elohîm**	יהוה le Fils, et 'Elohîm, le Père. Ils s'appellent et se cherchent en l'Homme qui se révèle être l'espace même de leur distance et le sanctuaire de leur rencontre.

Dès le premier mot de la Genèse, בראשית Berē'shîṯ, nous découvrions caché derrière la lettre Yoḏ י le NOM divin יהוה HaShēm, le NOM que l'on ne peut prononcer sans risquer de mourir tant que l'on n'a pas accompli la terre en laquelle Il est semence.

Dieu 'Elohîm s'ensemence יהוה
dans la création tout entière contenue en l'Homme

יהוה est le Germe divin qui se constitue Principe, semence de la création
Il en est le noyau
et, de ce fait,
devient source d'un nouveau potentiel énergétique divin (2)

'Elohîm crée, comme dans un expir
יהוה-'Elohîm fait, accomplit dans un inspir

יהוה est la conscience de l'Homme,
conscience qui le constitue et le module
en l'informant à chaque niveau d'accomplissement
Il est la Personne-hypostase de l'Homme
Il est son NOM

Il est l'Épée du dialogue de l'Homme et de Dieu,
Épée qui « fait » l'Homme du dialogue et qui tue celui qui s'y soustrait
Cette potentialité Verbe-Épée en l'Homme est la force qui le meut

L'Épée peut devenir l'arme dont se saisit l'Adversaire

D'où l'importance d'entrer dans le jeu du « faire » de יהוה-'Elohîm

Dieu-'Elohîm s'ensemence יהוה dans la création tout entière contenue en l'Homme.
« Il ne s'agit pas de deux Dieux, disais-je plus haut, mais de deux Noms divins qui ne rompent en rien l'Unité divine et qui rendent compte, l'Un, 'Elohîm, de l'Accompli divin se faisant Inaccompli ; l'Autre, יהוה, du Germe divin qui se constitue Principe, semence de la Création. Il en est le noyau et, de ce fait, devient source d'un nouveau potentiel énergétique divin » (2).

La vie est respiration ; elle est, dans un expir, création d'un inaccompli dont יהוה est le noyau, et, dans un inspir, accomplissement et ouverture du noyau.

'Elohîm crée : expir.
יהוה-'Elohîm accomplit, fait : inspir.

יהוה est la conscience de l'Homme, conscience qui le constitue et le module en l'informant à chaque niveau d'accomplissement.
Il est son ultime et seul vrai « moi » :
Il est sa « Personne » appelée « hypostase » par les grecs. Il est son NOM.

יהוה, Verbe de Dieu, est archétype du Verbe de l'Homme.
Il est l'Épée du dialogue de l'Homme et de Dieu, Épée qui « fait » l'Homme du dialogue et qui tue celui qui s'y soustrait.
Cette potentialité Verbe-Épée en l'Homme est la force qui le meut, qui le fait agir à temps et à contre-temps, bénir, aimer... ou tuer ! Car l'Épée peut aussi devenir l'arme dont se saisit l'Adversaire : les troisième et quatrième chapitres de la Genèse nous introduiront dans ce drame.
D'où l'importance de devenir conscient, c'est-à-dire d'entrer dans la lumière de יהוה, de se laisser saisir dans le jeu du « faire » de יהוה-'Elohîm.

---

(2) Cf. Tome I, p. 41.

La relation d''Elohîm à יהוה
est archétypielle de celle qui lie un artiste à son œuvre,
laquelle, dès qu'ébauchée,
agit de façon autonome et coopère avec l'artiste à son ouvrage

L'artiste doit composer avec ce que l'œuvre exige d'elle-même

Il se retire pour être à son écoute

Une sorte de respiration commune et transformante les unit

Dieu crée l'Homme
L'Homme en tant qu'il est יהוה en puissance, se fait avec Dieu
C'est pourquoi les deux NOMS יהוה et 'Elohîm
sont inséparables dans ce chapitre du « faire »

Axé dans la justesse du fil de l'Épée, saisi dans ce « faire » divin, l'Homme va vers les morts et résurrections intérieures qui l'ouvrent à des champs de conscience toujours nouveaux, à des espaces infinis.
Ces ouvertures sont les fruits du travail d''Elohîm et de יהוה, travail dont nous avons vu qu'il nécessite le retrait d''Elohîm pour que l'Homme devienne son NOM.

La relation d''Elohîm à יהוה si mystérieuse qu'elle soit, se laisse percevoir sous un de ses aspects symboliques par l'artiste qui découvre une relation analogue avec l'objet de sa création : cet objet, sitôt commencé d'être, a une personnalité autonome, une sorte d'âme qui s'empare de l'outil créateur et coopère avec l'artiste à son ouvrage.

Quiconque œuvre fait cette expérience : le premier élément de l'œuvre étant mis en place, l'artiste n'est plus libre et doit composer avec ce que l'œuvre exige d'elle-même.
Il se retire pour qu'elle soit.

Il se retire pour être à son écoute et ne revient que pour la modeler dans la convergence de chacun de leurs désirs. Une sorte de respiration commune les unit, commune et transformante dans l'irradiation d'une nouvelle lumière qui jaillit.

Dieu crée l'Homme.
L'Homme, en tant qu'il est יהוה en puissance, se fait avec Dieu. C'est pourquoi les deux NOMS divins יהוה-'Elohîm, sont inséparables dans ce chapitre du « faire ». Ils ne seront séparés dans la suite du récit biblique que pour exprimer, non plus « dans le principe », mais dans la dynamique de l'Histoire, le jeu de cette respiration 'Elohîm-יהוה, suivant un axe dont nous verrons qu'il est l'Ēḏen en lequel l'Homme est placé et fait ou hors duquel il fuit et se détruit.

Si 'Elohîm crée les cieux et la terre
יהוה-'Elohîm fait terre et cieux

C'est à la charnière de l'expir-inspir que s'en joue le retournement

Les cieux et *la* terre créés
sont *le* Fils porté dans le ventre de la mère ;
ils sont alors définis car connus de Dieu
Mais 'Āḏām, lui, n'accouchera du Fils
que par terres successivement accomplies en lui

Dans le principe, tout, au départ, est inconnu de lui

Voici comment terre et cieux vont être faits :

אֶרֶץ וְשָׁמָיִם
'Erets WeShāmāyim

Terre et cieux

Si 'Elohîm créée les cieux et la terre, יהוה-'Elohîm fait terre et cieux.

C'est à la charnière de l'expir-inspir que se joue le retournement.

Dieu crée les cieux inaccomplis et le principe du sec accompli.

Dieu et יהוה en l'Homme font le sec puis vont vers l'humide qui reste à faire car l'Homme ne peut aller vers l'inaccompli de ses cieux intérieurs qu'en partant d'une première terre dont il s'est nourri, d'un premier luminaire auquel il s'est référé.

Les cieux et *la* terre créés sont « *le* Fils » porté dans le ventre de la mère (ב־הבר־אם) : ils sont alors définis car connus de Dieu.
Mais l''Āḏām, lui, n'accouchera du Fils que par « terres » successivement « faites » (puisqu'il est le fruit de chacune d'elles), terres tirées des « cieux » dans lesquels il pénétrera au fur et à mesure de ses accomplissements.
Terres et cieux encore inconnus ne sont alors nommés ici que « dans le principe », mais indéfinis.

Voici comment ils vont être faits :

CHAPITRE V

וְכֹל שִׂיחַ הַשָּׂדֶה טֶרֶם יִהְיֶה בָאָרֶץ
Aucun arbrisseau (pensée) du champ (de conscience) n'est encore sur le sec
וְכָל עֵשֶׂב הַשָּׂדֶה טֶרֶם יִצְמָח
Aucune herbe (nourriture) du champ ne germe encore
כִּי לֹא הִמְטִיר יְהוָה אֱלֹהִים עַל־הָאָרֶץ
car יהוה-'Elohîm n'a pas fait pleuvoir sur le sec
וְאָדָם אַיִן לַעֲבֹד אֶת־הָאֲדָמָה
Et 'Āḏām rien pour cultiver la 'Aḏāmāh

La pensée (ou parole) est au Verbe ce que l'arbrisseau est à l'arbre
Une verticalisation n'est pas encore faite

Après l'« expir » du « créer »,
le processus du « faire » va partir dans un « inspir »
Cette « apnée » est lourde du programme
que ce verset présente sous une forme négative,
programme non encore accompli et que les versets suivants vont
. dérouler, décrivant son accomplissement
Cette pensée-parole est relative à un champ de conscience qui,
tel un champ de nos terres extérieures,
est riche d'une nourriture en puissance

CHAPITRE V

(verset 5)

וְכָל שִׂיחַ
WeKol Śyaḥ

Tout arbuste — mais aussi toute « pensée — dessein ». Śyaḥ est encore la « parole » mais elle n'est pas le Verbe. Elle est au verbe ce que l'arbrisseau est à l'arbre, c'est-à-dire non encore développée, élaborée. Śyaḥ שִׂיחַ est inséparable du verbe Shāḥoh שׁחֹה qui signifie « incliner — recourber — se prosterner ».
Une verticalisation n'est pas encore faite.

Cette pensée élaboratrice de la parole relative au champ de conscience que constitue la « coagulation des eaux » (1) n'est donc pas encore formée.
Une image extérieure peut nous faire comprendre analogiquement cela : lorsqu'un enfant arrive au monde, sur cette terre, il appartient déjà à cette terre, mais bien que tout soit mis en place en lui pour qu'il pense puis qu'il parle, il n'est encore que sensation animale. Rien n'est « fait » de lui.

Ce verset semble nous situer au fond de l'« expir » du « créer », sur une terre première, la terre A de l'échelle (2), un sec d'où le processus du « faire » va partir dans un « inspir ». C'est sous une forme négative que cette apnée nous est décrite pour nous signifier qu'elle est lourde de ce programme dont les versets suivants vont nous raconter le déroulement.

---

(1) Cf. Tome I, p. 177.
(2) Cf. Tome I, p. 219 (dessin reproduit plus haut chapitre II, p. 463).

Le champ va se construire avec la croissance de la verdure
mais ni l'arbuste (pensée)
ni la verdure (éléments qui donneront naissance à cette pensée)
ne sont encore là

ce « pas encore » — Ṭerem — deux fois dit dans le verset
joue avec un troisième terme hébreu
— Himeṭîr — « faire pleuvoir »,
semblant indiquer par là que tout est suspendu dans le « faire »
à l'arrivée de l'humide

L'humide viendra-t-il des « eaux-d'en-haut » ?

viendra-t-il des « eaux-d'en-bas » ?

הַשָּׂדֶה
HaŚadeh

du champ — Ce champ de conscience, le tout premier échelon de l'échelle qu'a vue Jacob et que j'ai tenté de schématiser dans l'étude du premier chapitre de la Genèse, ce champ est une nourriture en puissance que

שַׁד
Shad — la mamelle divine retient et qu'elle ne pourra répandre que lorsque les deux

ה
lettre Hē — Hē se seront épousés. Ils formeront alors un Yod י : Shaday שׁדי est le Tout-Puissant qui donne Sa puissance en partage :

une force à chaque niveau de conscience, autant que l'Homme la peut supporter. Cette force est contenue dans la « pierre des profondeurs » שׁ ; elle distribue la force du Nom, « suffisamment » די Day, au fur et à mesure de la montée, et constitue la lumière du champ. Mais ce premier champ n'est pas encore construit.

טֶרֶם
Ṭerem

pas encore — Ce terme vient deux fois dans le verset, et même trois fois si l'on est attentif, car un jeu de mots lie cet adverbe au verbe Himeṭîr המטיר « faire pleuvoir » qui suit et dont la racine Maṭar מטר est une autre figure du ballet des trois lettres de Ṭerem טרם. Dans les deux mots la racine Ṭour טור évoque des « rangées » et la lettre Ṭeit ט qui y préside, un accomplissement : un accomplissement Roum רֻם, ver de terre, c'est-à-dire encore potentiel dans le rampant.

Ce « pas encore » est un sursis.
Un dynamisme d'accomplissement est en lui, qui se déroulera par étapes, « rangées » successives dont le cours est suspendu — peut-on penser —

— soit à la pluie, symbole des « eaux-d'en-haut », grâce divine sans laquelle aucune terre nouvelle ne peut vraiment germer de verdure ni de fruits ;
— soit aux « eaux-d'en-bas » que, par son travail, l'’Āḏām doit faire monter des profondeurs de sa ’Aḏāmāh-mère pour « coaguler » une terre, naître à une conscience.

Cet état que l'humide ne vient pas arroser
est le passage du désert,
comparable, dans le cosmos extérieur, à un hiver

Les Hébreux dans le désert, après la sortie d'Égypte,
n'éprouvent que l'angoisse
Ils ont soif ! De quelle source donc l'eau leur viendra-t-elle ?

Ainsi en est-il de notre cheminement intérieur :
Nous avons quitté une terre (un champ de conscience)
et nous ne discernons encore aucun élément d'une terre nouvelle

Le jour d'avant est loin.
Ce n'est pas encore le jour nouveau !
Temps des plus lourdes ténèbres
qu'une aube est sur le point de dissiper mais qui nous trouve
glacés !
Glacés, incapables de ressentir...

N'est-ce pas le « ressentir » que symbolise l'herbe, la nourriture
animale ? (4)

Cet « état » que l'« humide » ne vient pas visiter est un désert que l'on pourrait comparer dans le cosmos extérieur, à un hiver.

Cette nécessité d'humide pour faire une terre neuve et pour atteindre à la situation de fécondité de la deuxième partie du troisième jour (3) est une loi qui se retrouvera à tous les échelons de l'accomplissement.

La vie des Hébreux l'illustrera souvent : le peuple n'a-t-il pas fait la Pâque, le passage de la terre de servitude en Égypte à une terre nouvelle de liberté ? Elle n'est pour lui que désert angoissant !

Ainsi en est-il de notre chemin intérieur : nous avons quitté un champ de conscience. Nous savons que ce ne sont plus les outils d'hier avec lesquels nous allons avoir à œuvrer, mais nous ne discernons encore aucun élément d'une nouvelle terre.
Le jour d'avant est loin !
Ce n'est pas encore le jour nouveau. Se lèvera-t-il même ? Temps des plus lourdes ténèbres qu'une aube est sur le point de dissiper mais qui nous trouve glacés...

יִהְיֶה
Yiheyeh — est (mais sera !)

בָּאָרֶץ
Bā'ārets — sur le sec

וְכָל־עֵשֶׂב הַשָּׂדֶה
WeKol-'Eseb HaŚādeh — et toute herbe du champ

Si l'arbuste n'est pas là, prêt à grandir pour devenir arbre à fruits et nourriture d'Homme, la plus élémentaire nourriture nécessaire aux énergies animales (4) ne germe même pas encore !

---

(3) Cf. Tome I, chapitres XI et XII.
(4) Cf. Tome I, p. 419 à 423.

Celle-ci ne germe pas encore, mais germera, dit la forme verbale
car la loi qui préside à la création est le Logos même de Dieu ;
elle est absolue (5)

Germer, en hébreu,
implique un resserrement devant une barrière à franchir,
le germe est le lieu secret d'un travail divin —
une matrice de splendeur
où luit déjà une lumière qui va s'accomplir

טֶרֶם
Ṭerem — pas encore

יִצְמָח
Yitsemāḥ — germe (mais germera !)

Ces deux verbes « être » et « germer » sont à la forme inaccomplie bien sûr, mais en même temps ils disent que cela sera et que cela germera. Une certitude est là car elle relève des lois ontologiques, de celles qui structurent le chemin de l'accomplissement et que nul ne peut enfreindre :

> « יהוה a donné une loi qui ne peut être transgressée » (5).

צמח Tsāmoaḥ, « germer » est formé de trois lettres dont les deux premières expriment

צם
racine Tsem
ח
lettre Ḥeit

un resserrement, une contraction-concentration (Tsimtsoum צמצום) devant une barrière à franchir.

Cette racine est encore :

צ
lettre Tsādei

Le « harpon » divin qui œuvre dans

מח
Moaḥ

la « moelle » de l'os, là où se forme chez l'Homme le globule rouge du sang ; Dieu travaille au cœur des êtres et des choses, dans leur centre le plus subtil, en un lieu si secret que seul l'être qui y a atteint connaît (celui qui a monté tous les échelons, accompli toutes ses terres !) ; l'être qui n'y a pas encore atteint croit alors que rien ne se passe comme, analogiquement, nous avons du mal à croire à l'intensité de l'œuvre qui s'accomplit sous la terre hivernale.
Et pourtant « germer » Tsāmoaḥ, c'est aussi « luire », « briller », car le germe est le lieu,

---

(5) Psaume 148, 6.

Mais si ce potentiel de lumière est mis en place dans le « créer »,
rien ne semble encore être mis en œuvre dans le « faire »,

parce que
(en hébreu : « prendre en mains le Yoḏ », le potentiel à accomplir
— une cause ne relève pas du passé, mais du devenir —) (6)

d'une part :

L'humide d'en-haut, la grâce divine n'est pas descendue,
le désert reste donc sec

L'humide d'en-bas peut-il alors monter ?

Non, car d'autre part :
« 'Āḏām n'est pas » pour travailler la 'Aḏāmāh,

	מ lettre Meim	la matrice de
	צח Tsaḥ	la « splendeur » Mais si ce potentiel de splendeur est mis en place dans le « créer », rien ne semble encore être mis en œuvre dans le « faire ».
כִּי **Kî**	parce que	Ce qui va suivre est important : cette conjonction rappelons-le (6) est :
	כ lettre Kaph	« prendre en mains »
	י lettre Yod̲	le Yod̲ Toute cause est dans la gestion du Yod̲ pour son accomplissement. Une cause ne relève pas du passé, mais du devenir.

Cette « apnée » qui vient de nous être décrite est lourde de la respiration qui s'amorce en elle. C'est pourquoi — je le disais plus haut — la forme négative du discours annonce le déroulement positif de ce que celui-ci contient. Il contient deux propositions :

		d'une part :
לֹא הִמְטִיר **Lo' Himeṭîr**	n'a pas fait pleuvoir	L'humide d'en-haut, la grâce divine n'est pas descendue. Le désert reste donc sec.
יְהוָה אֱלֹהִים **יהוה 'Elohîm**	יהוה-'Elohîm	L'humide d'en-bas peut-il alors monter ? Non, car
עַל־הָאָרֶץ **'Al-Hā 'Ārets**	sur le sec	
		d'autre part :
וְאָדָם אַיִן **We 'Ād̲ām 'Ayin**	et 'Ād̲ām rien (7)	'Ād̲ām n'est pas
לַעֲבֹד **La'Ab̲od̲**	pour travailler,	pour dissiper
	עב 'Āb̲ — nuage	les écrans qui le séparent de 'Āb̲ אב, le Père, lumière des lumières,

(6) Cf. Tome I, p. 111.

(7) J'explique ce mot à la page suivante

c'est-à-dire pour écarter l'un après l'autre les voiles du féminin
intérieur,
jusqu'à ce que,
atteignant à sa totale nudité,
le féminin délivre le secret de son Nom

Travailler, c'est épouser

Pour 'Āḏām, travailler c'est épouser sa mer-mère intérieure
Mais nous savons (8)
qu'il ne peut travailler que si le Yoḏ est présent et actif
si la tête en הוה préside et anime la 'Aḏāmāh,
c'est-à-dire si 'Āḏām entre dans le septième jour
Ce n'est qu'en devenant conscient du Dieu qu'il porte en lui
et qui seul peut dynamiser l'œuvre
qu''Āḏām devient véritablement l'Homme-'Āḏām
« 'Āḏām n'est pas »
signifie qu'il n'est pas encore sorti des eaux de la 'Aḏāmāh,
qu'il est encore totalement identifié à elle,
confondu avec elle,
donc incapable de l'épouser

Semblable au fœtus du sixième mois dans le ventre de sa mère,
bien que présent dans la matrice et non-viable ex-utero
car son NOM secret
n'a pas encore reçu le souffle animant sa « personne »,
image de Dieu

ד porte — passer les portes successives
lettre Dālet

עד jusqu'à ce que...
'Ad

ב la création saisie dans le temps de ses
lettre Beit — espaces intérieurs découvre la lumière.

Travailler, c'est écarter, l'un après l'autre, les voiles du féminin intérieur, jusqu'à ce que atteignant à la nudité totale ce féminin délivre le secret du NOM — mette au monde l'enfant divin, le Fils accompli — et qu'alors éclate la lumière. Travailler c'est épouser.
Car la vocation d''Ādām — cela va nous être dit au verset 15 — est de travailler la 'Ādāmāh.

אֶת־הָאֲדָמָה
'Et-Hā 'Adāmāh

la 'Adāmāh — Mais la terre intérieure d''Ādām, sa « mère » qui doit devenir son épouse et dont nous savons qu'elle est **הוה** (8), ne peut être travaillée que si le Yod est présent et actif, si la « tête » Yod **י** préside à **הוה** et l'anime, c'est-à-dire si en 'Ādām, le Yod est mis en mouvement.
Ce n'est qu'en devenant conscient du Dieu qu'il porte en lui et qui seul peut dynamiser l'œuvre, que 'Ādām devient véritablement l'Homme-'Ādām.

« 'Ādām n'est pas » ne veut pas dire qu''Ādām n'est pas déjà là, mais cela signifie qu'il est encore totalement identifié à sa 'Adāmāh-mère et qu'il est donc incapable de l'épouser.

Confondu encore, au sixième jour, avec « tous les vivants de la 'Adāmāh », il est l'un d'eux, les récapitulant tous et riche d'un potentiel d'Homme et de dieu, mais il l'ignore.
Il est analogue au fœtus du sixième mois dans le ventre maternel ; il est là, bien vivant dans la matrice, mais non-viable ex-utero, incapable de se différencier encore de sa mère, car son Nom secret n'a pas encore reçu le souffle animant sa « personne », image de Dieu.

---

(8) Cf. Tome I, p. 333 et plus haut, p. 27.

Notre état de « chute » nous trouve reconduits à cet état,
totalement oublieux de l'image divine que nous sommes,
incapable de « prendre en mains le Yod̲ » ;
le Yod̲ joue en « adversaire »

Nous sommes identifiés au monde animal, constituant de la
'Ad̲āmāh,
une jungle au sein de laquelle
les religions d'un niveau primaire instituent une loi,
mais maintiennent 'Ād̲ām à cette étape

A un deuxième niveau,
elles sont toutes porteuses du message
qui tente de promouvoir en l'Homme la conscience de son NOM
Toutes convergent vers l'axe cosmique du NOM
que révèle la Tradition judéo-chrétienne

Le NOM est accompli dans la Personne du Christ,
véritable fruit de l'Arbre de la connaissance

Il est analogue encore, disais-je plus haut, à l'enfant qui vient de naître au neuvième mois d'une gestation in utero, mais dont nous avons vu (9) qu'il entre alors dans la matrice cosmique de l'univers, à laquelle nous appartenons tous, mais qui n'en est encore, elle, qu'en son sixième mois de gestation.
L'état de « chute » que nous étudierons au chapitre III de la Genèse et dans lequel nous nous trouvons, participe en effet d'une situation de sixième jour. La sortie d''Ēḏen, nous le verrons (10) n'est autre que la sortie du souffle dans lequel s'accomplit le NOM, l'oubli de l'image, la confusion totale à la 'Aḏāmāh-mère.

Au sein de notre actuelle matrice cosmique nous sommes quasiment tous dans cette situation. Nous sommes tous identifiés au monde animal, rampants ou, dans le meilleur des cas, sur quatre pieds (comme le faisait deviner la sphinge à Œdipe (11)). Nous n'avons pas commencé notre verticalisation.

Les diverses religions, comprises à un premier niveau, organisent selon une loi qui est propre à chacune d'elles, un ordre dans cette jungle.
Mais, réduites à ce rôle, ces religions, elles aussi, sont 'Ayin-rien, car elles confinent 'Āḏām dans ce 'Ayin-rien.
A un deuxième niveau, elles sont toutes porteuses du message qui tente de promouvoir en l'Homme la conscience de son NOM — chacune l'exprime de façon différente et va plus ou moins loin dans la révélation de la Personne-Image, mais toutes y tendent.
Je ressens pour ma part l'axe judéo-chrétien comme étant celui du souffle du NOM, celui non seulement de la révélation totale mais de l'accomplissement total en la personne du Christ, nouvel 'Āḏām du sixième jour, qui est allé jusqu'au neuvième (la neuvième heure où Il rend le souffle) et jusqu'au dixième jour où Il ressuscite Fils accompli, véritable fruit de l'Arbre de la connaissance.

---

(9) Cf. Tome I, p. 353 et plus haut, p. 501.
(10) Cf. chapitre VIII.
(11) Cf. S. du C., p. 108.

Nous n'avons malheureusement qu'un mot
pour désigner l'Homme en tant qu'« il n'est pas encore » :
« 'Āḏām-rien » — en hébreu « 'Āḏām-'Ayin » —
et en tant qu'il est entré dans la conscience de l'image divine
qu'il est en son NOM
(Nous verrons que c'est cela entrer en 'Ēḏen)
Le langage biblique désigne donc le premier état par
« 'Āḏām-'Ayin »,
le second état par « le-'Āḏām »,
l'article — la lettre Hē en hébreu, qui symbolise le « souffle » —
introduisant en 'Āḏām le souffle de son NOM

Le terme « Rien » qui qualifie le premier état d''Āḏām exige
notre attention :
il est un Nom divin
Ce « Rien » d'où tout est créé, nous dit la Tradition,
contient une interrogation :
Où est le Yoḏ ? demande-t-il
Qui est celui-là qui est en-haut ? demande 'Elohîm (11)
Où est le Yoḏ ? demande ce « Rien »

Un seul et même mystère

Mais le verset qui nous intéresse ici et qui est d'autant plus important qu'il décrit notre actuelle situation, nous révèle la totale confusion de l'Homme identifié à ses terres intérieures, aux énergies qui les constituent.
Nous n'avons malheureusement qu'un mot pour désigner l'Homme dans la distinction de ces deux états d'être, le premier : totalement inconscient ; le second : devenant conscient de l'image qu'il est. La Bible ne le nomme l''Āḏām qu'à partir de cette conscience du Yoḏ qui l'habite.
Autrement dit, le langage biblique n'appelle l''Āḏām que l'Homme devenu conscient du dieu qu'il porte et qu'il se doit de devenir. Peut-être est-ce cette expression **אדם־אין** 'Āḏām-'Ayin, 'Āḏām-rien, que la Bible emploie pour désigner le premier état. Nous la traduisons par une négation : 'Āḏām n'est pas, car en effet : « Est-on ? » quand on n'est pas conscient du NOM divin que l'on est ?

Cette question, le mot **אין** 'Ayin lui-même la pose. Il est un Nom divin qui peut être lu :
אן où Où est le Yoḏ ?
'Ān
י le Yoḏ ?
lettre Yoḏ
De même que le tout premier Nom divin révélé à la création, 'Elohîm, est une interrogation (12) :
« Qui est ceux-là qui est en-haut ? »,
de même, cet autre Nom divin 'Ayin **אין** est lui aussi une interrogation :
« Où est le Yoḏ ? » Où est **יהוה** ?

Nous pourrions poser cette double question :
Qui est 'Āleph-'Elohîm ?
Où est le Yoḏ-**יהוה** ?

En profondeur, elles sont une, car celui qui aura trouvé le Yoḏ en devenant son NOM, celui-là entrera dans le mystère du 'Āleph. « Celui qui m'a vu a vu le Père », dit Jésus (13).

(12) Cf. Tome I, p. 49-51.
(13) Jean XIV, 9.

Les Hébreux appellent encore ce « Rien » le « point-d'en-haut »
qui est et qui n'est point... mais encore au-delà

Dans le Non-Être Dieu reste inconnaissable
Dans l'Être 'Elohîm se limite, Il se fait « Rien », Germe-Yod̲,
et s'ensemence dans la création
L'espace est né
Où est le Yod̲ est l'espace

Ce « non où » comme l'appellent nos amis de l'Islam,
est le point originel s'enracinant dans le sein du Père
Le monde créé de « Rien » (14)
est tiré du sein du Père, de la matrice d''Elohîm

De ce « Rien » : sortent tous les « je »,
les personnes uniques distinctes les unes des autres et cependant
UNE
Un jeu de mots hébreux relie « Rien » et « je », 'Ayin et 'Anî
'Adam-'Ayin ne peut encore dire 'Anî, « je »
Il baigne dans les eaux maternelles
et de ce fait est aussi encore identifié au cordon ombilical
nourricier
venant du sein d''Elohîm-Père
Il est un Yod̲ encore indéfférencié du 'Āleph

Mais le mot 'Ayin répond dans l'immédiat à la seconde question : Les Hébreux contemplent en lui un aspect divin qu'ils nomment

« Le point-d'en-haut ».

Le « Point » est la toute première manifestation indémontrable, axiomatique, en même temps qu'il est une négation : il est et il n'est point.
'Ayin est la révélation du premier NOM de Celui qui est et qui n'est point, mais au-delà...
Dans le Non-Être, Dieu reste inconnaissable.
Dans l'Être **א**, Il se limite et se fait connaître.
Dans le Germe-Yod̲ Il s'ensemence dans la création : l'espace naît. Où est le Yod̲ est l'espace.

Si, dans le mot **אין** nous formons la lettre Tsād̲ei, lettre faite du Yod̲ et du Noun réunis, nous obtenons le mot 'Ats **אץ**, ce qui est « resserré ».

En ce « Point » qui est et qui n'est point, Dieu se resserre, se contracte, se fait Rien, foyer ponctiforme, source du créé en lequel Il ensemence le Yod̲.

Ce « non où » comme l'appellent nos amis de l'Islam, est le point originel s'enracinant dans le sein du Père. Le monde « créé de Rien » (14) est tiré du sein du Père (de la matrice **אם** d''Elohîm **אלהים**).

De ce **אין** naîtront tous les **אני**, les « je », les personnes uniques, distinctes les unes des autres et cependant UNE.
'Ād̲ām-'Ayin **אדם־אין** ne peut pas encore dire 'Anî **אני**, « moi, je ». Il baigne dans les eaux maternelles et, de ce fait, est encore identifié au cordon ombilical nourricier venant du sein d''Elohîm-Père. Il est un Yod̲ encore indifférencié du 'Āleph.

---

(14) 2 Maccabées 7, 28 — La création « ex nihilo », « Me'Ayin », s'implante en ce « point d'en-haut » que n'hésite pas à rejoindre dans la mort le plus jeune des sept frères Maccabées.

(Notre retour à cet état d'indifférenciation par la chute
nous laisse cependant loin de la réinsertion à ce cordon ombilical
Père !)

La « chute » étant une situation de principe
dont nous reconduisons l'option continuellement,
il nous est aussi possible de nous resituer à chaque instant
par rapport au Yoḏ que nous sommes,
donc aussi par rapport à 'Elohîm-Père

Dans ce verset qui décrit la marche d'évolution de l'ontologie de
l''Āḏām,
l'Homme identifié à ses eaux maternelles est nourri du Père
et va vers le septième jour de la Genèse,
ou le septième mois de sa gestation cosmique
Sortant du Rien-'Ayin, il deviendra « je-'Anî », tel un vaisseau
(nommé aussi 'Anî en hébreu)
pouvant naviguer sur la mer dont il se sera différencié !

Ce « moi-'Anî » pourra travailler la 'Aḏāmāh, l'épouser

Notre retour à cet état d'indifférenciation après la chute a ceci de différent des normes ontologiques ici décrites, à savoir que nous baignons dans les eaux maternelles de la 'Adāmāh mais que nous avons perdu contact avec le cordon ombilical Père ; aussi mourons-nous dans ce sein après l'avoir dévoré.
C'est pourquoi la première question que pose Dieu à 'Ādām après la chute est :

« où es-tu ? » (15)

ce qui signifie : où est ton Yod, qu'as-tu fait de ton Yod ?
'Ādām tout de suite aurait pu se reprendre en se resituant par rapport au Yod qu'il est.
Cette remarque garde valeur permanente, la « chute » étant une situation de principe dont nous reconduisons l'option continuellement.

Dans le verset que nous étudions, **אדם אין** est un 'Ādām inconscient, identifié au « point d'en haut » comme à ses eaux maternelles, mais il est nourri du Père et va vers le septième jour de la Genèse ou vers le septième mois de sa gestation cosmique.
Sortant de l''Ayin **אין**, il deviendra 'Anî **אני** « moi, je », se différenciant de sa mère la 'Adāmāh, il sera comme un « vaisseau » 'Anî **אני** (même mot) pouvant naviguer sur la mer...

Ce moi **אני** pourra travailler la 'Adāmāh, l'épouser.

(15) Genèse III, 9.

CHAPITRE VI

וְאֵד יַעֲלֶה מִן־הָאָרֶץ
Et une vapeur s'élève du sec
וְהִשְׁקָה אֶת־כָּל־פְּנֵי הָאֲדָמָה
et arrose chaque niveau de la 'Aḏāmāh

Dans cette situation d'aridité nous attendions la pluie d'en-haut,
la grâce de יהוה-'Elohîm,
et voici qu'elle reste muette mais que s'élève une vapeur venue d'en-bas !
Né de la « coagulation des eaux » dans le Ṯohou,
le sec devient forme et connaît un « vide »-Bohou
qui appelle l'Époux dans une montée de désir

La vapeur est la montée amoureuse d'un feu d'en-bas
allant à la rencontre du feu d'en-haut

CHAPITRE VI

(verset 6)

וְאֵד **We'Ēd**	Et une vapeur	Dans cette situation d'aridité, il faut bien dire que nous attendions la pluie d'en-haut, la grâce de 'Elohîm, et voici qu'elle reste muette et que s'élève d'en-bas une vapeur.
יַעֲלֶה **Ya' àleh**	s'élève	
מִן־הָאָרֶץ **Min-Hā'Ārets**	du sec terre	

Né de la « coagulation des eaux », le sec devient « forme » Tohou, et connaît un « vide », Bohou, qui appelle l'Époux dans une montée de désir.

אד 'Ēd, la vapeur, est la montée amoureuse d'un feu d'en-bas allant à la rencontre du feu d'en-haut.
C'est une « alliance de feu » qui unit le créateur à sa création, 'Elohîm à sa « fille » appelée à devenir son épouse (1).
'Ēd est une montée de désir, une vapeur-feu !
Cela est si vrai que le mot 'Ēd **אד** est ici introduit par la conjonction **ו**, ce qui constitue un nouveau corps de trois lettres **ואד** qui jouent en **אוד** 'Oud pour signifier « tison-brandon ». Deux ou trois fois employé dans la Bible, ce tison est toujours « tiré du feu » (2).
Tirée du feu du « sec », qui ne peut être au départ que le noyau informant, le NOM, est cette vapeur amoureuse et lourde du désir de la création pour l'Époux.

---

(1) Cf. Tome I, p. 11.
(2) Amos IV, II — Zacharie III, 2.

La toute première poussée d'accomplissement
vient des profondeurs de l'inconscient de 'Ā<u>d</u>ām-'Ayin,
du fond de la 'A<u>d</u>āmāh lourde du Yo<u>d</u> !

Le feu du désir vient de l'exigence du Yo<u>d</u> à rejoindre le 'Āleph
Cette même exigence fonde le désir de la 'A<u>d</u>āmāh-'Ishāh
pour son époux 'A<u>d</u>ām-'Ish

Et le Yo<u>d</u>, Verbe en puissance, véritable « tison de feu »,
fait bouillir les eaux de la 'A<u>d</u>āmāh
et soulève une vapeur dont, au verset suivant,
יהוה-'Elohîm s'empare pour « former » l''Ā<u>d</u>ām
'Ā<u>d</u>ām s'éveille dans sa « personne », image d''Elohîm,
au septième mois de sa gestation,
sous une poussée de désir de la 'A<u>d</u>āmāh pour lui
et de lui-même pour son modèle-Époux 'Elohîm,
désir qui devient constituant essentiel de son être
Le désir de la 'Adāmāh-épouse pour 'Ā<u>d</u>ām époux
est ontologiquement le même
que celui d''Adam, en tant qu'il est Germe divin יהוה,
pour 'Elohîm

Ce principe de vie qui régit la fécondité des terres intérieures de l''Ā<u>d</u>ām
régit celle de nos terres extérieures :
Un désert reste sec non parce qu'il n'y pleut pas,
mais il ne pleut pas là où la terre est sèche !
Apportons de l'eau à cette terre et faisons-là produire de la verdure,
la rosée de l'aube montera et la pluie alors descendra
Nous transformons sa situation climatique en inclinant le ciel vers elle
Terres extérieures et terres intérieures à l'Homme
sont les deux pôles d'une même réalité...

Et cependant 'Ā<u>d</u>ām, bien que créé, est inconscient du Germe divin qu'il porte, il « n'est pas encore » !

Et c'est peut-être cela la réalité la plus bouleversante de la création, que la toute première poussée d'accomplissement vienne du Yo<u>d</u>, feu des profondeurs malgré que l'Homme soit encore inconscient de lui !
Le feu du désir vient de l'exigence du Yo<u>d</u> à rejoindre le 'Āleph. Cette même exigence fonde le désir de la 'A<u>d</u>āmāh-'Ishāh pour son époux 'Ā<u>d</u>ām-'Ish.

Et le Yo<u>d</u>, Verbe en puissance, véritable tison de feu, fait bouillir les eaux de la 'A<u>d</u>āmāh — si cette image m'est permise ! — soulève une vapeur dont, au verset suivant יהוה-'Elohîm s'empare pour « former » l''Ā<u>d</u>ām.
'Ā<u>d</u>ām est formé du désir de croissance du Yo<u>d</u> vers l'Époux, 'Elohîm, et de celui de la 'A<u>d</u>āmāh pour lui-même ; en profondeur un seul et même désir, constituant essentiel de son être (3).
Car le désir de la 'A<u>d</u>āmāh pour 'Ā<u>d</u>ām est ontologiquement celui d''Ā<u>d</u>ām, en tant qu'il est Germe divin יהוה pour 'Elohîm.

Si ce principe de vie est fondamental dans la perspective d'accomplissement des profondeurs intérieures de l'Homme, il s'exprime tout aussi radicalement au niveau des lois qui régissent la fécondité de ses terres extérieures : Nous savons aujourd'hui qu'un désert reste sec non parce qu'il n'y pleut pas, mais qu'il ne pleut pas là où la terre est sèche. Apportons de l'eau à cette terre et faisons-la produire de la verdure, la rosée de l'aube montera et la pluie descendra. Nous transformons sa situation climatique en inclinant le ciel vers elle.
Terres extérieures, et terres intérieures à l'Homme sont les deux pôles d'une même réalité.
La Genèse nous révèle les lois de principe qui régissent leur vie dans chacun de leur domaine, mais dans leur unique réalité.

---

(3) Cf. Tome I, p. 357 à 363.

La rosée est l'image la plus palpable
de la « vapeur » qui sourd d'une terre nouvelle
à laquelle naît un homme émergeant des ténèbres de la non-connaissance
car toute étape du chemin intérieur,
dans une nuit de l'âme,
renvoie à une situation d''Āḏām-'Ayin
mais avec la conscience d'elle
L'homme qui est déjà sur le chemin a conscience de cette situation
Au départ, l'Homme n'en a pas conscience

Le verbe arroser, Shouq en hébreu, est de même nature que le désir

Il est exprimé par la lettre Shîn
symbolisant la pierre
qui scelle dans la profondeur des eaux d'en-bas le feu du NOM,
et par la lettre Qoph
symbolisant le canal conducteur des eaux-feu d'en-haut

Eau et feu, UN dans la « mer des lumières » incréée,
tissent le créé dans un jeu de séparations-unions,
dont on est en droit de se demander
s'il n'est pas l'élément déterminant de la création
et de sa réintégration à l'UN
Le désir présiderait à ce jeu

Aucun mécanisme de la manifestation du désir
ne peut être analysé d'une façon juste
s'il n'est situé dans son enracinement en l'UN, eau-feu, non manifesté !

La rosée extérieure est alors vraiment l'image la plus palpable de cette vapeur qui sourd du sec d'une terre nouvelle à laquelle naît un homme émergeant d'une nuit de ténèbres et de non-connaissance.
Car, si ce qui vient d'être dit de l'évolution intérieure de l'Homme nous décrit un 'Āḏām-'Ayin, c'est-à-dire un homme à son départ, inconscient et encore totalement identifié à sa 'Aḏāmāh, cela nous décrit aussi l'Homme à chaque étape de son chemin, l'Homme dans une nuit de l'âme, avant qu'une aube ne pointe.
A ces étapes l'Homme est toujours renvoyé à une situation d''Ā ḏām-'Ayin ; il ne sait plus rien mais il a conscience de ne plus rien savoir ; il est alors nourri par le cordon ombilical divin qui le fait croître vers cette aube nouvelle d'où jaillit un feu אד qui monte de ses eaux profondes...

וְהִשְׁקָה
WeHisheqāh

et qui arrose — De la racine Shouq שׁוק « arroser », mais aussi « désirer » ; Teshouqāh תשׁוקה est le « désir ». Tout désir détermine une humidification.

Ce mot Shouq שׁוק est essentiellement constitué des deux lettres Shîn et Qoph dont le première est la pierre des profondeurs qui recèle le NOM ; elle est un feu qui couve dans les abîmes des eaux-d'en-bas, feu attisé par celui qu'apporte la seconde lettre, canal conducteur de la « mer des lumières » (4).

Eau et Feu UN dans la « mer des lumières » non manifestée, inconnaissable, restent intimement liés au niveau de toute la manifestation ; et l'on est en droit de se demander si le jeu de leur union-séparation n'est pas l'élément déterminant de la création et de sa réintégration à l'UN.
Le désir présiderait à ce jeu.

Aucun mécanisme de la manifestation du désir ou de tout ce qui joue le rôle du moteur de la vie ne peut être analysé d'une façon juste s'il n'est situé dans son enracinement en l'UN Eau-Feu non manifesté.

---

(4) Cf. Tome I, p. 141.

Tous les désirs de l'Homme, si dévoyés soient-ils,
sont l'expression de cette fondamentale réalité de l''Āḏām
saisi entre l'incréé et le créé dans une « alliance de feu »
dont nous ne pouvons douter maintenant qu'elle soulève
les eaux de sa mer-mère des profondeurs
et les rend « vapeur qui arrose chaque niveau de la 'Aḏāmāh »

Or le texte nous révèle le désir comme constituant l'Homme à tous les niveaux de son évolution, depuis le désir érotique le plus banal (ou plus exactement le plus banalisé !) jusqu'à celui qui unit l'Homme à son Époux divin.

Tous sont l'expression de cette même fondamentale réalité de l'Homme saisi entre ciel et terre (dans le sens incréé et créé), dans une « alliance de feu », dont nous ne pouvons douter maintenant qu'elle soulève les eaux de la mer-mère des profondeurs et les rend « vapeur qui arrose

אֶת־כָּל־פְּנֵי הָאֲדָמָה
'Et-Kol-Penei Hā'Aḏāmāh

chaque niveau de la 'Aḏāmāh ».

Nous ne pouvons nous extraire de cette méditation sur ce verset sans contempler l'étroite parenté qui unit les mots **אד** et **יד** : une porte **ד** les sépare et les unit comme elle sépare et unit le 'Āleph et le Yoḏ, 'Elohîm et **יהוה**. Unis ici dans un même « faire » auquel préside le désir, **יהוה**-'Elohîm ouvre cette porte qui libère et mobilise l'axe de la Raqî'a-Shāmayim dont nous verrons tout à l'heure qu'il est celui du jardin d''Ēḏen.

CHAPITRE VII

וַיִּיצֶר יְהוָה אֱלֹהִים אֶת־הָאָדָם עָפָר מִן־הָאֲדָמָה
Et forme יהוה-'Elohîm le 'Āḏām poussière tiré de la 'Aḏāmāh
וַיִּפַּח בְּאַפָּיו נִשְׁמַת חַיִּים וַיְהִי הָאָדָם לְנֶפֶשׁ חַיָּה
et Il souffle dans ses narines un souffle de vie et il devient âme vivante

'Āḏām formé reçoit une « information » qui peut s'entendre à deux niveaux
(qui en profondeur n'en sont qu'un)

— D'une part
une « formation » venue de l'intérieur
avec l'humide-feu monté des profondeurs pour appeler l'Époux
d'où l'image biblique
de l''Āḏām prenant forme sous la main divine qui le pétrit et le modèle
La forme est donc essentiellement celle
que détermine la « vapeur » née du NOM ;
elle est constituée par telle qualité du NOM
à tel niveau de distribution de son émanation,
puisque le désir est celui du Fils accomplissant le Père

C'est la « forme de יהוה »
qui est archétype fondamental de la forme de l'homme

La « forme de יהוה » a été révélée à Moïse dans la théophanie du Sinaï (1)

CHAPITRE VII

(verset 7)

וַיִּיצֶר **WaYîtser**	Forme	Du verbe Yātsor « former » dont il semble que nous puissions aussi écrire « informer ».
יְהוָה אֱלֹהִים **יהוה 'Elohîm**	יהוה-'Elohîm	
אֶת־הָאָדָם **'Et-Hā'Ādām**	Le 'Ādām	dont nous allons voir que l'article indique son état devenu conscient ; il reçoit une information qui peut s'entendre à deux niveaux d'écoute :

— D'une part une « formation » venue de l'intérieur, avec **אד** l'humide-feu monté du noyau des profondeurs à la rencontre de l'Époux. Cette acception immédiate du terme permet à l'auteur biblique l'image du modelage ou du pétrissage de l''Ādām fait de terre et d'eau — de glaise — prenant forme sous la main divine. La forme est donc essentiellement celle que distribue 'Ēd **אד** venant du Yod **י** aux différents niveaux de son élévation, celle donc que confère le NOM puisque le désir est archétypiellement celui du Yod pour le 'Āleph, celui du Fils « accomplissant » le Père.

La « forme de **יהוה** » est alors l'archétype fondamental de la forme de l'Homme.

La « forme de **יהוה** » a été révélée à Moïse dans la théophanie du Sinaï.

La Tradition rapporte cette expérience en symbolisant « la forme de יהוה »
dans le dessin du Tétragramme, Verbe-Épée יהוה (2)

L'Homme, Verbe en devenir, est cette Épée
Elle est sa violence (3)
elle est aussi sa forme,
forme qui ne se limite pas à l'idée de « contour » et « volume »
que l'on donne couramment à ce mot,
mais qui englobe la qualité de ce qui en émane
voire l'énergie radiante qui témoigne de sa structure interne

Durant le cheminement de réalisation de l''Ādām,
à chaque niveau de formation de son NOM
c'est l'énergie-désir qui détermine la « forme-Ṯohou »
d'un nouveau champ énergétique,
altéré de Dieu, « vide-Bohou » de Dieu

— D'autre part
une « information » au sens courant du terme
car ce champ est lumière ; il est conscience

Ce n'est pas Moïse qui témoigne de son expérience mais יהוה qui proclame divinement la révélation qu'il a donnée de Lui-même, à son serviteur Moïse.

« Je lui parle bouche à bouche,
Je me manifeste à lui sans énigmes,
Il contemple la *forme* de יהוה » (1).

A partir de cette expérience, la Tradition exprime ce qui peut parvenir à notre entendement quant à la forme de יהוה » sous le dessin du Tétragramme, Verbe-Épée : יהוה

« Le Yod̲ en est le pommeau
Le Wāw, la lame
Les deux Hē, les deux tranchants » (2).

C'est pourquoi l'Homme, Verbe en devenir, est cette Épée dont nous savons déjà qu'elle est toute sa violence (3).

Cette Épée, énergie qui le transcende radicalement, est constitutive de toutes les formes potentielles de son être.
Mais dans l'immanence tout aussi radicale du pouvoir sculpteur qu'elle a de la formation de l'Homme, elle détermine jusqu'à la forme de son corps (4).

J'ai déjà tenté de montrer comment s'inscrit au cœur de chaque cellule du corps humain l'œuvre transformante de l'accomplissement du NOM (5).

Durant le cheminement de réalisation de l''Ād̲ām, à chaque niveau de formation de son NOM, c'est la qualité de l'énergie 'Ēd̲ אד qui détermine la « forme-T̲ohou » d'un nouveau champ énergétique de travail, champ altéré de Dieu, « vide-Bohou » de Dieu.

— D'autre part une « information » au sens courant du terme, car ce nouveau champ énergétique est une forme radiante dont la qualité de lumière est conscience.

---

(1) Nombres XII, 8.
(2) Zohar III, 274 b.
(3) Cf. Tome I, p. 275.
(4) Cf. S. du C., p. 32.
(5) Cf. S. du C., p. 221.

La poussée du désir
détermine le mariage des deux Hē contenu en Ṯohou et Bohou,
ces deux termes qui caractérisent le sec (Genèse I, 2)
et qui sont un aspect de הֹוֶה

Le 'Āḏām ainsi nourri, informé, est construit, formé

Ce « connaissance-intelligence » conquis
est le fruit du travail de יהוה-'Elohîm en l'Homme
en l'Homme qui a reçu l'ordre-vocation de « travailler la terre »
c'est-à-dire d'épouser la 'Aḏāmāh-mère
Cette intelligence est différente de celle
que nous développons dans nos écoles
et qui est le fruit d'un travail uniquement extérieur
(observation, mémorisation, réflexion, etc.)
Travail intérieur et travail extérieur devraient être complémentaires,
le premier est jusqu'ici pratiquement ignoré

Le travail intérieur est l'acquisition d'un état de conscience
appelé à connaître une évolution
symbolisée par la montée des échelons de l'échelle de Jacob

Il est impossible de ne pas être frappé par la force qui unit en profondeur le verbe יצר et le substantif ארץ. Si le sec-terre ארץ est une « part » רץ d''Elohîm א, on pourrait dire que, dans un retournement de la racine רץ, יצר est une part, ici un « resserrement » צר de יהוה dont le Nom est caché et même resserré dans les trois premières lettres ויי du verbe וייצר (les deux Hē sont contractés en un Yoḏ).

Ne nous est-il pas dit là qu'il n'y a information que lorsque, sous la poussée du désir, les deux Hē de Ṯohou et Bohou s'épousent ? L'information est fécondité.

Les fruits dont 'Āḏām a reçu l'ordre de se nourrir sont ceux des arbustes devenus arbres.
Ils sont les informations-connaissance que l''Āḏām peut cueillir à l'âge mûr de ses différents champs de conscience conquis.

L''Āḏām ainsi nourri, informé, est construit, formé.

C'est par la conquête de nos terres intérieures, lorsque nous faisons « œuvre mâle » dans notre féminin (6) (ou en d'autres termes : lorsque nous travaillons la 'Aḏāmāh), que notre intelligence s'ouvre (7). Elle est le fruit d'une naissance intérieure ; elle est en cela tout à fait autre que celle que nous développons dans nos écoles et qui est le produit d'un travail uniquement extérieur.
Travail intérieur et travail extérieur sont tous deux « formateurs » et devraient être complémentaires, mais le premier mode de connaissance est jusqu'ici pratiquement ignoré. Le second, bien que sur-développé, nous installe au mieux dans notre état d''Āḏām-'Ayin, mais, à lui seul, il ne nous en fait pas sortir, parfois même il nous y enferme.

La « conscience » qui, encore une fois, n'a rien à voir avec la conscience morale, est un état appelé à connaître une évolution dont, nous nous en souvenons, les différents échelons de l'échelle de Jacob symbolisent les

---

(6) Cf. S. du C., p. 313 et suivantes.
(7) Cf. S. du C., chap. XII.

On dit qu'une jeune fille qu'elle est « formée » lorsque
son sang coule

La véritable, ontologique formation touche en effet le sang
d''Āḏām,
mais dans l'œuvre de transmutation que יהוה-'Elohîm fait en lui
'Āḏām, « 'Ēḏ-Dām », vapeur et sang

Alors s'ouvrent des champs de conscience successifs
Leurs barrières tombent
Les animaux qui y rugissaient s'intègrent à un homme nouveau
dont l'état d'éveil grandit

« Former » implique que Dieu sculpte et taille la chair de l'Homme
par circoncisions successives, Il « mettra l'Arbre à fruit » (9)
et l'Homme connaîtra comme il est connu de toute éternité,
il se connaîtra et contemplera le Mystère divin

« Former » est inséparable du verbe « souffler » qui suit
et qui est le souffle de la forge divine
Ce souffle-feu est la réponse d''Elohîm au désir de l''Āḏām

étapes. Ces dernières verront en 'Āḏām אדם la poussée du désir אד transformer son sang דם à travers les morts-résurrections successives.

Il est curieux que le langage populaire dise d'une jeune fille qui commence à voir couler son sang extérieur qu'elle est « formée » ; c'est comme si l'on disait de l'humanité qu'elle vit sa « formation » à travers les dramatiques hémorragies de ses guerres, meurtres, etc. !

La véritable, ontologique formation touche en effet le sang d''Āḏām, mais dans l'œuvre de transmutation que יהוה-'Elohîm fait en lui.

Alors s'ouvrent des champs de conscience successifs ; les barrières qui fermaient ces champs tombent. Les animaux qui y rugissaient s'intègrent à un homme nouveau dont ils accomplissent la richesse et dont l'état d'éveil grandit, état constitutif de sa « formation ».

« Former » יצר implique que Dieu sculpte, taille, coupe la chair de l'Homme de son « ciseau » צר Tsor (8), Par circoncisions successives, Il « mettra l'arbre à fruit » (9) et l'Homme connaîtra comme il est connu de toute éternité ; essentiellement il se connaîtra et contemplera le Mystère divin.

> « Lorsque pas encore je te formais dans le ventre, je te connaissais » (10).

Nous ne pouvons enfin séparer le verbe « former » de celui qui vient, comme en apposition à lui, compléter le verset : « souffler » :
En étudiant ce dernier nous verrons qu'il s'agit d'un souffle-feu, réponse d''Elohîm au désir de l''Āḏām.

---

(8) Tsor : « pierre tranchante » avec laquelle Tsiporāh coupe le prépuce de son fils (Exode IV 25), Tsiporāh dont le nom pourrait être le tranchant même de cette pierre !
(9) Cf. S. du C., p. 139.
(10) Jérémie I, 5.

Le divin forgeron en « formant » l'Homme
le taille de son ciseau et le purifie par le feu

Il semble que nous puissions résumer que :
créer est placer l''Āḏām lourd du NOM « dans le voir » de Dieu
faire est accomplir le NOM
former est,
au cœur de cet accomplissement, l'œuvre du ciseau divin qui taille
et celle de son feu qui purifie
pour que l''Āḏām à son tour coopère au faire divin

Ainsi formé *le* 'Āḏām est soufflé dans son NOM
L'article qui le précède le définit dans un souffle
déjà frémissant de celui qu'il va recevoir de Dieu dans ses narines

Sa formation concerne sa « personne »,
image d''Elohîm lourde d'une dimension de parfaite ressemblance
à Lui,
le Père-Époux divin

Au jour du Shabbāṯ, le 'Āḏām est « 'Elohîm qui se fait silence »
pour que l''Āḏām devienne Verbe

L'Homme est formé du Verbe de Dieu, Épée qui tranche, et de son Souffle-Feu qui purifie, afin qu'il se connaisse comme Dieu le connaît.

Il semble que nous puissions alors conclure que si *créer* c'est placer « dans le voir » de Dieu l''Āḏām lourd du NOM,
faire, accomplir le NOM,
former est, au cœur de cet accomplissement, l'œuvre du ciseau-Verbe divin qui taille l'Arbre de la Connaissance (que nous allons voir apparaître aux versets suivants, et que nous sommes !) et l'œuvre du souffle-feu qui purifie, pour qu'à son tour l''Āḏām coopère au « faire » divin.

Au chapitre précédent, le verset 26 nous entretenait du projet divin : « Faisons 'Āḏām » ; et le verset suivant nous révélait la création de « le 'Āḏām », défini par l'image qu'il est de Dieu.
En ce chapitre, l'introduction de l'article devant le nom d''Āḏām nous conduit dans une méditation plus profonde encore :

Au sixième jour de la Genèse, ou au sixième mois de la gestation d''Āḏām, l''Āḏām créé est un « 'Āḏām-'Ayin », non encore révélé dans sa « personne ».
Mais voici que sa formation concerne sa « personne » ; celle-ci est non seulement image d'Elohîm, lourde d'une dimension de parfaite ressemblance à Lui, mais en ce jour de Shabbāṯ, elle est, par le Hē, toute frémissante du souffle qui lui donne vie pour y atteindre.
Au septième jour, temps sacré où Dieu se retire.

הָאָדָם Le 'Āḏām est :

Hā'Āḏām	א lettre 'Āleph	'Elohîm
	הֵדֵם Hēḏēm	réduit au silence (forme Hiphil du verbe Dāmom דמם « se taire »).

'Elohîm se retire dans le silence pour que L''Āḏām devienne Verbe

Il est « l'escabeau d'Elohîm »
car il est son temple, le sanctuaire de son NOM (11)

Il est force qui, dans son sang, commence de faire battre son cœur (12)

Il est formé « poussière », tiré de la 'Adāmāh

La poussière qualifie 'Ādām et non la 'Adāmāh

'Ādām apprend qu'il est poussière,
c'est-à-dire multiplicité opposée à l'unité à laquelle il est appelé !
Lorsque Dieu lui dit : « croissez et multipliez »,
cette multiplication à la cîme de la croissance
ne fait qu'un avec l'unité conquise
Il s'agit là d'une réalité antinomique
que nous ne pouvons qu'admettre sans pouvoir la concevoir encore
Mais à son départ, il est donné à 'Ādām de *se voir* poussière :
multiplicité, disparité totalement opposée à l'unité

Le Shabbāt̲ est le temps du silence divin sans lequel l'Homme ne pourrait croître.
Il est le temps de la montée vers sa ressemblance דמות, celui de l'accomplissement
דם du sang transmuté par
Dām
מות morts et résurrections successives
Mout̲

Le Shabbāt̲ est le commencement du temps car le commencement de l'investissement des espaces intérieurs.

Le 'Ād̲ām est encore :

הֲדֹם Had̲om	escabeau	
א lettre 'Āleph	d''Elohîm,	car l''Ād̲ām est le temple de Dieu ; il est le sanctuaire de son Arche Sainte (11), il est
הֵם Hēm	la force	contenue en
דָּם Dām	son sang	qui fait battre son cœur (12).

Ainsi est l''Ād̲ām formé

עָפָר **'Āphār**	poussière	L''Ād̲ām est formé parce qu'il est
מִן־הָאֲדָמָה **Min-Hā'Ad̲āmāh**	tiré de la 'Ad̲āmāh	désidentifié d'elle.

A l'aube de cette différentiation d'avec la 'Ad̲āmāh-mère le 'Ād̲ām est poussière.

Le mot 'Āphār, « poussière », qualifie l''Ād̲ām.
Je ne sais pas où les traducteurs ont pu lire que l''Ād̲ām était « tiré de la poussière de la terre... ». Ceci est une réduction du texte à une vision si élémentaire de son message qu'elle oblige à une contorsion de ce qui est écrit !

---

(11) Psaume 132, 7.
(12) Cf. S. du C., p. 228-229.

L'’Āḏām est constitué du « grouillement » énergétique
décrit au cinquième jour de la Genèse
Ce grouillement est en effet constituant de la ’Aḏāmāh
mais maintenant ’Āḏām le voit, il n'est plus confondu avec lui :
la poussière est « tirée de la ’Aḏāmāh » :
’Āḏām peut prendre d'elle les différents éléments de cette multiplicité,
les mettre à son tour « dans le voir » pour les accomplir

Le mot hébreu « poussière » est un programme de « libération de l'inaccompli » :
libération de l'« Adversaire » pour atteindre à l'« éveil »
programme d'« ouverture de ce qui n'est pas encore lumière »
pour le faire devenir lumière,

La poussière, en elle-même indique un état de multiplicité et de disparité.
L'"Āḏām, à son départ, est constitué du « grouillement » énergétique que la racine Sherets שׁרץ étudiée au cinquième jour de la Genèse (13) exprime. Je comparais alors ce שׁרץ à ארץ montrant que si le « sec » est « participation au 'Āleph, 'Elohîm-UN », Sherets, lui, est « participation au Shîn, lettre trinitaire, pierre des profondeurs qui contient l'unité mais que la multiplicité cache et recouvre.
L'"Āḏām connaît à son départ une multiplicité-disparité, grouillement énergétique, qui est le contraire de l'unité à laquelle sa vocation va le porter. Lorsqu'il atteint à l'unité, il connaît alors une multiplicité coexistante à elle. Nous entrons là dans une réalité qu'il nous est impossible de concevoir et dont nous ne pouvons rendre compte, que par une affirmation antinomique : l'"Āḏām devenu « un » sera universel.
Au septième jour, ou au septième mois de sa gestation, il est constitué d'une multiplicité qui est le pôle opposé de l'unité. Cette multiplicité est pleine de contradictions d'autant plus douloureuses qu'une moindre lumière éclaire ce marécage !
Si j'emploie ce dernier mot, c'est que 'Āphār עפר est :

פ lettre Phē	(symbole d')ouverture et (de) libération (14) de
רע Ra'	« l'inaccompli » — non-lumière (et non le « mal ») ; mais il est aussi ouverture, libération de
ער 'Ār	l'« adversaire » qui, dans un premier temps, fait obstacle à... et qui, dans un second temps, laisse place à « l'éveillé » car ce même mot prononcé 'Er signifie « l'éveillé » à un autre niveau de réalité dont « l'adversaire » a été gardien de seuil.

(13) Cf. Tome I, p. 269.
(14) Cf. L. Ch. V, chap. 19.

ce qui implique aussi une promesse de « fécondité »
à condition d'aller vers la source de soi

Cela est si vrai, que le chemin de restauration d''Āḏām
dans son image première, ontologique, après la chute,
est indiqué par Dieu ainsi :
« vers la poussière retourne, car poussière toi... » (15)
c'est-à-dire « vers ton état de multiplicité »
(alors que tu es dans l'illusion de l'unité)
et « vers ta puissance de fécondité »
c'est-à-dire « vers la force »
qui te rend à nouveau capable d'atteindre à l'unité
mais d'une façon juste cette fois-ci !
Ce « retournement » est le mot « pénitence »
Tout homme qui fait pénitence retourne à sa source, donc à sa fécondité
C'est pourquoi les rites de pénitence chez les hébreux
sont liés à la poussière et aussi à la cendre
dont un jeu de mots hébreux en fait une « poussière purifiée au feu »

עפ 'Aph	'Aphar suggère aussi dans ses deux premières lettres les mouvements d'ailes de 'Oph עוֹף l'oiseau ;
	et dans ses deux dernières lettres
פר Par	le « taureau, l'homme fort » soit une vigoureuse fécondité.
	Nous retrouvons cette promesse de fécondité dans l'impératif divin Perou פרו « croissez » et Peri פרי, le « fruit ».
	Ce n'est qu'à partir de son état de poussière que l'homme peut croître pour aller jusqu'à
ע lettre 'Ayin	la « Source » de lui-même. Le message biblique ne s'inquiète que de cette fécondité-là.

Tout être qui veut ignorer son inaccompli-poussière est dans une illusion d'évolution. Il reste un 'Ādām-'Ayin. C'est pourquoi — nous le verrons en son temps — la promesse de restauration de l'Homme dans sa fécondité première, après la chute, l'invite à « retourner » consciemment à cet état de poussière (15) (ce qui est le contraire de la condamnation à un anéantissement punitif comme l'ont toujours voulu nos traductions).

En un mot : la poussière est la racine nécessaire de l'arbre authentiquement fécond. L''Ādām du septième jour est saisi dans la conscience de ses racines.
Et tout homme qui fait pénitence (retournement) ne peut que revenir à ses racines. C'est pourquoi Job « se repent sur la poussière et sur la cendre » (16) et combien d'autres se couvriront la tête de « poussière et de cendre » !

---

(15) Genèse III, 19.

(16) Job 42, 6. Le mot « cendre » 'Ēpher אפר, poussière purifiée au feu, joue ici avec le mot 'Āphār עפר, dans la même dialectique que celle qui lie le 'Ayin ע au 'Āleph א, ce dernier ne pouvant être accompli qu'en assumant le premier.

Et Dieu souffle...
Le verbe hébreu « souffler » partage sa racine avec le nom du
« forgeron »
La forge est le sanctuaire de l'œuvre divine en l'Homme (14)
Le souffle divin est air et feu ;

Il descend des « eaux-d'en-haut »
à la rencontre de la montée « eau et feu » des eaux-d'en-bas

Ce « souffle » dans le « faire »
est homologue de la « bénédiction » dans le « créer »,
il permet la mise en œuvre de l'accomplissement
L'application majeure de cette rencontre amoureuse
des « eaux-d'en-haut » et des « eaux-d'en-bas »
est celle que vivent les apôtres du Christ
qui, dans un premier temps, avaient été informés par Lui
Mais Il leur dit :
« quand Lui viendra, l'Esprit de Vérité
Il vous guidera vers la vérité entière » (18)

Alors, dans un second temps
ils reçoivent le souffle et le feu de l'Esprit-Saint (19)

וַיִּפַּח
WaYipaḥ

et souffle — Du verbe Nāphoaḥ **נפח**, « souffler » dont la racine forme le substantif Napāḥ, le « forgeron ». Le souffle que **יהוה**-'Elohîm pulse en l''Ādām est air et feu
La forge est le sanctuaire de l'œuvre divine en l'Homme (17).

Si le feu qui monte des profondeurs des eaux-d'en-bas est eau et feu, celui qui descend des eaux-d'en-haut est air et feu.
Le premier informe l''Āḏām, le second lui donne vie, force et plénitude de dons pour accomplir cette information ; il le rend fécond.

Ce souffle dans le « faire » est homologue de la bénédiction dans le « créer », il libère le processus de fécondité.

L'application majeure de cette rencontre amoureuse des eaux-d'en-haut et des eaux-d'en-bas en l''Āḏām est vécue par les apôtres du Christ qui, dans un premier temps, connaissent avec leur Maître la montée de *sève* qui informe le bois de leur être. Mais Il leur dit :

> « quand Lui viendra, l'Esprit de Vérité, Il vous guidera vers la vérité entière » (18).

Alors en un second temps, le jour de la Pentecôte.

> « Tout à coup vint du ciel, un bruit, comme celui d'un violent coup de *vent*, qui remplit toute la maison où ils étaient assis. Et ils virent paraître des langues séparées, comme de *feu*, et il s'en posa une sur chacun d'eux. Et tous furent remplis de l'Esprit-Saint, et ils se mirent à parler d'autres langues, selon ce que l'Esprit leur donnait de proférer » (19).

---

(17) Cf. S. du C., p. 247 et suite.
(18) Jean XVI, 13.
(19) Actes II, 2-5.

Ivres de l'Esprit de Dieu qui leur communique la dimension de Verbe,
ils parlent une langue comprise de toutes les nations
et partent annoncer « la bonne nouvelle »
La forge cosmique que la chute avait fermée est réouverte
L'Homme peut redevenir son NOM

Ce verset est la Pentecôte originelle de l'’Āḏām ;
il peut maintenant, saisi dans le souffle de l'Esprit-Saint, devenir son NOM

Mais ce souffle conduit dans le « piège » d'où la Pâque de יהוה fait sortir,
dans lequel on peut aussi rester
si l'on se met dans les mains de l'« Adversaire »
Le « premier ’Āḏām » reste dans le piège du Malin
Le « deuxième ’Āḏām »,
le Christ
« conduit (soufflé) au désert pour y rencontrer le Śaṭan »
(Matthieu IV, 1)
lui échappe
Alors la respiration divino-humaine s'accomplit totalement

Ivres de l'Esprit-Saint, titubant d'une plénitude inconnue jusque-là, les apôtres vont de par le monde annoncer la « bonne nouvelle » et bouleverser les cœurs attentifs. La forge cosmique est réouverte ; la grande respiration divino-humaine anéantie par la chute est rétablie. L'Homme peut redevenir son NOM !

Ce verset est la toute première Pentecôte de l''Āḏām : l''Āḏām va pouvoir devenir son NOM.

La racine Nāphoaḥ נפח est, comme en 'Āphār עפר, centrée sur la lettre Phē פ, libérante par excellence, car elle est la bouche, la parole de Dieu.

Les deux lettres qui la sertissent forment le nom de Noaḥ נח (appelé Noé en français), l'homme que toute la Tradition considère comme une préfigure du Messie. N'est-il pas Noaḥ נוֹח, le « repos », la « paix », l'accomplissement ?

Dans la forme verbale employée dans ce verset, WaYipaḥ ויפח, le Yoḏ a remplacé le Noun, et ce sont les deux lettres de la « vie », Ḥay חי, qui entourent la lettre Pē פ.
Mais n'oublions pas que la vie, dans le tissu créé, est la rencontre de י (יהוה) et de ח celui qui fait « barrière » ; ici plus encore :

פח Paḥ	est le « piège », celui d'où Pesaḥ פסח, la Pâque, nous fera sortir, car le souffle de l'Esprit-Saint soulèvera en son temps l'Adversaire pour conduire l'Homme à : פ lettre Phē — l'« ouverture » (par la « Parole ») de ח lettre Ḥeiṯ — la « barrière » ainsi dressée... mais le piège est aussi celui dans lequel on peut rester prisonnier !

Par son expir Dieu fait l'inspir de l'Homme qui, à son tour,
dans son expir fait monter יהוה car 'Elohîm se retire

Nous approchons du Shābbaṯ

A l'aube de son septième mois de gestation
l'Homme respire car il entre dans le souffle de la forge
יהוה-'Elohîm
Toute situation de septième mois verra l'Homme entrer dans un nouveau souffle
se rapprochant de plus en plus de l'indicible haleine divine

lorsque l'Homme « rend le souffle »,
il rend compte de cet instant lourd de tous les possibles divins
exprimés par les deux mots de ce verset : « un souffle de vie » ;
il rend compte de son NOM

car Dieu souffle dans les narines de l''Āḏām le souffle de son NOM

Ce NOM qui lui est donné
entre dans la danse-respiration de son accomplissement
Respiré de son NOM,
'Āḏām est saisi dans la pompe du cœur cosmique :
lumière-ténèbres, mort-résurrection,
car la mort s'inscrit dans cette nécessité de changement de champs
nécessité de résurrection

בְּאַפָּיו
Be'Apāyw

dans ses narines

On est tenté de dire que

אף 'Aph	la « narine » de l'Homme est
פ lettre Phē	la « bouche » (Parole)
א lettre 'Āleph	d''Elohîm

Et l'image s'impose d'un expir divin se faisant inspir de l'Homme lequel, dans son expir, fait monter יהוה, car 'Elohîm se retire !

Nous approchons du Shābbat.

Formé au septième mois de sa gestation, le 'Ādām respire car il est greffé à la respiration 'Elohîm יהוה. Toute situation de septième mois verra l'Homme entrer dans un nouveau souffle se rapprochant de plus en plus de l'indicible haleine divine.
Lorsque l'Homme « rend le souffle » il rend compte de cet instant lourd de tous les possibles divins qui sont exprimés par les deux mots suivants :

נִשְׁמַת־חַיִּים
Nishemat-Ḥayîm

un souffle de vie

Ces deux mots sont inséparables mais intraduisibles.
Si je parle encore ici de « souffle » c'est que, essentiellement, ce premier mot est constitué du verbe

נשם Nāshom — respirer

Mais la Neshāmāh נשמה dont Nishemat est la forme construite est en général traduite par « âme », ce qui distingue difficilement ce mot du Nephesh נפש étudié au cinquième jour de la Genèse (20) et qui va clore ce verset.

Mais j'aimerais surtout focaliser l'étude de Nishemat sur ses deux lettres centrales :

שם Shēm — le NOM

que le Noun נ et le Tāw ת entourent évoquant le verbe

נתן Nāton — donner

L''Ādām, ensemencé dans son NOM, est maintenant respiré de lui qui devient opératif et qui saisit l''Ādām dans la pompe du cœur cosmique — Bārā' — Shît — Bārā'...

(20) Cf. Tome I, p. 273.

C'est dans l'obéissance à cette exigence ontologique
que la respiration de l''Ādām devient créatrice et libérante

Ce « souffle de vie » est participation au souffle de l'Esprit-Saint
(21) (22)

L''Ādām participant du souffle de l'Esprit-Saint
entre dans la conscience qu'il est Un
dans la multiplicité des personnes humaines
comme il est pour lui-même fondamentalement Un
dans son origine et son devenir
dans la multiplicité de ses énergies

L'Esprit-Saint donateur de vie greffe l''Āḏām au rythme créateur dont un premier temps est lumière conquête du NOM, et le second ténèbres, nécessité de mourir pour y atteindre !

En Nishemaṯ

מ(ו)ת la mort-mutation

Māweṯ est exigée pour

שׁנה changer de plan et atteindre peu à peu aux

Shānoh profondeurs de la 'Aḏāmāh qui recèle le NOM.

C'est dans l'obéissance à cette exigence ontologique que la respiration de l''Āḏām devient créatrice.

Nishemaṯ est une participation à la vie de l'Esprit-Saint ; 'Elîhou' l'affirme dans son discours à Job :

> « Certes l'Esprit, celui-là, en l'Homme, et le souffle du Tout-Puissant donnent l'intelligence » (21)

Et plus loin :

> « L'esprit de Dieu me fait et le souffle du Tout-Puissant me donne la vie » (22)

car la vie est en effet indissociable de la puissance du souffle de l'Esprit (dans les deux citations le « souffle » est Nishemaṯ).

חַיִּים la vie Ce mot bien qu'au pluriel est toujours exprimé par un singulier.

Ḥayîm Il fait partie de ces nombreuses contradictions apparentes qui révèlent la profondeur d'une unité.

L''Āḏām participant du souffle de l'Esprit-Saint essentiellement unificateur n'est pas seul.

Il entre dans la conscience qu'il est Un dans la multiplicité des personnes humaines dont chacune contient la totalité de l''Āḏām, de même qu'il est fondamentalement Un dans sa personne sous la multiplicité de ses énergies.

---

(21) Job 32, 8.
(22) Job 33, 4.

Toutes « les vies » (le mot est un pluriel en hébreu) sont saisies
dans la « vie »

C'est parce que l'Esprit le mobilise dans son NOM,
le respire dans sa « personne » que l''Ādām se découvre
'Ādām total
Et plus il entre dans la proximité de l'unicité de son NOM,
plus il fait l'expérience de l'universel
C'est parce qu'il est vivifié dans son NOM que l''Ādām devient
« âme vivante »

Les animaux du cinquième jour sont créés « âme vivante »
ainsi que ceux du sixième jour que produit le sec
Mais âme collective, ils ne connaissent pas le secret de la personne
Ils seront effectivement « âme vivante » quand, à son tour,
'Ādām les nommera et les fera participer de sa personne

Les 'Ādām-'Ayin que nous sommes aujourd'hui pour le plus grand
nombre
ne sont qu'âme collective
incapable de se détacher du groupe (clan, tribu, caste, nation, etc.)
L'ignorance de la personne
suscite toutes les manifestations inconscientes de l'ego
Seul le véritable 'Ādām soufflé dans son NOM
peut faire l'expérience de la solitude
car il devient l'autre et tous les autres en devenant son NOM

Toutes « les vies » sont saisies dans « la vie ».

C'est parce que l'Esprit le mobilise dans son NOM, le respire dans sa personne, que l''Āḏām se découvre l''Āḏām total. Et plus il entrera dans la proximité de l'unicité de son NOM plus il fera l'expérience de l'universel.
C'est parce qu'il est soufflé, vivifié dans son NOM que l'Homme devient « âme vivante ».

וַיְהִי הָאדָם
Wayehî Hā'Āḏām

Et l''Āḏām devient

לְנֶפֶשׁ חַיָּה
Le Nephesh Hayāh

âme vivante

Les animaux du cinquième jour sont créés « âme vivante ». Ceux du sixième jour sont produits par le sec en qualité d'« âme vivante », (23), mais âme collective, ils ne connaissent pas le secret de la personne. Ils seront effectivement cette « âme vivante » quand, à son tour, l''Āḏām les nommera (24) et les fera participer de sa personne.

Un 'Āḏām-'Ayin dont est encore presque totalement composée l'humanité d'aujourd'hui, à l'image des animaux n'est que âme collective et ne sait se détacher du groupe : clan, tribu, caste, nation etc. ..., toutes entités vécues en exclusivisme générant avec les autres des réactions de peur et des rapports de force. L'ignorance de la « Personne » suscite des compensations inconscientes dans toutes les manifestations de l'ego, voire dans sa suppression pure et simple se voulant naïvement sublimation !

---

(23) Cf. Tome I, p. 273-275 et 319.
(24) Cf. plus bas, p. 655 et 657.

La « chute » fait régresser l'Homme au niveau de l''Āḏām-'Ayin
où les « ego » s'affrontent et où le sang coule
Qaïn tue Abel ;
puis il piétine dans le labyrinthe du sixième jour
jusqu'à ce qu'il fasse le « retournement-pénitence »
qui est prise de conscience :
J'ai tué un homme... ! » (25)
s'écrie Qaïn qui confesse sa faute

Alors dit le texte :
« l'Homme commence à nommer dans le NOM de יהוה » (26)

Parce qu'il « se retourne », « fait pénitence », (27)
parce qu'il nomme ses monstres intérieurs,
l'Homme fait un appel à l'Esprit-Saint
qui remet le NOM dans l'axe de sa juste croissance, car,
détourné de cet axe, le Verbe-Épée tue — c'est la même puissance !

La même puissance,
selon qu'elle épouse le fil de l'Épée ou s'en éloigne, vivifie ou tue

L'Homme du sixième jour fait couler le sang à l'extérieur

L'Homme du septième jour, soufflé dans le NOM,
fait couler le sang à l'intérieur de lui,
c'est-à-dire qu'il entre dans le processus des morts et résurrections,
nécessaire à la transmutation de l'être
Ce « retournement » se joue au cœur des épousailles de l''Āḏām et
de la 'Aḏāmāh ; il transforme l'âme psychique animale en âme
spirituelle.

Seul le véritable 'Ādām soufflé dans son NOM se désidentifie du collectif et peut faire l'expérience de la solitude car il devient de plus en plus l'autre et tous les autres en devenant lui-même, dans sa Personne unique.

La « chute » fait régresser l'Homme au sixième mois de sa gestation où l'Esprit-Saint ne souffle pas encore, car le désir de Dieu n'est pas monté des profondeurs.
Là les « ego » s'affrontent : Qaïn tue Abel ; il fait couler le sang et piétine dans le labyrinthe du sixième mois jusqu'à ce que la conscience croisse en lui.
Par la bouche de Lemek, septième descendant d''Ādām il s'écriera

> « j'ai tué un homme ! ... (25)

et se repentira.

> « Alors, dit le texte, l'Homme commença à nommer le NOM de יהוה » (26).

Qaïn franchit la barrière du septième mois.

C'est le mouvement de « retournement » appelé en français « pénitence » (27) qui mobilise le souffle de l'Esprit-Saint. Et l'Esprit de Dieu remet le NOM dans l'axe de sa juste croissance car détourné de cet axe, le Verbe-Épée tue.
La même puissance, selon qu'elle est prise en main dans le fil de l'Épée, ou livrée à l'Adversaire, vivifie ou tue.
L'Homme du sixième jour fait couler le sang à l'extérieur.
L'Homme du septième jour soufflé dans le NOM, fait couler le sang à l'intérieur de lui, c'est-à-dire qu'il entre dans le processus des morts et résurrections, nécessaire à la transmutation de l'être.
Ce « retournement » se joue au cœur des épousailles de l''Ādām et de la 'Adāmāh ; il transforme l'âme psychique animale en âme spirituelle.

---

(25) Genèse IV, 23 à 26.

(26) Genèse IV, 26. Ce chapitre, avec la grâce de Dieu, sera étudié ultérieurement.

(27) Mais ce mot a pris en français une coloration juridique durant ces derniers siècles sclérosés dans le moralisme pieux. Cf. aussi plus haut p. 467.

CHAPITRE VIII

וַיִּטַּע יְהוָה אֱלֹהִים גַּן־בְּעֵדֶן

Et plante יהוה-'Elohîm un jardin en 'Ēḏen

מִקֶּדֶם וַיָּשֶׂם שָׁם אֶת־הָאָדָם אֲשֶׁר יָצָר

venant de l'Orient, Il place là l''Āḏām que Il a formé

« Planter » c'est arrêter l'errance, stabiliser l'Homme
au milieu de son errance dans un tout premier accomplissement

Tout accomplissement est un nouvel ancrage

L''Āḏām accompli pour telle part,
formé à l'intelligence inhérente à cette part,
est « planté » parce que ancré dans son NOM,
entré en résonance avec Lui dans les profondeurs,
donc avec 'Elohîm dans les hauteurs
C'est pourquoi il est « habillé » d'une première lumière

CHAPITRE VIII

(verset 8)

וַיִּטַּע
WaYiṭa' — Plante — du verbe planter Nāto'a **נטע** dont la lettre centrale,
ט lettre Ṭeiṯ — symbole d'accomplissement (1) arrête et stabilise

יְהוָה־אֱלֹהִים
יהוה-'Elohîm — יהוח-'Elohîm — **נע** Na' — l'« errant » qu'était 'Āḏām-'Ayin dans son cheminement labyrinthique des ténèbres avant que le souffle de l'Esprit divin ait mobilisé son NOM.

La lettre Ṭeiṯ **ט** détermine en l''Āḏām une sorte d'ancrage. Tout accomplissement est un nouvel ancrage. Dans la forme verbale accomplie (bien que le Waw initial renvoie à l'inaccompli...) la lettre Noun **נ** est tombée, remplacée par un Yoḏ **י**. Ces trois nouvelles lettres jouent avec celles du verbe Ya'oṯ **יעט** « envelopper » dont le psalmiste se sert pour dire que

« **יהוה** s'enveloppe de lumière... » (2)

Ici l''Āḏām accompli pour telle part, « formé » à l'intelligence inhérente à cette part, est « planté » parce qu'entré en résonance avec sa terre-mère des profondeurs qui recèle son NOM, en résonance donc aussi avec 'Elohîm dans les hauteurs. C'est pourquoi il est « enveloppé », habillé d'une première lumière.

---

(1) Cf. Tome I, p. 111.
(2) Psaume 104, 2.

car ne faisant qu'un avec le jardin qui est l'axe de la Rāqî'a
'Ādām sera toujours son jardin ou son désert ou son enfer !

Le mot hébreu « jardin » est en effet construit sur deux lettres

dont la première symbolise le chameau,
animal du désert capable de traverser le sec
car il porte en lui sa réserve d'eau (4)
L'Homme-chameau humidifie son désert intérieur et en fait un jardin
Nourri de ses fruits, il passe de porte en porte jusqu'à la dernière
qui ouvre sur le dernier champ (de conscience)
et qui est gardée par le « monstre »
la seconde lettre du mot « jardin » désigne ce monstre ;
il est le Liweyāṯān qui recèle le secret du NOM
Il faudra donc aller jusqu'à lui
c'est ce que va redire le nom de l''Eḏen

Il peut sembler osé de dire que « l'’Āḏām est planté » alors que le verset parle, non de lui, mais d'un jardin. Nous allons voir que ce jardin n'est autre que celui de la Rāqîʻa Shāmayim (3), celui de l'axe d'accomplissement reliant le Yoḏ au ’Āleph, dans lequel l'’Āḏām est placé. C'est pourquoi l'’Āḏām est son propre jardin (comme il pourra être son désert ou être son enfer !)

גַּן
Gan

un jardin — Ce mot est formé de deux lettres dont la première

ג
lettre Gîmel — est Gamal, le « chameau », symbole de l'homme du désert qui, traversant le sec, sait qu'il porte en lui sa réserve d'eau (4). L'Homme-chameau a pour vocation de passer les portes des différents champs (de conscience), dont la dernière est appelée par le Christ le « trou de l'aiguille » (5).

ן
Noun final — La seconde lettre est un Noun final sur lequel le texte insiste puisque nous le retrouvons couronnant le mot ʻĒḏen **עדן** qui, non seulement suit le mot Gan **גן**, mais est inséparable de lui.

La lettre Noun, le poisson, en position finale est symboliquement le dernier grand poisson des profondeurs appelé Liweyāṯān et dont tout homme doit affronter la puissance pour devenir son NOM (6).

Autrement dit ce jardin est celui que devient l'Homme, celui qu'il cultive lorsque, se faisant « chameau », il fait monter l'eau de ses profondeurs, l'humide **אד** qui appelle les eaux-d'en-haut, et produit avec elles la verdure et les fruits.

---

(3) Cf. Tome I, p. 139-141 et 163-165.
(4) Cf. L. ch. V., chapitre V.
(5) Cf. L. ch. V., chapitre XXI.
(6) Cf. Tome I, p. 287.

Car ce jardin est un jardin de délices et de volupté
Il est le lieu de tous les mariages de l'Homme avec lui-même
et le lieu de toutes les rencontres divino-humaines,
jusqu'à celui des noces les plus mystérieuses du créé et de l'Incréé

En ce jardin, lieu de la « respiration » יהוה-'Elohîm,
s'accomplit l'« Alliance de Feu » conclue par 'Elohîm
« dans le principe » même de la création,
avec celle qui doit devenir son épouse (7)
Le jardin s'enracine dans les délices divins
et a pour vocation d'y reconduire

Mais pour atteindre à cette vocation
il convient de réaliser le programme contenu dans le mot 'Ēḏen
qui, en hébreu, peut se lire :
« jusqu'au Liweyāṯān »
comme si ce mot venait confirmer le mot jardin qui déjà disait cela

« L'Homme-chameau » doit passer les portes
dont celle que garde le Liweyāṯān,
oui,
jusqu'au Liweyāṯān ce jardin le conduira
A son niveau il entrera dans la dimension de « fils accompli »

L'ultime « fruit » sera יהוה, le NOM. C'est le cœur de Liweyāṯān qui en recèle le secret. Il faut donc aller jusqu'à ce « monstre ». C'est ce que va redire le nom de l''Ēḏen.

בְּעֵדֶן
Be'Ēḏen

En 'Ēḏen Je devrais traduire « en délices » car le mot hébreu est « délices » voire « volupté ».

En tant qu'il est l'axe d'accomplissement du Yoḏ au 'Āleph, le jardin est le lieu de tous les mariages de l'Homme avec lui-même et le lieu de toutes les rencontres divino-humaines jusqu'à celui des noces les plus mystérieuses du créé et de l'incréé.
En ce jardin s'accomplit l'« Alliance de Feu » ברית אש conclue par 'Elohîm, « dans le principe » même de sa création, avec celle qui doit devenir son épouse (7). Il est jardin s'enracinant dans ... et reconduisant à ... délices-volupté divins.

Mais pour atteindre à cette vocation il convient de réaliser le programme que contient le nom de l''Ēḏen עדן, que l'on peut lire :

עד 'Aḏ	jusqu'à	la rencontre avec celui qui détient le secret du NOM,
ן Noun final	le poisson des profondeurs	le Liweyāṯān

« L'Homme-chameau » devra donc aller vers le Noun final, disait le mot Gan גן, le jardin ; oui, jusqu'au Noun final, confirme le mot 'Ēḏen עדן.

Le terme du verset est exactement בעדן ce qui nous permet d'ajouter :

עד 'Aḏ	jusqu'à	ce qu'il devienne
בן Bēn	Fils,	c'est-à-dire « Fils totalement accompli » parce qu'il sera devenu son NOM.

(7) Cf. Tome I, p. 45.

יהוה-'Elohîm plante le jardin dans l'axe qui relie יהוה à 'Elohîm
lieu privilégié de son « Alliance de Feu »

Ce jardin vient de l'orient, car de l'orient vient la lumière
A l'orient d''Ēḏen est le NOM

L'orient est terre intérieure du NOM,
celle que garde le Liweyāṯān
Il est en nous l'« antique » (10)

C'est à l'orient des profondeurs
que le Liweyāṯān tient le NOM scellé dans son cœur

Dans le mot hébreu « orient » Qeḏem, proche du nom d''Āḏām,
on peut lire que
le « cordon ombilical » divin vient s'implanter dans le « sang » et le nourrir

יהוה-'Elohîm plante donc ce jardin dans l'axe qui relie à 'Elohîm, lieu privilégié de son « Alliance de Feu ».

מִקֶּדֶם
MiQeḏem

venant de l'orient

מִ Mi — la provenance

קדם Qeḏem — l'orient — car c'est de l'orient que vient la lumière. L'étoile qui conduisit les mages à Bethléem ne brillait-elle pas à l'Orient ? (8). Et Isaï n'affirme-t-il pas que : « de l'Orient vient Celui dont la victoire accompagne les pas... Celui que j'ai appelé par son Nom » (9).

L'orient est la terre intérieure du NOM, celle que garde le Liweyāṯān.
Il est encore ישן « l'antique », là où « il y a » יש, le Noun final ן (10).

C'est à l'orient des profondeurs que le Liweyāṯān tient le NOM scellé dans son cœur.

Qeḏem קדם n'est-il pas un nom proche de celui d''Āḏām אדם dont seule la première lettre diffère ?
Nous savons qu'en 'Āḏām le א, 'Elohîm, danse dans son « sang » Dām דם (11).
En Qeḏem c'est la lettre Qoph ק, le « cordon ombilical » divin qui nourrit le sang.

La lettre Qoph ק est celle de la Rāqî'a רקיע, qui s'implante dans le Yoḏ י, à l'orient de l'inaccompli Ra' רע.

---

(8) Mathieu II, 2.
(9) Isaï 41, 2 et 25.
(10) Cf. plus bas, le nom du premier fleuve le Pîshon, p. 611.
(11) Cf. Tome I, p. 363.

Prenant racine à l'orient de son être, en son NOM,
et grandissant dans l'axe du jardin d''Ēḏen
où il est saisi dans la respiration יהוה-'Elohîm,
l''Āḏām est sur le chemin de son accomplissement
C'est pourquoi « Dieu le place là »

En hébreu le verbe « placer »,
comme l'adverbe de lieu « là »
sont construits sur la racine « Shēm » qui signifie le « NOM »
« Placer » ou « être dans son NOM » est la même réalité
« Être là » ou « être dans son NOM » est la même réalité
C'est pourquoi le NOM et l'axe de la Rāqî'a qui s'enracine en lui
sont le jardin d''Ēḏen

L'Homme « placé là, en 'Ēḏen », est placé dans son NOM, enraciné
dans son NOM
L''Ēḏen est l'axe de résonance du NOM
en lequel seul peut se jouer l'accomplissement
Sortir d''Ēḏen c'est « perdre sa place »

Prenant racine à l'orient de son être, en son NOM, et grandissant dans l'axe du jardin d''Ēḏēn où il est saisi dans la respiration de יהוה-'Elohîm, l''Āḏām est sur le chemin de son accomplissement. C'est pourquoi Dieu le place là :

וַיָּשֶׂם
WaYāśem

Il place Du verbe Śîm שִׂים « placer » dont la racine n'est autre que celle du Shēm שֵׁם, le NOM, au cœur de laquelle, tel un joyau dans son écrin, le NOM lui-même יהוה est déposé !

C'est pourquoi je disais plus haut que l''Āḏām est « planté » dans le jardin, car s'il y est « placé » c'est parce qu'il est planté dans son NOM. En son NOM il prend racine, nourri par le cordon ombilical qui vient d''Elohîm et qui trace le chemin de son devenir vers Lui. Car, restant dans l'axe de la Rāqî'a, le 'Āḏām est en résonance avec son NOM, il est à sa place.

Et si nous n'avions pas bien pris conscience que la place de chaque homme est liée à son NOM, la suite du texte nous obligerait à le comprendre, car non seulement Dieu place l'Homme dans son Nom, mais Il le place « là ».

שָׁם
Shām

Là adverbe de lieu qui n'est autre que le NOM Shem שֵׁם prononcé Shām, car pour les hébreux le lieu est intimement lié à son rapport au NOM.

Encore aujourd'hui, dans l'hébreu moderne :
— « ici » Poh פֹּה est le même mot que Peh la « bouche », coextensivement le « Verbe » de Dieu et la « Tradition », lieu d'accomplissement du NOM
— « là » Shām שָׁם est le NOM lui-même en lequel tout est accompli.

L'Homme placé « là » est placé dans son NOM, enraciné dans son NOM. L''Ēḏen est l'axe de résonance du NOM en lequel seul peut se jouer l'accomplissement. Sortir d''Ēḏen, c'est perdre contact avec le NOM, avec le divin en soi ; c'est perdre sa « place ».

Après la « chute »
l'Homme cherche désespérément sa place dans le monde extérieur
il y épuise toutes ses énergies

Monde intérieur et monde extérieur
étant les deux pôles d'une même réalité (12),
il convient de « rentrer en 'Ēḏen »,
retrouver la résonance du NOM en soi et chercher sa place intérieure ;
alors, « miraculeusement » l'Homme est conduit à sa vraie place dans le monde
Le miracle est la loi de la vie à ce nouveau registre de réalité

L'Évangile prend là tout son sens :
« cherche d'abord le Royaume, le reste te sera donné par surcroît » (13)

Dieu place là, en 'Ēḏen, l''Āḏām qu'il a formé, informé,
car l''Ēḏen est lieu du Verbe divin, donc aussi de l'écoute de l'Homme
Après la chute 'Āḏām entend encore... bientôt il n'entend plus rien
Il retrouve l'errance d'un 'Āḏām-'Ayin
d'un 'Āḏām du sixième jour,
dénoncée dans le premier mot de ce verset

Après la chute l'Homme n'a plus de place. Il s'accroche alors désespérément à une place extérieure qui le sécurise en le liant à une affection, une profession, une situation sociale etc. ... ; il cherche sa « place au soleil », compensant l'absence du NOM, lumière intérieure, par un soleil extérieur. A ce jeu, souvent il se prostitue et vit une situation pour laquelle, en profondeur, il n'est pas fait ; il est alors « mal dans sa peau ».
Et ce hiatus entre sa position d'esclave et la place d'Homme libéré qui devrait être la sienne le déchire et génère toutes les maladies que nous connaissons.

Si nous prenons conscience que monde intérieur et monde extérieur sont les deux pôles d'une même réalité (12) il nous est simple d'accepter l'idée puis de faire l'expérience qu'à un moment donné de la vie il convient de chercher essentiellement la place intérieure — le retour en ʿĒḏen, la résonance du NOM —. Alors, de ce fait même, la place extérieure (et juste, celle-là) nous est donnée ; nous y sommes « miraculeusement » conduits ; le miracle est la loi inhérente à la dimension d'Homme quittant celle d''Āḏām-'Ayin...
L'Évangile prend là tout son sens :

> « cherche d'abord le Royaume, le reste te sera donné par surcroît » (13)

אֶת־הָאָדָם
'Et Hā'Āḏām — Le 'Āḏām

אֲשֶׁר
'Asher — que

יָצָר
Yātsār — Il a formé — en l'informant car l'ʿĒḏen est lieu du Verbe, donc lieu de l'écoute.

Après la chute 'Āḏām s'écrie : « j'ai entendu Ta voix dans le jardin... » (14) ; sorti d'ʿĒḏen bientôt il n'entend plus rien ; il retrouve l'errance d'un 'Āḏām-'Ayin dénoncée dans le premier mot de ce verset.

---

(12) Cf. Tome I, p. 339.
(13) Luc XII, 31.
(14) Genèse III, 10.

CHAPITRE IX

וַיַּצְמַח יְהוָה אֱלֹהִים מִן־הָאֲדָמָה כָּל־עֵץ נֶחְמָד לְמַרְאֶה וְטוֹב לְמַאֲכָל

Fait germer יהוה-'Elohîm, à partir de la 'Aḏāmāh
tout arbre précieux pour la vue (ouvrir l'intelligence)
et bon à manger (accompli et donc assimilable)

וְעֵץ הַחַיִּים בְּתוֹךְ הַגָּן וְעֵץ הַדַּעַת

et l'arbre de vie au milieu du jardin, et l'arbre de la connaissance

טוֹב וָרָע

de l'accompli et du pas-encore-accompli
(de la lumière et de son contraire, les ténèbres)

Voici que l''Āḏām mobilisé dans ses profondeurs par le souffle divin
est devenu âme vivante ;
il est placé dans le courant énergétique de son NOM (le jardin d''Ēḏen)
Alors יהוה-'Elohîm fait germer sa terre intérieure, la 'Aḏāmāh

CHAPITRE IX

(verset 9)

וַיַּצְמַח **WaYatsemaḥ**	Fait germer	Nous avons rencontré ce verbe au verset 5 (1) dans le contexte de l'"Āḏām-'Ayin, Homme qui, n'étant pas encore « soufflé » dans son Nom, ne peut cultiver sa terre intérieure ; celle-ci ne peut donc germer aucun germe de verdure ni d'arbre.
יְהוָה אֱלֹהִים **יהוה 'Elohîm**	יהוה 'Elohîm	

Or, voici que l'"Āḏām mobilisé dans ses profondeurs par le souffle divin, devenu « âme vivante », est placé par Dieu dans le courant énergétique de son NOM (le jardin d'"Ēḏen).
Alors יהוה-'Elohîm fait « germer » sa terre.

Rappelons que le verbe Tsāmoaḥ צמח rend compte de l'œuvre du « harpon » divin צ tirant de la « moelle » מח des êtres et des choses le plus subtil de leur énergie en voie de passer à l'état lumière.

מִן־הָאֲדָמָה **Min-Hā'Aḏāmāh**	venant de la 'Aḏāmāh	Le « germe » splendeur צח contenu dans la matrice מ de la 'Aḏāmāh est maintenant en train de croître. Le Yoḏ י étant vivifié par l'Esprit-Saint, le Wāw ו de הוה (la 'Aḏāmāh (2)) devient fécond.

(1) Cf. plus haut, p. 507.
(2) Cf. Tome I, p. 331 et suivantes.

Le « harpon » divin tire de la 'Aḏāmāh
tout arbre dont l'enracinement à la source de l''Āḏām
permet son jaillissement et sa fructification

Chaque arbre est précieux
Sa sève est chaleur, force, dynamique de conquête,
elle est montée de désir

« Précieux », Neḥmāḏ en hébreu, n'a rien d'« agréable »
Ce qualificatif est un symbole de puissance
qui décrira dans le Livre de la chute
le fruit de l'Arbre de la connaissance (3)
Dans ce contexte il sera précieux pour « rendre intelligent, faire réussir »
Il est une puissance de compréhension pour saisir une clef et réussir

כָּל־עֵץ
Kol-'Ēts

tout arbre — L'Homme va voir la sève de son NOM fleurir dans la verdure et fructifier dans les arbres du jardin.

Nous nous souvenons que le Verbe divin a structuré

l'arbre עץ dans la finalité de son accomplissement (ץ final) inséparable de son enracinement à la source (ע) des profondeurs.

נֶחְמָד
Neḥmāḏ

précieux — est la moins mauvaise traduction que je propose de ce mot pour rendre compte de la chaleur, de la force et de la dynamique de conquête qu'il contient.

Il est dérivé du verbe Ḥāmoḏ חמד qui, lui-même, exprime le « désir » dans toute l'acception de sa puissance érotique analysée précédemment à propos du mot 'Ēḏ אד.

Si אד enveloppe la lettre ח dans « l'unité » אחד, ici c'est : חד « pointe aiguë », sommet de la conquête de l'unité, qui entoure la matrice d'eau, riche du potentiel de conquête.

Nous trouvons encore en Ḥāmoḏ la racine déjà présente en Tsāmoaḥ la moelle, substance ô combien précieuse qui donne Hoṃ חם la « chaleur » et la puissance.

Neḥmāḏ n'a rien d'« agréable ».

Il est un symbole de puissance que nous retrouverons lié au verbe Śākal שׂכל (dans la description du fruit de l'Arbre de la connaissance) (3), verbe qui signifie « rendre intelligent », donc aussi « faire réussir ».

C'est une puissance de compréhension pour saisir une clef et réussir que comporte le qualificatif Neḥmāḏ.

---

(3) Genèse III, 6.

Le fruit de l'Arbre de la connaissance, comme celui de l'Arbre de vie
sont fruits archétypiels
qui distribuent leurs qualités à des intensités différentes
mais à tous les arbres de tous les niveaux du jardin
C'est pourquoi il ne peut qu'exister une communion étroite
entre les deux termes qui donnent un sens à ce même « précieux »,
l'un qualifiant tous les arbres du jardin,
l'autre, le fruit de leur archétype

« Précieux pour la vue » traduit-on ce présent verset :
le terme exact est « pour ce qui vient du voir »

« Ce qui vient du voir »
est une lumière conquise, une nouvelle vision,
nouvelle intelligence des êtres et des choses

Le fruit de chacun de ces arbres
donnera un savoir-faire et une puissance pour conquérir le NOM
Ce terme,
souvent employé dans les récits bibliques
pour décrire la « vision » des « cieux ouverts » donnée aux prophètes,
a toujours une connotation redoutable
Il décrit aussi la découverte de la beauté d'un visage féminin,
lui-même symbole du féminin-inaccompli intérieur (4)
En profondeur c'est le même mystère, redoutable en effet

« Bon à manger » est tout arbre, dit encore le texte ;
ce qui signifie « lumière accomplie prête à être assimilée »

Les deux arbres qui sont au milieu du jardin et qui vont être incessamment décrits, sont archétypes de tous les autres arbres du jardin, et leurs fruits, archétypes de tous ceux de l'‘Ēḏen.
La description du fruit de l'Arbre de la connaissance concerne donc tous les fruits et, coextensivement, tous les arbres qui en contiennent la promesse. C'est pourquoi le mot LeMar'eh למראה qui accompagne Neḥmāḏ dans ce présent verset, a forcément une signification commune avec le verbe Śākal שׂכל, « rendre intelligent, faire réussir ».

L'arbre est « précieux pour la vue », traduit-on en général. Mais comme cela est insuffisant !
Je me permets d'exprimer directement le « lettre à lettre », (comme pour בּרא « dans le voir »), ici :

לְמַרְאֶה
LeMar'eh

« Pour ce qui vient du voir »

« Ce qui vient du voir » est une lumière conquise, une nouvelle vision des êtres et des choses, pour ne pas dire, du mystère...

C'est une nouvelle intelligence que libère tel arbre mis à fruit ; il donne un savoir-faire et une puissance pour conquérir le NOM. Si j'introduis la notion de « mystère » dans ma méditation, c'est parce que Mar'eh מראה est très souvent employé au cours des récits bibliques pour décrire la « vision » donnée soudain à un prophète devant qui « les cieux s'ouvrent » ; et ce dévoilement a toujours une connotation redoutable. De même lorsqu'il s'agit de la découverte d'un visage de femme (4), cet aspect redoutable est là car, dans la profondeur, il qualifie le dévoilement du féminin intérieur, la mise en lumière du plus sacré de l'être, tenu jusque-là dans le secret des ténèbres.
Le verbe Yāro' ירא, « craindre », n'est pas loin !

וְטוֹב לְמַאֲכָל
WeṬoḇ
LeMa'Aḵol

et « bon à manger »

est aussi tout arbre, c'est-à-dire « accompli » (fruit de lumière) prêt à être assimilé ».

---

(4) Cf. par exemple Genèse XXIV, 16.

Cette même qualité est aussi attribuée
au fruit de l'Arbre de la connaissance (3)
Ce dernier est cependant qualifié par un troisième terme :
« désirable pour les yeux »
qui ne paraît pas dans la description des arbres du jardin

La triade
qui, en Genèse III, 6 qualifie le fruit de l'Arbre de la connaissance
est celle qui, venant du NOM, traduit les énergies constituantes de
l'Homme,
dont il fera la force de son accomplissement (ou de sa destruction !)
« Précieux pour atteindre à la réussite » est l'énergie *Puissance*
« Bon à manger » est l'énergie *Jouissance*
et « désirable pour les yeux » est l'énergie *Possession* (5)

Cette triade ontologique perd son objectif divin après la chute
et se retrouve au plan psychique où est encore aujourd'hui investie
la totalité du potentiel énergétique de l'humanité 'Āḏām-'Ayin

Redonner à ce potentiel son véritable objectif et l'accomplir,
est notre but terrestre ;
j'en reparlerai en étudiant le livre de la chute
Mais, dans ce présent verset,
l'ensemble des arbres du jardin
ne confère que la diade « puissance » et « jouissance »
Le désir de « possession », celui de « toucher » (6)
semble n'être introduit que dans le contexte de la tentation
et revêtir un caractère exceptionnel,
lié sans doute aux deux arbres qui sont « au milieu du jardin »
seulement

Il est remarquable que cet ensemble « Tob̲ LeMa'Ak̲ol » soit retrouvé intact dans la qualification du fruit de l'Arbre de la connaissance, alors que l'adjectif Neḥmād̲, nous venons de le voir, y reçoit un changement nuancé et que le « troisième terme de Genèse III, 6 « désirable pour les yeux » n'apparaisse pas ici.

Cette triade qui sera analysée en son temps, revêt une importance exceptionnelle puisqu'elle décrit le « totalement accompli », donc les trois caractères fondamentaux de l'énergie du NOM qui se distribue à tous les niveaux de réalisation de l'Homme :
« Précieux pour atteindre à l'intelligence et pour réussir » est l'énergie *Puissance*
« Bon à manger » est l'énergie *Jouissance*
« Désirable pour les yeux » est l'énergie *Possession* (5).

Cette triade ontologique perd son objectif divin après la chute et se retrouve au plan psychique où est encore aujourd'hui investie la totalité du potentiel énergétique de l'humanité 'Ād̲ām-'Ayin.
Redonner à ce potentiel son véritable objectif et l'accomplir, est notre but terrestre ; j'en reparlerai en étudiant le livre de la chute.
Mais dans ce présent verset, l'ensemble des arbres du jardin ne confère que la diade « puissance » et « jouissance ».
Le désir de « possession », celui de « toucher » (6) semble n'être introduit que dans le contexte de la tentation et revêtir un caractère exceptionnel, lié sans doute aux deux arbres qui sont « au milieu du jardin » seulement.

---

(5) Enseignement reçu oralement de Mgr Jean de St Denis en 1962. Il sera développé dans le Tome III de cette étude.
(6) Genèse III, 4.

Ces deux arbres situés « au milieu du jardin »
sont unis par la place centrale qu'ils occupent
Le jardin étant l'axe du flux vital qui unit 'Elohîm à יהוה,
le milieu de l'axe est le lieu le plus intime de leur rencontre

A ces deux arbres antinomiquement un et deux,
se réfèrent tous les autres
Tous deux sont archétypes, dons de l'Increé dans le sanctuaire du créé :
L'Arbre de la connaissance dont יהוה est le fruit, est icône du Fils
L'Arbre de vie est icône de l'Esprit-Saint appelé « donateur de vie »

Les deux Arbres conduisent au Père, à la « mer des lumières », radicalement transcendant au créé et cependant immanent à lui, par eux

Dans le récit de la chute, 'Āḏām tombe dans le piège
en mangeant le fruit de l'Arbre de la connaissance par la puissance du Śāṭān
Dans un premier temps
Dieu l'empêche de saisir le fruit de l'Arbre de vie
de peur que l'erreur ne soit irrémédiable, sans retour possible
Dans un second temps,
pour rendre ce retour possible,
Dieu chasse 'Āḏām de l'axe de son NOM
et le replace dans l'état d''Āḏām-'Ayin

וְעֵץ הַחַיִּים
We'Ēts HaḤayîm — et l'Arbre de vie

בְּתוֹךְ הַגָּן
Betok HaGān — dans le milieu du jardin

וְעֵץ הַדַּעַת
We'Ēts HaDa'aṯ — et l'Arbre de la connaissance...

Ces deux arbres situés « au milieu du jardin » sont intimement unis par la place qu'ils occupent dans le « milieu : lieu du Mi ».
Lorsqu'on sait que le jardin est l'axe du flux vital qui unit et sépare et réunit encore 'Elohîm et יהוה dans une fondamentale respiration en l'Homme, le centre de ce jardin ne peut être que le lieu le plus intime de leur rencontre.

A ces deux arbres, antinomiquement un et deux, se réfèrent tous les autres.
Tous deux sont archétypes, dons de l'Incréé dans le sanctuaire du créé : l'Arbre de la connaissance dont יהוה est le fruit, est icône du Fils.
L'Arbre de vie est icône de l'Esprit-Saint appelé « donateur de vie ».
Les deux Arbres conduisent au Père, à la « mer des lumières », radicalement trancendant au créé et cependant immanent à lui, par eux.

Dans le récit de la chute, après que l''Āḏām ait saisi le fruit de l'Arbre de la connaissance de la main du Śāṭān, dans un premier temps יהוה-'Elohîm l'empêche « d'avancer la main et de prendre du fruit de l'Arbre de vie » de peur qu'il ne soit définitivement statufié dans un état d'illusoire accomplissement (7).
Dans un second temps, Dieu chasse l''Āḏām de l'axe de son NOM et le replace dans la situation d''Āḏām-'Ayin du sixième jour pour qu'il puisse rechercher l'axe et recommencer le chemin (8).

(7) Genèse III, 22.
(8) Genèse III, 21 et 23.

L'un et l'autre gestes sont mesure de protection,
mais le premier évite à 'Ādām une mort
qui ne connaîtrait pas de résurrection
alors que le second remet 'Ādām dans un état de départ
dans lequel le juste chemin peut être retrouvé

Le premier geste est relatif à l'Arbre de vie,
le second à l'Arbre de la connaissance
Tous deux vont nous permettre d'approcher
la substance respective des deux arbres

Le fruit de l'Arbre de vie introduit l'Homme dans les épousailles célestes,
distribuant la plénitude des dons de l'Esprit-Saint

Manger du fruit de cet arbre sans avoir assumé l''Ēden ni respecté l'Alliance
est le blasphème contre l'Esprit-Saint
Il n'est pas pardonné (9)

L'Arbre de la connaissance distribue les fruits de la connaissance
que l'Homme prend de lui-même
au fur et à mesure de ses épousailles avec la 'Adāmāh

L'un et l'autre gestes divins sont des mesures de protection amoureuse de l'Époux veillant sur l'intégrité de l'accomplissement de sa « fille » appelée à devenir épouse.
Mais le premier geste pare au plus urgent et préserve 'Ādām de la mort qui ne connaîtrait aucune résurrection (péché qui ne connaîtrait aucun pardon) (9), alors que le second reconduit 'Ādām au point de départ, dans une situation d'exil, certes, mais ouverte sur un chemin de retour.

Le premier geste est relatif à l'Arbre de vie, le second à l'Arbre de la connaissance ; tous deux vont nous permettre d'approcher la substance respective des deux Arbres.

« L'Arbre de vie » distribue les fruits de la vie dont le Père est source. Ce sont ses fruits qui, à chaque niveau d'accomplissement, dans le « Bohou » de chaque terre conquise, « remplissent la terre (le sec) ».
« Croissez, multipliez, remplissez la terre » dit 'Elohîm à 'Ādām, dans l'ordre du créé (10).
Les fruits de l'Arbre de vie remplissent le vide de chaque terre où l'Homme accède, faisant participer peu à peu celui-ci de la dimension de l''Elohîm, c'est-à-dire actualisant le potentiel qui fait de lui l'épouse d''Elohîm.
(**ארץ** = **רץ** participation à **א** (Elohîm) (11).
Manger du fruit de cet Arbre sans avoir assumé l''Ēden ni respecté l'alliance est le blasphème contre l'Esprit-Saint. Dieu nous en préserve !

L'Arbre de vie est celui de l'Esprit.

« L'Arbre de la connaissance » distribue les fruits de la connaissance que l'Homme prend de lui-même au fur et mesure qu'il assume ses mariages successifs avec les différents champs de ses terres intérieures, sa 'Adāmāh.

---

(9) Matthieu XII, 31-32.
(10) Genèse I, 28.
(11) Cf. Tome I, p. 73.

Le dernier fruit
est celui qui l'introduit dans la dimension de Fils totalement
accompli

Manger le fruit de cet arbre sans l'être devenu
est le blasphème contre le Fils de l'Homme
Parce que le Fils de Dieu, Christ, a assumé le chemin,
devenant Fils de l'Homme et s'accomplissant
jusqu'au fruit mûri en haut de l'Arbre de la Croix
ce blasphème est pardonné !

Insondable mystère du Fils du Père qui meurt pour libérer Barabas
(mot hébreu qui signifie aussi « fils du père »),
fils aliéné d'une épouse prostituée, qu'Il rend à la vie

Le mot hébreu « connaissance » est aussi celui de l'« amour »
car il s'agit de l'intelligence-connaissance
née des mariages intérieurs de l'Homme avec lui-même,
allant jusqu'à la « source » de lui-même, jusqu'à la totale vision

Ces mariages donnent successivement naissance à une nouvelle dimension de l'être que la Tradition appelle « fils » (Il est ce Bar בר, « grain de blé » qui meurt en terre et ressuscite, qui préside à la Genèse).
Dans la dernière terre, il naît Fils totalement accompli.

L'Arbre de la connaissance est celui du Fils de l'Homme, que le Christ, Fils de Dieu, en se faisant nouvel 'Āḏām, a totalement assumé.

Manger du fruit de cet arbre, sans l'être devenu, c'est-à-dire sans avoir assumé la croissance, est le péché d''Āḏām.
Il est le blasphème contre le Fils de l'Homme. Celui-là est pardonné.
La Tradition des Pères insiste sur ce « rachat », non pas juridique, mais ontologique, de l'Époux divin qui reprend son épouse à celui qui l'a séduite (12) ; Il ensemence en terre son propre Fils qui meurt et ressuscite, obéissant à la loi même qu'Il a créée.

Insondable mystère du Fils du Père qui meurt pour libérer Barabas בר־אבא « Fils du Père », fils aliéné d'une épouse prostituée et qu'Il rend à la vie !

הַדַּעַת HaDa'aṯ	La connaissance mais aussi l'amour car pour l'hébreu il ne s'agit que de la connaissance-intelligence intérieure dont j'ai parlé plus haut, fruit des mariages intérieurs.
ע lettre 'Ayin	L'« œil » et la « source ». Dans la juste pénétration de ses terres intérieures l'Homme va vers la « source » de son être, et plus il en approche, plus il « voit ». A la source même, devenant son NOM, il sera lumière totale.

(12) Genèse III, 13.

Ce chemin passe par les morts et résurrections
dont nous avons longuement parlé déjà ;
il s'appuie sur une loi rigoureuse
sans laquelle la connaissance peut amener à la folie, voire à la mort

La loi est au service de la vie qu'elle structure,
des espaces qu'elle libère,
elle est liée au temps ;
elle change et disparaît à la fin des temps

Le mariage de l'Homme avec lui-même
implique que l'Homme est « mâle et femelle »,
c'est-à-dire « capable de se souvenir » de ce qu'il est :
un potentiel énergétique, un contenant lourd du NOM (13)

L'Homme qui se souvient fait jaillir une lumière (connaissance)
et laisse dans l'ombre toute la lumière potentielle
jusqu'à un prochain mariage

Lumière et ténèbre sont donc les deux pôles de la connaissance

דת
Dāṯ
est la « loi », loi ontologique celle-là, qu'on ne peut transgresser car elle structure le chemin de l'accomplissement ; elle en est la rigueur.
Ses deux lettres pondérantes ד et ת de valeurs respectives 4 et 400 en témoignent. 474 est le nombre de Da'aṯ דעת qui montre l'œuvre du 7 (morts et résurrections) appuyée sur l'exigence de cette rigueur sans laquelle la connaissance peut amener à la folie, voire à la mort.
C'est pourquoi elle enveloppe la lumière de la connaissance comme d'un vêtement qui grandira avec elle, car c'est la vocation de toute loi que d'être au service de la vie qu'elle structure, des espaces qu'elle libère. Elle est en cela intimement liée au temps :

עת
'Ēt
est le « Temps »

עד
'Aḏ
« jusqu'à » ce que tout soit accompli, l'espace étant devenu infini dans la dernière terre épousée, et le temps aboli.

La connaissance est donc le fruit d'un mariage dont les deux pôles sont intérieurs à l'Homme en tant que celui-ci est « mâle et femelle » c'est-à-dire capable de « se souvenir » du « contenant » de son NOM (13).

L'Homme qui se souvient du Dieu יהוה dont il porte en lui le Germe, fait, avec 'Elohîm, jaillir une lumière qui lui permet de pénétrer ce contenant ténèbre, jusqu'à son NOM, noyau de la totale lumière.

Les deux termes qui suivent et qui qualifient la connaissance, ne rendent pas compte d'autre chose que de ces deux pôles : lumière et ténèbre.

---

(13) Cf. Tome I, p. 385 à 393.

L'Arbre de la connaissance du bien et du mal
est appelé ainsi par les 'Āḏām-'Ayin que nous avons été jusqu'ici
L'Arbre de la connaissance de l'accompli (14)
et de ce qui n'est pas encore accompli ;
de la lumière
et de ce qui n'est pas encore lumière,
est celui de l''Āḏām image de Dieu entrant dans le chemin de la ressemblance

La connaissance qui est lumière est fruit du mariage
d'une précédente lumière
avec la part de ténèbre entrant avec elle dans un juste rapport

Ṭoḇ et Ra', lumière et ténèbre,
sont les deux pôles de l'Unique Réalité יהוה que prophétisait Isaï :
« Le soleil ne sera plus pour toi témoin de la lumière
et la brillance de la lune ne t'éclairera plus,
car יהוה sera ta lumière à perpétuité » (15)
et que chantait le psalmiste :
« Je louerai ton NOM יהוה car Il est lumière-accompli » (טוֹב) (16)

טוֹב
Ṭob̲
accompli — lumière (14)

וָרָע
WāRā'
non-accompli — ténèbre

ר — principe
lettre Reish

ע — « œil » et « source » : principe de la
lettre 'Ayin — lumière à sa source, lumière enveloppée des ténèbres du non-accompli.
Lumière qui est le NOM.

C'est pourquoi ce même mot **רע** prononcé Rē'a est l'« ami ».

Il deviendra le « mal » lorsque l'Homme revenu à l'état d''Ād̲ām-'Ayin et livré au pouvoir du Śāṭān laissera toutes les bêtes sauvages qui l'habitent le déchirer, et détruire le cosmos, que ce dernier soit intérieur ou extérieur à lui.

Mais dans le principe de la création il s'agit de l'Arbre de la connaissance de la lumière et de ce qui ne l'est pas encore, de l'accompli et de ce qui ne l'est pas encore. Aucun mal n'est encore.

La connaissance qui est lumière est fruit du mariage d'une précédente lumière avec la part de ténèbre entrant avec elle dans un juste rapport.

Ṭob̲ et Ra', lumière et ténèbre, sont les deux pôles de l'Unique Réalité **יהוה** que prophétisait Isaï :

> « Le soleil ne sera plus pour toi témoin de la lumière et la brillance de la lune ne t'éclairera plus, car **יהוה** sera ta lumière à perpétuité » (15)

et que chantait le psalmiste :

> « Je louerai ton NOM **יהוה** car Il est lumière-accompli (**טוֹב**) (16).

---

(14) Cf. Tome I, p. 111 à 115.
(15) Isaï LX, 19.
(16) Psaume LIV, 8.

Ces deux pôles sont le fondement même
des structures du NOM du Fils de l'Homme
Ils sont les deux Hē ה,
les deux « tranchants de l'Épée »
הוה qu'unit le Wāw ו,
la « lame » ;
Le Wāw ו par sa relation au Yod̲ י le « pommeau »
est le « juste rapport »
Christ est le Juste Rapport
Lorsque « tout est accompli » (17)
l'Épée brandie hors de son fourreau-ténèbre
chante la victoire de la Résurrection
Étincelante de lumière elle perce les cieux plus loin encore
et saisit le fruit de l'Arbre de vie
Ivre de l'Esprit-Saint,
elle danse sa danse nuptiale sur les parvis de la Chambre du Roi...

Ces deux pôles sont le fondement même des structures du NOM du Fils de l'Homme : ils sont les deux ה, les deux « tranchants de

יהוה l'Épée » qu'unit le Wāw ו la « lame » ; celle-ci, par sa relation au Yoḏ י le « pommeau », la tête, est le « juste rapport ».

Christ, Fils de l'Homme, s'est fait jusqu'à son dernier souffle « juste rapport » ; c'est pourquoi conquérant la dernière terre Il s'écrie :

« Tout est accompli » (17).

Alors l'Épée brandie hors de son fourreau-Ténèbre chante la victoire de la résurrection.
Étincelante de lumière elle perce les cieux plus loin encore et saisit le fruit de l'Arbre de vie.
Ivre de l'Esprit-Saint, elle danse sa danse nuptiale sur les parvis de la Chambre du Roi...

(17) Jean XIX, 30.

CHAPITRE X

וְנָהָר יֹצֵא מֵעֵדֶן לְהַשְׁקוֹת אֶת־הַגָּן
Et un fleuve jaillit d''Ēḏen pour arroser le jardin ;
וּמִשָּׁם יִפָּרֵד וְהָיָה לְאַרְבָּעָה רָאשִׁים
et, de là, il se partage et devient quatre principes

Un fleuve que l'on pourrait traduire
« torrent de lumière, flux de vie étincelante et fécondante »

Il jaillit dans le lieu des délices divines à la source même de toute volupté

Il est le fleuve des Énergies divines incréées

Ce fleuve est la sève des deux arbres,
il jaillit de יהוה-'Elohîm
Fleuve de lumière, il jaillit de la « mer des lumières »

Au verset 6 l'eau du désir s'élevait de l'épouse vers l'Époux (1)
En ce verset 10, la réponse de l'Époux
s'exprime dans un fleuve de lumière-feu

CHAPITRE X

(verset 10)

וְנָהָר **WeNāhār**	Et un fleuve	que l'on pourrait encore traduire « lumière » car la racine fondamentale de ce mot Nēr נר est la « lumière », mais dans le sens « torrent, flux de vie étincelante ».
	Il est encore הר Har	la « montagne » qui implique הרה Hāroh de « concevoir ». Hērāyon הריון est une « gestation ».

En un mot ce fleuve lumineux est un torrent énergétique fécondant. Il est celui des Énergies divines incréées.

יֹצֵא **Yotsē'**	Il jaillit	Jallissement essentiel du Yod̲ et du 'Āleph d''Elohîm et de יהוה, à la recontre l'un de l'autre.
מֵעֵדֶן **Mē'Ēd̲en**	de l''Ēd̲en	A partir de ce lieu intérieur qui est principe même des délices divins, source de toute volupté.

Ce fleuve est la sève des deux arbres ; il jaillit de יהוה-'Elohîm ; fleuve de lumière, il jaillit de la « mer des lumières ».

לְהַשְׁקוֹת **LeHasheqot̲** אֶת־הַגָּן **'Et̲-HaGān**	pour arroser le jardin	Il a pour vocation d'« arroser », c'est-à-dire de féconder le jardin. Nous avons étudié ce mot (1) et découvert sa relation étroite avec le désir qui est eau et feu.

Au verset 6 l'eau du désir אד s'élevait de la création appelée à être épousée de Dieu, vers Dieu-Époux ; elle formait - informait l''Ād̲ām אדם.

(1) Cf. plus haut p. 565.

Au jardin de délices l'Époux et l'épouse
Dieu et l'Homme
sont saisis dans le foudroiement de l'« Alliance de Feu »
dans le flux d'un torrent d'amour
« Car puissant, capable de mutation est l'amour ;
et le désir lourd d'une exigence de possession ;
Ses ardeurs sont des flammes de feu,
les flammes de Yāh
Des torrents d'eau ne pourraient éteindre l'amour,
des fleuves de feu ne le noieraient pas !... » (2)

Dans le jardin de délices
l'Époux féconde son épouse de son sperme divin,
fleuve de feu qui, à partir du NOM יהוה se partage en quatre principes

Le Verbe libérateur (4) descend par ce fleuve de feu

En ce verset 10, ce torrent de lumière qui sort d'"Ēḏen, lieu archétypiel des délices et de la volupté divines, est la réponse de l'Époux.

En lui le ciel et la terre s'unissent ; l'Époux et l'épouse, Dieu et l'Homme sont saisis dans le foudroiement de l'« Alliance de Feu » dans le flux débordant d'un torrent d'amour :

> « car puissant, capable de mutation est l'amour ; et le désir, lourd d'une exigence de possession. Ses ardeurs sont des flammes de feu, les flammes de Yāh יה.
> Des torrents d'eau ne pourraient éteindre l'amour, des fleuves de feu ne le noieraient pas !... (2)

Eau, Feu, tout est UN dans la fulgurance de l'Union.

Dans le jardin de délices l'Époux féconde son épouse de son sperme divin, fleuve de feu, qui

וּמִשָּׁם **OuMishām**	et, de là	mais surtout : « à partie du NOM יהוה »	
יִפָּרֵד **Yipāreḏ**	se partage	Du verbe Pāroḏ פרד auquel préside	
		פר Par	le « taureau » symbole de fécondité (3)
		Pāroḏ est encore :	
		ר lettre Reish	le « principe » qui
		פדה Pādoh	sauve, libère
		ou encore :	
		פ lettre Phē	le « verbe » qui
		ירד Yāroḏ	descend

Le Verbe, principe de libération (4) descend par ce fleuve de feu.

---

(2) Cantique des Cantiques VIII, 6-7.

(3) Cf. plus haut p. 545.

(4) Libération : accomplissement ontologique qui exclut toute notion de libération ou rachat juridique qu'aurait entraîné une « chute » historique.

Il est Verbe de Dieu,
semence divine qui se donne
et féconde les étincelles endormies du Verbe de l'Homme,
faites de Lui est cependant autres,
jaillissantes et cependant stériles sans le recouvrement de Son amour

ô mystère de יהוה

Il se donne dans le jardin,
à chaque palier de la rencontre

« Mon Bien-aimé est descendu dans son jardin
pour désirer le parfum, pour veiller sur les jardins
et pour cueillir les roses...
Qui est celle-ci dont je baise la bouche ?
elle est comme une aurore,
belle comme la lune
pure comme le soleil
redoutable comme un déploiement de troupes... » (5)

Redoutable est la création dans la multiplicité de ses énergies,
dans le déploiement de ses ardeurs !

Redoutable est cette épouse riche de Dieu, que seul un Dieu peut aimer
Pétrie de Lui, du désir de Lui,
elle s'avance dans le jardin vers Lui qui est UN, יהוה,
et qui se fait quatre
Il se distribue à quatre niveaux de réalités différentes :
Il est « lumière » et se fait « nuages »
— ce que dit le nombre quatre —
Car il ne se donne qu'en tant que l'Homme peut le supporter

Il est Verbe de Dieu, semence divine qui se donne et féconde les étincelles endormies du Verbe de l'Homme, faites de Lui, et cependant autres, jaillissantes et cependant stériles sans le recouvrement de Son amour.

ô mystère de יהוה !

Il se donne dans le jardin — dans l'axe de la Rāqī'a — à chaque palier de la rencontre :

> « Mon Bien-aimé est descendu dans son jardin pour désirer le parfum, pour veiller sur les jardins et pour cueillir les roses...
> Qui est celle-ci dont je baise la bouche ?
> Elle est comme une aurore,
> belle comme la lune
> pure comme le soleil
> redoutable comme un déploiement de troupes... » (5)

Redoutable est la création dans la multiplicité de ses Noms, redoutable chaque être dans la multiplicité de ses énergies, dans le déploiement de ses ardeurs !
Redoutable est cette épouse riche de Dieu, que seul un Dieu peut aimer.
Pétrie de Lui, du désir de Lui, elle s'avance dans le jardin, vers lui.

וְהָיָה
WeHāyāh — Il est — Les quatre lettres du verbe être sont celles de יהוה Verbe divin qui est UN.
Il est donc יהוה !

לְאַרְבָּעָה
Le'Arebā'āh — pour quatre — UN. Il devient quatre
Il se fait quatre
Il se distribue à quatre niveaux de réalités différentes.

Et c'est à la lumière de ce verset que j'ai représenté l'échelle de Jacob sous le symbolisme des quatre échelons (6).

---

(5) Cantique des cantiques VI. 10.
(6) Cf. plus haut p. 463.

C'est une épaisseur opaque
que traverse celui à qui est donnée la grâce

de « voir les cieux ouverts »
— voir et être saisi dans son être total par l'expérience divine —
C'est alors que l'on peut parler d'exil quand « les cieux se referment »
et que l'on s'enfonce à nouveau dans l'épaisseur...

Quatre est le nombre de cet exil ;
mais en même temps celui des structures qui sont données à l'exil
pour conduire vers la lumière et dissiper les nuages
C'est pourquoi la semence divine se distribue
selon quatre modes d'intensités différentes
selon que l'Homme a déjà franchi l'épaisseur,
une partie d'elle,
ou qu'il est encore au fond de l'exil !
Le fleuve se partage en quatre principes-têtes
(et non quatre bras, comme continue de le lire l''Ādām-'Ayin)

Car ce verset me semble livrer une des clefs essentielles du nombre quatre, 'Arebā' **ארבע** :

א(ו)ר 'Or — lumière qui vient se heurter au

עב 'Āb — nuage car ce fleuve de lumière-feu ne se donne qu'en tant que l'Homme peut le supporter.

Aussi se cache-t-il.
C'est une épaisseur indescriptible qui se déchire ou que traverse celui à qui est donnée la grâce de « voir les cieux ouverts » ; et cette expression elle-même ne peut rendre compte de l'expérience qui saisit l'être total, non seulement dans le « voir » mais dans l'unique sens que deviennent tous ses sens enivrés du feu divin.

C'est alors que l'on peut parler d'exil quand « les cieux se referment » et que l'on s'enfonce à nouveau dans l'épaisseur des « nuages » que seul dissipe le cheminement vers LUI.

Quatre est le nombre de cet exil ; mais en même temps celui des structures qui sont données à l'exil pour conduire vers la lumière et dissiper les nuages.
C'est pourquoi le fleuve divin distribue sa semence lumineuse selon quatre modes d'intensités différentes selon que l'Homme a déjà franchi une épaisseur de nuages, toutes les épaisseurs, ou qu'il en est encore au fond de l'exil.
Mais chaque niveau du fleuve est « principe » puisqu'il se fonde en Dieu.

רָאשִׁים **Rā'shîm** — principes, têtes — et non quatre « bras », comme l'expriment certaines traductions qui, ne pouvant décoller de la vision qu'a l'"Āḏām-'Ayin du seul cosmos extérieur, font aussi des deux derniers fleuves le Tigre et l'Euphrate !

Il s'agit de l'écoulement divin en l'Homme
qui, sous la montée du désir de l'Homme,
le pénètre et le féconde,
et le rend capable de quatre mutations essentielles, par ordre croissant
C'est par ordre décroissant que ces quatre niveaux énergétiques vont nous être révélés
car le fleuve s'enracine en l'Incréé
et se distribue jusqu'au créé du sixième jour,
alimentant même l'état d'’Āḏām-'Ayin

Il s'agit de l'écoulement divin en l'Homme qui, sous la montée du désir de l'Homme, le pénètre et le féconde et le rend capable de quatre mutations essentielles par ordre croissant.

Mais c'est par ordre décroissant que ces quatre niveaux énergétiques vont nous être révélés, car ils sont le don divin s'enracinant en l'Incréé et se distribuant jusqu'au créé du sixième jour, alimentant même l'état d''Āḏām-'Ayin.

CHAPITRES XI et XII

שֵׁם הָאֶחָד פִּישׁוֹן הוּא הַסֹּבֵב אֵת כָּל־אֶרֶץ הַחֲוִילָה
Nom Le UN : Pîshon qui entoure (investit) toute la terre de Ḥawîlāh
אֲשֶׁר־שָׁם הַזָּהָב וּזֲהַב הָאָרֶץ הַהִוא טוֹב
Là (se trouve) l'or, et l'or de cette terre est lumière accomplie
שָׁם הַבְּדֹלַח וְאֶבֶן הַשֹּׁהַם
Là (se trouvent) l'ambre et la pierre d'onyx

Ces deux versets réunis sont enserrés entre deux mots hébreux
qui tous deux sont le « NOM »
D'entrée de jeu, nous savons que ce fleuve est celui des Énergies
divines distribuées par le NOM
L'annonce des quatre « principes » dans lesquels il se distribue
est différente selon les niveaux :
« Nom Le Un, Pîshon » est-il dit pour le premier
Nom du fleuve le deuxième...
Nom du fleuve le troisième...
le fleuve le quatrième... pour les trois derniers
Nom du UN est « Le NOM » יהוה
« Écoute Israël, יהוה notre Dieu » est UN (Deutéronome VI, 4)
Le fleuve prend source dans l'Incrée
et contient les quatre principes qui pénètrent le créé

CHAPITRES XI et XII

(versets 11 et 12)

Ces deux versets réunis, qui décrivent le premier « principe » du fleuve, sont enserrés entre les mots שׁם Shēm et השׁהם HaShoham.
Le mot Shēm שׁם exprimé trois fois explicitement, l'est une quatrième fois (dans le dernier mot Hashoham) plus subtilement.
Les nombres Trois et Quatre si souvent associés dans la Bible (1) rendent compte ici respectivement de la participation à l'Increé et au créé, de ce fleuve UN.
Si pour décrire les deuxième et troisième « principes » l'auteur biblique annoncera :

Nom du fleuve le deuxième...
Nom du fleuve le troisième

et si, pour le quatrième, l'annonce sera laconiquement : le fleuve le quatrième (le mot « Shēm » Le NOM aura disparu),

pour le premier l'annonce est :

שֵׁם הָאֶחָד **Shēm Hā'Eḥāḏ**

« Nom du UN » Il est « Le NOM »

« Écoute Israël, יהוה notre Dieu est UN » (Deutéronome VI, 4).

Ce NOM du fleuve prenant source dans l'Increé et contenant les quatre principes qui pénètrent le créé est : Pîshon

פִּישׁוֹן **Pîshon**

פ lettre Phē — ouverture - Verbe - libération

ישן Yāshān — de l'« ancien ». L'« ancien » n'est autre que

שׁין lettre Shîn — la pierre sacrée des profondeurs qui recèle le NOM. Il est l'« Orient » du jardin d'"Ēḏen en l'"Āḏām.

---

(1) Cf. p. 263, Amos I et II, et L. Ch. V., p. 49.

Le Pîshon est l'ouverture de la pierre scellée qui garde le NOM

A son niveau l'Homme ouvrira son noyau et deviendra Verbe
« ressemblant à Dieu »

Le Pîshon est la plénitude de l'Esprit-Saint
En lui les cieux sont accomplis
Les « deux NOMS » sont UN

C'est dans le Pîshon que le Christ est descendu,
pour l'ultime baptême, au Golgotha
C'est du Pîshon que le Christ ressuscite dans Sa Gloire

Le Pîshon qui « entoure » et « traverse » est celui qui « soutient »

Le plus ancien en l'Homme est le Verbe, semence du Verbe de Dieu, noyau de son être créé. Il est l'« Epée ».

ישׁן
Yāshēn

est aussi ce qui « dort » - nous retrouverons cette racine plus loin (2) au moment du sommeil d'Ādām, sommeil dont nous verrons qu'il est une plongée dans les profondeurs de son être pour y découvrir le sceau de son NOM

Le Pîshon contient aussi :

נפשׁ
Nephesh

le souffle du Yod !

י
lettre Yod

Le Pîshon est l'ouverture de la pierre scellée qui garde le NOM. Il est le courant énergétique du Verbe.
Son nom nous révèle qu'à son niveau l'Homme aura gravi tous les échelons de l'accomplissement, il ouvrira son noyau et deviendra Verbe, « ressemblant » à Dieu.

Le Pîshon est encore :

פשׁ
Pash

l'expansion - puissanee

יון
Yon

de la « colombe », symbole de l'Esprit-Saint et de la lumière, au plus haut niveau de la lumière car dans le Pîshon l'Homme réunit יהוה, et le Noun final ן symbole de Liweyāṯān ou Sāṭān, l'Adversaire. Shāmayim שׁמים les deux NOMS », à ce niveau sont UN. Les « cieux » sont accomplis.

C'est dans le Pîshon que le Christ est descendu, pour l'ultime baptême, au Golgotha. C'est du Pîshon qu'Il est ressuscité dans sa Gloire.

הוּא
Hou'

Lui

הַסֹּבֵב
HäSob̲eb̲

« Le entourant, investissant »
Sa vocation est d'investir, d'entourer.
Du verbe Sāb̲ob̲ סבב « tourner autour », « traverser » qui vient confirmer par la racine Sāb̲ סב « vieux, ancien », ce très « ancien » que déjà exprimait Yāshān. Le Pîshon jaillit du noyau antique, le NOM.

---

(2) Genèse II, 21.

Le Pîshon entoure toute la terre de Ḫawîlāh
dont le nom signifie « rempart » mais aussi « force » de יהוה
La puissance de יהוה est gardée par l'Adversaire qui en est également revêtu
Nous sommes en ce lieu « à l'orient du jardin d''Ēḏen »,
lieu que le récit de « la chute » nous vaut de voir décrire :
Là, « יהוה-'Elohîm place les chérubins et l'Epée flamboyante et tournoyante » (4)
c'est-à-dire « l'Adversaire et le NOM »

En elle on trouve l'or, symbole de lumière
Mais un autre niveau de lecture
permet de discerner l'énoncé de la puissance trinitaire :
Si du Père il n'est rien dit
car sa Personne est inconnaissable et innommable dans son essence,
l'or symbolise et la Personne de l'Esprit-Saint
qui remplit tout, pénètre tout,
et la Personne du Fils totalement accompli

Avec ce mot apparaît pour la première fois dans le texte sacré la lettre Sāmek̲ ס que la Tradition associe intimement au NOM en tant que « יהוה *soutient* (Sāmek̲) ceux qui chancellent ». La force qu'elle introduit dans le texte est celle de soutien du monde. Le Pîshon qui « entoure » est celui qui « soutient » (3).

אֵת כָּל־אֶרֶץ toute la terre-sec
'Ēt
Kol-'Erets

הַחֲוִילָה de Hawilāh qui est
HaḤawilāh

חל le rempart
Ḥēl

יהוה de יהוה

Cette terre est celle de toute la puissance de יהוה, puissance gardée par l'Adversaire qui en est également revêtu.

Nous sommes en ce lieu « à l'orient du jardin d''Ēd̲en », lieu que le récit de « la chute » nous vaut de voir décrire : Là, « יהוה-'Elohîm place les chérubins et l'Epée flamboyante et tournoyante » (4). Ici sont « l'Adversaire et le NOM ».

אֲשֶׁר qui
'Asher

שָׁם là Traduit couramment par « ou l'on trouve », où existe » de l'or.
Shām
Mais שם est aussi Shēm, « le NOM », une première fois répété

הַזָּהָב l'or Par ses deux Hē ה qui entourent la racine Zoub זוב « couler », l'or est l'écoulement de l'Esprit-Saint, de l'Esprit qui remplit tout le créé ב, toute la dualité.
HaZāhāb̲

Par la lettre Zayin ז - symbole de l'« arme mâle » - l'or est l'œuvre de l'Homme, Fils totalement accompli, qui pénètre tout le créé ב.

---

(3) Zohar I 3a et Psaume 145, 14.
(4) Genèse III, 24.

L'or est le symbole de la lumière divine
dont l'Homme fera l'expérience
lorsqu'ayant atteint à l'unité,
il éclatera dans la multiplicité qui remplit le sec (5)

L'or est le symbole de la lumière incréée
dont les trois apôtres Pierre, Jacques et Jean font l'expérience
lorsque le Christ se transfigure devant eux
et fait chanter le cosmos entier dans l'incandescence
de sa lumière (6)

Cette lumière est le totalement accompli,
celle qui a épousé toute la ténèbre
L'or est la lumière du « Fils » totalement accompli
car rempli de l'Esprit-Saint.

En cette terre on trouve aussi l'ambre et la pierre d'onyx
Mais ce même niveau de lecture
permet de contempler dans ces deux pierres précieuses
le symbole du Fils avant qu'Il n'atteigne à cet accomplissement
total,
c'est-à-dire dans la réalité de sa rencontre avec l'Adversaire
L'ambre est l'Adversaire qui sépare du NOM
et qui est revêtu d'une part de sa force pour conduire à LUI,
celui qui descend dans le Pîshon

L'or est symbole de la lumière divine dont l'Homme fera l'expérience lorsque, ayant atteint à l'unité, devenu « Fils », il éclatera dans la multiplicité qui « remplit le sec » (5).

Il est celui de la lumière trinitaire incréée dont les trois apôtres Pierre, Jacques et Jean font l'expérience lorsque le Christ se transfigure devant eux et fait chanter le cosmos entier dans l'incandescence de sa lumière (6).

וְזָהָב **OuZahab̲**	et l'or	Répété, ce mot est comme un superlatif de la lumière qui se joue aux limites de l'Incréé et du créé.
הָאָרֶץ הַהִוא **Hā'Ārets HaHiw'**	de ce sec-terre	c'est-à-dire « la lumière de cette participation à 'Elohîm » est Ṭob̲
טוֹב **Ṭob̲**	accompli	C'est un Ṭob̲ qui ne connaît plus de Ra' רע car « Tout est accompli ». L'or est la lumière du « Fils » totalement accompli car rempli de l'Esprit-Saint
שָׁם **Sham**	là	Mais encore le « NOM » une deuxième fois répété. Il concerne toujours la Personne du Fils avant que celui-ci n'atteigne à l'unité, dans sa dualité avec l'Adversaire.
הַבְּדֹלַח **HaBdolaḥ**	l'ambre	(pour d'autres le « cristal », etc...) mais surtout
	הבד Habad̲	la part
	לח Lēḥa	de force ou encore :
	בדל Bād̲ol	séparer
	ח lettre Ḥeit̲	la « barrière »

HaBdolaḥ semble indiquer l'Adversaire qui fait « barrière » devant le NOM, qui donc « sépare » de Lui, mais qui est

(5) Cf. Tome I, p. 305 et 401.

(6) Ma thieu XVII, 1-9.

La pierre qualifie souvent l'Homme dont l'âme est vivante,
l'Homme en tant qu'il est conscient d'être « Fils du Père »

L'Homme réduit à son état d''Āḏām-'Ayin est « brique » ;
c'est pourquoi les hommes de Babel
« prirent des briques à la place des pierres »
pour construire la tour
Aucune unité ne les soudant plus,
ils furent dispersés sur la terre... (7)

L'Homme-pierre est Fils du Père

L'onyx se présente en hébreu comme « le NOM »
que traverse le souffle de l'Esprit-Saint

aussi revêtu d'une « part de force » du NOM car il a pour fonction de conduire à Lui celui qui, se présentant dans le Pîshon, pourra y assumer cette dernière et redoutable rencontre.

וְאֶבֶן **We'Eben**	et pierre	Est « pierre » celui qui est
	בן Bēn	fils
	אב 'Āb	du Père

La pierre est une créature vivante et l'Homme sera souvent qualifié de « pierre » lorsque son âme, son souffle, participent de la respiration **יהוה**-'Elohîm.

Nous sommes tous « pierres » prêtes à entrer dans la construction de la ville sainte lorsque nous sommes conscients d'être « Fils du Père », reliés par une fraternité qui s'enracine en la paternité divine et qui s'accomplit en elle.

Lorsque la conscience divine disparaît chez l'Homme redevenu 'Ādām-'Ayin, il n'est plus que « brique » : **לבנה** Lebēnāh où la présence de « fils » **בן** est encore, mais privée de celle du Père. Ces fils deviennent alors très vite des étrangers les uns pour les autres. C'est pourquoi les 'Ādām-'Ayin de la Tour de Babel « prirent des briques à la place des pierres »..., ils furent alors dispersés sur toute la terre ; non par punition, mais par le fait même de la loi ontologique que veut que le dissemblable se disperse et que le ressemblant se rassemble ! (7)

L'Homme-pierre est Fils du Père.

הַשֹּׁהַם **HaShoham**	d'onyx	Personne n'est certain que ce soit de l'onyx que traduit Shoham, mais ce qui est sûr c'est que cet Homme-pierre est

(7) Genèse XI, 3 et 9.

En ces deux « pierres précieuses »
le Christ Fils de Dieu et Fils de l'Homme est présent
face à l'Adversaire qui sera intégré dans l'or

Le Pîshon confère la dimension messianique
à laquelle l'Homme est appelé par le Père dans le souffle de
l'Esprit-Saint

הַשֵּׁם HaShēm — Le NOM que traverse le souffle de l'Esprit-Saint, comme l'écoulement divin en zāhāḇ.

En ces deux « pierres précieuses » le Christ, Fils de Dieu et Fils de l'Homme est présent face à l'Adversaire qui sera intégré dans l'or.

Le Pîshon confère la dimension messianique à laquelle l'Homme est appelé par le Père dans le souffle de l'Esprit-Saint.

CHAPITRE XIII

וְשֵׁם־הַנָּהָר הַשֵּׁנִי גִּיחוֹן הוּא הַסּוֹבֵב אֵת כָּל־אֶרֶץ כּוּשׁ

Et NOM le fleuve le deuxième Guîḥon, lui il investit toute la terre
de Koush

Le Guîḥon est cette partie du jardin où se rencontrent יהוה et
l'Adversaire,
les « deux Noms » ;
il est le cœur des « cieux » (1),
le centre de la vie
Le Guîḥon est le « ventre » du jardin
où se jouent toutes les rencontres de l'Homme se faisant « Fils »,
avec l'Adversaire
L'Homme qui assume la remontée du Fleuve
ne pourra rencontrer l'Adversaire dans l'intensité de son ultime force,
celle dont nous avons vu qu'il la partage avec יהוה
dans la barrière du Pîshon (2),
que s'il est mesuré à lui, auparavant,
dans des intensités croissantes d'« adversités »

CHAPITRE XIII

(verset 13)

וְשֵׁם־הַנָּהָר הַשֵּׁנִי
ēShēm HaNāhār HaShēnî

Et NOM du fleuve le deuxième

גִּיחוֹן
G(u)îḥon

Guîḥon — Il est
גַּן
Gan — le jardin dans lequel se rencontrent
י
lettre Yoḏ — יהוה
ו
lettre Wāw — et
ח
lettre Ḥeiṯ — la « barrière », celui qui joue le rôle d'adversaire.

Le Guîḥon est cette partie du jardin où se rencontrent יהוה et l'Adversaire — les deux « Noms », Shāmayim שמים ; il est le cœur des « cieux » (1), le cœur de Ḥay חי la vie !

Le Guîḥon est la partie centrale du jardin,
גחון
Gaḥon — le « ventre » du jardin où se jouent toutes les rencontres de l'Homme se faisant « Fils », avec l'Adversaire.

Dans le sens de la remontée des énergies du Fleuve, l'Homme qui assume ce parcours ne pourra rencontrer l'Adversaire dans l'intensité de son ultime force, celle dont nous avons vu qu'il ne la partage avec יהוה dans la barrière du Pîshon (2), que s'il s'est mesuré à lui auparavant dans des intensités croissantes d'« adversités ».

---

(1) Cf. Tome I, p. 65 à 69.
(2) Cf. plus haut, p. 621.

C'est dans le Guîḥon que se conquiert la dimension de « Fils »
dans les morts-résurrections successives du « grain de blé-fils » (3)
semé dans les terres intérieures

De ce ventre-matrice où l'Homme rencontre l'Adversaire
Dieu fait jaillir le NOM

Le Guîḥon est la forge où l'Homme est ciselé dans son NOM

Dans la géographie extérieure,
le Guîḥon est le fleuve qui coule aux pieds de Jérusalem

C'est dans ce fleuve que le roi David fit descendre son fils Salomon
afin qu'il y soit sacré roi d'Israël (2)

L'Homme qui pénètre ce fleuve divin
entre dans une dimension royale, la royauté intérieure
Tant qu'il n'y atteint pas,
inconsciemment l'Homme met en place à l'extérieur de lui,
des rois, des princes ou des idoles

Le Guîḥon investit toute la terre (le sec) de Koush,
nom qui exprime le niveau énergétique accompli, l'espace intérieur conquis,
dans lequel l'Homme tient en main
le potentiel non encore accompli du niveau supérieur,
celui de « la pierre sacrée des profondeurs », le noyau, le NOM
C'est pourquoi le Guîḥon entoure, mais aussi « soutient » la Terre de Koush

Toujours dans la géographie extérieure le Pays de Koush est l'Éthiopie
Les Koushim sont les noirs
L'expérience de ce niveau énergétique est celle d'une descente
dans la nuit des profondeurs d'un ventre ;
elle donne naissance à la dimension royale de l'Homme

C'est dans le Guîḥon, au cœur du jardin que se conquiert la dimension de « Fils », dans les morts-résurrections successives du « grain de blé-fils » (בר Bar) (3) semé dans les terres intérieures.

De ce ventre-matrice où l'Homme rencontre l'Adversaire, Dieu

גּוּח
Gouaḥ — fait sortir, s'élancer

י
lettre Yod — le NOM

Le Guîḥon est la forge où l'Homme est ciselé dans son NOM.

Dans la géographie extérieure, le Guîḥon est le fleuve qui coule aux pieds de Jérusalem.

C'est dans ce fleuve que le roi David fit descendre son fils Salomon pour y être sacré roi d'Israël (4).

L'homme qui pénètre ce fleuve divin entre dans une dimension royale, la royauté intérieure.

הוּא הַסֹּבֵב
Hou' Hasobēḇ — Lui, il investit (entoure), mais il « soutient » aussi (5)

אֵת כָּל־אֶרֶץ
'Ēṯ Kol-'Erets — toute la terre (le sec)

כּוּשׁ
Koush — de Koush — c'est-à-dire le niveau énergétique où l'homme qui y atteint tient en mains כ le potentiel non encore accompli de la « pierre sacrée des profondeurs », le Shîn שׁ, le noyau, le NOM.

Toujours dans la géographie extérieure le Pays de Koush est l'Éthiopie.
Les Koushim sont les noirs.
L'expérience de ce niveau énergétique est celle d'une descente dans la nuit des profondeurs d'un ventre ; elle donne naissance à la dimension royale de l'Homme.

---

(3) Cf. Tome I, p. 35 et suite.
(4) I Rois I, 33.
(5) Cf. plus haut, p. 615.

CHAPITRE XIV

וְשֵׁם הַנָּהָר הַשְּׁלִישִׁי חִדֶּקֶל הוּא הַהֹלֵךְ
Et le NOM du fleuve le troisième Ḥideqel ; lui, il est le marchant,
קִדְמַת אַשּׁוּר וְהַנָּהָר הָרְבִיעִי הוּא פְרָת
orient d''Ashour, et le fleuve le quatrième, lui est Pherāṯ

Le Ḥideqel est une force subtile : elle brûle

Le Ḥideqel marche
Par rapport au jaillissement d'origine, un ralentissement se fait

Il est une source de lumière nouvelle qui participe de la source unique
mais qui se différencie cependant d'elle par une mutation subtile :

CHAPITRE XIV

(verset 14)

וְשֵׁם הַנָּהָר הַשְּׁלִ **Shēm HaNāhār HaShelîshî**	Et le NOM du fleuve le troisième	
חִדֶּקֶל **Ḥideqel**	Ḥideqel ח(י)ל Ḥayil	Ce courant énergétique est porteur de force
	דק Daq	subtile
	Le nom de Ḥideqel lu à l'envers est לקדח LeQādoaḥ	brûler, consumer.
	Ce fleuve est une force brûlante, subtile.	
הוּא הַהֹלֵךְ **Hou' Haholēk**	lui, le allant	Il est celui qui marche. Par rapport au jaillissement d'origine, un ralentissement se fait.
קִדְמַת **Qidemat**	orient	Il est un orient, source de lumière d'une nouvelle qualité du fleuve UN.

Nous avons rencontré cette racine plus haut (1) lorsqu'il nous a été révélé que le jardin d''Ēden est implanté dans l'orient, aux sources de l'Être.

Cette nouvelle source qui participe de la source unique se différencie cependant d'elle à ce niveau du parcours du fleuve et d'une façon telle que la mutation est signalée dans les deux dernières lettres de Qidemat.

---

(1) Verset 8.

Le Ḥideqel n'est plus soutien

Le Ḥideqel devient principe d'un feu

qui est celui d''Elohîm en marche vers la création
'Elohîm observe et chante... Sa force est subtile, son feu brûlant

Son chant est celui que captent et qui animent les prophètes ;
son feu, celui qui les dévore

C'est « au bord du grand fleuve Ḥideqel
que Daniel entre dans l'expérience de la vision du Fils de l'Homme,
de « cet être à forme humaine qui lui toucha les lèvres... (2) »
Daniel est saisi de l'Esprit-Saint de Dieu et entre,
au niveau du Ḥideqel, dans le prophétisme,
dans la force subtile du feu divin qui le fait devenir
« bouche divine »

	מ(ו)ת Mawet	mutation
	דיק Daq	subtile
		Bien que subtile, elle est. Il me semble que le fleuve à cette étape change de nature : il n'est plus « soutien » ; il devient :
אַשּׁוּר **'Ashour**	ר lettre Reish	principe. Le principe d'un
	אשׁ 'Ēsh	feu
		Ce feu n'est autre que :
	א lettre 'Āleph	'Elohîm qui
	שׁוּר Shour	vient, observe, chante...

Dans le Ḥîdeqel 'Elohîm se rapproche de sa création en une force subtile, qui est feu brûlant.

Son chant est celui que captent et qui anime les prophètes ; son feu, celui qui les dévore.

> « Le vingt-cinquième jour du premier mois, je me trouvais au bord du grand fleuve le Ḥideqel. Levant les yeux, j'aperçus un homme vêtu de lin. Il portait sur les reins une ceinture d'or d'Ouphaz, son corps était comme de chrysolite...
> J'étais moi seul Daniel, à voir cette apparition, mes compagnons ne la virent pas, mais une si grande frayeur les saisit qu'ils s'enfuirent pour se cacher...
> ... soudain un être à forme humaine me toucha les lèvres. J'ouvris la bouche et je parlai... (2).

---

(2) Daniel X, 4-16.

C'est aussi au bord du Ḥideqel que l'Archange Raphaël conduit
Tobie (3)

Là Tobie recueille du grand poisson qu'il affronte,
les éléments nécessaires à la guérison de sa cécité (4)
Cécité du cœur, bien sûr ; guéri,
le cœur peut « voir » les cieux ouverts

La lumière du Ḥideqel introduit l'Homme dans le prophétisme

Prêtres, rois et prophètes
sont les trois grandes castes traditionnelles
s'enracinant dans le Verbe de Dieu, le Fils qui est prêtre, roi et
prophète
Si le prophétisme est donné par les eaux du Ḥideqel,
la royauté par les eaux du Guîḥon,
ne peut-on penser que le sacerdoce relève
du noyau même du Verbe de Dieu dans le Pîshon ?
Toute prêtrise participe du « Nom UN » qu'est le Pîshon
dans le flux duquel apparaît, le premier dans l'ordre sacerdotal,
Malkîtsedeq à qui 'Aḇrām remet la dîme de ses biens (5)

« Tu es prêtre à jamais selon l'ordre de Malkîtsedeq » (6)

Le prophète Daniel, au bord du fleuve Ḥideqel, est saisi de l'Esprit de Dieu, force subtile du feu divin qui embrase l'homme et le fait devenir « bouche divine ».

C'est au bord du Ḥideqel que l'archange Raphaël conduit Tobie pendant la première nuit du voyage du héros biblique dans les profondeurs de son être.
C'est de ce fleuve que Tobie tire le « grand poisson » dont il reçoit l'ordre d'extraire « le cœur, le fiel et le foie qui sont d'excellents remèdes » (3).
La première nuit de ce grand voyage intérieur conduit Tobie, l'aveugle, vers la guérison (4).
Mais le recouvrement de la vue n'est pas le retour à la vision d'auparavant ; il donne accès à une lumière nouvelle, celle qui ruisselle du Ḥideqel ; elle introduit l'Homme dans le prophétisme.

Prêtres, rois et prophètes sont les trois grandes castes traditionnelles. Si le prophétisme est donné par les eaux du Ḥideqel et la royauté par celles du Guîḥon, ne peut-on penser que le sacerdoce relève du noyau même du Verbe de Dieu, dans le Pîshon ?

C'est au retour de sa vitoire sur les rois, dans la vallée du Roi, qu''Aḇrām fait la rencontre la plus mystérieuse de la Bible, celle de « Malkîtsedeq, roi de la paix » — c'est-à-dire roi de l'accomplissement total — « qui fait l'offrande du pain et du vin ». 'Aḇrām lui remet la dîme de ses biens (5).
Toute la tradition voit en Malkîtsedeq le Messie, Verbe de Dieu, Grand Prêtre par excellence, de qui relève tout sacerdoce.

« Tu es prêtre à jamais selon l'ordre de Malkîtsedeq (6) ».

---

(3) Tobie VI, 2...7.
(4) Cf. S. du C. p. 386.
(5) Genèse XIV, 17-21.
(6) Psaume CX, 4.

Dieu fait couler en 'Abrām, premier Patriarche d'Israël, son fleuve de vie
et lui confère les trois dimensions de prêtre, roi et prophète
C'est de lui que le peuple d'Israël héritera
l'essence de ses fonctions vitales
C'est dans le flux du Pîshon qui ouvre au Verbe de Dieu
que les trois dimensions de prêtre, roi et prophète, prennent leur source
Mais si le Pîshon distribue la grâce de la prêtrise,
le Guîḥon celle de la royauté,
et le Ḥideqel celle du prophétisme,
à quelle dimension correspond le quatrième principe de ce fleuve UN ?

Quatre est le nombre de l'« exil »
mais aussi des structures qui sont données à l'exil pour conduire
celui qui l'habite vers la lumière des trois autres principes

Analogiquement, l'exil correspond à la situation de l'arbre
plongeant ses racines dans les profondeurs de la terre,
hors de toute lumière

A ce quatrième niveau, le mot « Shēm »,
le « NOM », qui est la lumière de l'Homme, a disparu

Ce fleuve ne baigne plus aucune terre, aucun sec-accompli
Il n'est plus « soutien »

Tout nous invite à penser que le fleuve divin pénètre,
à ce niveau,
le non-accompli d''Āḏām-'Ayin
dont le NOM n'est pas encore soufflé par l'Esprit-Saint

Le fleuve de la grâce divine pénètre la totalité du créé
jusque dans la moindre parcelle de l'inaccompli

Après avoir conquis la royauté, dans la vallée du roi, 'Aḇrām est élevé jusqu'à celle de la plénitude de la prêtrise. Cette vallée est celle du Pîshon.

Dieu fait couler en 'Aḇrām, premier Patriarche d'Israël son fleuve de vie et lui confère les trois dimensions de prêtre, roi et prophète. C'est de lui que le peuple d'Israël héritera l'essence de ses fonctions vitales.

Si le Pîshon est source de la prêtrise, de la royauté et du prophétisme, mais s'il distribue la grâce de la prêtrise, le Guîḥon, celle de la royauté, et le Ḥideqel celle du prophétisme, à quelle dimension correspond le quatrième principe de ce fleuve UN ?

וְהַנָּהָר
WeHaNāhār — et le fleuve

הָרְבִיעִי
HāReḇî' — le quatrième — Quatre est le nombre de l'« exil » mais aussi des structures qui sont données à l'exil pour conduire celui qui l'habite vers les lumières respectives du Ḥideqel, du Guîḥon puis du Pîshon.

Analogiquement, l'exil correspond à la situation de l'arbre plongeant ses racines dans les profondeurs de la terre, hors de toute lumière.

A ce quatrième niveau le nom Shēm **שֵׁם** le Nom qui est la lumière de l'Homme — a disparu ; comme si ce quatrième principe du fleuve Un occultait le Shēm ; il ne baigne plus aucune terre — aucun accompli.

Tout nous invite à penser que le fleuve divin pénètre à ce niveau le non-accompli de l''Āḏām-'Ayin dont le NOM n'est pas encore soufflé par l'Esprit-Saint de Dieu.

Le fleuve pénètre la totalité du créé jusqu'aux six premiers jours de la création, avant même le Shābbaṯ.

Il est « Pherāṯ », celui qui fleurit et qui donne des fruits

Le fleuve de la sève divine
voile sa lumière et retient son intensité
au fur et à mesure qu'il s'éloigne de sa source
pour donner à l'Homme les fleurs et les fruits de sa grâce
en tant que l'Homme peut les supporter

Si le Pîshon féconde la terre du NOM où l'Homme devient « or »,
le Pherāṯ féconde l'Homme-poussière, et poussière de plomb
(un jeu de mots relie, en hébreu, le plomb 'Opheret̠ et le Pherāṯ)

Lorsque l'Homme laisse œuvrer en lui la grâce divine,
de poussière de plomb qu'il est il devient or
Du Pherāṯ il remonte le fleuve de vie des énergies divines
Le passage au Ḥideqel est, pour lui, la première mutation
Lorsqu'il parvient au Pîshon
il devient son NOM, יהוה, et en fait éclater la Gloire !

Il est

הוּא
Hou'
Lui

פְּרָת
Pherāṯ

Pherāṯ Ce nom est de même racine que le verbe Pāroh פרה étudié plus haut (7) et qui signifie « croître » ; de même racine que Perî פרי, le « fruit », finalité de la croissance dont le pluriel Perot פרת « les fruits » est certainement un des aspects du nom de ce quatrième fleuve.

Partant de la source divine le fleuve UN féconde tous les mondes, parcourt toutes les terres intérieures de l'Homme et va fleurir et fructifier dans l'inaccompli de la création.

Le fleuve de la sève divine voile sa lumière et retient son intensité au fur et à mesure qu'il s'éloigne de sa source pour donner dans ses fleurs et ses fruits la graine de ce que l'Homme peut supporter, la grâce divine.

Si le Pîshon féconde la terre du NOM où l'Homme devient « or », on peut penser que le Pherāṯ pénètre le non-accompli où l'Homme est encore « poussière ». Souvenons-nous du mot « poussière », 'Āphār עפר qui partage avec le Pherāṯ פרת la racine Par פר, symbole de fécondité.
C'est le quatrième fleuve fécondant l'Homme inaccompli qui donne à la qualité de poussière qu'il est, sa puissance de croissance. Il s'agit même d'une poussière de plomb puisque le plomb est 'Ophereṯ עפרת. C'est le Pherāṯ פרת qui est la puissance fécondante d''Ophereṯ עפרת.
Lorsque l'Homme laisse œuvrer en lui la grâce divine, de poussière de plomb qu'il est il devient or.
Du Pherāṯ il remonte le fleuve de vie des énergies divines et parvient au Pîshon. Le passage du Pherāṯ au Ḥideqel est la première mutation, celle qui fait de lui un Homme, un 'Āḏām.
Dans le Pîshon il devient son nom יהוה et en fait éclater la Gloire !

---

(7) Cf. Tome I, p. 299.

CHAPITRE XV

וַיִּקַּח יְהוָה אֱלֹהִים אֶת־הָאָדָם וַיַּנִּחֵהוּ בְגַן־עֵדֶן
יהוה-'Elohîm saisit le 'Ādām et le conduit dans le jardin de délices
לְעָבְדָהּ וּלְשָׁמְרָהּ
pour la travailler et la garder

En « prenant l''Ādām qui récapitule toute sa création, son inaccompli,
יהוה-'Elohîm épouse son féminin,
l''Ādām qu'il vient de « placer » dans le jardin de délices
A l'intérieur du jardin
Dieu entre avec lui dans le dynamisme de conquête des épousailles
dont Lui, Dieu, est maître

Dieu se fait guide-instructeur pour son épouse ;
Il continue de l'informer
Le verbe hébreu introduit la notion de « barrière »
qui sera nécessaire au chemin,
au cœur de cette instruction
Dieu va « travailler » sa création pour qu'elle devienne épouse ;
Il la nourrit

CHAPITRE XV

(verset 15)

וַיִּקַּח
WaYiqah

Prend, du verbe Lāqoaḥ לקח en lequel le
saisit ק cordon nourricier divin vient
lettre Qoph s'implanter dans
לח la « sève » de l''Āḏām, pour la
Lēḥa nourrir.
Il s'implante ici dans חי, la vie !

Une idée de « conquête » est dans ce verbe hébreu : לקח אשה Lāqoaḥ 'Ishāh est « épouser ».
En « prenant l''Āḏām qui récapitule toute sa création son « inaccompli », יהוה-'Elohîm déjà épouse son féminin, l''Āḏām qu'il vient de « placer » dans le jardin de délices. Si maintenant Dieu « prend l''Āḏām » pour le conduire dans le jardin, ce n'est pas pour l'y mener — il y est — mais pour entrer avec lui dans le dynamisme de conquête des épousailles, que Dieu orchestre.

יְהוָה־אֱלֹהִים יהוה-'Elohîm
אֶת־הָאָדָם le 'Āḏām
'Et-Hā'Āḏām

וַיַּנִּחֵהוּ et Il le conduit
WaYaniḥēhou
le guide
le dirige : la vie de l''Āḏām a un sens. Dieu va se faire instructeur de son épouse et continuer de l'informer. Nāḥoh נחה prend le relais de Yātsor יצר. En נחה, la barrière ח nécessaire au chemin, se profile...

L''Āḏām-épouse devra aussi « travailler » :
il-elle est devenu-e (verset 7) « âme vivante », « conscience »
dont l'éveil consistera à
remonter le « fleuve qui jaillit d''ʿĒḏen

Le travail respectif de l'Époux divin et de l''Āḏām est,
pour l'Un, de nourrir son épouse, l''Āḏām,
pour l'autre, l''Āḏām, de nourrir, cultiver la 'Āḏāmāh,
sa terre devenue vivante par la conscience du NOM,
afin de conquérir les quatre dimensions
que va lui conférer le fleuve depuis le Pherāṯ jusqu'au Pîshon

« Travailler », pour 'Āḏām,
est assurer la continuité des temps pour accomplir les espaces
intérieurs,
ses niveaux de conscience

C'est aussi passer les portes qui sont au cœur du NOM
d''Āḏām (1)
et dissiper la ténèbre

בְּגַן־עֵדֶן
BeGan-'Ēden à l'intérieur du jardin de délices

לְעָבְדָהּ
Le'Ābedāh pour la travailler, cultiver

Ce complément direct féminin ne se rapporte pas au jardin d''Ēden (masculin en hébreu comme en français). Quoi donc doit être « travaillé », voire « cultivé » ?

La suite des récits bibliques et l'histoire lue dans la profondeur ne sont qu'un lent, patient travail divin pour conduire l''Ādām à son NOM afin qu'il entre dans la dimension d'épouse.

C'est l''Ādām en tant qu'épouse qui va être travaillée par Dieu. Mais à l'image de Dieu, 'Ādām en tant que mâle doit travailler sa propre épouse, la 'Ādāmāh, maintenant vivante dans le souffle du NOM, « Nephesh Ḥayāh ».

C'est dans la mesure où l''Ādām travaillera la 'Ādāmāh, sa mère-épouse, que Dieu cultivera son Épouse, l''Ādām lui-même, dans sa « Nephesh », sa conscience.

Travailler, 'Ābod **עבד** est pour

ב lettre Beit — la création, et chaque 'Ādām

עד 'Ad — assumer la « continuité des temps » pour accomplir les espaces — ces niveaux de conscience — qui conduisent à l'Époux.

C'est aussi dissiper.

עב 'ab — le « nuage » qui sépare de 'Ab **אב**, le « père-époux » — le multiple, de l'unité —

ד lettre Dālet — en passant les « portes » qui sont au cœur du nom d''Ādām (1).

---

(1) Cf. Tome I, p. 349.

Dieu devra aussi « garder » sa création, fille bien-aimée,
afin qu'elle devienne épouse
— Nous verrons comment elle se prostituera ! —
'Āḏām-épouse devra garder le souffle de son NOM, qu'il a reçu
— Nous verrons combien il se le laissera dérober ! —

« Garder » est essentiellement garder le principe du NOM,
garder le contact avec le rampant afin d'en retourner les énergies
et d'en verticaliser la force

« Garder et cultiver » resteront pour 'Āḏām
les deux grands impératifs venus de Dieu
car Dieu garde son épouse, Il veille sur elle, et travaille son cœur

« יהוה garde les souffles de ses hommes pieux
veille sur les âmes » (2)

Au Śāṭān, Adversaire, à qui Il permet d'éprouver Job,
יהוה pose une limite :
« Soit, il est en ton pouvoir, mais garde son souffle (3)

L'irruption du féminin dans la double injonction divine
« pour *la* travailler et pour *la* garder »
introduit en ce « jardin » la soudaine présence de la 'Āḏāmāh

וּלְשָׁמְרָהּ OuLe-Shāmerāh et pour la garder — Ici encore les deux plans sont liés : d'une part Dieu travaillera pour garder sa fille bien-aimée, l''Āḏām, dans l'axe de son accomplissement afin qu'elle devienne épouse — elle se prostituera ! — d'autre part, l''Āḏām travaillera pour garder son âme-conscience, l'axe de résonance de son Nom — nous verrons combien il se la laissera dérober ! —.

« Garder » Shāmor שׁמר, c'est essentiellement veiller sur

ר lettre Reish — le principe
שׁם Shēm — du NOM

C'est encore garder contact avec Remeś רמשׂ : le « rampant » — fait des mêmes lettres — afin d'en retourner les énergies, et d'en verticaliser la force.
« Garder et cultiver » resteront pour l''Āḏām les deux grands impératifs venus de Dieu, car Dieu garde son épouse et travaille son cœur.

« יהוה garde les souffles de ses pieux serviteurs veille sur les âmes. »
יְהוָה שֹׁמֵר נַפְשׁוֹת חֲסִידָיו (2).

Au Śāṭān, Adversaire, à qui Il permet d'éprouver Job יהוה pose une limite :
« Soit, il est en ton pouvoir, mais garde son souffle »
נַפְשׁוֹ שְׁמֹר (3).

Lorsque nous méditons sur le corps de l'expression לעבדה ולשׁמרה nous ne pouvons pas rester insensibles à la soudaine irruption de ces deux ה dont chacun vient finaliser la double injonction divine : « travaille et garde ». Les deux termes sont alors liés par la conjonction de coordination ו et forment avec les deux ה un הוה dont nous nous souvenons qu'il est la 'Āḏāmāh (4).

---

(2) Psaume 97, 10.
(3) Job II, 6.
(4) Cf. Tome I, p. 331-333.

« mère des profondeurs », détentrice du « souffle »

Sans l'entrée en jeu du féminin en qui est scellé le noyau du NOM,
l''Āḏām reste sec et plat !

S'il travaille et garde le souffle,
il entre dans une dimension que nul aujourd'hui ne peut soupçonner

Le drame de la chute le coupera de ce féminin intérieur ;
il devra compenser ce non-faire par un travail de mercenaire à l'extérieur :
« Dans la sueur de tes narines
tu mangeras du pain jusqu'à ce que tu te retournes vers la 'Āḏāmāh » (5)

L'Homme d'aujourd'hui est cet esclave
qui n'a pas commencé le retournement
et qui est à la limite de l'impasse

Ce verset nous apporte la loi ontologique
selon laquelle l''Āḏām doit garder et travailler son souffle avec la 'Āḏāmāh ;
יהוה-'Elohîm est guide de ce chemin

En fin de verset nous pouvons mieux discerner la double information
que celui-ci nous délivre dans la superposition des termes :
« יהוה-'Elohîm prend { l''Āḏām et Il / son épouse } { le guide / la guide } { dans le jardin d''Ēḏen pour } la travailler et la garder ».

Un des aspects de l'« image » est en effet que :
d'une part, Dieu travaille et garde son épouse l''Āḏām ;
et que, d'autre part, l''Āḏām travaille et garde son épouse la 'Āḏāmāh
et, en elle, son « souffle »

L'auteur de la Genèse lie impérativement l'ordre divin à la prise en considération de la « mère des profondeurs » détentrice du « souffle ».

Sans l'entrée en jeu du féminin des profondeurs en qui est scellé le noyau du NOM, l''Āḏām reste sec et plat.

S'il travaille et s'il garde le souffle dont elle est lourde, il prend une dimension que le malheureux 'Āḏām-'Ayin que nous sommes aujourd'hui ne peut soupçonner !

Cette remarque est très importante car s'il ne la garde ni ne la travaille cette âme-souffle — et ceci fera l'objet de la chute — l''Āḏām aura à « travailler à la sueur de ses narines jusqu'à ce qu'il se retourne vers la 'Āḏāmāh » (5), ce qui signifie que s'il ne fait pas ce travail intérieur et s'il ignore cette épouse des profondeurs, il aura à faire un travail d'esclave à l'extérieur — situation que connaît l'Homme d'aujourd'hui — jusqu'à ce qu'il se remette dans l'axe de son NOM, et qu'il reprenne le travail intérieur.

Il n'aura plus alors aucune crainte d'avoir à manquer de quoi que ce soit à l'extérieur.

יהוה-'Elohîm est guide de ce chemin.

*
* *

En fin de verset nous pouvons mieux discerner la double information que celui-ci nous délivre dans la superposition des termes :
« יהוה-'Elohîm prend { l''Āḏām et Il / son épouse } { le guide / la guide } { dans le jardin / d''Ēḏen pour } la travailler et la garder ».

Un des aspects de « l'image » est en effet que : d'une part, Dieu travaille et garde son épouse l''Āḏām ; et que, d'autre part, l''Adam travaille et garde son épouse la 'Āḏāmāh et, en elle, son « souffle ».

(5) Genèse III, 19.

CHAPITRES XVI et XVII

וַיְצַו יְהוָה אֱלֹהִים עַל־הָאָדָם לֵאמֹר

Et commande יהוה-'Elohîm sur l''Ādām en disant :

מִכֹּל עֵץ־הַגָּן אָכֹל תֹּאכֵל

de chaque arbre du jardin, manger absolument, tu mangeras

וּמֵעֵץ הַדַּעַת טוֹב וָרָע

Mais de l'Arbre de la connaissance de l'accompli et du non-encore accompli

לֹא תֹאכַל מִמֶּנּוּ

tu ne mangeras pas {de lui / de nous}

כִּי בְּיוֹם אֲכָלְךָ מִמֶּנּוּ מוֹת תָּמוּת

car dans le jour où tu mangeras {de lui / de nous} muter absolument, tu muteras

Les deux verbes-clefs du précédent chapitre « cultiver » et « garder »,
sont inséparables de ceux qui, dans ce présent verset,
font l'objet de l'ordre divin :
« manger » et « muter » ; je dirais « manger » pour « muter »

Les deux versets réunis nous font entendre ceci :
« Parce que tu auras cultivé et gardé ta 'Ādāmāh
(et en elle ta Nephesh-souffle)
tu devras manger de tous les fruits qu'elle te donnera
Mais le fruit de l'Arbre de la connaissance, de celui-là
(qui est aussi « de nous », le divin lui-même)
tu ne mangeras pas car tu dois muter ;
et dans le jour où tu mangeras de lui (de nous) cesseront tes mutations ».

CHAPITRES XVI et XVII

(versets 16 et 17)

Les deux verbes-clefs du précédent chapitre « cultiver » et « garder », sont inséparables de ceux qui, dans ce présent verset, font l'objet de l'ordre divin : « manger » et « muter » ; je dirais « manger » pour « muter ».

Les deux versets réunis nous font entendre ceci :

« Parce que tu auras cultivé et gardé ta 'Āḏāmāh (et en elle ta Nephesh-souffle) tu devras manger de tous les fruits qu'elle te donnera. Mais le fruit de l'Arbre de la connaissance, de celui-là (qui est aussi « de nous », le divin lui-même) tu ne mangeras pas car tu dois muter ; et dans le jour où tu mangeras de lui (de nous) cesseront tes mutations ».

וַיְצַו **WaYetsaw**	Commande, ordonne	L'ordre divin est fonction de l'œuvre du Tsāḏei צ, « harpon » qui doit saisir l'Homme pour le conduire dans les profondeurs de son être et le faire s'élever dans les hauteurs divines.
יְהוָה אֱלֹהִים **יהוה 'Elohîm**	יהוה-'Elohîm	
עַל־הָאָדָם **'Al-Hā'Āḏām**	sur l''Āḏām	יהוה-'Elohîm est pour cela « sur l''Āḏām », comme un père sur son enfant pour le guider. Père, Il l'est en nourrissant l''Āḏām.

Guide, Il l'est en l'informant des pièges qui vont lui être tendus par l'Adversaire, le Śāṭān, co-équipier de יהוה dans la « garde » et le « travail ».

L'ordre divin dicte à l'Homme la loi ontologique fondamentale
qui, respectée, lui permettra d'être saisi par le « harpon divin »
et conduit sur le chemin juste,
jusqu'à ses épousailles divines
יהוה-'Elohîm veille sur l''Āḏām pour le nourrir et le guider,
le prévenant des pièges de l'Adversaire qui œuvre en co-équipier
avec יהוה

C'est en sa qualité de « mangeant » que l''Āḏām est nommé
car elle est inséparable de sa qualité « d'épousée » à laquelle il est appelé
C'est déjà une forme d'épousailles que de nourrir
Nourrir fera croître jusqu'aux noces divines, ultime banquet

La nourriture est déjà totalité de l'amour divin ;
cela avait été exprimé dans le don de l'herbe et des arbres (2)

Ici il n'est mentionné que l'arbre
dont les fruits sont liés à la qualité du sang de l''Āḏām
Dépassant le stade animal du sixième jour,
l''Āḏām est travaillé — et travaille — essentiellement au niveau du sang,
car « son souffle (Nephesh) est dans le sang » (4)

Le nom d'Āḏām est aussi « 'Elohîm dans le sang »

— Le Tsāḏei צ est fait d'un Yoḏ י et d'un Noun נ : ils sont comme les deux éléments d'une pince qui saisit et qui broie pour purifier et faire passer les « portes » (1).

לֵאמֹר
Lē'mor

en disant

מִכֹּל עֵץ־הַגָּן אָכֹל תֹּאכֵל׃
MiKol 'Ēts-HaGān 'Āḵol To'ḵēl

de chaque arbre du jardin, manger absolument, tu mangeras.

Le mangeant que tu es doit manger de tous les arbres.

C'est en sa qualité de « mangeant » que l'Homme est ici nommé car elle est inséparable de sa qualité d'« épousée » à laquelle il est appelé.
Le Père-nourricier est précurseur du Père-Époux. C'est une forme d'épousailles que de nourrir. Nourrir fera croître jusqu'aux noces divines, ultime banquet.
L'amour divin dans sa « totalité » est déjà donné à l'épouse par la nourriture. Nous n'avons qu'à constater la triade signifiante que forment ces trois Kol כל rythmant l'ordre divin.
Les versets 29 et 30 du premier chapitre de la Genèse (2) nous ont amplement donné l'occasion de découvrir la plénitude du don divin contenue dans l'« herbe et les arbres à fruits » destinés à l''Āḏām.
Mais ici, il n'est pas question de l'herbe dont nous avons vu qu''Āḏām la partage avec les animaux (3).
Il n'est mentionné que l'arbre dont les fruits sont liés à la qualité du sang de l''Āḏām.
Dépassant le stade animal du sixième jour, soufflé dans son NOM, l''Āḏām est travaillé et travaille essentiellement au niveau du sang car

« le souffle (Nephesh) est dans le sang » (4)

Dieu le révèle à Noé qui, dans l'arche, s'est accompli.
Le nom d''Āḏām אדם n'est-il pas aussi 'Elohîm א dans le sang דם ?

---

(1) Cf. L. Ch. V., Chapitre 18.
(2) Cf. Tome I, p. 413.
(3) Cf. Tome I, p. 419 à 423.
(4) Genèse IX, 4-5.

Si 'Elohîm est dans le sang de l'Homme
et préside à sa respiration dans le mystère sacré du Shabbāṯ (5),
si la présence trinitaire est en lui,
les énergies divines sont dans les fruits des arbres
'Āḏām doit se nourrir de tous

De tous ...
sauf de l'Arbre de la connaissance de l'accompli et du non-encore-accompli
car « dans le jour où tu mangeras de lui (ou de nous)
muter absolument, tu muteras »

La répétition de l'ambiguïté du mot hébreu
qui peut être traduit par { de lui / ou / de nous,
attire notre attention sur l'identification
que יהוה-'Elohîm établit entre l'Arbre de la connaissance et Lui

L'Arbre de la connaissance est donc intimement lié à l'Homme-Dieu
ce qui confirme tout ce qu'il nous a déjà révélé de lui

Si 'Elohîm est dans le sang d''Āḏām et préside à sa respiration dans le mystère sacré du Shabbāṯ (5), si la présence trinitaire est en l'Homme, les énergies divines sont dans les fruits des arbres.
Pour atteindre à la ressemblance, l''Āḏām-image d''Elohîm, doit se nourrir des arbres du jardin, images des énergies divines.

Il a besoin de se nourrir de tous pour croître ; de tous ...

וּמֵעֵץ
OuMē'Ēts — mais de l'arbre

הַדַּעַת
HaDa'aṯ — de la connaissance

טוֹב וָרָע
Ṭoḇ Wārā' — de l'accompli et du non-encore-accompli
lumière et ténèbre

לֹא תֹאכַל
Lo' To'ḵal — tu ne mangeras pas

מִמֶּנּוּ
Mimenou — de lui

כִּי בְּיוֹם אֲכָלְךָ
Kî Beyom 'Aḵāleḵā — car dans le jour de ton manger

מִמֶּנּוּ
Mimenou — de lui

La répétition est saisissante ; elle laisse présager une information subtile.
MiMenou ממנו est en effet :

מ
lettre Meim — venant de (la provenance)

מֶנּוּ
Menou — {lui / nous}

L'ambiguïté est totale.
יהוה-'Elohîm s'identifie à l'Arbre de la connaissance faisant de ce dernier non plus une image de ses énergies, mais une image de « Lui ». L'Arbre est est donc intimement lié à l'Homme, en tant que celui-ci est appelé à devenir dieu ; ce qui confirme la révélation qu'il nous a été permis de faire de son mystère au moment où il est planté en 'Eden :

(5) Cf. S. du C. p. 228.

Il est הוה, l'arbre du Fils, nourri du Père,
appelé par le travail divino-humain en l'Esprit-Saint
à remplir toute la terre (6)

Le fruit de l'Arbre de la connaissance de la dualité
est l'unité conquise dans le NOM

L'ambiguïté de ce terme { de lui / de nous } se présentera une troisième fois
lorsque Dieu constatera l'erreur de l''Āḏām venant de transgresser
l'ordre

« Voici l''Āḏām est comme un
(dans l'illusion d'avoir atteint à l'unité)
à cause de *lui* pour la connaissance ... » (7)

Nous étudierons ce verset en son temps
mais son signalement me paraît indispensable
à une meilleure compréhension de l'ordre divin :
Si l'Homme mange le fruit de l'arbre *qu'il est*,
c'est-à-dire s'il atteint à son NOM, noyau de son être,
sans avoir pris le chemin juste
(mariages des deux pôles de l'arbre de la dualité :
accompli et inaccompli, lumière et ténèbre,
qui impliquent morts et naissances successives),
il ne pourra plus croître, se croyant accompli
Lorsque l''Āḏām fera cette erreur
ce sera pour le sauver et non pour le punir
que Dieu le fera régresser à l'état d''Āḏām-'Ayin

> il est הוה, l'arbre du Fils nourri du Père, appelé par le travail divino-humain en l'Esprit-Saint à remplir de son fruit toute la terre (6).

Le fruit de l'Arbre de la connaissance de la dualité est l'unité conquise dans la dimension de Fils, Fils divin qui est accomplissement du Fils de l'Homme dans le NOM.

Il est capital de noter cela à l'occasion de l'étude du terme ממנו MiMenou, car l'ambiguïté qu'il contient se présentera à nouveau quatre fois au troisième chapitre de la Genèse, tout particulièrement lorsque יהוה-'Elohîm, constatant l'erreur de l''Āḏām qui vient de transgresser l'ordre, dira :

« voici, l''Āḏām est comme un ... » (7)

Dieu constatera que l'Homme est dans l'illusion de « tenir en main l'unité » ; et je pense qu'il sera beaucoup plus juste de traduire le MiMenou ממנו qui suit, non par « de nous » mais par « à cause de lui », « venant de lui », cet arbre, pour la connaissance de l'accompli et du non-encore-accompli.

Nous étudierons ce verset en son temps, mais il me paraît indispensable d'introduire dès maintenant le profil de ce sixième MiMenou ממנו pour mieux comprendre le présent verset :
Si 'Āḏām mange le fruit de cet arbre *qu'il est*, avant d'avoir « travaillé » dans les successives morts-naissances intérieures qu'impliquent les mariages des deux Hē ה de הוה, il sera dans l'illusion totale de l'unité conquise, donc dans l'impossibilité d'atteindre à cette juste conquête qu'il croira acquise. Il ne pourra plus croître, il sera stérilisé.

Nous verrons que ce sera pour le sauver et pour lui permettre de reprendre le vrai chemin de son accomplissement que Dieu le sortira de son illusion en le ramenant dans une situation d''Āḏām-'Ayin (8) — par protection, et non par punition ! —

---

(6) Cf. plus haut p. 163-165.
(7) Genèse III, 22.
(8) Cf. plus haut p. 509 à 519.

L'Homme ne doit donc pas manger ce fruit s'il est mûri par un autre moyen
(et cela semble pouvoir exister !)
que celui du « travail » juste et de la « garde » de l'axe du chemin

— Christ dira : « Je suis le chemin » (9)
L'autre chemin ne peut être que celui de l'Adversaire ; il mène à la mort
Christ ajoute : « Je suis la vie »

Au terme du chemin — quelle qu'en soit la voie —
les cycles des morts-naissances intérieures à l'Homme s'achèveront ;
ils s'achèveront d'eux-mêmes dans la voie juste, car tout sera accompli ;
ils s'achèveront sans aucun accomplissement assumé, dans la voie du Śāṭān
C'est pourquoi יהוה-'Elohîm ajoute impérieusement :
« car dans le jour de ton manger { de lui, mutant, tu mutes / de nous,
C'est en sa qualité de « mutant » que l'Homme est nommé,
qualité ontologique directement consécutive à celle de « mangeant »

Muter est changer d'état,
mourir à un champ de conscience pour naître à un autre,
dans la remontée du fleuve énergétique du Pherat au Pîshon

Ce qui est essentiel aux yeux de יהוה
c'est la mort (mutation) de ses pieux serviteurs » (11)

Nous comprenons donc dès maintenant l'importance capitale de l'interdiction divine, clef de la justesse de l'œuvre : l'Homme ne doit pas toucher à ce fruit (qui semble donc pouvoir mûrir par une autre voie ...) s'il veut « garder » l'axe du chemin qu'il a à parcourir et « travailler » jusqu'au bout du chemin, dans la voie royale de יהוה qui dira par la bouche du Christ — יהוה « Je suis le chemin » (9), Christ ajoutera « Je suis la vie », car l'autre voie sera proposée par l'Adversaire ; elle conduit à la mort.

Au terme du chemin les cycles des morts-naissances intérieures à l'Homme s'achèveront d'eux-mêmes car tout sera accompli.

C'est pourquoi יהוה-'Elohîm ajoute :

« car dans le jour de ton manger { de lui » / de nous »

מֹת תָּמוּת
Moṯ Tāmouṯ

mourir, tu meurs
muter, tu mutes

C'est ici en sa qualité de « mutant » que l'Homme est nommé. Autre fonction ontologique de l'’Āḏām, directement consécutive à celle de « manger », « muter » est changer d'état, mourir à un champ de conscience pour renaître à un autre dans la remontée du « fleuve » énergétique, depuis le Pherāṯ jusqu'au Pîshon.

Ces transformations saisissent l'être tout entier jusque dans son corps physique (10).
« Ce qui est essentiel aux yeux de יהוה c'est la mort de ses pieux serviteurs » (11).
Je crois qu'il est beaucoup plus juste de parler de « mutation » que de « mort », d'une part parce que le mot « muter » garde la force des lettres hébraïques du verbe Mouṯ מוּת ainsi que celle des lettres grecques de la racine Meta μετα qui indique un « passage au-delà, un changement » ; d'autre part parce que nous avons donné à la « mort », identifiée à la seule mort du corps, un poids psychique qui fausse totalement sa charge signifiante.

(9) Jean XIV, 6.
(10) Cf. S. du C. p. 220 à 222 et 331-332.
(11) Cf. Psaume 116, 15 : et cette mutation est *essentielle*.

La « mutation » est inséparable de la « perfection »
qui partagent toutes deux les mêmes radicales hébraïques :
C'est au sommet d'une perfection atteinte qu'une mutation s'impose

L'ordre divin contient en hébreu ces deux volets :
la perfection et le retournement qu'elle implique

C'est la qualité même de mutant qui alors mute
et qui, de ce fait, est à son terme

Le récit de la chute apporte un éclairage redoutable à cette ultime mutation :
elle rend l'"Āḏām capable d'aller vers le fruit de l'Arbre de vie (12).

L'ordre divin ne fait pas état de l'Arbre de vie
pourtant planté lui aussi « au milieu du jardin » (13) ;
il semble inaccessible, voire invisible
à qui n'aurait pas auparavant mangé le fruit de l'Arbre de la connaissance

L'arbre de vie
— je me suis exprimée plus haut à ce sujet (14) —
semble être lié à la Personne de l'Esprit-Saint
contre qui le blasphème est sans pardon
La manducation du fruit de cet Arbre
laissera l'Homme dans une situation irréversible
Le récit de la chute nous montre יהוה-'Elohîm en préserver l'Homme
en l'empêchant de saisir ce fruit

Les deux radicales essentielles du verbe מות sont les deux lettres מ et ת qui, permutées, forment le mot Tom תם, la « perfection ».
C'est en effet au sommet d'une perfection atteinte qu'une mutation s'impose.

L'ordre : Mo<u>t</u> Tāmou<u>t</u> מוֹת תמות contient ces deux volets, Tom et Mou<u>t</u>, c'est-à-dire la perfection accomplie et le retournement qu'elle implique.

Nous sommes certains que, quelle que soit la voie empruntée par l'Homme pour arriver jusqu'au fruit de l'Arbre de la connaissance, à ce niveau la loi s'applique inexorablement : s'il mange ce fruit, il connaît une ultime mutation radicalement au-delà des précédentes, puisque *c'est cette qualité même de « mutant » qui mute et qui semble, de ce fait, connaître un terme.*

Ceci est confirmé par le récit de la chute qui apporte un éclairage redoutable sur la nature de cette ultime mutation : elle rend l''Ā<u>d</u>ām capable d'aller vers le fruit de l'Arbre de vie :

> « empêchons-le maintenant d'avancer la main et de prendre aussi de l'Arbre de vie, qu'il en mange et qu'il vive à perpétuité (dans les temps, dans le non-accompli) » (12).

L'ordre divin de ce présent verset ne fait pas état de l'Arbre de vie. Pourtant il est « au milieu du jardin » (13) ; il semble inaccessible, voire invisible à qui n'aurait pas auparavant cueilli et mangé le fruit de l'Arbre de la connaissance.

Je me suis déjà partiellement exprimée au sujet de cet Arbre (14). Il me semble intimement lié à la Personne de l'Esprit-Saint que la Tradition loue dans de multiples noms dont celui de « Donateur de vie ».
C'est la manducation du fruit de l'Arbre de vie qui mettrait l''Ā<u>d</u>ām dans une situation sans retour possible. Ce « péché contre l'Esprit » ne lui serait pas pardonné.

---

(12) Genèse III, 22.
(13) Cf. plus haut p. 553.
(14) Cf. plus haut p. 587.

Rien ne nous empêche de penser
que la juste qualité de mutation de l'’Ādām après qu'il ait mangé
le premier fruit,
ne soit celle du Christ, nouvel ’Ādām,
ressuscité dans son corps glorieux,
avant qu'il ne soit monté vers le Père (15)
Montant vers le Père Il enverra sur les siens l'Esprit-Saint (16)

Pour conclure, je crois qu'il est juste de dire
que la manducation du fruit de l'Arbre de la connaissance
détermine une ultime mutation qui pose un terme aux mutations
précédentes,
qu'elles aient été assumées ou non
Elle permet à celui qui y atteint de
saisir et de manger le fruit de l'Arbre de vie
auquel elle donne alors accès

Celui qui mange de ce fruit à l'issue d'un juste chemin,
entre avec le Christ dans la salle du banquet de noces
que le Père a préparé pour son épouse ;
il s'assied à la place qui lui est personnellement réservée

Si le chemin n'a pas été juste
et si aucune main n'empêche l'imposteur de saisir le fruit de
l'Arbre de vie,
qu'alors il mange,
il reste à perpétuité dans le non-accompli des temps,
dans les « ténèbres extérieures » (17)
Si une main l'arrête
et s'il entre dans le pardon du Fils de l'Homme
relatif à la manducation non juste du fruit de l'Arbre de la
connaissance,
il est réduit à l'état d'’Ādām-’Ayin qui,
le sortant de sa mortelle illusion,
le rend prêt à vivre la rédemption du Christ
Il peut reprendre le chemin des mutations,
car sa place est toujours réservée au banquet (18)

Rien ne nous interdit de penser que la juste qualité de mutation de l'''Āḏām après qu'il ait mangé le premier fruit ne soit celle du Christ, nouvel 'Āḏām, ressuscité dans son corps glorieux, avant qu'Il ne soit « monté vers le Père » (15). C'est en montant vers le Père que le « Fils de l'Homme » atteint à l'Arbre de vie et qu'alors Il envoie l'Esprit-Saint sur les siens (16).

Le récit de la Genèse et les évangiles s'éclairent mutuellement d'une façon admirable !

Je crois que nous pouvons reprendre le message de l'interdiction divine en concluant ainsi :

La conséquence de la manducation du fruit de l'Arbre de la connaissance est une ultime mutation qui pose un terme aux mutations précédentes, qu'elles aient été assumées ou non.

Celui qui y atteint connaît un état qui le rend apte à saisir et manger le fruit de l'Arbre de vie.

S'il mange le fruit de l'Arbre de vie après avoir parcouru un juste chemin, il est conduit par le Christ, à la place qui lui est personnellement réservée à la table de l'ineffable banquet de noces que le Père prépare pour son épouse.

S'il n'a pas parcouru un juste chemin et si, rendu apte à manger le fruit de l'Arbre de vie, aucune main ne l'arrête il pèche contre l'Esprit et cela ne lui est pas pardonné : il reste à perpétuité dans le non-accompli des temps, dans les « ténèbres extérieures » (17).
Si une main l'arrête et s'il entre dans le pardon du Fils de l'Homme, il régresse à l'état d''Āḏām-'Ayin, inconscient mais sorti de sa mortelle illusion, et prêt à vivre, dans la rédemption du Fils de l'Homme, l'éveil et la reprise du juste chemin des mutations, car sa place est toujours réservée au banquet (18).

---

(15) Jean XX, 17.
(16) Jean XVI, 7 et Actes des Apôtres II, 33.
(17) Matthieu XXII, 13.
(18) Luc XV, 11-25.

Notre humanité, dit la Tradition, fait l'expérience de ce dernier état.

Cet état est tragique si, ne comprenant pas son sens,
nous nous acharnons à construire la prison labyrinthique qu'il constitue.

Il se révèle être « essentiel » lorsque,
nous dégageant de lui
par la foi en la réalité des étapes suivantes du chemin
et par l'obéissance aux lois qui leur sont inhérentes,
nous le vivons comme matrice et enracinement nécessaire
à l'accomplissement de ce chemin

La Tradition nous dit que l'humanité actuelle, de laquelle nous participons tous sur cette terre, fait l'expérience de ce dernier état.

Cet état est tragique si, ne comprenant pas son sens, nous nous acharnons à construire la prison labyrinthique qu'il constitue.

Il se révèle être « essentiel » lorsque, nous dégageant de lui par la foi en la réalité des étapes suivantes du chemin, et par l'obéissance aux lois qui leur sont inhérentes, nous le vivons comme matrice et enracinement nécessaire à l'accomplissement de ce chemin.

CHAPITRE XVIII

וַיֹּאמֶר יְהוָה אֱלֹהִים לֹא־טוֹב הֱיוֹת הָאָדָם לְבַדּוֹ

יהוה-'Elohîm dit : l''Āḏām { lui seul / coupé de lui-même } n'est pas un être accompli ;

אֶעֱשֶׂה־לּוֹ עֵזֶר

je lui ferai { une aide / prendre conscience de sa semence }

כְּנֶגְדּוֹ

afin qu'il soit capable de communiquer avec lui-même

L'Āḏām du sixième jour est « parfaitement accompli » (1)
en tant qu'être créé
Ce présent verset nous fait passer du « créer » au « faire »
pour lequel le sixième jour n'est qu'une étape,
laquelle est un « inaccompli » par rapport à ce qui va suivre

Cet « inaccompli » est exprimé dans le dire divin
par le constat de l'état de l''Āḏām « seul de lui »
c'est-à-dire celui de l'Homme lorsqu'il est coupé de lui-même
L'Homme du sixième jour est en effet totalement confondu avec sa 'Āḏāmāh
donc inconscient, ignorant d'elle
L'état d'« 'Āḏām-'Ayin » est aussi celui-là,

CHAPITRE XVIII

(verset 18)

וַיֹּאמֶר **Wayo'mer**	Dit	
יְהוָה אֱלֹהִים **יהוה 'Elohîm**	יהוה-'Elohîm	
לֹא־טוֹב **Lo' Ṭoḇ**	non accompli	Ce « Lo'-Ṭoḇ, non-accompli » est inséparable du « Ṭoḇ Me'oḏ, accompli parfaitement » qui clôture le sixième jour du « créer » (1).

Le verbe qui va suivre nous indique que nous entrons, maintenant que l''Āḏām est informé, dans le « faire » divin.

Le « parfaitement accompli » du sixième jour n'est qu'une étape qui, par rapport à celle qui suit et qui s'amorce ici, est un « non-accompli ».

Le septième jour, nous l'avons vu, est une rupture d'équilibre nécessaire pour l'accomplissement.

Avec ce verset, nous entrons dans la plénitude du faire divin déjà annoncée (2) et pour lequel **יהוה** et 'Elohîm sont deux et UN (3).

הֱיוֹת **Heyoṯ**	être	Ces trois mots hébreux ne peuvent se rendre en français que par « l'état de
הָאָדָם **Hā'Āḏām**	le 'Āḏām	l''Āḏām séparé de lui-même ». Je rappelle que l'état de l''Āḏām du sixième jour est celui d'un homme encore totalement
לְבַדּוֹ **Leḇado**	lui seul	confondu avec son 'Āḏāmāh. L'état d''Āḏām-'Ayin est aussi celui-là, mais

(1) Genèse I, 31 et Tome I p. 427.

(2) Genèse II, 3 et p. 53.

(3) Cf. p. 493.

mais ce qualificatif précise l'état d'inconscience de l''Āḏām
par rapport au NOM, germe divin qu'il est
Le Shabbāṯ a fait entrer l''Āḏām dans la conscience du NOM

La prise de conscience va maintenant plus loin :

Dans ce verset,
le dire divin dénonce l'état de l''Āḏām ignorant de sa 'Āḏāmāh,
la partie non-encore accomplie de lui-même,
car il est totalement identifié à elle

Un jeu de mots hébreux lie les racines « seul » et « séparer »,
de telle sorte que l'isolement de l''Āḏām par rapport à lui-même
porte en soi la nécessité d'une séparation
— celle qui va être opérée au cours des versets suivants —
qui placera « dans le voir » la partie de lui qu'il ne savait pas être,
sa 'Āḏāmāh

avec la nuance qu'apporte le mot hébreu 'Ayin, à savoir « inconscience du NOM, germe divin יהוה, image d''Elohîm » qu'est l''Āḏām dans sa profondeur (4).

Le septième jour, celui du Shabbāṯ d''Elohîm, le NOM entre dans la puissance du souffle qui relie יהוה à 'Elohîm et l''Āḏām devient conscient — Dieu l'informe.

Nous assistons en ce verset à une élaboration encore plus profonde de l'être de l''Āḏām » — la conscience de l'Homme —.
Sortant de l''Ayin אין, l''Āḏām est conduit vers lui-même, 'Anî אני, son « moi » qui était déjà contenu, encore informel, dans le 'Ayin (5).
Pour ce « faire » le dire divin dénonce l'état de l'Homme inconscient de l'autre partie de lui, son potentiel énergétique inaccompli.

Lorsque Dieu qualifie cet état de « Lo' Ṭoḇ לא טוב », il est évident qu'Il amène l''Āḏām à prendre conscience de sa partie « non-lumière » Ra' רע (6) dont il est encore coupé puisqu'il est encore confondu avec elle, totalement identifié à elle.

Arrêtons-nous sur le mot « Leḇado לבדו seul de lui » : sa racine « Leḇaḏ לבד, seul », est construite des trois mêmes lettres que le verbe Bāḏol בדל, « séparer », rencontré plusieurs fois au cours du premier chapitre de la Genèse. La séparation qui va s'opérer dans les versets suivants est contenue, programmée, si je puis dire dans la « solitude » de l'Homme, comme son « moi » l'était dans le « Rien » dont il procède.

En profondeur, l'Homme n'est seul que de lui-même, parce qu'il est ignorant de son côté ombre dans lequel il baigne et qu'il ne voit pas.

---

(4) Cf. p. 511.
(5) Cf. p. 517.
(6) Cf. plus haut p. 593.

Placer « dans le voir » est le verbe « créer » (7)
Le processus de séparation qui va suivre
fera entrer l''Āḏām dans la puissance opérative de l'acte créateur
Ne peut-on imaginer Dieu, avant l'acte créateur, « seul de lui » ? ...

Pour l'instant, l''Āḏām image de Dieu est « seul de lui »
Il est alors appelé à placer « dans le voir » sa propre altérité

C'est pourquoi יהוה-'Elohîm dit :

« Je ferai »
La première personne du singulier
contraste avec le pluriel de « Faisons 'Āḏām (8)

« Je ferai pour lui une aide » ...

Le mot hébreu « aide » porte en lui son programme d'action
qui est « pénétration de la 'Āḏāmāh non encore accomplie »

Le premier « faire divin » est l'apprentissage de l''Āḏām à son travail mâle ;
Dieu lui apprend à « se souvenir » de son inaccompli (9)

Créer, Bārā' ברא, est « placer dans le voir » (7). Le processus de séparation qui va suivre et qui va permettre à l''Āḏām de voir ce avec quoi il était confondu, participe de l'acte créateur. Je crois qu'on peut imaginer Dieu, avant l'acte créateur, « seul de lui » !...

'Āḏām créé à l'image de Dieu, « seul de lui », baigné dans le Lo' Ṭoḇ « non-lumière » c'est-à-dire dans son côté Ra' רע, est appelé maintenant à placer dans le voir », pour son propre compte, son altérité.
C'est pourquoi יהוה-'Elohîm dit :

אֶעֱשֶׂה
'E'eśeh

Je ferai — La première personne du singulier met ici l'accent sur l'unité qui recouvre les deux noms divins incréés יהוה et 'Elohîm.

Elle contraste avec la première personne du pluriel qui désignait 'Elohîm seul lorsqu'il dit : « Faisons 'Āḏām... (8).

לוֹ
Lo

pour lui — Pour 'Āḏām

עֵזֶר
'Ēzer

une aide — La traduction conventionnelle est totalement inadéquate au contenu du mot hébreu.

Écoutons plutôt celui-ci :
עזר est construit autour de la lettre Zayin :

ז
lettre Zayin — Elle est « l'arme mâle » qui permet de pénétrer l'élément femelle, et de se « souvenir » de lui (9).
Ici, elle pénètre au cœur de

רע
Ra' — le « non-lumière », Lo' Ṭoḇ לא טוב, pas encore accompli !

Admirable mathématique du Verbe !

Le premier « faire divin » est l'apprentissage de l''Āḏām à son travail « mâle » ; Dieu lui apprend à « se souvenir » de son inaccompli.

---

(7) Cf. Tome I, p. 37.
(8) Cf. Genèse I, 26.
(9) Cf. Tome I, p. 385 à 389 - Cf. aussi L. Ch. V., Chap. IX.

Ce même programme va plus loin encore
Dieu apprend à l''Āḏām à se souvenir de sa « semence »
placée à la source de son être, dans les profondeurs de la 'Āḏāmāh,
semence qui est lumière encore cachée dans la ténèbre,
mais principe de sa force et de sa gloire

יהוה-'Elohîm apprend à l''Āḏām
comment pénétrer jusqu'à la source de son inaccompli
où est scellé le Germe de son NOM — sa semence
Si déjà l''Āḏām « se souvient » et entre en résonance avec Lui,
c'est alors qu'il devient « apte à communiquer avec lui-même » ;
il tient en main son « face à face »

Le mot que l'on traduit habituellement par « semblable à lui »
signifie exactement « face à face » ou « communiquer »

La racine de ce mot « Neḡeḏ » est elle-même un face à face

car elle est construite sur le dessin de deux poissons qui se regardent

עזר contient encore

זרע la « semence »,
Zerá

car ce côté non-lumière, non-accompli, recèle le secret du NOM dans lequel 'Ādām a été semé.
La « semence », souvenons-nous (10), comme cette « aide » donc, est

זר une lumière encore « étrangère », incon-
Zar nue mais potentielle

ע à la source, dans la ténèbre. Elle est
lettre 'Ayin aussi :

ר principe
lettre Reish

עז de sa force, de sa gloire !
'Oz

Le secret le plus sacré, celui de la « semence » divine est caché derrière la platitude du mot « aide ».

יהוה-'Elohîm apprend à l''Ādām comment pénétrer jusqu'à la source de son inaccompli où est scellé le Germe, son NOM.
Si déjà il « se souvient », et s'il entre en résonance avec Lui, c'est alors qu'il devient

כְּנֶגְדּוֹ
KeNegedo

apte à communiquer
avec lui même

כ Tenant en main
lettre Kaph

נגד son « face à face »
Neged

car la racine Neged **נגד** signifie et le « face à face » et donc la « communication » rendue ainsi possible.

Cette racine elle-même est un face à face très signifiant ; elle est en effet construite sur le dessin de deux poissons qui se regardent.

---

(10) Cf. Tome I, p. 197.

Le premier poisson, symbolisé par la lettre N,
est le poisson-mâle

Le second est le « Dāg̱ »
nom donné par Dieu aux habitants des eaux, que l'’Āḏām doit
épouser (11)

Il est le poisson femelle

En tant qu'élément de la ’Āḏāmāh inaccomplie,
ce dernier poisson est celui que rencontrent Tobie, Jonas, Job,
d'autres encore, lorsqu'ils descendent dans la profondeur des eaux
ou de leurs enfers

Il se font pour cela poissons mâles
et vont vers leurs épousailles intérieures

Être mâle implique que l'’Āḏām (hommes et femmes)
soit conscient de son inaccompli, donc de sa
faiblesse,
et non moins sûr de la force divine qui l'accompagne
dans ce chemin

L'un est symbolisé par la lettre Noun

נ
lettre Noun — dont le graphisme est originellement celui d'un poisson que le mot « Noun » signifie en chaldéen comme en arabe.

Le poisson est un germe fort et fragile : fort, car doué d'une puissance de croissance ; fragile, parce qu'il n'est encore que potentialité.

L'autre poisson, celui qui fait face au Noun נ, est le

דג
Dāg — Dāg, nom donné par 'Elohîm aux habitants des eaux, que l''Ādām doit épouser (11).

Ces deux poissons se présentent comme l'un, mâle, le Noun ; l'autre, femelle, le Dāg

En tant qu'élément de la 'Ādāmāh, ce dernier poisson est un inaccompli femelle ressenti comme monstrueux par celui qui n'en a pas encore intégré les énergies.
Tobie descendant dans les profondeurs de ses épousailles intérieurs, atteint à son cœur (12).
Jonas jeté au cœur des eaux, avalé par lui, le pénètre (13).

Au fond des enfers, Job est placé en face à face avec lui (Behēmot et Liweyātān) par יהוה Lui-même (14).
Dans cette expérience commune, Tobie, Jonas et Job se font poissons mâles ; ils se font Noun.

L''Ādām (hommes et femmes) ne peut faire œuvre mâle en lui que s'il a conscience de son inaccompli, donc de sa faiblesse, en même temps que s'il a confiance en la force divine qui l'accompagne dans ce chemin des épousailles : Raphaël, l'archange, est le guide de Tobie, יהוה Lui-même est celui de Jonas ainsi que de Job.

---

(11) Genèse I, 26 et 28, Cf. aussi Tome I, p. 373-375 et 405.
(12) Tobie VI, 3, Cf. aussi S. du C. p. 387.
(13) Jonas II, 1, Cf. aussi S. du C. p. 285.
(14) Job XL et XLI, Cf. aussi S. du C. p. 282.

Ces deux poissons, mâle et femelle,
sont les deux aspects de l'’Ādām créé « mâle et femelle » (15)

La distinction de ces deux pôles de lui-même,
mis en « face à face », « dans le voir »,
permettra à l'’Ādām d'entrer en communication avec lui-même
et de coopérer au « faire divin »

Ces deux poissons, mâle et femelle, qui symbolisent les deux composantes essentielles de l''Āḏām, sont ici l'application directe et vécue du principe même de l''Āḏām décrit en Genèse I, 27 (15) « mâle et femelle ». Ce n'est que dans le processus de séparation, ou plus exactement de distinction de ces deux aspects de lui-même mis en « face à face », « dans le voir », que l''Āḏām peut entrer en « communication » avec lui-même et coopérer au « faire divin ».

---

(15) Cf. Tome I, p. 391.

CHAPITRE XIX

וַיִּצֶר יְהוָה אֱלֹהִים מִן־הָאֲדָמָה

יהוה-'Elohîm forme à partir de la 'Āḏāmāh

כָּל־חַיַּת הַשָּׂדֶה וְאֵת כָּל־עוֹף הַשָּׁמַיִם

chaque vivant du champ et chaque oiseau des cieux

וַיָּבֵא אֶל־הָאָדָם לִרְאוֹת

et les fait venir vers l''Āḏām pour qu'il les voit

מַה־יִּקְרָא־לוֹ

et pour qu'il les nomme pour lui ;

וְכֹל אֲשֶׁר יִקְרָא־לוֹ הָאָדָם נֶפֶשׁ חַיָּה הוּא שְׁמוֹ

et tout ce que l''Āḏām nomme pour lui constitue sa conscience, son nom

יהוה-'Elohîm forme chaque énergie du champ de la 'Āḏāmāh en taillant en cette dernière pour en prendre la part qui constitue ce champ
et pour la présenter à l''Āḏām

CHAPITRE XIX

(verset 19)

וַיִּצֶר **WaYitser**	Forme	Ce verbe a été étudié au verset 7 (1), mais la formation des énergies qui tissent l'’Ā<u>d</u>ām, c'est-à-dire : la « saisie (צ) que Dieu fait d'elles
יְהוָה אלהים יהוה **'Elohîm**	יהוה 'Elohîm	en les puisant dans les profondeurs de l'’Ā<u>d</u>ām pour « informer » ce dernier de leur présence en lui, n'a pas la même qualité que la formation de l'’Ā<u>d</u>ām lui-même.

Le verbe « former » concernant l'’Ā<u>d</u>ām au verset 7 était וייצר Wayîtser et nous avions reconnu sous le redoublement du Yo<u>d</u> la présence discrète de יהוה, son fondamental qui module et modèle l'’Ā<u>d</u>ām, image d'’Elohîm.

Les énergies créées qui constituent la 'Ā<u>d</u>āmāh sont à l'image non d'’Elohîm, mais de ses énergies incréées. Le verbe « former » les concernant est alors ויצר que l'on peut lire :

רץ	une part de
Rats	וי soit הוה, la 'Ā<u>d</u>āmāh (2).

Si l'on se souvient aussi que צר Tsor est la « pierre tranchante » employée par Tsiporāh pour couper le prépuce de son fils, nous pouvons dire que יהוה-'Elohîm « formant la 'Ā<u>d</u>āmāh » taille en cette dernière pour en prendre la part que constitue telle énergie, tel « vivant », et pour la présenter à l'’Ā<u>d</u>ām.

---

(1) Cf. plus haut p. 463.
(2) Cf. Tome I, p. 333.

Chaque champ est un ensemble énergétique composé de vivants

(animaux des cinquième et sixième jours) ;
ils peuplent ce champ ;
leur puissance créée est image des énergies divines incréées

Le Tout-Puissant distribue les énergies du NOM
selon des niveaux d'intensité différentes
dont chacun constitue un champ et sa puissance
Chaque champ est gardé par une « barrière », un aspect de
l'« Adversaire »,
qui oblige celui qui s'y mesure à grandir
pour intégrer la dimension de ce champ,
lequel s'ouvre alors à lui

Chaque champ est un nouveau champ de conscience conquis

Chacun étant constitutif de la 'Ādāmāh-mère
on comprend la terreur qu'inspirent les descriptions mythiques
de la « mère des profondeurs »...

מִן־הָאֲדָמָה Min Hā'Adāmāh	venant de la 'Ādāmāh	
כָּל־חַיַּת Kol-Ḥayat	tout vivant	
הַשָּׂדֶה HaŚādeh	du champ	Ce champ est un ensemble énergétique composé de « vivants » dont le précédent chapitre nous avait décrit la présence dans le sec (3).

L'intensité de cette énergie est donc celle des « vivants », animaux qui peuplent ce champ. Il s'agit là d'une puissance qui, dans le créé, est l'image de la puissance divine incréée se symbolisant en elle à tel degré d'intensité.

השׂדה HaŚādeh, « le champ », contient en son nom son archétype **שׁדי** Shaday, le « Tout-Puissant ». Le Tout-Puissant distribue les énergies du NOM qui s'écoulent du « sein » divin **שׁד**, « suffisamment » **די**, à chaque niveau de la création.

Ces énergies du NOM sont gardées, à chaque échelon de l'échelle de distribution, par la barrière que présente l'Adversaire.

Celle-ci correspond à l'énergie du champ dans lequel l'Homme est appelé à pénétrer.

Les « cieux » Shāmayim - **שׁמים** se révèlent ici être « les deux NOMS » (4). Chaque barrière est redoutable et oblige celui qui s'y mesure à grandir pour intégrer sa dimension et faire sien le nouveau champ qui s'ouvre alors à lui.

Ce champ est un nouveau champ de conscience.

Si l'on réalise que ces différents champs sont constitutifs de la 'Ādāmāh-mère, on comprend la terreur qu'inspirent toutes les descriptions mythiques dans lesquelles l'humanité a enfoui très fidèlement sa mémoire de la mère des profondeurs...

---

(3) Cf. Tome I, p. 325 et 329.

(4) Cf. Tome I, p. 63-65

Ce face à face avec les éléments de la « mère des profondeurs »
est plus courant que nous ne le pensons, dans notre vie quotidienne,
qu'elle soit onirique ou diurne
Si nous sommes attentifs
nous pouvons discerner les « animaux », les nommer,
et travailler ainsi à l'ouverture d'un nouveau champ de conscience

Ces « animaux » sont « taillés » dans la 'Ādāmāh
et mis « dans le voir » de l'Homme
afin que celui-ci les transmute en énergies accomplies
s'il ne le fait pas, ces énergies retournent dans l'humide
S'il le fait il construit un nouveau champ de conscience

Le prophète Isaï s'élève contre ceux qui,
n'accédant pas à ces champs de conscience intérieurs,
accumulent, par compensations inconscientes,
des champs (maisons et autres biens) extérieurs (5),
car le « faire divin » est d'une exigence telle
que s'il n'accomplit le NOM à l'intérieur,
il conduit à la recherche inconsciente de la renommée
par les acquisitions extérieures
L'un travaille pour יהוה ; il est libérant ;
l'autre pour l'Adversaire à qui l'on donne le pouvoir, il est aliénant

Je crois que nous pouvons concrètement entrer dans l'intelligence de ce verset si nous nous reportons à l'expérience très vivante qui peut être la nôtre et par laquelle nous nous trouvons, dans nos rêves et quelquefois dans notre vie diurne, devant un animal redoutable qui nous invite au face à face avec nous-mêmes dans l'énergie qu'il représente.
Cet « animal » peut aussi être un événement...
Il s'agit là, me semble-t-il, de la mise en application directe de ce présent verset.

Lorsque Dieu « forme » les animaux, Il « taille » dans la 'Ādāmāh telle énergie animale selon la forme que nous lui connaissons par son correspondant dans le cosmos extérieur. Chaque « vivant », animal, tant extérieur qu'intérieur, symbolise telle énergie divine. D'« inaccompli » qu'elle était dans les eaux (au troisième jour Dieu sépare le sec de l'humide, Il « coagule » les eaux), elle prend forme sous la saisie divine et est placée « dans le voir » de l'Homme pour que celui-ci en soit « in-formé », et qu'il la transmute en énergie accomplie ; s'il ne le fait pas, elle retourne à l'humide ; s'il le fait, il construit un nouveau champ de conscience.

Dans ce sens le prophète s'élève contre ceux qui, tournant le dos à cet accomplissement intérieur, accumulent en compensations inconscientes des « champs » extérieurs :

> « malheur à vous, parvenus, qui acquérez maison sur maison, champ sur champ jusqu'à ce qu'il n'y ait plus de place et que vous soyez établis seuls propriétaires du pays » (5).

car le « faire » divin est d'une exigence si fondamentale pour l'Homme que, s'il ne s'accomplit pas à l'intérieur pour le NOM — l'Homme étant devenu conscient —, il se joue à l'extérieur, pour la renommée, en compensations inconscientes, dans les jeux de l'Adversaire devenu maître !

---

(5) Isaï V, 8.

יהוה-'Elohîm donne forme aussi à chaque oiseau des « deux NOMS »
dont nous avons vu qu'ils sont le corbeau et la colombe chez Noé (6)

Chez Job ils sont, dans la dernière mutation, l'autour et l'aigle (7)

יהוה-'Elohîm les fait venir vers l''Āḏām
afin que l''Āḏām les voit
et que, les voyant (face à face), il les nomme

Ce n'est que dans la mesure
où ces énergies sont mises « dans le voir » de l''Āḏām
que ce dernier peut entrer dans un processus créateur

יהוה-'Elohîm forme aussi

וְאֵת כָּל־עוֹף הַשָּׁמַיִם
We'Et Kol-'Oph HaShāmayim

chaque oiseau des cieux

Ceux-ci sont précédés de la préposition את qui introduit un complément direct lorsque celui-ci est défini.

Chaque oiseau est défini du fait qu'il est oiseau car il est une énergie libérée sur l'axe de la Rāqî'a, soit qu'il conduise vers la lumière, soit qu'il oblige à replonger dans la ténèbre. Cet ensemble peut se traduire « chaque oiseau des deux Noms » : le germe qui descend vers l'Adversaire pour libérer une part de יהוה et le nouveau germe qu'est cette part et qui monte vers 'Elohîm. Ces deux oiseaux, nous l'avons vu, sont le corbeau et la colombe chez Noé (6).

Chez Job ils sont, dans la dernière expérience l'autour et l'aigle (7).

וַיָּבֵא
WaYābē'

Il fait venir (eux)

אֶל־הָאָדָם
'El-Hā'Ādām

vers le 'Ādām

לִרְאוֹת
LiRe'ot

pour voir

מַה־יִּקְרָא
Ma-Yiqrā'

quoi Il appelle

Compte tenu de la grande parenté qui existe en hébreu entre les verbes voir et appeler qui tous deux sont structurés par la « lumière אור », je ne crois pas que le verset nous décrive Dieu regardant comment l''Ādām appellera les animaux ; je crois plutôt que Dieu fait venir ces énergies devant l''Ādām afin que celui-ci les voit et les nomme. Ces deux verbes seraient alors en apposition, complémentaires l'un de l'autre, car ce n'est que dans la mesure où ces énergies sont mises « dans le voir » de l''Ādām que celui-ci peut entrer dans un processus créateur.

---

(6) Cf. Tome I, p. 293.
(7) Job XXXIX, 26-27.

L''Āḏām ne nomme pas tant ces énergies que lui-même, grâce à elles
Les reconnaissant il se reconnaît et se nomme
Il approche son NOM en découvrant le nom nouveau qu'il est à cette première étape du chemin

Tout ce que l''Āḏām nomme devient lui, c'est-à-dire son être conscient

Chaque échelon de l'échelle (8) atteint
découvre une intensité d'énergie plus haute
qui sculpte le nom relatif à cet échelon,
nom qui se rapproche du NOM absolu יהוה,
au fur et à mesure que nous montons l'échelle

Tout ce que l''Āḏām nomme constitue son être conscient, son nom nouveau

L''Āḏām pour qui יהוה-'Elohîm a placé face à lui les énergies
avec lesquelles il était auparavant confondu,
lui permettant de les nommer
entre dans le processus créateur, qui est son propre « faire »

Ceci me semble d'autant plus vrai que, dans ce verset, l''Āḏām ne nomme pas tant ces énergies que lui-même ; grâce à elles il se nomme, il approche son NOM en découvrant le nom nouveau qu'il est à cette première étape du chemin, car

לו- **Lo**

pour lui c'est à lui-même que va le nom.
à lui

Ceci est confirmé par la fin du verset :

וְכֹל אֲשֶׁר **WeKol 'Asher**

Et tout ce que

יִקְרָא־לוֹ הָאָדָם **Yiqerā'-Lo Hā'Āḏām**

il appelle pour lui, le 'Āḏām

Ce « pour lui » répété avec insistance, et saisi ici entre le verbe et le sujet « 'Āḏām » ne peut concerner que l''Āḏām : tout ce que l''Āḏām nomme devient lui, c'est-à-dire son être conscient.

נֶפֶשׁ חַיָּה הוּא **Nephesh Ḥayah Hou'**

שְׁמוֹ **Shemo**

conscience de lui
conscience de
son nom

donc Chaque degré énergétique conquis nous fait conquérir un nom nouveau. Chaque échelon de l'échelle (8) atteint découvre une intensité d'énergie plus haute qui sculpte le nom relatif à cet échelon, nom qui se rapproche du NOM absolu יהוה au fur et à mesure que nous montons l'échelle.

Tout ce que l''Āḏām nomme constitue son être conscient, son nom nouveau.

L''Āḏām pour qui יהוה-'Elohîm a placé face à lui les énergies avec lesquelles il était auparavant confondu, lui permettant de les nommer, entre dans le processus créateur qui est son propre « faire ».

---

(8) Cf. plus haut p. 463.

CHAPITRE XX

וַיִּקְרָא הָאָדָם שֵׁמוֹת לְכָל־הַבְּהֵמָה

Le 'Āḏām crie des noms sur chaque animal dans sa force
dans son cri

וּלְעוֹף הַשָּׁמַיִם וּלְכֹל חַיַּת הַשָּׂדֶה וּלְאָדָם

et sur l'oiseau des deux NOMS et sur chaque vivant du champ et
sur l''Āḏām

לֹא־מָצָא עֵזֶר

il ne trouve pas la semence qui lui permettra le total face à face

כְּנֶגְדּוֹ

avec lui-même, le principe de sa force

Appeler, c'est faire la lumière sur l'objet nommé
L''Āḏām peut appeler car il est en 'Ēḏen,
c'est-à-dire relié à Dieu par le « cordon ombilical » de son essence
et placé dans le flux de la respiration archétypielle, 'Elohîm- יהוה
Le Verbe de l'Homme, image du Verbe divin,
fait la lumière sur chacune des énergies de ce premier champ
et les rend ainsi parties constituantes de lui, l''Āḏām

En nommant ce qui a pris forme, face à lui,
l''Āḏām entre dans un processus créateur qui, pour lui,
est processus du « faire »

CHAPITRE XX

(verset 20)

וַיִּקְרָא **WaYiqe-ā'**	Il appelle (il crie)	Il fait
	אוֹר 'Or	la lumière parce que l''Āḏām est relié par le cordon ombilical
	ק lettre Qoph	fil à plomb-sonde à l'axe de la Rāqi'a-Shāmayim du Yoḏ י au 'Āleph א et du 'Āleph au Yoḏ, car il a été saisi dans le respir divin, son 'Ēḏen !

Ce « fil-cordon » ק est comme une corde vocale cosmique qui, au niveau de chaque champ, entre en vibration avec les éléments qui le composent, et les nomme.

Le verbe de l'Homme, image du Verbe divin, fait la lumière sur chacune des énergies du champ et les rend ainsi parties intégrantes et constituantes de l''Āḏām.
Je crois que nous pourrions deviner entre les lignes de ce verset, et parce qu'elle y palpite, cette phrase :
« וַיַּרְא הָאָדָם כִּי טוֹב »
« et voit, le 'Āḏām, parce que c'est accompli », reprenant à son compte, dans le « faire » et en image d''Elohîm, l'expérience d''Elohîm dans le « créer » (1).
En nommant ce qui a pris forme face à lui, l''Āḏām entre dans un processus créateur appelé, à son niveau, le processus du « faire ».

---

(1) Cf. Tome I, p. 111, 185 etc.

En nommant les énergies, l'’Āḏām se nomme
Il fait ainsi la lumière sur chaque animal
dont il détermine avec la force et le cri de chacun,
sa propre force, et son propre Nom (2)
Il fait la lumière sur l'oiseau de chacun des « deux Noms »,
sur chaque vivant du champ, et en définitive, sur l'’Āḏām lui-même

הָאָדָם
Ha''Āḏām — le 'Āḏām

שֵׁמוֹת
Shēmoṯ — des noms

L''Āḏām se nomme en nommant

לְכָל־הַבְּהֵמָה
LeḴol-
HaBehēmāh — sur / à / vers { chaque animal / dans sa force / et dans son cri (2)

וּלְעוֹף־הַשָּׁמַיִם
OuLe'oph
HaShāmayim — et vers l'oiseau des deux NOMS

וּלְכֹל חַיַּת הַשָּׂדֶה
OuLeḴol
Ḥayat HaŚadēh — et vers chaque vivant du champ

וּלְאָדָם
OuLe'Āḏām — et vers l''Āḏām

Les traductions habituelles séparent ce dernier élément de l'ensemble des éléments récepteurs des noms et reliés entre eux par la conjonction de coordination « et » ו.

Je ne vois pas ce qui permet cette amputation. Je crois au contraire que, non seulement l''Āḏām fait partie de l'ensemble, mais que, étant son dernier élément, il récapitule les précédents, les ramasse et les intègre tous puisque leurs noms forment son nom !

Qu'il forme charnière à la limite de cette proposition et de la suivante, cela n'est pas exclu :

« et pour 'Āḏām il ne trouve pas ... »

Mais dans ce cas, l''Āḏām ne peut pas plus dans cette proposition que dans la précédente, être séparé de tout ce qui vient d'être énuméré et qui forme de lui un être nouveau :

« L''Āḏām qui ne trouve pas ... » n'est déjà plus celui dont Dieu disait qu'il n'avait pas commencé son

(2) Cf. Tome I, Ch. XXIV.

Mais dans tout cet ensemble, en ce nouvel 'Āḏām qu'il est devenu,
« il ne trouve pas » sa semence, le principe de sa force
L'Āḏām « a soif » de cet absolu qu'il porte dans le noyau
et dont il attend qu'il jaillisse, ultime fruit de ses « champs »

Il a soif de Dieu
soif du NOM qu'il est à sa source

Dans la remontée énergétique des quatre fleuves,
l''Āḏām a accompli le Pherāṯ
Il ne trouvera son NOM qu'au niveau du Pîshon (3)

Il ne peut se contenter de l'énergie du Pherāṯ
Le verset s'achève sur l'éclatement de la conscience de cette frustration

Il réclame le total « face à face », la pleine « communication avec lui-même »
dans le « principe de sa force », sa « semence » !

Sans que cela soit encore dit
il exprime l'exigence de la plénitude du mariage avec lui-même (4)
afin d'enfanter le « Fils divin », יהוה, son NOM

accomplissement parce qu'il était « seul de lui ». L''Āḏām n'est plus séparé totalement de lui-même ; il vient de vivre un premier « face à face », c'est pourquoi, en ce verset, et quelle que soit la proposition à laquelle il se réfère, le nom de l''Āḏām est inséparable de l'ensemble qui le constitue.

לֹא־מָצָא
Lo'-Māṯsā'

il ne trouve pas Ce verbe est très apparenté à celui que nous avons déjà rencontré **יצא** Yātso' qui signifie « sortir », voire « jaillir ».

« Trouver » c'est voir jaillir ce qui était encore caché, inconnu, et ce dont l'Homme a soif ! « **צמא** Tsāmo', avoir soif » est composé des trois mêmes lettres que le verbe trouver. Quiconque a soif, trouve ! l'Homme a fondamentalement soif d'absolu, c'est-à-dire, en termes de son ontologie, soif de Dieu, et du Nom qu'il est à sa source.

Après lui avoir permis de nommer les animaux de sa première terre, Dieu a conduit l''Āḏām vers un nom nouveau, mais qui n'est pas encore le NOM à sa source.

Dans la remontée énergétique des quatre fleuves de l''Ēḏen, l''Āḏām a accompli le Pherāṯ.
Son NOM, il ne le « trouvera » qu'au niveau du Pîshon (3).

L'insatisfaction de l''Āḏām détermine alors la suite du récit : l'Homme assoiffé du Nom ne peut se contenter de l'énergie du Pherāṯ.
Le verset s'achève sur l'éclatement de la conscience de cette frustration.

עֵזֶר־כְּנֶגְדּוֹ
'Ēzer-Kenegeḏo

La « semence » qui lui permettra le total « face à face », « le principe de sa force ».

Sans que cela soit encore dit, l''Āḏām réclame, avec la plénitude de cette « communication avec lui-même » (4), la plénitude du mariage avec lui-même, afin qu'il enfante le « Fils divin » **יהוה** son NOM.

---

(3) Cf. plus haut p. 611.
(4) Cf. plus haut p. 677.

CHAPITRE XXI

וַיַּפֵּל יְהוָה אֱלֹהִים תַּרְדֵּמָה עַל־הָאָדָם וַיִּישָׁן

יהוה-'Elohîm fait tomber un sommeil sur l''Ādām qui s'endort ;

וַיִּקַּח אַחַת מִצַּלְעֹתָיו וַיִּסְגֹּר בָּשָׂר תַּחְתֶּנָּה

Il prend un de ses côtés, et Il
{enferme la chair dans sa profondeur
{scelle l'information du mariage

« Tomber » n'a qu'un programme : informer, apprendre à discerner ; il répond à la nécessité ontologique de « descendre dans... » pour « dominer sur... » (1)

Pour conquérir l'information totale, le « face à face » absolu l''Ādām doit « tomber », c'est-à-dire descendre en lui-même

Sur ce chemin de « beauté » יהוה-'Elohîm le guide

CHAPITRE XXI

(verset 21).

וַיַּפֵּל
WaYapēl
יְהוָה
אֱלֹהִים
'Elohîm

Il fait tomber — du verbe Naphol נפל « tomber » dont le sens fondamental est, à la limite, de « mourir » pour s'accomplir.

יהוה 'Elohîm

Tomber, à ce niveau du récit qui n'implique encore aucune notion de « chute », rejoint la nécessité ontologique de « descendre dans... » pour « dominer sur... » (1).

Ses deux radicales essentielles פל « ouverture פ de l'information ל » rend compte de la finalité que contient le verbe « tomber ».
« Tomber » n'a qu'un programme : informer-apprendre. Dans le chemin de cette descente, il faudra « chercher à discerner ...פלא »
Au bout du chemin פלא Pele', le « merveilleux, surprenant, impossible, admirable... », aucun mot ne peut rendre compte de ce qui est pour l'instant radicalement étranger à nos concepts.
פלא est l'anagramme de 'Āleph אלפ ('Elohîm).

Le chemin d'une plus ample in-formation, après que l'''Ādām ait trouvé son nouveau nom, passe par la nécessité de cette descente en lui-même.

יהוה-'Elohîm continue de le « guider » ; Il est le Lāmed ל de יפל sur ce chemin de « beauté » יפה.

---

(1) Tome I, p. 373-375.

L'' Āḏām tombe dans un « sommeil »
dont le mot hébreu contient « le principe du sang »

יהוה croissant en l'' Āḏām transmute son sang (3)
Le fond de son sommeil le conduira au cœur de ce mystère
que Dieu scellera jusqu'au temps voulu,
mais vers lequel Il le conduira au plus près
C'est pourquoi, dira Saint Irénée, « ce sommeil est une extase » (4)

Cette extase est « l'enseignement »
que contient la Torāh dans son niveau secret

תַּרְדֵּמָה **Taredēmāh**	un sommeil profond	de la racine Rāḏom רדם dont la forme est ici construite.
	ר lettre Reish	Ce sommeil profond est le principe
	דם Dam	du sang

J'ai déjà eu l'occasion de parler du mystère du sang de l''Āḏām א־דם dont le nom clame la présence d''Elohîm א dans son sang דם (2), et qui ne respire que sous la poussée de la puissance du Shabbāṯ, de celle du retrait d''Elohîm א pour que יהוה croisse ! (3) יהוה croissant en l''Āḏām transmute son sang.
Le fond du sommeil de l''Āḏām le conduira au cœur de ce mystère que Dieu scellera mais vers lequel Il le mènera au plus près.

C'est pourquoi ce sommeil, dira Saint Irénée, « est une extase ». Le « père des Gaules » qui s'émerveillait déjà de ce que Dieu ait donné à l''Āḏām « sa propre forme de façon que même ce qui serait visible portât la « forme divine », s'émerveille maintenant de ce que l''Āḏām soit conduit dans l'extase des choses à venir : « hors de son état » lié au premier champ conquis, pour atteindre à l'état de contemplation de ce à quoi il est appelé (4).

Tout est signifiant dans le discours divin, et si « Reḏem » est présenté sous sa forme construite Taredēmāh תרדמה, c'est que ce nouveau mot en précise le programme :

תוֹרה Torāh	La Torāh, est « l'enseignement » ; elle a donné son nom au Livre Saint, à l'enseignement sacré, le « Pentateuque » (cinq premiers livres de la Bible ».

(2) Tome I, p. 363.
(3) Cf. plus haut p. 465 et S. du C. p. 228.
(4) St Irénée de Lyon « Démonstration de la Prédication apostolique » 8 et 13.

Elle conduit l''Āḏām sur le chemin de la ressemblance, sa vocation profonde

Il s'endort

Ce troisième terme, après « tomber » et « sommeil » constitue une triade symbolique révélatrice de l'œuvre trinitaire en l''Āḏām

יהוה est présent dans cet « endormissement » et dans la « pierre des profondeurs » qui est au cœur de ce mot

Dormir, c'est aller vers L'« antique » qui est le NOM.

La Tradition lui donne pour racine le verbe Yāroh ירה, « jeter » le filet, ou « lancer » une flèche. Jeter le filet pour rapporter des informations ou lancer une flèche pour atteindre un but rejoignent dans les deux cas l'idée qu'apporte une autre racine possible, celle du verbe Tour תּוּר : « examiner, chercher, scruter »...

Ce sommeil jette l'’Āḏām dans
דּמוּת la ressemblance
Demouṯ Il conduit l'’Āḏām dans la recherche de la ressemblance divine, sa vocation profonde.

Dans son sommeil-extase, l'’Āḏām est conduit par Dieu dans ses profondeurs pour y découvrir le chemin de son accomplissement et pour y contempler la lumière absolue, le Ṭoḇ טוֹב libéré du Ra‘ רע, celui qu'aucune ombre n'altérera plus, la parfaite ressemblance.

עַל־הָאָדָם
‘Al-Hā’Āḏām sur l'’Āḏām

וַיִּישָׁן
WaYîshān et il s'endort du verbe ישן Yāshon, « dormir ».

Si le texte nous précise que l'’Āḏām « s'endort » après qu'il soit « tombé dans un « sommeil », c'est que ce troisième terme doit nous apporter un éclairage supplémentaire et venir confirmer dans une triade symbolique l'œuvre trinitaire.

La lettre Shîn שׁ (de valeur 300) qui profile toujours le Shēm שׁם, le NOM, est là, au cœur du mot ויישׁן. Elle est précédée, comme dans le verbe וייצר (5) au sein duquel nous avions décelé la présence de יהוה dans les trois lettres ויי, de ces mêmes trois lettres. יהוה est donc là, présent dans l'« endormissement » et dans la « pierre des profondeurs » שׁין totalement exprimée elle aussi.

יָשָׁן yāshān est L'« antique » qui, dans le temps intérieur, n'est autre que l'« Orient », la pierre qui scelle le NOM !
Dormir, c'est aller vers le NOM.

---

(5) Cf. plus haut p. 538.

Le « Sauveur » est aussi inscrit en lui
Ce sommeil est un éveil
Si nos sommeils physiologiques
vont cueillir des informations dans nos profondeurs,
ils peuvent eux aussi être un éveil

L''Āḏām est conduit par Dieu
jusqu'à la contemplation de la pierre des profondeurs,
pierre d'angle de la construction de son être,
qui, ouverte, lui donnera la totale connaissance,

l'ivresse
Noé, à la sortie de l'Arche,
les apôtres, le matin de la Pentecôte,
connaissent l'ivresse (ό)
car pour eux « tout est accompli »

L''Āḏām est amené à contempler le chemin de la ressemblance

Il ira vers sa « semence », son NOM
Le NOM est gardé par l'Adversaire qu'il devra rencontrer pour le vaincre

Je suis d'autre part tentée de remplacer dans la racine ישׁן le Noun final ן de valeur 700 par un 'Ayin ע de valeur 70, afin d'obtenir le verbe Yāshoa' ישׁע « être sauvé », très proche de ישׁן. L'endormissement de l''Āḏām est un éveil sauveur ; il n'a rien à voir avec nos sommeils nocturnes — cependant réparateurs et donc sauveurs à ce plan — si ce n'est que, même dans leurs formes si profanes, nous pouvons être « jetés » pour ramener dans nos filets les informations de ce que notre langage moderne appelle l'inconscient. Si nous prenons en compte ces informations, le sommeil peut alors lui aussi être un éveil et rejoindre, à sa mesure, l'expérience de l''Āḏām.

L''Āḏām est ici emmené jusqu'à sa « pierre de fondation » שׁ, sa pierre d'angle, celle qui, totalement ouverte, lui donnera la totale connaissance et fera de lui le Fils divin.

Nous sommes alors amenés à prolonger l'image de l'« extase » de celle de l'« ivresse » que dégage la pierre שׁ ; celle-ci est entourée de
Yayin יין le « vin », voire l'« ivresse ».
Le vin est au cœur de la transmutation de l'eau en sang pour que l'Esprit emplisse la totalité de l''Āḏām et que celui-ci soit ivre de Lui, comme Noé le sera à la sortie de l'Arche et comme le seront les apôtres du Christ le matin de la Pentecôte (6).

Apparemment inutile à un premier niveau de lecture du verset, ce troisième terme ויישׁן nous conduit tout à coup au cœur du secret de l''Āḏām, lieu de l'extase et de l'ivresse.

L''Āḏām sera amené par Dieu dans ses profondeurs les plus grandes pour prendre connaissance du chemin de la ressemblance.
Il ira vers sa « semence », son NOM.
Le NOM est gardé par l'Adversaire qu'il devra donc rencontrer pour le vaincre.

---

(6) Cf Actes des Apôtres II, 4 et 15.

Le Père préside à ce grand'œuvre
Le Fils est présent dans le NOM
L'Esprit-Saint est source d'ivresse et de plénitude

יהוה-'Elohîm prend alors un des côtés de l''Āḏām
Dans le verset 15, Dieu prenait l''Āḏām pour le conduire en 'Ēḏen
Ce faisant, Il prenait son « épouse »

Dans ce présent verset
en prenant le côté-ombre de l''Āḏām, celui que l''Āḏām ne connaît pas
Dieu saisit l'épouse de l''Āḏām,
La partie de la 'Aḏāmāh avec laquelle il est encore confondu,
bien que Dieu lui ait déjà appris à soulever de son épouse le premier voile

Lorsque nous traduisons « un de ses côtés » nous adoptons une solution facile,
car, en profondeur,
Dieu saisit « l'unité » de l''Āḏām « venant de ce côté » de lui-même

Une puissance divine trinitaire quasi palpable elle aussi dans ce mot, est donnée à l''Ādām pour ce faire.
Car si le Père reste dans l'inconnaissance, Il est présent dans le Fils qui donne sa puissance au NOM, et dans l'Esprit-Saint source d'ivresse et plénitude d'accomplissement.

וַיִּקַּח
WaYiqaḥ

Il prend יהוה-'Elohîm saisit un des côtés de l''Ādām. Nous avions déjà rencontré le verbe Lāqoaḥ לקח en Genèse II, 15 (7) où יהוה-'Elohîm saisissant l''Ādām pour le conduire sur le chemin de l''Ēḏen, prenait avec lui son épouse et l'amenait dans l'axe de la juste rencontre avec la 'Aḏāmāh afin qu'il la cultive et la garde.
L''Āḏām féminin par rapport à Dieu est masculin par rapport à la 'Aḏāmāh.

En « prenant » un des côtés de l''Āḏām, יהוה-'Elohîm saisit maintenant l'épouse de celui-ci qui n'est autre que la partie de la 'Aḏāmāh avec laquelle il est encore confondu, pour l'amener « dans le voir ». Dieu ouvre la conscience de l''Āḏām sur la totalité de l'Épouse qu'il a à conquérir en lui-même et dont Il ne lui a appris qu'à ôter le premier voile...

אַחַת
'Aḥaṯ

une — féminin de אחד, UN, Nom divin.
Quelle que soit la suite du récit ce mot introduit le saisissement par Dieu de l'unité de l''Āḏām, donc son mystère le plus profond.
Comme אחד est 'Elohîm א à la plus haute « pointe » חד de la conquête de l'unité, אחת est

א — 'Elohîm

חת — dans les profondeurs qui inspirent la « terreur » à quiconque appréhende ses épousailles avec la « mère » ! car

את — du 'Āleph א jusqu'au Tāw ת il faudra franchir

ח — les « barrières » qui retiennent toutes les énergies de la 'Aḏāmāh-épouse.

(7) Cf. plus haut p. 643.

La racine du mot hébreu « côté » est la même que celle du verbe
« boîter »
Elle partage avec le mot « image » la présence de l'« ombre »
L''Ādām, image d''Elohîm, est ombre-épouse d''Elohîm
Ce côté est ombre-épouse de l''Ādām
Ce côté-ombre est à l''Ādām (image d''Elohîm)
ce que l''Ādām est à 'Elohîm, son épouse

C'est dans la mesure où l''Ādām épousera son féminin-ombre
qu'il sera dans cette nouvelle unité constituée,
épouse d''Elohîm, « harponné » par Lui

Ici se vérifie le « Ṯohou Wāḇohou » de Genèse I, 2 :

Lorsque l''Ādām s'accomplit
et donne forme (Ṯohou) à ce qui était jusque-là indifférencié,
lorsqu'il se fait mâle par rapport à lui-même
il devient alors féminin par rapport à Dieu
constituant la vacuité (Bohou) altérée des eaux-d'en-haut,
épouse désirant son Époux
L'Époux la pénètre de ses « eaux »
et rend fertile sa terre qui verdure, fleurit et fructifie

מִצַּלְעֹתָיו	de ses côtés	De la racine **צלע**
Mitsale'otāyw	(féminin en hébreu)	Tsēla' est le « côté »
		Tsālo'a est « boîter »

Je ne peux séparer le « côté » qui va se révéler être l'épouse de l'"Āḏām **צלע** Tsēla', de **צלם** Tselem l'« image » qu'est l'"Āḏām, « ombre de Dieu, « inaccompli » de Dieu, infinie potentialité divine appelée à devenir son épouse (8).

« Côté » et « image », Tsēla' et Tselem sont en effet unis par la racine Tsēl **צל** qui, dans le corpus du mot **מצלעתיו** est admirablement entouré d'un Meim **מ** et d'un 'Ayin **ע** comme si Tselem **צלם** et Tsela' **צלע** étaient ici enlacés dans une même destinée.

צל, nous l'avons vu, est l'« ombre », ombre appelée à être harponnée **צ** par la lumière divine, à être épousée de Dieu.
C'est donc dans la mesure où l'"Āḏām épousera son féminin-ombre, que, dans cette nouvelle unité constituée, il sera harponné par Dieu.

Ici se vérifie ce que, en Genèse I, 2, le « Ṯohou WāḆohou nous révélait de la qualité de 'Erets, le sec-accompli (9) :
C'est dans la mesure où l'"Āḏām s'accomplit et donne forme (Ṯohou) à ce qui était jusque-là indifférencié, autrement dit dans la mesure où il se fait mâle par rapport à lui-même, qu'il devient féminin par rapport à Dieu, constituant la vacuité (Bohou) altérée des eaux-d'en-haut. Celles-ci alors se déversent en elle : 'Elohîm pénètre et nourrit son épouse en rendant féconde cette terre ainsi constituée, qui verdure, fleurit et donne ses fruits !

Les deux lettres qui séparent les deux mots Tsela' et Tselem, **צלע** et **צלם**, le 'Ayin **ע** d'une part et le

---

(8) Cf. Tome I, p. 365.
(9) Cf. Tome I, p. 81.

L''Ād̲ām devra pénétrer son ombre jusqu'à sa « source »,
jusqu'à l'« œil » capable de voir la totale lumière de l'épouse
épousée
dont tous les voiles seront tombés

Il atteindra au « point-d'en-bas »
'Elohîm rencontrera son Épouse dans le « Rien »,
ultime contraction divine, « point-d'en-haut »

Dans le « Point » l'en-bas accompli rejoint l'en-haut,
lieu ineffable des noces les plus secrètes

Si l''Ād̲ām ne prend pas en considération
et n'épouse pas cet « autre côté de lui-même », il boîte
Tant qu'il est « seul de lui », il boîte
Nous sommes boîteux mais nous ne le savons pas encore
Jacob blessé à la hanche à l'issue de son combat avec l'ange
apprend qu'il boîte : il peut prendre le chemin de ses épousailles

Cet autre « côté » de l''Ād̲ām recèle le NOM, le noyau de son être,
sa semence

Meim מ d'autre part, constituent les programmes respectifs aux deux plans considérés :

L''Āḏām devra aller chercher son ombre, la 'Aḏāmāh-épouse jusqu'à sa « source » עין, jusqu'à « l'œil » qui verra la totale lumière de son épouse épousée dont tous les voiles seront tombés.

Il atteindra au 'Ayin עין « le point-d'en-bas ».

'Elohîm ira chercher son ombre, l''Āḏām-épouse à la fine pointe de son propre « Tsim-Tsoum » צם (10), de ce que les Pères grecs appellent la « Kénosis » divine, la contraction du Dieu qui se fait « Rien » 'Ayin אין, « le point-d'en-haut ».

Dans le « Point » l'en-bas rejoint l'en-haut, lieu ineffable des noces les plus secrètes.

Si longtemps que l''Āḏām ne prend pas en considération cet autre « côté » de lui-même, il « boîte ». Tant qu'il est « seul de lui », il boîte.
Les 'Āḏām-'Ayin que nous sommes boîtent mais ne le savent pas !
Jacob avant sa lutte avec l'ange (11) boîtait mais il ne le savait pas. Atteint par la lutte à l'articulation de la hanche, il devient conscient qu'il boîte.
En termes modernes je dirai que Jacob somatise sa boîterie essentielle : par ce langage du corps il apprend qu'il doit commencer ses épousailles intérieures qui passent par un retournement total de son être.

Retourné, צלע est עלץ 'Elets, la « joie » l'allégresse des épousailles accomplies.

Je terminerai cette méditation sur le « côté » de l''Āḏām en reprenant ce mot dans sa totalité, tel que le texte nous le donne : Mitsale'oṯāyw מצלעתיו pour mettre en lumière la présence du Yoḏ י.
C'est lui, ce côté féminin de l''Āḏām qui recèle le NOM, le noyau de son être, sa « semence ».

---

(10) Cf. plus haut p. 517.
(11) Genèse XXXII, 25-33.

Il ne pourra y atteindre que dans des mutations successives

jusqu'à l'accomplissement des temps,
instant où l'Homme sera totale lumière,
tous ses espaces intérieurs ayant été épousés

En ce côté est l'« os » que l''Āḏām reconnaîtra par la suite (13),
c'est-à-dire son « essence »

A l'acmé de son extase l''Āḏām est uni à son essence divine
יהוה-'Elohîm met un sceau sur l'ultime mystère de l''Āḏām

Il scelle la participation de l'Homme à la gloire de Dieu
Il scelle la gloire de l'Homme

L'Homme ne pourra y atteindre que dans des

מות mutations, morts résurrections successives dont
Māwet̲ nous l'avons vu (12) qu'elles seront arrêtées le jour où l''Ād̲ām ayant mûri le fruit de son NOM, le mangera c'est-à-dire le deviendra.

A ce moment-là

עת les « temps » seront accomplis et disparaîtront
'Ēt̲ car les espaces intérieurs seront totalement épousés, et l'Homme sera Ṭob̲ טוֹב absolu, totale lumière.

Enfin ce « côté » מצלעתיו contient la présence de

עצם l'« os » que l''Ād̲ām reconnaîtra immédiate-
'Etsem ment lorsque Dieu lui présentera son épouse en face à face. « Voici celle qui est os de mes os... » (13) s'écriera-t-il.

Mais la révélation va plus loin encore :
L'os étant aussi l'essence de l'être, le « soi » profond, le « côté-ombre » contient :

עצמי « moi-même »,
'Atsemî et
עצמוֹ « lui-même », l''Ād̲ām
'Atsemo unissant intimement, à l'acmé de son extase, l''Ād̲ām et son essence divine.

וַיִּסְגֹּר
WaYisegor

Il ferme, scelle

de la racine Sāgor סגר en laquelle le
ס Sāmek̲ est le secret pilier sur lequel tout
lettre Sāmek̲ édifice repose. le premier mot de la Genèse nous a dit que la « base » Shat̲ שׁת de la création et de tout être est le Yod̲ י.

---

(12) Cf. plus haut p. 661-663.
(13) Cf. tome II, Chapitre XXIII.

Ce secret, étranger pour l'instant à l''Ādām,
habite cependant son être

Pour y atteindre l''Ādām devra traverser ses déserts intérieurs,
certain que sa réserve d'eau — { énergies inaccomplies — est en lui
son féminin }

Tel Jean-Baptiste devant le Christ, il sera devant le NOM et dira :
« Il faut qu'Il croisse et que moi je diminue » (14)

Si le Christ est venu historiquement dans le monde,
au sixième mois de la gestation cosmique de l'humanité,
Il habite fondamentalement l'« os » de chaque être dès son principe,
et nous pourrions chanter avec l'Apôtre Jean :
« Et le Verbe s'est fait chair, il a habité chez nous »...
mais seulement en ce sixième mois, continuer :
... « et nous avons vu sa gloire, la gloire que le Fils UN reçoit de son Père,
plein de grâce et de vérité » (16)
car « dans le principe » la gloire est encore scellée !

Le Sāmek̲, en tant qu'il est « l'appui, le soutien », est יהוה, germe secret sur lequel tout repose. Il est ici dès maintenant.

גר Gēr	« étranger » à l''Āḏām, non connu de lui, mais il « habite » son être. Le sceau que Dieu pose en l''Āḏām est encore
ר lettre Reish	le « principe » qui
סוג Soug̲	« se retire, s'enclôt » ou bien encore
ג lettre Gîmel	le « chameau » qui
סור Sour	« se retire, s'efface, disparaît ». On ne peut que penser à Jean-Baptiste vêtu d'un manteau de poil de chameau et disant du Christ : « Il faut qu'Il croisse et que moi je diminue » (14). Le chameau est l'animal du désert, symbole en nous de celui qui peut faire le chemin car la réserve d'eau est en lui (15). Ainsi en est-il de chaque homme appelé à diminuer pour que croisse le NOM et qu'il le devienne totalement.

Si le Christ est venu historiquement dans le monde, au sixième mois de la gestation cosmique de l'humanité, Il habite fondamentalement l'« os » de chaque être dès son principe, et nous pourrions chanter avec l'Apôtre Jean :
« Et le Verbe s'est fait chair, il a habité chez nous »... mais seulement en ce sixième mois continuer
... « et nous avons vu sa gloire, la gloire que le Fils UN reçoit de son Père, plein de grâce et de vérité » (16) car « dans le principe » la gloire est encore scellée !

(14) Jean III, 30.
(15) Cf. L. Ch. V. Chapitre V.
(16) Jean I, 14.

Cet ultime mystère est contenu dans sa chair
qui se révèle ici être comme la moelle de l'os, l'essence de son essence,
sanctuaire d'un ultime Shabbāṯ

La chair scellée dans les profondeurs de ce côté-ombre
qui va faire l'objet du mariage de l'Homme avec lui-même
n'est-elle pas la substance en laquelle s'accomplira au-delà des temps,
le mariage de l'Homme devenu Épouse, avec son Dieu !
N'est-ce pas là la gloire de l'Homme devenu Dieu ?
Cela est confirmé par le dernier mot du verset
qui rend compte de « profondeur »
mais qui peut être aussi une forme construite du mot « mariage »
Si Bāśār, la chair,
partage sa racine hébraïque avec le verbe « informer, annoncer »,

ce verset veut aussi dire
que Dieu scelle au cœur du côté féminin de l'’Āḏām,
en finalité de son mariage avec lui-même,
l'information secrète de ses noces divines,
de sa participation à la gloire de Dieu !
La chair est la chambre nuptiale où Dieu se retire,
avec sa bien-aimée !

L'Évangile, Beśorāh, la « bonne nouvelle »
n'est autre que l'annonce à notre chair aliénée, dévoyée,
que, libérée par le Christ, elle est rendue à son destin divin,
l'accomplissement de l'« Alliance de feu »

בָּשָׂר **Bāśār**	la chair	Ce mot est complément direct, mais on serait tenté, puisqu'il il y a sceau, fermeture, d'en faire un complément de lieu introduit par la lettre **בּ** « dans ».
	בּ lettre Beit	dans
	שׂר Śar	« prince » s'il est prononcé Śar « ombilic » s'il est prononcé Śor

Une notion de « milieu », « centre » se dégage, qui évoque par rapport à ce « côté » reconnu comme « os », ce qu'est à ce dernier la « moelle ».
Substance sacrée, symbole de la « mer des lumières », unité au-delà de la dualité eau-feu, la moelle est le sanctuaire du Shabbāṯ dans le sang (17).

La chair scellée dans la profondeur de ce côté-ombre qui va faire l'objet du mariage de l'Homme avec lui-même n'est-elle pas la substance en laquelle s'accomplira, au-delà des temps, le mariage de l'Homme devenu Épouse, avec Dieu ? Là est la gloire de l'Homme !
Cela nous est confirmé par le mot suivant

תַּחְתֶּנָּה **Taḥetenāh**	profondeur	qui peut être la forme construite de
	חתנה	Ḥaṯounāh le mariage !

Si nous contemplons en Bāśār **בּשׂר** la racine du verbe Basēr « informer, annoncer », nous pouvons lire en cette fin de verset que Dieu scelle au cœur du côté féminin de l'’Āḏām l'ultime information, l'ultime énergie, qui confère à l'Homme sa dimension d'épouse et qui lui donne accès à la chambre nuptiale de son Dieu, accès à la participation de sa gloire !
Dans se secret, 'Elohîm se retire enlevant sa bien-aimée « parée de l'or d'Ophir » pour des noces, que, seule jusqu'à ce jour, Marie, la Vierge qui a enfanté Dieu dans sa chair, connaît.

L'Évangile Beśorāh **בּשׂרה** la « bonne nouvelle », n'est autre que l'annonce à notre chair aliénée par la « chute », et dévoyée, que, libérée par le Christ, elle est rendue à son destin divin, l'accomplissement de l'« Alliance de feu » !.

(17) Cf. S. du C. p. 229.

CHAPITRE XXII

וַיִּבֶן יְהוָה אֱלֹהִים אֶת־הַצֵּלָע אֲשֶׁר־לָקַח מִן־הָאָדָם
יהוה-'Elohîm construit le côté que Il a pris de l''Āḏām
לְאִשָּׁה וַיְבִאֶהָ אֶל־הָאָדָם
pour (la faire) épouse et Il la fait venir vers l''Āḏām

Pour les Hébreux,
il n'est en prodondeur d'autre « construire » que celui du « fils »
— une même racine « Bānoh et Bēn lie ces deux termes (1)

Le « Fils » יהוה, présent en tout 'Āḏām,
ne sera construit que si l''Āḏām fait œuvre mâle en lui
Cela est rendu possible
par le fait qu'il n'est plus confondu avec son côté-ombre
porteur du Germe divin

Dieu dresse ce côté de lui qui va enfanter le NOM en « épouse »

L'« épouse » est « feu » dans son principe ;
elle n'est que « eau » tant qu'elle n'est pas épousée

CHAPITRE XXII

(verset 22)

וַיִּבֶן **WaYiḇen**	Il construit	du verbe Bānoh בנה, bâtir, dresser, fonder... Nous avions eu l'occasion de contempler cette racine (1) en étudiant la préposition Bein בין « entre », principe du « discernement », de l'acquisition d'une « intelligence », Bînāh בינה, neuve, parce que l'Homme construit, Bānoh בנה, le Yod י, le « Fils » Ben בן.

Car pour les Hébreux la seule construction fondamentale à laquelle toutes les autres se réfèrent pour vérifier leur justesse, est celle du בן Fils divin, יהוה.

יְהוָה־אֱלֹהִים **יהוה 'Elohîm**	יהוה 'Elohîm	יהוה est dans le « ventre » de tout 'Āḏām, vierge d'Israël qui doit enfanter. Il ne sera construit et enfanté que si l''Āḏām fait œuvre mâle en son côté femelle.
אֶת־הַצֵּלָע **'Eṯ-HaTselā'**	le côté	
אֲשֶׁר־לָקַח **'Asher-Lāqaḥ**	que Il a pris	Maintenant que ces deux aspects de lui ne sont plus confondus, que son côté-ombre, femelle, qui porte le germe de יהוה a été distingué de lui, rendu conscient, éveillé dans l'extase, il voit Dieu dresser ce côté de lui lourd de son NOM
מִן־הָאָדָם **Min-Hā'Āḏām**	de l''Āḏām	
לְאִשָּׁה **Le'Ishāh**	en épouse	L'épouse אשה est : אש « feu » 'Ēsh — Elle est du feu en soi, bien que « eau » en tant qu'inaccomplie, non encore épousée.

(1) Cf. Tome I, p. 117.

Épousée, elle accomplira l'"Āḏām qui deviendra son NOM יהוה
mais elle le fera aussi entrer dans sa dimension d'« épouse »
par rapport à Dieu
Elle est à l'"Āḏām ce que l'"Āḏām est à Dieu

Dieu « fait venir » 'Ishāh-épouse vers l'"Āḏām
comme Il a « fait venir » vers lui, en un premier temps,
les animaux-énergies d'une première terre intérieure,
pour qu'il les voit et les nomme
Continuant l'analogie,
nous pouvons penser que Dieu « fait venir » 'Ishāh
- totalité des terres intérieures -
vers l'"Āḏām pour qu'il la voit et la nomme

L'"Āḏām est mis en face à face
non plus avec une part,
mais avec la totalité de son féminin
De même que « créer » c'est placer l'"Āḏām « dans le voir » de
Dieu (5).
de même, « faire » c'est placer 'Ishāh « dans le voir » de l'"Āḏām

C'est dans la mesure où l'"Āḏām épousera 'Ishāh et deviendra
« Fils »
qu'"Elohím fera de l'"Āḏām son Épouse

Elle est l'espace « eau » de l'« Alliance de Feu » (2). Elle contient la somme des énergies potentielles qui feront de l''Ādām totalement accompli, non seulement le Fils divin devenant son NOM יהוה, mais aussi l''Elohîm, épouse d''Elohîm ! (3) car la construction de la phrase peut laisser supposer que 'Ishāh-épouse, est celle d''Elohîm...

וַיְבִאֶהָ **WaYeḇi'ehā** **אֶל־הָאָדָם** **'El-Hā'Āḏām**	ēt Il la fait venir vers le 'Āḏām	Même verbe employé ici par l'auteur du récit, qu'au verset 19 (4) où Dieu « fait venir » les animaux vers l''Āḏām pour qu'il les voit et qu'il entre dans le processus créateur de son NOM.

Je serais tentée de conclure ce verset en disant :

« pour voir comment il la nommerait »

ou plus exactement

« pour qu'il la voie et qu'il la nomme »

car nous sommes ici dans une répétition du geste divin, mais à un tout autre niveau de réalité.

Dans son extase, l''Āḏām est mis en face à face non plus avec une part, mais avec la totalité de son féminin. De même que l''Āḏām, qui récapitule toute la création-épouse de Dieu, a été placé « dans le voir » de Dieu (5), de même le féminin de l''Āḏām dans sa totalité potentielle, comme une fiancée, est mise « dans le voir » de l''Āḏām. Le processus créateur se joue ici en miroir : l''Āḏām, image d''Elohîm pourrait dire maintenant :

« Faisons 'Ishāh... »

C'est en effet dans la mesure où l''Āḏām fera 'Ishāh qu''Elohîm fera l''Āḏām.

Nous comprenons mieux maintenant pourquoi en Genèse I, 26 Dieu emploie un pluriel : « faisons » (6). L'œuvre trinitaire divine est là car elle est dans le souffle de l'Esprit-Saint qui alternativement arrache l'Homme à ses espaces intérieurs conquis et remplit de

---

(2) Cf. Tome I, p. 45.

(3) Cf. « car יהוה Lui est l''Elohîm » (Deutéronome IV, 35).

(4) Cf. plus haut p. 691.

(5) Cf. Tome I, p. 381.

(6) Cf. Tome I, p. 343.

Au départ de ce travail 'Ishah est la totalité de la 'Adāmāh non accomplie
Ce potentiel est appelé 'Adāmāh en tant que « mère » des profondeurs,
'Ishāh en tant qu'« épouse »
L''Ādām doit épouser sa mère pour être épousée du Père

Dans son extase,
l''Ādām contemple sa « mère-épouse » lourde de la promesse du fruit יהוה
L''Ādām est immergé dans les eaux de l'inaccompli
afin qu'il en prenne conscience et en fasse la lumière accomplie

C'est le premier « baptême »-immersion

Lorsque le Christ-Jésus appelé « second 'Ādām »
fut baptisé dans les eaux du Jourdain,
« les eaux se retournèrent » (7)
et, remontant depuis la « mer de sel »,
elles allèrent vers la « mer des lumières », 'Elohîm
« Vous êtes le sel de la terre, vous êtes la lumière du monde ! » (8)

lumière ceux qui émergent, dans l'incessante respiration 'Elohîm יהוה. Mais יהוה ne délivre de sa puissance et n'ouvre de nouveaux espaces que dans la mesure où l''Ādām épousant 'Ishāh construit en lui la dimension de Fils.
C'est pourquoi, à partir du deuxième chapitre de la Genèse que préside le verbe faire, 'Asoh עשׂה, le sujet en est יהוה-'Elohîm.
On est alors en droit de se demander : qui est fait ?
— 'Ishāh אשׁה, car dans la profondeur du « point-d'en-bas » ע, le « point-d'en-haut » א pénètre, s'unit à lui, et 'Ishāh אשׁה est faite עשׂה.

Mais au départ de ce travail, 'Ishāh est la totalité de la 'Ādāmāh non accomplie. Ce potentiel est appelé 'Ādāmāh en tant que « mère » des profondeurs, 'Ishāh en tant qu'« épouse », Rā' en tant qu'inaccompli.

L''Ādām doit épouser sa mère pour être épousée du Père.

Dans son extase l''Ādām contemple sa mère-épouse, la 'Ādāmāh lourde de la promesse du fruit יהוה.

L''Ādām est « immergé » טבל Tābol ; il est guidé (ל) dans la plongée des eaux de l'inaccompli (Rā' רע) pour en faire l'accompli (Ṭob טוֹב), la lumière.
C'est le premier « baptême » (immersion).

Lorsque le Christ-Jésus appelé « second 'Ādām » fut baptisé d'eau dans le Jourdain, les eaux « se retournèrent » (7) et, de leur descente vers la « mer de sel », elles remontèrent « vers la mer des lumières 'El Ha Yām אלהים 'Elohîm !

« Vous êtes le sel de la terre...
Vous êtes la lumière du monde ! (8)

---

(7) Psaume 114, 5-7 « Qu'as-tu Jourdain à retourner en arrière et vous montagnes, à sauter comme des béliers ?...

(8) Matthieu V, 13-14.

C'est pourquoi, au cœur de son extase,
Le Christ vit s'ouvrir la « mer des lumières »
qui descendit vers Lui « Le nommant le Fils Bien-Aimé :
car la voix du Père lui rendit ce témoignage
et l'Esprit, sous forme de colombe, confirma la vérité de cette
Parole » (9)

Tout baptême d'eau s'enracine dans le sommeil-extase de l''Āḏām
et dans le mystère de la Théophanie (10)

Tout vrai baptême est un éveil de la conscience
à la présence de l'inaccompli-'Ishāh
et à la nécessité des épousailles avec elle

Je crois pouvoir dire que le Patriarche Jacob,
au fond de son sommeil, faisant le songe de l'échelle,
a fait l'expérience d'un baptême
Alors les cieux s'ouvrirent aussi pour lui :
« Et voici, יהוה se tenait au-dessus de lui... » (11)

C'est pourquoi au cœur de son extase le Christ vit s'ouvrir la « mer des lumières » qui descendit vers Lui, « le nommant le Fils Bien-Aimé ! Car la voix du Père lui rendit ce témoignage et l'Esprit, sous forme de colombe, confirma la vérité de cette Parole... » (9).

Tout baptême d'eau s'enracine dans le sommeil-extase de l''Āḏām et dans le mystère de la Théophanie (10).

Tout vrai baptême est un éveil de la conscience à la présence de l'inaccompli-'Ishāh en celui qui plonge dans les eaux, et à la nécessité de ses épousailles avec elle.

Je crois pouvoir dire que le Patriarche Jacob, au fond de son sommeil, faisant le songe de « l'échelle dont le sommet touchait les Shāmayim » (11) a fait l'expérience des profondeurs d'un baptême ! Alors, il a la révélation : « Et voici, יהוה se tenait au-dessus de lui... ». Les eaux-d'en-haut s'ouvrent. Sous le symbole de ses mariages extérieurs, Jacob qui vient de « quitter son père et sa mère » (12) prend le chemin de ses épousailles intérieures.

L''Āḏām va prendre ce chemin, mais...

---

(9) *a*) Cf. aussi Matthieu III, 16-17.
b) Tropaire de la fête de la Théophanie dans la Tradition de l'Église orthodoxe.
(10) Théophanie : « manifestation de la Trinité » le jour du baptême du Christ dans les eaux du Jourdain.
(11) Genèse XXVIII, 12.
(12) Cf. plus bas verset 24, chapitre XXIV.

CHAPITRE XXIII

וַיֹּאמֶר הָאָדָם זֹאת הַפַּעַם
Et l''Adam dit : celle-ci, marche en avant (ouverture de ma race)
עֶצֶם מֵעֲצָמַי וּבָשָׂר מִבְּשָׂרִי
est {os / substance} de {mon os / ma substance} et chair de ma chair ;
לְזֹאת יִקָּרֵא אִשָּׁה כִּי מֵאִישׁ לֻקֳחָה־זֹּאת
celle-ci, il l'appelle 'Ishāh (épouse) car de l'Époux elle a été prise,
celle-ci

« Celle-ci » qui désigne 'Ishāh est le mot clef du verset
Trois fois exprimé ; en ouverture, au centre et en fin du dire de l''Āḏām,
il martèle les battements du cœur de celui que la vision de l'épouse éblouit

Ce cœur inaccompli est en totale rupture de rythme
face à la révélation du secret de l'accomplissement final qui est union à celle-ci !
L''Āḏām vit une transfiguration de son être

Il devra être arraché à son extase

« Qui est celle-ci qui monte du désert,
colonne du fumée
exhalant le myrrhe et l'encens de toute la poudre des marchands ?...

CHAPITRE XXIII

(versets 23)

וַיֹּאמֶר
WaYo'mer Il dit

הָאָדָם
Hā'Āḏām le 'Āḏām

זֹאת
Zo'ṯ celle-ci Ce pronom démonstratif qui désigne 'Ishāh est le mot-clef de ce verset.

L''Āḏām l'exprime trois fois : en ouverture, au centre et en clôture de son dire, martelant ainsi par son verbe l'éclat dû à l'éblouissement de celle qui le frappe en plein cœur.

Ce premier Zo'ṯ est d'ailleurs suivi d'un mot « Hapa'am » que nous étudierons tout à l'heure mais dont je ne peux taire dès maintenant l'un des sens, celui de « coup, choc ».

Le cœur de l''Āḏām bat à se rompre !

Ce cœur « inaccompli » n'est-il pas en rupture totale de rythme en entrant dans la vision de ce que sera l'accomplissement final, le secret de l'union à « celle-ci » ?

L''Āḏām ne vit-il pas une transfiguration de son être analogue à celle dont les trois apôtres du Christ, Pierre, Jacques et Jean, furent témoins au sommet du Tāḇor ? (1)

Ne faudra-t-il pas l'arracher à son extase - puisque le verbe « quitter » introduira le verset suivant - comme le Christ dût refuser l'« installation » des trois tentes et faire descendre les trois apôtres de la montagne ?

> « Qui est celle-ci (זאת) qui monte du désert, colonne de fumée exhalant la myrrhe et l'encens de toute la poudre des marchands ?...

---

(1) Matthieu XXII, 1-10 – L'expérience de la hauteur et celle de la profondeur se rejoignent. (Cf. l'union du « point-d'en-haut » et du « point-d'en-bas » p. 673).

Qui est celle-ci qui monte du désert,
appuyée sur son Bien-Aimé ?... »

chante le Cantique des Cantiques
L'hymne de l'accomplissement exalte l'innommable « celle-ci »

« Je vous adjure, filles de Jérusalem,
ne réveillez pas, non, ne réveillez pas l'amour
avant qu'il ne le veuille » (2)

« Celle-ci » attend de l''Āḏām qu'il la pénètre et la dévoile
et l'éveille jusqu'à son cœur, jusqu'à son NOM

« Celle-ci » est mon chemin, dit l''Āḏām,
elle est l'ouverture de ce que je porte en moi, avec moi,
à la source de moi-même

Grâce à elle j'irai cueillir ma semence et deviendrai mon NOM

Chaque « pas » en avant sera scandé d'une ouverture nouvelle
Chaque « coup » frappé dans les voiles de l'épouse
le sera dans la poitrine de l''Āḏām, jusqu'à la limite de la rupture !

Transcendance de l'amour ! Ivresse inouïe !

« Celle-ci est { mon os / ma substance

Ce mot hébreu « os » était déjà contenu dans le mot « côté »
L''Āḏām n'a plus qu'à lire l'événement

> Qui est celle-ci (זאת) qui monte du désert, appuyée sur son Bien-Aimé ?... »

chante le Cantique des Cantiques : l'hymne de l'accomplissement, exalte l'innommable « celle-ci » qui n'a pas encore délivré le secret de son Nom, mais qui déjà le laisse pressentir :

> « Je vous adjure, filles de Jérusalem, ne réveillez pas, non ne réveillez pas l'amour avant qu'il ne le veuille » (2).

זאר, « celle-ci » qui enlace l'histoire de l'humanité depuis le **א** jusqu'au **ת**, avec la discrétion et l'exigence d'une amante qui se cache derrière ses voiles, appelle l'« arme mâle » **ז** de l'’Ādām, jusqu'à son cœur, son NOM !

הַפַּעַם **HaPa'am**	la marche le pas	« Celle-ci » est la marche en avant, elle est mon chemin, dit l'’Ādām,	
	פ lettre Phē	l'« ouverture » de ma	
	עם 'Am	« race »	Elle est l'ouverture de ce que je porte en moi,
	עם 'Im	« avec »	moi, l'ouverture de la « source » **ע** de mon être.

Grâce à elle, je vais aller jusqu'au bout de moi-même, jusqu'à ma semence, jusqu'à mon Nom.
Chaque « pas » en avant sera scandé, rythmé d'une ouverture nouvelle.
« Pa'am » exprime ce rythme, cette cadence, ces « coups » frappés dans les voiles de l'épouse et dans la poitrine de l'’Ādām, jusqu'à la limite de la rupture ! Transcendance de l'amour ! Ivresse inouïe !

עֶצֶם **'Etsem**	os (ou) substance	Ce mot, nous nous en souvenons (3) était contenu dans le « côté » מצלעתיו
מֵעֲצָמַי **Mē'Atsāmay**	venant de mon os (ma substance)	Le mot suivant מעצמי y était aussi contenu.

---

(2) Cantique des Cantiques III, 6 - VIII, 5 et VIII, 4.
(3) Cf. plus haut p. 713.

L'os est le harpon au cœur du potentiel adamique,

qui le tire de son inertie,
il est l'essence de l'être, la force,
la puissance que l''Āḏām peut découvrir en lui
quand il ferme les yeux à l'extérieur
et qu'il les ouvre à la vision des profondeurs
Les aveugles des mythes sont les éveillés à l'épouse !

Ceux de l'Histoire, comme l'Apôtre Paul (5), le sont aussi
Ne sont éveillés à « l'os » de leur être
que ceux qui se tiennent dans leur « milieu »
dans la respiration יהוה-'Elohîm, en 'Ēḏen !

L'os est un arbre qui s'enracine au « point-d'en-bas » ;
il culminera au « point-d'en-haut » dont la chair détient le secret

L'"Āḏām n'a plus qu'à « lire » l'événement jusqu'à la plus fine pointe de lui-même. L'os (4) est :

צ lettre Tsadei	le harpon	au cœur de
עם ʿAm	la race	ʿAm dont nous venons de voir qu'il est une autre forme du potentiel adamique.

L'os est ce potentiel tiré de son inertie, entrant dans la dynamique de la vie, dans la respiration du plus subtil qui s'efface au cœur du divin, car ʿAm vient d'être « ouvert » (פ) dans פעם, le harpon divin peut y travailler.
C'est pourquoi l'os est aussi « l'essence » de l'être, sa « force », sa « puissance », découverte quand on « est dans le milieu », מצע Matsoʿa, dans le « lieu du Mi », dans la respiration 'Elohîm-יהוה, dans le jardin d'"Ēḏen !
Le verbe עצם 'Ātsom signifie « fermer les yeux » en même temps que « devenir fort ».
Celui qui ferme les yeux à l'apparence pour les ouvrir à la vision des profondeurs, celui-là entre dans son milieu et dans sa force — ce que fera Tobie et, avec lui, tous les aveugles des mythes — voire de l'Histoire, comme l'Apôtre Paul (5).

L'os est encore

עץ ʿĒts	l'arbre
ם lettre Meim (final)	surmonté de sa couronne qui est gloire divine communiquée à l'Homme.
	L'arbre עץ est en profondeur עין (6), il s'enracine au « point-d'en-bas ». Il culminera au « point-d'en-haut » dont la « chair » détient le secret.

(4) Cf. S. du C. p. 224.
(5) Actes des Apôtres IX, 8-9.
(6) Cf. Tome I, p. 73 et 205.

« Celle-ci » est ma sève,
dit l'’Āḏām,
elle est moi-même,
elle est mon NOM scellé dans les profondeurs de ma dimension d'épouse

L'os est l'arbre qui grandira dans les mariages successifs de l'’Āḏām

« Celle-ci » est chair de ma chair
Au verset 21
nous avions ressenti la chair comme « moelle » de cet os
et sceau des ultimes profondeurs

En elle l'’Āḏām devenu son NOM, entré dans la dimension d'épouse
célèbre d'autres noces, celles auxquelles l'invite l'Époux divin

Après avoir mûri le fruit de l'Arbre de la Connaissance dans son NOM יהוה,
l'’Āḏām devient Épouse, La ’Elohîm
Elle sera le fruit de l'Arbre de Vie.

En sa dernière terre que baigne le Pîshon (9)
se joue ce passage dont les assomptions d'Enoch, d'Elie
et de Marie - et l'ascension du Christ -
sont la marque visible à nos yeux.

« Celle-ci » est l'essence de mon essence, dit l''Āḏām, elle est mon arbre, elle est ma sève, elle est

עצמי 'Atsmî	moi-même,	l''Āḏām dans son NOM », dans le 10 accompli, et
עצמו 'Atsmo	« lui-même »,	l''Āḏām faisant œuvrer le Wāw ו dans sa vocation de coordonnateur sur le chemin d'accomplissement du 6 au 10, du Wāw au Yoḏ (7).

« Celle-ci » est mon chemin, dit-il encore, jusqu'à ce que je devienne totalement moi-même, jusqu'à ce que je conquiers mon NOM dont elle détient le secret scellé dans les profondeurs de sa dimension d'épouse.
L'os est l'arbre qui grandira dans les mariages successifs de l''Āḏām avec lui-même.

Mais 'Ishāh est plus encore, elle est :

וּבָשָׂר **OuḆāśār**	et chair	Au verset 21 comme en celui-ci, l'os s'était révélé être le lieu du mariage de l'Homme
מִבְּשָׂרִי **MiBeśarî**	née de ma chair	avec 'Ishāh, mère des profondeurs, dans la conquête du NOM ; la chair, « moelle » de cet os, et sceau des ultimes profondeurs, a été contemplée comme lieu appelé à voir se célébrer le mariage de l''Āḏām

devenant son NOM, atteignant donc à la dimension d'épouse, avec l'Époux 'Elohîm.

Après qu'il sera devenu fruit de l'Arbre de la Connaissance dans le NOM יהוה, l''Āḏām devenant « Épouse » sera Ha'Elohîm האלהים (8) La 'Elohîm. Elle sera le fruit de l'Arbre de Vie.

En sa dernière terre que baigne le Pîshon (9) se joue ce passage dont les assomptions d'Enoch, d'Elie et de Marie - et l'ascension du Christ - sont la marque visible à nos yeux.

---

(7) Cf L. Ch. V. chapitre VIII.
(8) Deutéronome IV, 35.
(9) Cf plus haut chapitres XI-XII.

Lorsque le Christ, « second 'Āḏām », descend aux enfers,
Il se fait chair pour y libérer l'Homme dont la chair aliénée
(par la chute)
avait fermé la porte de l'orient d''Ēḏen,
celle qui donne accès à l'Arbre de Vie
Car si « le Verbe s'est fait chair »,
ce n'est pas seulement en se faisant chair d'Homme,
mais en reconduisant celle-ci, à la terre à laquelle elle appartient,
d'où elle a été violée
et à laquelle elle ne peut revenir que dans l'accomplissement total

Lieu de rencontre de l'Époux et de l'Épouse,
la chair est le sanctuaire des noces divino-humaines.

Elle est, au niveau du corps de l'Homme, la
moelle épinière adamique,
celle de l'os du crâne, du Golgota (10)

Elle est l'« Arche d'Alliance »
que recouvrait la gloire de יהוה dans la marche au désert (11)

Elle est le « Saint des Saints » du Temple de Salomon (12)
haut lieu des théophanies d'Israël

Au moment où le Christ expire, le voile du temple se déchire,
ouvrant sur le Saint des Saints
Le mystère de la chair s'accomplit !

Appelée Terre de HaḤawîlāh (« rempart de יהוה »), elle est notre « chair ». Elle est celle que pénètre le Christ, « second 'Āḏām » lorsque, descendant aux enfers dans le Pîshon, *il se fait chair,* pour y libérer l'Homme dont la chair aliénée avait fermé la porte d'orient d''Ēḏen, celle qui donne accès à l'Arbre de Vie.
Car si « le Verbe s'est fait chair », ce n'est pas seulement en se faisant chair d'Homme, au sens que nous donnons aujourd'hui à la chair, mais c'est en reconduisant בשׂר à la terre à laquelle elle appartient, d'où elle a été violée dans la chute et à laquelle elle ne peut revenir que dans l'accomplissement total. Assumé par le Christ, l'accomplissement total de l'Homme ouvre le chemin de la « mer des lumières ».
Celle-ci est origine et fin de toute l'histoire de l'humanité et de celle de chacun de nous que l'« Alliance de feu » conduit inexorablement 'El Ha Yām אלהים, vers la mer, 'Elohîm !

Lieu de rencontre de l'Époux e̱t de l'Épouse, la chair est le sanctuaire des noces divin̄o-humaines. Rencontre du Mi et du Ma, elle est les eaux primordiales devenues finales ; les Mayim infiniment riches, infiniment enrichies...

Elle est, au niveau du corps de l'Homme, la moelle épinière adamique, celle de l'os du crâne, celle du Golgota (10) !

Elle est l'« Arche d'Alliance » que recouvrait la gloire de יהוה pendant la marche des Israélites au désert (11).

Elle est le « Saint des Saints » du Temple de Salomon (12), réceptacle de l'Arche d'Alliance, haut lieu des théophanies d'Israël.

Au moment où le Christ expire, le voile du temple se déchire, ouvrant sur le Saint des Saints. Le mystère de la chair s'accomplit !

---

(10) Jean XIX, 17.
(11) Exode XXV, 10 et XL, 34-35.
(12) I Rois VI, 16-36 et VIII, 6 et 10-11.

Elle est le « chœur » du temple chrétien

Dans le « chœur » est planté l'Arbre de Vie

La nef correspond à l'« os »,
lieu des mariages de l'Homme avec lui-même
— transformation du peuple royal —

Le chœur correspond à la « chair »,
lieu du mariage de l'Homme devenu Épouse, avec Dieu

Le drame de la chute renversera la notion de « chair »
Parce qu'elle est le mystère le plus sublime,
notre mental perverti en fera l'objet même du péché !

Le troisième chapitre de la Genèse nous
permettra d'éclairer ce sujet ;
mais dès maintenant
nous pouvons entendre le récit de la passion du Christ d'une
oreille neuve :
avant que ses os ne soient comptés,
parce que « tout est accompli »
et qu'Il est le fruit de l'Arbre de la Connaissance —
Christ donne sa propre chair en nourriture
à celui dont la chair va recouvrer ainsi son ontologique
fonction nuptiale
C'est la « bonne nouvelle »

Dans le Temple chrétien elle est le chœur où les divins mystères sont célébrés par ceux qui continuant l'ordre des lévites, participent de la Prêtrise.
Dans le chœur est planté l'Arbre de Vie dont la sève est la moelle divine.
La nef correspond à l'« os », lieu de transformation du peuple royal, car là il accède à la royauté ; il devient avec le Christ « Lion de Juda », ayant repoussé l'Adversaire qui, « comme un lion rugissant cherche à le dévorer » (13). Ces deux « lions » sont encore les « deux Noms » qui œuvrent au cœur de l'« os » dans les mariages de l'Homme avec lui-même.
Dans la « chair » l'Homme victorieux du combat consomme l'union des deux lions et connaît son NOM ; il devient Épouse couronnée.

Le rite du couronnement préside aux cérémonies de l'ordination sacerdotale comme à celles du mariage, car l'un et l'autre sacrements introduisent dans le sanctuaire de la « chair ».

Le drame de la chute renversera la notion de chair ; et parce qu'elle est le mystère le plus sublime, notre mental perverti en fera l'objet même du « péché » !

Le troisième chapitre de la Genèse nous permettra d'éclairer ce sujet.
Mais dès maintenant nous pouvons entendre avec une oreille neuve le récit de la passion du Christ, de Celui qui, pour redonner à la chair de l'Homme sa fonction nuptiale et avant que ses « os » ne soient comptés — par que « tout est accompli » — donne sa propre chair en nourriture à l'Homme !

בשׂר
Basar

Bāśar la chair est aussi Baśēr « annoncer » Beśorāh « la bonne nouvelle », l'Évangile est cela.

Cela : l'indicible reconstitution de l'Homme nourri de la chair divine et recouvrant l'intégrité de sa chair promise aux épousailles divines.

(13) Psaumes X, 9.

A « celle-ci » qui fait battre le cœur de l''Āḏām
L''Āḏām crie son nom « 'Ishāh » !

Nommer, c'est participer à l'acte créateur (14)

Dans un premier temps,
Dieu avait *fait venir* les animaux devant l''Āḏām pour
qu'il les nomme
Dans un second temps,
Dieu *fait venir* devant l''Āḏām la 'Āḏāmāh tout entière,
son épouse-mère :
Il la reconnaît et la nomme

'Ishāh !

Ainsi Dieu l'avait-il appelée au verset précédent
Il fallait que l''Āḏām ajuste son verbe au Verbe de Dieu

En l''Āḏām יהוה n'est-il pas sa conscience ?
Une chose est de porter un nom dans la conscience,
une autre chose est de le dire

Et la conscience est ici si formelle
(Ṯohou, « coagulation des eaux »)
que l''Āḏām tire de lui, en même temps que le nom,
l'origine de celui-ci
« Parce que de l'Époux ('Îsh) elle a été prise »

Si le côté *« a été pris »* de l''Āḏām,
'Ishah-épouse *« est prise »* de 'Îsh-époux

לְזֹאת
Lez'ot̲

A celle-ci qui fait battre le cœur de l''Ād̲ām

יִקָּרֵא
Yiqārē'

Il crie il la nomme, il fait la lumière sur elle. A son niveau, il crée (14).

Lorsqu'au verset précédent nous avons vu Dieu *faire venir* l'épouse devant l''Ād̲ām comme auparavant Il avait *fait venir* les animaux devant ce dernier, j'avais rapproché les deux gestes divins et proposé d'en rapprocher aussi les intentions.
Voici que le texte lui-même le fait :
de même que les animaux sont entrés « dans le voir », dans la conscience de l''Ād̲ām et ont été nommés par eux, de même cet « autre côté » est reconnu de l''Ād̲ām comme son os et sa chair, et maintenant nommé par lui, 'Ishāh !

אִשָּׁה
'Ishāh

'Ishāh-Épouse Tel était son nom dans la bouche divine (au verset précédent). Il fallait que l''Ād̲ām ajuste son Verbe au Verbe de Dieu.

En l''Ād̲ām יהוה n'est-Il pas sa conscience ?
Une chose est de porter un nom dans la conscience, une autre chose est de le dire.
Une progression se fait entre ces deux opérations, créatrice de l''Ād̲ām-Verbe allant vers la ressemblance.

Et la conscience est ici si formelle (T̲ohou, « coagulation des eaux ») que l''Ād̲ām tire de lui, en même temps que le nom, l'origine de celui-ci.

כִּי
Kî

parce que

מֵאִישׁ
Me'Îsh

de l'époux Le parallélisme des deux versets qui nomment 'Ishāh, l'un dans la bouche divine, l'autre dans celle de l''Ād̲ām, est ici frappante :

לֻקְחָה
Louqāḥāh

elle a été prise Après le nom de 'Ishāh c'est le verbe Lāqoaḥ לקח qui les réunit encore :
Si le côté *« a été pris »* de l''Ād̲ām
'Ishah-épouse *« est prise »* de 'Îsh-époux.

---

(14) Cf. Tome I, p. 163.

Parce que le côté a été « construit » en 'Ishāh et que l''Āḏām
l'a reconnue,
il devient 'Îsh-époux

L'Homme qui reconnaît son féminin intérieur est rendu capable
de l'épouser

Sa dimension mâle se construit ;
il peut pénétrer « celle-ci », objet de son extase

La loi physiologique trouve ici son archétype

L'Homme n'est époux
qu'ẹn tant que 'Elohîm, l'Epoux divin,
le rend participant de sa fonction divine

Ce n'est que dans la mesure
où l''Āḏām se fait mâle par rapport à son féminin intérieur,
qu'il se rend féminin par rapport à Dieu, à la limite Épouse
d''Elohîm (15)

C'est pourquoi le nom d'Époux-'Îsh n'appartient qu'à Dieu ;
Il est prêté à l''Āḏām

Le côté a été construit en 'Ishāh, ce qui implique que la reconnaissance d''Ishāh comme « os de ses os et chair de sa chair » construit la dimension d'époux en l''Ādām.

L'Homme (homme ou femme) qui reconnaît son féminin intérieur est capable de l'épouser.
Sa dimension mâle (ז) se construit : il peut pénétrer celle-ci Ce que nous connaissons comme loi physiologique extérieure n'est que le reflet d'une loi ontologique que nous devons à tout prix retrouver, faute de quoi la loi physiologique ne s'exerce qu'à un plan animal d''Ādām-'Ayin et ne fait en aucun cas de l'homme et de la femme, l''Ādām.

Revenons au nom de l'époux, 'Îsh אִישׁ.

L'Homme n'est époux qu'en tant que 'Elohîm, l'Époux divin, le rend participant de sa fonction archétypielle. Car Dieu seul est 'Elohîm-יהוה (אי) et la lettre שׁ, pierre sacrée des profondeurs détient le dépôt sacré de l'Image et de son modèle.
Nous nous souvenons que c'est dans la mesure où l''Ādām se fait mâle par rapport à son féminin intérieur qu'il se rend féminin par rapport à Dieu, à la limite Épouse d''Elohîm (15).

C'est pourquoi le nom d'Époux אִישׁ n'appartient qu'à Dieu ; il est prêté à l''Ādām.

Dans ce verset où il nous est révélé pour la première fois, il est précédé du signe de la provenance מ, ce qui nous invite à le contempler dans sa réalité spécifique מאִישׁ qui contient :

שׁם le NOM
Shēm
et
אם la mère
'Ēm

---

(15) Cf. Tome I, p. 83.

C'est aussi en exerçant sa fonction d'époux
que l''Āḏām assume sa vocation de maternité ;
il naît de lui-même à lui-même ; il devient son Nom

L''Āḏām créé « mâle et femelle » (16) nous est révélé ici 'Îsh
et 'Ishāh

Est époux celui qui se souvient de son inaccompli 'Ishāh
et qui pénètre « celle-ci »
Au sommet de la triade
« celle-ci » qui fait battre le cœur de l''Āḏām, clôt le verset ;
mais elle nous ouvre à une autre écoute :
ces trois coups frappés ouvrent le rideau d'un nouveau Théâtre,
celui où Dieu seul est Époux

« Qu'est-ce que l'Homme pour que tu te souviennes de lui ? » (17)
Ce verset pourrait être lu :
« Qu'est-ce que l'Homme pour que tu fasses œuvre mâle en lui ? »
Et la réponse est :
L'Homme est ton épouse !

Totalement accompli, l''Āḏām est 'Ishāh pour Dieu ;
il devient « celle-ci » qui fait battre le cœur divin

Ce verset ne traduit-il pas aussi l'émerveillement de Dieu qui,
contemplant son « côté ombre » (18) devenu lumière,
l''Āḏām totalement accompli, s'écrie

« Celle-ci est os de mes os et chair de ma chair » !

Dès le premier mot de la Genèse, Berēshîṯ,
Dieu célébrait son épouse 'Aṯ Besārî
« Toi, ma chair » !

C'est en exerçant sa fonction d'époux que l''Āḏām répond à sa vocation de maternité ; il naît de lui-même à lui-même :
Il devient son NOM.

L''Āḏām créé « mâle et femelle » (16) nous est révélé ici 'Îsh et 'Ishāh.
Chaque être humain est 'Îsh et 'Ishāh.
Est « époux » celui qui se « souvient » de son inaccompli 'Ishāh et qui pénètre « celle-ci ».

Au sommet de la triade « celle-ci » qui fait battre le cœur de l''Āḏām, clôt le verset ; mais elle nous ouvre à une autre écoute : ces trois coups frappés ouvrent le rideau d'un nouveau Théâtre, celui où Dieu seul est Époux !

« Qu'est-que l'Homme pour que tu te souviennes de lui » (17)
Ce verset pourrait être lu :
« Qu'est-ce que l'Homme pour tu fasses œuvre mâle en lui ? »
Et la réponse est :
L'Homme est ton épouse !
Totalement accompli, l''Āḏām est 'Ishāh pour Dieu ; il devient « celle-ci » qui fait battre le cœur divin.

Ce verset ne traduit-il pas aussi l'émerveillement de Dieu qui, contemplant son « côté ombre » (18) devenu lumière, l''Āḏām totalement accompli, s'écrie :

« Celle-ci est os de mes os et chair de ma chair » !

Dès le premier mot de la Genèse, Berē'shîṯ בראשית, Dieu célébrait son épouse 'At Beśārî את בשרי
« Toi, ma chair ! »

---

(16) Genèse I, 27.
(17) Psaume VIII, 5-7 et Tome I, p. 319.
(18) Cf. Tome I, p. 39 et 365.

CHAPITRE XXIV

עַל־כֵּן יַעֲזָב־אִישׁ אֶת־אָבִיו וְאֶת־אִמּוֹ
C'est pourquoi l'époux quittera son père et sa mère
וְדָבַק בְּאִשְׁתּוֹ וְהָיוּ לְבָשָׂר אֶחָד
et il s'unira à son épouse et ils deviendront chair-un

Il est nécessaire à l'Homme (hommes et femmes) qui se fait « époux »
de quitter les deux pôles référentiels à chaque niveau de terre accomplie
pour aller vers une nouvelle terre
Le mot hébreu qui signifie « quitter »
est construit selon le dessin de « l'arme mâle » qui pénètre un « nuage »,
lequel nuage sépare l'Homme du soleil-père
Il faudra traverser autant de nuages
que le nécessitera l'épaisseur de nos aveuglements
Ce mouvement de pénétration libérera la « force »
que le NOM distribue en constituant chaque champ de conscience
Ne peut pénétrer que celui qui aura « quitté »
Ceci, jusqu'à la force totale du NOM
que la terre découverte à la « source » libérera
Cette dernière terre est celle « où l'on trouve l'or »
(Genèse II, 11 et 12)
et qu'arrose le Pîshon

« Quitter » c'est s'arracher une peau !

CHAPITRE XXIV

(verset 24)

עַל־כֵּן
'Al-Kēn

C'est pourquoi

יַעֲזָב־אִישׁ
Ya'Azāḇ-'Îsh

l'époux quittera — de la racine 'Āzoḇ עזב « quitter, laisser, abandonner ».
Car lorsque

ז
lettre Zayin — « l'arme mâle », pénètre au cœur du

עב
'Aḇ — « nuage » qui sépare l'Homme de אב 'Aḇ le « Père », soleil divin, elle perce un champ de conscience ; pour ce faire, l'Homme quitte un champ accompli.

Ce nouveau champ, une fois accompli, devra, à son tour être « quitté » pour qu'un autre plus vaste soit pénétré... jusqu'au dernier champ, jusqu'à la terre du NOM.

Dans le NOM est la force — chaque champ est fait d'une distribution de cette force. Chaque champ intégré n'est que faiblesse par rapport à celui qui ouvrira sur une plus haute conscience.

Mais ce n'est qu'en « quittant » עזב que

ב
lettre Beiṯ — tout « être humain » trouvera

עז
'Oz — la « force » car

ע
lettre 'Ayin — à la « source »

ז(ו)ב — coule ז(ה)ב Zāhāḇ, l'or (étage du Pîshon).

Tout 'Āḏām, en tant qu'il épouse 'Ishāh doit quitter une part d'elle pour trouver une force plus grande dans une autre part d'elle.

« Quitter » c'est s'arracher une peau !

La « peau » porte en elle un potentiel d'« éveil »
concrétisé au niveau cellulaire par le côté « ombre » de la cellule (2)

Ce potentiel est mobilisé par les événements difficiles de notre vie,
mais lourds de Sagesse divine

Il faut alors « quitter »
C'est l'abandon de nos critères de jugement,
le renoncement aux idées amoureusement bercées
qui confortent le mental et construisent nos prisons intérieures
Ce que l'on croyait sage apparaît fou,
et faux ce que l'on croyait vrai
Tout se dérobe sous nos pieds ; tout est remis en question

C'est la nuit
C'est un Shabbāṯ

« Je vous enlève la paix, je vous donne ma paix », dit le Christ (3)

Lorsque nous croyons ne pas vouloir cela,
un moi plus profond l'exige
et nous conduit inexorablement vers la naissance du « Fils »,
dans l'éveil d'une « peau » neuve

Car la « peau » עוֹר 'Or (mot qui, prononcé 'Iwēr, signifie « aveugle » et 'Our, « être éveillé ») est le symbole d'un champ de conscience dont la lumière n'est que ténèbres (aveuglement) par rapport à celle d'un champ nouveau qui nous appelle (1).
La « peau » porte en elle un potentiel d'« éveil » concrétisé au niveau cellulaire par le côté « ombre » de la cellule (2).
Les événements difficiles comme les simples « face-à-face » qui nous renvoient à une part inconsciente, inaccomplie de nous, sont lourds de la Sagesse divine ; la Sagesse divine est appelée « Père divin » ; elle est pénétrante et vient mobiliser ce potentiel et nous inviter à un éveil plus grand.
Il faut alors « quitter » :
C'est l'abandon de nos critères de jugement, le renoncement aux idées amoureusement bercées pour le bien-être d'un mental ainsi conforté ; ce que l'on croyait sage nous semble fou ; ce que l'on croyait vrai devient relatif, voire faux.
Ce sur quoi — ou sur qui — l'on s'appuyait se dérobe ; tout est remis en question. Les sécurités affectives, matérielles même parfois, fondent comme ne résistant pas au soleil nouveau qui va poindre. C'est la nuit. C'est un Shabbāṯ.

« Je vous enlève la paix, je vous donne ma paix à moi... », dit le Christ (3).
Je vous retire de telle terre accomplie pour vous conduire vers votre accomplissement total, la ressemblance parfaite (la « Terre promise »).

Lorsque nous croyons ne pas vouloir cela, un moi plus profond l'exige et nous conduit inexorablement vers ces accouchements de nous-mêmes, vers la naissance d'un « fils » intérieur, l'éveil d'une « peau » neuve.

---

(1) Nous verrons au troisième chapitre de la Genèse (verset 21) que ce mot joue en dialectique avec אוֹר la lumière.
(2) Cf. S. du C., p. 219 et suivantes.
(3) Jean XIV, 27.

« Peau jusqu'au bout de la peau », lance l'Adversaire Śāṭān à יהוה
en Job (4)
Et Śāṭān commence son œuvre destructrice

Pour aller jusqu'à son NOM que détient en son cœur le
Lieweyāṯān,
Job va de peau en peau (7),
sa conscience grandit

Il « quitte »
en renvoyant ses trois amis qui sont trois aspects de lui-même
dans le parcours apophatique de ses champs de conscience

Dans un reste du souffle de sa bouche,
« dans la peau de ses dents » (9),
on devine déjà le cri de Jésus en agonie :

« Père, Père, pourquoi m'as-tu quitté ? » (10)
dont mille ans avant le Messie,
le psalmiste déchirait l'air de ses espaces intérieurs
Ultime Shabbāṯ !

Il faut « quitter »

« Peau jusqu'au bout de la peau », lance l'Adversaire Śāṭān à יהוה en Job (4).
Et Śāṭān commence son œuvre destructrice !
Job va jusqu'à « la source de la sagesse », jusqu'au « premier gisement de l'intelligence » (5). Il sait que son Dieu, Lui,
« connaît la voie de ma verticalisation
s'Il me met à l'épreuve, je sortirai pur comme l'or » (6).

Avec יהוה Job va percer le cœur du Liweyāṯān, ouvrir la « pierre sacrée des profondeurs » et devenir son NOM (7).
Pour atteindre à ce but, il va de peau en peau, de champ de conscience en champ de conscience.
Il « quitte » en renvoyant ses trois amis qui sont trois aspects de lui-même dans le parcours apophatique de ses différents champs.

« Ma peau noircit et tombe, mes os brûlent... » (8).

Dans un reste de souffle de sa bouche, « dans la peau de ses dents » (9), ne devine-t-on pas déjà le cri de Jésus en agonie :

« Père, Père pourquoi m'as-tu quitté ?
'Ēlî, 'Ēlî Lāmāh 'Azabtanî » (10)
dont mille ans avant le Messie, le psalmiste déchirait l'air de ses espaces intérieurs.
Ultime Shabbāṯ !

Il faut quitter.

---

(4) Job II, 4.
(5) Job chapitre XXVIII.
(6) Job XXIII, 10.
(7) Job XLI, 16.
(8) Job XXX, 30.
(9) Job XIX, 20.
(10) Matthieu XXVII, 46 et Psaume XXII, 2.

Bien que Job, le psalmiste, hommes de la « chute »,
et le Christ lui-même qui endosse notre tunique de peau
enfantent « dans la douleur » (11),
la loi ontologique de ces accouchements intérieurs reste la même
C'est elle qui nous est décrite dans ce verset

Si nous nous référons au dessin de l'échelle de Jacob (12)
le parcours de l'époux l'oblige à quitter chacune des terres accomplies
pour descendre dans les cieux intérieurs
et cueillir le potentiel de la terre suivante

Après chaque échelon construit, il faut « quitter »
Dans la Bible, ces départs obéissent à un ordre divin,
ou à la nécessité que suscite une famine,
car une terre qui a donné son fruit
ne peut plus satisfaire l'exigence vitale qu'elle a fait croître

L'Homme-Epoux (homme ou femme) doit quitter « son père et sa mère »

A un premier plan, ils peuvent être père et mère biologiques ;
mais à chacun des niveaux de conscience atteints,
ils représentent la Sagesse et l'Intelligence
inhérentes à chacun de ceux-ci

Ceux dont je parle ici, Job et le psalmiste, et le Christ lui-même qui endosse la nature de l'Homme, obscurcie par la chute, du fait de celle-ci, ces hommes souffrent les tourments des enfantements qui se font désormais « dans la douleur » (11).

Mais la loi ontologique de ces enfantements est restée fondamentalement la même.

Si nous nous référons au dessin de l'échelle de Jacob (12) dont chaque échelon symbolise un engendrement, nous pouvons assurément dire que l'Homme en tant que 'Îsh, Époux, doit « quitter » la terre A pour descendre dans le registre B de ses cieux intérieurs où un nouveau potentiel énergétique lui délivrera une force-information lui permettant de constituer la terre B. Il devra par la suite « quitter » B... etc.

Ces départs sont souvent signalés dans la Bible soit par un ordre divin direct, soit par l'épreuve d'une famine — car une terre accomplie dont tous les fruits sont intégrés ne peut plus satisfaire celui dont l'exigence vitale grandit —.

L'Homme-Époux doit quitter
son père et sa mère

אֶת־אָבִיו
וְאֶת־אִמּוֹ

'Et-'Ābîw
We'Et-'Imo

Il s'agit certainement, à un très premier plan de quitter le père et la mère biologiques, béquilles qui, nécessaires à l'enfant, deviendraient prison, voire tombeau s'il ne les quittait pas.

Avec eux, il quitte leur niveau de conscience (ou d'inconscience...) auquel il s'était jusque-là totalement identifié, et, prenant un recul par rapport à cet état, il commence le chemin qui lui est propre.

L'accès à ses terres intérieures l'amène à se construire (« construire le fils ») sur de nouvelles valeurs dont « le père et la mère », à ces niveaux, symbolisent respectivement « sagesse » et « intelligence » afférentes à chacun de ces champs de conscience.

---

(11) Genèse III, 16.
(12) Cf. plus haut, p. 463.

L'histoire de la construction de ces champs de conscience
rejoue les sept jours de la Genèse
Chacun d'eux se structure, comme au quatrième jour,
sur les deux luminaires

La Sagesse est Père
L'Intelligence est Mère
(Je me suis expliquée sur ce sujet (13))

Job est à la recherche de ses père et mère archétypiels
Pour cela, comme le premier 'Āḏām, il épouse son féminin ;
« il se joint à son 'Ishāh-épouse »

L'être qui « s'unit à » l'autre est « broyé, pulvérisé »,
réduit à l'unique essentiel qui, dans le mot hébreu
est une lettre symbolisant le cordon ombilical divin ;
celui-ci s'implante en l'Homme, le nourrit,
et le saisit dans la respiration divine יהוה-'Elohîm (14)
Ce « cordon » vient alors rejoindre celui dont est constituée
'Ishāh qui,
en tant qu'épouse est « femelle »

C'est au niveau de ce souffle divin qu''Îsh et 'Ishāh s'unissent ;
'Ishāh « poussière » et 'Îsh « pulvérisé »
tous deux réduits à l'informe de l'inconnaissance
que vient informer יהוה-'Elohîm UN en essence,
unis en 'Îsh et 'Ishāh
'Îsh et 'Ishāh s'unissent et le sec apparaît (15)
Un espace naît, qui est connaissance, mais aussi amour
Participation à l'UN

L'histoire de la construction de chacun de ces champs rejoue les sept jours de la Genèse.
Chacun d'eux se structure, comme au quatrième jour sur les deux luminaires dont « le grand pour éclairer le jour » est Sagesse-Père, et dont « le petit pour éclairer la nuit » est Intelligence-Mère.
Les étoiles sont les énergies constituantes de tel niveau.

On pourra s'étonner de ce que Sagesse soit masculine et Intelligence, féminine.
Je me suis expliquée sur ce sujet (13) montrant qu'après la chute la droite devient la gauche et réciproquement. L'Homme ontologique dont l'Homme « en chute » est invité à retrouver les normes, sait, lui, que la sagesse est Père et l'Intelligence, Mère.

Job est à la recherche de ses Père et Mère archétypiels. Pour cela, comme le premier 'Ād̲ām, il épouse son féminin, « il se joint à son 'Ishāh-épouse ».

וְדָבַק
WeD̲āb̲aq

et il se joint, s'unit — du verbe Dāb̲oq **דבק** « se joindre, s'unir à » qui implique que

ב lettre Beit̲ — l'être qui s'unit à l'autre

דק Daq — soit « broyé », « pulvérisé », réduit à l'unique essentiel, le Qoph **ק** (14) qui vient alors rejoindre celui de **נקבה** Neqēb̲āh, la « femelle ».

בְּאִשְׁתּוֹ
Be'Isheto

à son épouse — Épouse, dans la relation 'Îsh-'Ishāh, elle est la femelle dans la relation mâle-femelle, Zāk̲or-Ounqēb̲āh.

C'est au niveau du Qoph **ק**, dans la soudure du Qoph que 'Îsh et 'Ishāh s'unissent : 'Ishāh, « poussière » de la 'Ad̲āmāh, 'Îsh pulvérisé, tous deux réduits à l'informe de l'inconnaissance que vient nourrir, informer **יהוה**-'Elohîm, Un en essence, unis en 'Îsh et 'Ishāh.
'Îsh et 'Ishāh s'unissent et le sec apparaît (15).
Un espace naît, qui est connaissance, mais aussi amour, « participation à l'UN ».

---

(13) Cf. S. du C., p. 198 à 202.
(14) Cf. Tome I, p. 141.
(15) Genèse I, 9.

Les eaux-d'en-haut s'écoulent
et, dans un orgasme, la terre exulte de sa verdure et de ses fruits
Jouissance — Possession — Puissance !

Ils deviennent « chair » : Lieu du UN
Ils retournent au principe,
un nouveau Berē'shîṯ est là
Jour UN

UN

Les eaux-d'en-haut s'écoulent, et, dans un orgasme, la terre exulte de sa verdure et de ses fruits.
Jouissance — Possession — Puissance !

וְהָי֣וּ לְבָשָׂר
WeHāyou Lebāsār

Et ils deviennent chair : Lieu du UN (16).
Ils retournent au principe.
Un nouveau Berē'shît est là, « 'At Beśārî » ô toi, ma chair (17)
Jour UN

אֶחָד
'Eḥad

UN

(16) Cf. plus haut, p. 743 à 749.
(17) Cf. p. 753.

CHAPITRE XXV

וַיִּהְיוּ שְׁנֵיהֶם עֲרוּמִּים

Et ils sont deux, eux
nus
connaissants (du chemin à parcourir)
l'éveillé et les eaux

הָאָדָם וְאִשְׁתּוֹ וְלֹא יִתְבֹּשָׁשׁוּ

l'"Āḏām et son épouse
et ils ne sont pas confondus
et ils ne prennent pas de retard
et ils ne restent pas dans le six

Ils sont deux,
et non plus dans la confusion l'un de l'autre,
condition indispensable pour devenir UN
Le mot « nu » est celui qui caractérise le serpent au verset suivant
(Genèse III, 1)
et que l'on traduit par « rusé »
La ruse est une connaissance ;
elle ne peut être comprise au niveau de notre entendement banalisé
Elle est Sagesse divine et savoir-faire

La nudité est lumière accomplie, connaissance totale

CHAPITRE XXV

(verset 25)

וַיִּהְיוּ **WaYiheyou**	Ils sont	
שְׁנֵיהֶם **Sheneihem**	deux, eux	et non plus dans la confusion l'un de l'autre. Condition indispensable pour devenir UN.
עֲרוּמִּים **'Aroumîm**	nus	Nous allons retrouver ce même mot ערום au verset suivant — celui qui introduit le troisième chapitre de la Genèse et que je n'étudierai donc pas

dans ce livre — ; il signifiera « rusé » et qualifiera le serpent-Śāṭān.

Quelle relation profonde existe-t-il donc entre ces deux qualificatifs « nu » et « rusé » que recouvre le même mot hébreu, 'Arom ערום ?

Nous ne pouvons entrendre la ruse, « 'Āḏām 'Ayin », inconscients que nous sommes, que selon les critères d'une morale légaliste. Or, l'histoire du peuple hébreu est truffée de ruses et le Christ lui-même loue l'économe infidèle... La ruse fait partie de la Sagesse divine. Elle est connaissance d'un savoir-faire.

La nudité est symbole de lumière accomplie. Lorsque toutes les « peaux » seront enlevées, les « prépuces » coupés, lorsque l'épouse se sera totalement dévoilée, la connaissance, alors, sera totale.

« Peau, prépuce, aveuglement », soit 'Or עור en hébreu, est contenu dans le mot ערום qui nous intéresse ici, et dont le Meim final ם indique l'accomplissement potentiel de ces énergies aveugles, dans la Gloire divine qui est connaissance absolue.

La nudité dont il s'agit ici est participation à cette connaissance,
elle est savoir-faire dans la perspective du chemin qui est à parcourir,
le long duquel Dieu sera guide (1)

La sortie de la confusion est, en soi, connaissance

L'Homme (homme ou femme) qui croit être dans la connaissance
parce qu'il a lu beaucoup de livres, acquis de nombreux diplômes,
étudié toutes les sagesses et philosophies du monde,
mais qui reste confondu avec son 'Ishāh intérieure,
celui-là est dans l'illusion

L'Homme connaissant sait qu'il est deux

Ce « deux » peut être décrypté dans le mot hébreu « nu »,
si nous le coupons en deux, selon deux qualificatifs :
— « éveillé »
Tel est l''Ādām devenu conscient qu'il doit épouser son 'Ishāh intérieure
L'éveillé est le côté mâle de l''Ādām

— et « eaux »,
celles qui sont lourdes du noyau divin, grosses du Fils à venir

Les eaux sont le côté femelle de l''Ādām :
elles sont 'Ishāh encore voilée

Ne nous étonnons pas de ce que celui qui a totalement épousé son 'Ishāh
— qui a asséché ses eaux —
marche sur les eaux (2)

La nudité dont il s'agit est donc une participation à cette connaissance, et, plus spécifiquement ici, connaissance du chemin qui est à parcourir, le long duquel Dieu sera guide (1). Car le simple fait que l'"Ādām ne soit plus confondu avec son 'Ishāh l'introduit dans la connaissance.

L'Homme (homme ou femme) qui croit être dans la connaissance parce qu'il a lu beaucoup de livres, acquis de nombreux diplômes, étudié toutes les sagesses et philosophies du monde, mais qui reste confondu avec son 'Ishāh, c'est-à-dire « seul de lui », séparé de lui-même, celui-là est dans l'illusion.

L'Homme éveillé à la connaissance est celui qui sait qu'il est deux.

Le mot ʿAroumîm ערומים peut élairer ces « deux » et apporter une précision sur le caractère de chacun, si nous lisons ce mot :

ער ʿĒr — éveillé — L'"Āḏām en tant que « soufflé dans son Nom » est sorti de sa torpeur d'"Āḏām-'Ayin ; il a vu la lumière :
Il doit épouser cet autre lui-même, 'Ishāh, même s'il ne sait plus rien d'elle ; car elle est maintenant revoilée, inaccomplie, identifiée au monde des eaux.
« Éveillé » est l'aspect « mâle » de l'"Āḏām.

ומים WeMāyim — et eaux — Ces eaux contiennent le Yoḏ ; elles sont lourdes de l'enfant divin, grosses du Fils.
Elles détiennent le secret du NOM.
Elles détiennent le secret de l'éveil total, de la lumière, Ṭoḇ absolu.
Les « eaux » sont l'aspect « femelle » de l'"Āḏām.

Nous ne nous étonnerons plus de ce que celui qui est totalement accompli. Ṭoḇ absolu, marche sur les eaux (2).

---

(1) Cf. verset 15.
(2) Jean VI, 19.

Le miracle est loi insolite
pour qui ne participe pas du niveau auquelle elle se réfère ;
il est la loi naturelle de ce niveau
Celui qui a asséché ses eaux intérieures marche sur les eaux extérieures ;
il est accompli

L'’Āḏām est l'éveillé — côté mâle qui accomplit
et son épouse est « les eaux », — côté non accompli

« Et ils ne sont pas confondus »

La notion de « honte »
est totalement étrangère au monde créé selon les normes ontologiques,
elles-mêmes images de l'ordre divin

La « confusion » précède le « créer » (mettre « dans le voir ») en vue de l'union

L'Homme et son cosmos intérieur — ’Āḏām et la ’Aḏāmāh — confondus en un premier temps
viennent d'être séparés en vue de leur union, pour la croissance de l'’Āḏām
Ils ne sont plus confondus

Le « miracle » est la loi insolite à l'observation d'un 'Āḏām-'Ayin mais, inhérente aux différents champs d'accomplissement, elle leur est co-naturelle, et l'Homme éveillé y accède. L'Homme qui a épousé son 'Ishāh — asséché ses eaux intérieures — marche sur les eaux extérieures.

הָאָדָם Hā'Āḏām le 'Āḏām — il est « l'éveillé », le côté mâle qui accomplit

וְאִשְׁתּוֹ We'Isheto et son épouse — elle est « les eaux », le non encore accompli de l''Āḏām.
Précisons qu'ils ne sont « nus », connaissants, que parce qu'ils sont « deux ». Séparés l'un de l'autre, l'inconscience les submerge l'un et l'autre,

וְלֹא יִתְבֹּשָׁשׁוּ WeLo Yiteboshāshou et non confondus.

La notion de « honte », qui traduit couramment ce mot hébreu est psychique ; elle est totalement étrangère au monde créé selon les normes ontologiques, elles-mêmes images de l'ordre divin.

La « confusion » est, au niveau créé, l'image de ce qui précède la séparation des eaux-d'en-haut et des eaux-d'en-bas, au deuxième jour de la Genèse.
La création est œuvre de séparation (mettre « dans le voir ») en vue de l'union.

l'Homme et son cosmos intérieur porteur du noyau divin, confondus en un premier temps, viennent d'être séparés en vue de leur union et de la croissance de l''Āḏām.
Ils ne sont plus *confondus.*

Car la racine de ce mot est le verbe Bosh בּוֹשׁ, « être confondu » (qui implique aussi la possibilité de « se retourner » Shouḇ שׁוּב).

Mais le mot sur lequel se termine ce deuxième chapitre de la Genèse n'est pas exactement Bosh, mais Boshēsh בשׁשׁ.

Ce terme hébreu, très peu usité dans la Bible signifie aussi
« retarder »

Et l'on peut traduire :
« L''Ādām et son 'Ishāh connaissent le chemin qu'ils ont à
parcourir
et ils ne tardent pas »

Ils ne vont pas tarder en effet à renconter l'Adversaire-Śāṭān,
devant la première porte du chemin,
tout comme le Christ, aussitôt après son baptême,
« est conduit dans le désert par l'Esprit-Saint
afin d'être tenté par le Śāṭān » (3)

Les deux expériences sont identiques ;
elles ont pour but d'introduire l'Homme
sur le chemin de ses épousailles intérieures
Pour le Christ, « second 'Ādām », ce sont les noces de Qānāh
où il y a six jarres... (4)
Christ, en sa personne, passe au sept
Pour le « premier 'Ādām », c'est la chute et le retour au six
à l'état de confusion, celui de notre monde actuel

Car ce passage du six au sept est lui aussi nettement signifié
dans le mot hébreu qui rend compte de la « confusion »
et dont la racine peut se lire « dans le six »

Il est très rarement employé dans la Bible et a une connotation de « retard », ce qui nous permet de traduire sans erreur ce verset :

« L''Āḏām et son 'Ishāh connaissent le chemin qu'ils ont à parcourir et ils ne tardent pas ».

Ils ne prendront en effet pas plus de retard que le Christ n'en prendra lorsque, sortant des eaux du Jourdain :

« Jésus fut alors conduit dans le désert par l'Esprit-Saint afin d'être tenté par le Śāṭān » (3).

Le premier verset qui suit celui de notre présente étude nous conduit avec l''Āḏām sortant de ses « eaux baptismales » auprès du Śāṭān où il vit la même tentation que celle du Christ, second 'Āḏām, décrite dans les Évangiles.
Les deux expériences sont identiques ; elles ont pour but d'introduire l'Homme sur le chemin de ses épousailles intérieures.
Pour le second 'Āḏām ce sont les noces de Qānāh où il y a six jarres... (4).
Christ, en sa personne, passe au sept.

Pour le premier 'Āḏām c'est la chute et le retour au six, à l'état de confusion dans lequel nous sommes.

Car ce passage du six au sept est lui aussi nettement signifié dans notre verbe Boshesh בשש :

ב lettre Beiṯ	dans
שש Shēsh	six

(3) Matthieu IV, 1.
(4) Jean II, 1-10.

L''Ā̱dām et son épouse se hâtent donc de quitter le six

Mais le passage au sept est un Shabbāṯ, une destruction
« 'Elohîm se retire pour que יהוה croisse et que l'Homme devienne son Nom » (5)

'Elohîm se retire et l'Adversaire se présente car יהוה monte
Nos situations d'adversité sont celles d'un septième jour :
nous ne savons pas discerner leur réalité profonde
et, dévorés par l'Adversaire, nous nous accrochons au statut de six
auquel nos concepts mentaux sont conformés
car notre monde de confusion a sa logique interne
autour de laquelle il s'est aménagé ;
il est un monde animal, une jungle où règne la peur ;
et nous avons jusqu'à la peur d'en sortir !

Christ est né dans ce monde animal, entre un bœuf et un âne,
dans cette situation de « six »
que j'ai appelée le « sixième mois » de la gestation cosmique de l'humanité (6)
Il est venu ouvrir le passage au sept pour atteindre au dix

Nous ne saurions « tarder » à passer au sept, à sortir de la « confusion »,
car le rythme de la respiration divine qui nous saisit
nous conduit à un Shabbāṯ qui est l'aube d'un nouveau jour UN

Ceci est vrai pour chacun de nous comme pour l'humanité tout entière :
Toute situation de destruction est un printemps
pour qui sait la respirer dans le souffle divin du Shabbāṯ

Étant « soufflé dans son NOM » par le souffle de l'Esprit-Saint l''Ādām conscient de son 'Ishāh n'est plus dans le six !

Mais le passage au sept est un Shabbāṯ, une destruction : « 'Elohîm se retire pour que יהוה croisse et que l'Homme devienne son NOM » ! (5)

'Elohîm se retire et l'Adversaire se présente car יהוה monte. Nos situations d'adversité sont celles d'un septième jour : nous ne savons pas discerner leur réalité profonde et, dévorés par l'Adversaire, nous nous accrochons au statut de six auquel nos concepts mentaux sont conformés, car notre monde de confusion a sa logique interne autour de laquelle il s'est aménagé ; il est un monde animal, une jungle où règne la peur ; et nous avons jusqu'à la peur d'en sortir !

Christ est né dans ce monde animal, entre un bœuf et un âne dans cette situation de « six » que j'ai appelée le « sixième mois » de la gestation cosmique de l'humanité (6).
Il est venu ouvrir le passage au sept pour atteindre au dix.

Nous ne saurions « tarder » à passer au sept, à sortir de la « confusion », car le rythme de la respiration divine qui nous saisit nous conduit à un Shabbāṯ qui est l'aube d'un nouveau jour UN.

Ceci est vrai pour chacun de nous comme pour l'humanité tout entière :
Toute situation de destruction est un printemps pour qui sait la respirer dans le souffle divin du Shabbāṯ (7).

---

(5) Cf. plus haut p. 457.
(6) Cf. p. 17 et 18.
(7) Marc 13, 28.

« Réjouis-toi du Shabbāṯ »
chante le dernier mot de ce chapitre,
car en ce jour Dieu prépare les noces du ciel et de la terre
ses noces avec l'"Āḏām
avec toi, ma chair,
toi, ma fille bien-aimée

Si le premier chapitre de la Genèse se terminait sur le nombre six,
le nombre de la confusion,
celui-ci se clôt sur le chant d'allégresse du Shabbāṯ, septième jour,
sortie de la confusion

Le verbe Yiteboshāshou יִתְבֹּשָׁשׁוּ qui clôt ce chapitre nous invite à :

שׂוּשׂ nous réjouir (8)
Śouś
שַׁבָּת du Shabbāṯ !
Shabbāṯ

car en ce jour Dieu prépare les noces du ciel et de la terre,

ses noces avec l'"Āḏām
avec toi, ma chair,
בִּתִּי ma fille bien-aimée.

Si le premier chapitre de la Genèse se terminait sur le nombre six, le nombre de la confusion, celui-ci se clôt sur le chant d'allégresse du Shabbāṯ, septième jour, sortie de la confusion.

---

(8) Isaï 61, 10 « se réjouir, je me réjouirai en יהוה... »
שׂוֹשׂ אָשִׂישׂ בַּיהוָה

TABLE

I. DANS LE PRINCIPE

II. RÉJOUIS-TOI DU SHABBAT

DANS LA MÊME COLLECTION

Jacques Berque, *Le Coran, nouvel essai de traduction.*
Eugen Drewermann, *Fonctionnaires de Dieu.*
Thomas Merton, *Mystique et zen*, suivi de *Journal d'Asie.*

L'impression et le brochage ont été effectués
par Aubin Imprimeur à Ligugé (86240)
pour les Éditions Albin Michel

Achevé d'imprimer en mars 1995
N° d'édition : 14347.
Dépôt légal : avril 1995